La collection Découvrir l'architecture des villes *est dirigée par Léon de Coster*

Edition
Giampiero Caiti, Philippe Demoulin
Conception graphique et mise en page
Jean-François Lejeune
Lecture
Jean-Luc Depotte et Michel Weil
Illustrations
Léon de Coster et François Nizet
sauf mention contraire

ISBN 2.203.605.03-0
0/1212

Léon de Coster & François Nizet

16 PROMENADES DANS VIENNE

Découvrir l'architecture des villes casterman

A Gudrun Reisecker,
à Wolf Werdigier.

Léon de Coster, né en 1931, est architecte et professeur à l'Institut supérieur d'architecture Saint-Luc de Bruxelles.

Œuvrant comme architecte, il se consacre particulièrement aux logements individuels et aux collectifs sociaux.

Depuis 1983, il s'attache à l'étude de plusieurs villes européennes dans le cadre de voyages pédagogiques pour d'importants groupes d'étudiants. Fondateur en 1987 de la collection *Découvrir l'architecture des villes*, il en assure la direction.

Parallèlement, il poursuit des recherches musicologiques qu'il met à profit dans son enseignement. Conférencier, collaborateur de la revue *Questions*, réalisateur de plusieurs montages audiovisuels sur l'architecture et la musique, il s'emploie à rendre accessible à un large public les arcanes d'arts trop souvent réservés aux seuls spécialistes.

Francois Nizet est né à Liège en 1957. Il est ingénieur-architecte et docteur en sciences-appliquées. Après avoir fait son stage dans l'atelier de Charles VANDENHOVE (1980-82), il se fixe en Italie afin de préparer sa thèse de doctorat sur *Le voyage d'Italie et l'architecture européenne*, publiée en 1988.

Simultanément, il poursuit à la faculté d'architecture de l'université de Florence, une activité d'enseignement et de recherches, comme assistant du professeur Franco BORSI. En 1988, il entre à l'Institut supérieur d'architecture Saint-Luc de Bruxelles où il devient l'assistant du professeur Jean COSSE, puis chargé de cours à partir de 1991. Il est aussi correspondant de différents journaux et revues, belges et italiens, dans les domaines de l'histoire et de la critique architecturales.

Ouvrage réalisé avec le concours de
l'Institut supérieur d'architecture Saint-Luc
de Bruxelles

Remerciements

*Nous tenons à manifester notre profonde reconnaissance
aux nombreuses personnes qui, par leur travail,
leurs conseils ou leurs encouragements,
ont apporté leur concours à la réalisation de ce guide.*

Nos remerciements s'adressent plus particulièrement :

*à l'ingénieur et urbaniste Wolf WERDIGIER,
sans qui l'accès aux administrations de la ville
ne nous aurait pas été possible ;*

*à Gudrun REISECKER,
notre précieuse interprète, qui, à Vienne,
a facilité nos déplacements,
ainsi que nos contacts et démarches
auprès de nombreuses instances ;*

*aux architectes Rob KRIER et Wilhelm HOLZBAUER,
ainsi qu'à Patrick DELFOSSE,
pour leur accueil chaleureux lors de nos visites ;*

*à Willy SERNEELS,
directeur de l'Institut supérieur d'architecture Saint-Luc
de Bruxelles,
pour l'enthousiasme qu'il témoigne
à l'égard de la présente collection ;*

*à Geneviève BLONDIAU, Marie-Christine THONON
et Krysia SOBIESKI,
bibliothécaires à l'Institut Saint-Luc de Bruxelles,
pour leurs patientes recherches.*

PETIT LEXIQUE ELEMENTAIRE D'ARCHITECTURE ET D'URBANISME

Akademie .... académie
Bahnhof .... gare
Bank .... banque
Bezirk .... district, arrondissement
Brücke .... pont
Brunnen .... fontaine
Burg .... château
Denkmal .... monument
Dom .... cathédrale
Donau .... Danube
  Alte Donau .... Vieux Danube
  Donau Kanal .... canal du Danube
Durchgang .... passage
Flakturm .... tour de défense anti-aérienne
Flughafen .... aéroport
Friedhof .... cimetière
Garten .... jardin
Gasse .... petite rue
Gebäude .... construction, édifice
Graben .... fossé
Gürtel .... ceinture
Haltestelle .... arrêt (de tram ou d'autobus)
Hauptstrasse .... grand-rue
Haus .... maison
Hof .... cour
Hofburg .... château de la Cour impériale
Höhe .... hauteur
Innere Stadt .... ville intérieure
Insel .... île
Jugendstil .... Art Nouveau, modern style
Kai .... quai
Kapelle .... chapelle
Kirche .... église
Krankenhaus .... hôpital
Land .... campagne, champs
Markt .... marché
Museum .... musée
Oper .... opéra
Palast .... palais
Park .... parc
Platz .... place
Rathaus .... hôtel de ville
Ring .... anneau, ring
Schloss .... château, domaine
Siedlung .... lotissement
Stadt .... ville, cité
Stadtbahn .... métropolitain
Stätte .... lieu, endroit
Stiege .... escalier
Stift .... fondation, couvent
Strasse .... rue, route, chaussée
Trakt .... corps de logis, aile
Turm .... tour
U-Bahn .... métro
Universität .... université
Viertel .... quartier
Wald .... forêt
Weg .... chemin
Werkbund .... société d'architecture pour la promotion du logement expérimental
Wien .... Vienne
  Wiener Werkstätte .... ateliers viennois
  Wienzeile .... rive de la Vienne
Zeile .... rangée
  Linke Wienzeile .... rive gauche de la Vienne
  Rechte Wienzeile .... rive droite de la Vienne

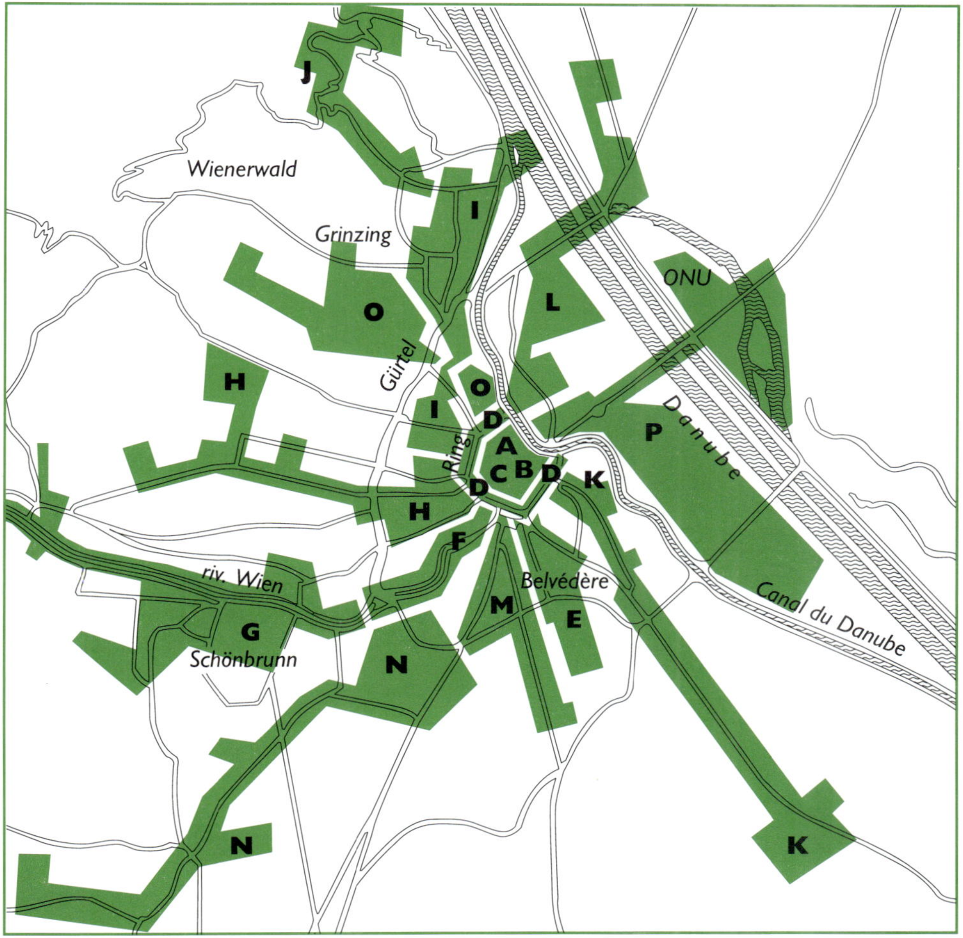
Wienerwald
Grinzing
Gürtel
Ring
riv. Wien
Schönbrunn
Belvédère
ONU
Danube
Canal du Danube
J
I
O
L
H
I
O
D
A
C
B
D
K
P
D
H
F
G
M
E
N
N
K

SOMMAIRE

Comment se servir de ce guide ?

Ce guide est conçu pour permettre au visiteur de choisir entre différentes visites possibles :

• *Si on choisit une promenade*
La carte générale groupe toutes les promenades (A,B,C…) qui composent les chapitres. Une carte partielle, au début de chaque promenade, reprend la liste des lieux à visiter.

• *Si on choisit un architecte*
L'index des architectes permet de retrouver chacune de leurs réalisations dans les promenades, avec commentaires et illustrations.

• *Si on choisit une époque ou un style*
Le "picto-style" permet de repérer rapidement les œuvres appartenant à une même époque ou à un style particulier. Un répertoire en début d'ouvrage donne au visiteur le moyen de comprendre ces "picto-styles".

• *Si on choisit un aspect architectural*
Croquis, plans, coupes et relevés de façades figurent en page de gauche, en regard des commentaires qui les concernent. Ils offrent un aperçu rapide des architectures proposées.

• *Si on choisit un degré d'intérêt*
Le nombre d'étoiles, repris dans les fiches d'identification et sur la liste en regard des cartes, indique l'importance culturelle et artistique des lieux proposés à la visite.

Au début de chaque promenade

- Carte générale de la promenade avec localisation:
  -des objets (chiffres arabes) et ensembles architecturaux (chiffres romains)
  -des transports en commun à utiltiser
  -des points de contact avec les autres promenades.
- Liste des objets et ensembles accompagnée de leur appréciation (en étoiles).
- Situation de la promenade dans le plan général de la ville.
- Codes de couleur utilisés dans les cartes :

Bâti
Ensemble architectural
Objet architectural
Façade intéressante
Ligne de Métro
Ligne de bus
Zones de végétation
Zones arborées
Eau

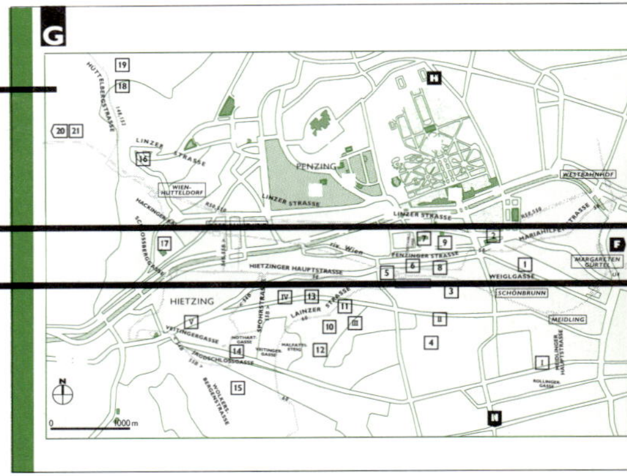

Pages de gauche

Les pages de gauche contiennent toujours des illustrations légendées en rapport étroit avec le texte des pages de droite correspondantes. Elles peuvent comporter:

- des dessins originaux des auteurs illustrant les objets architecturaux les plus remarquables
- des plans, élévations, coupes ou axonométries de certains bâtiments
- des gravures et dessins empruntés à certains artistes
- des plans détaillés de rues ou de quartiers intéressants dans lesquels les bâtiments traités sont en couleur.

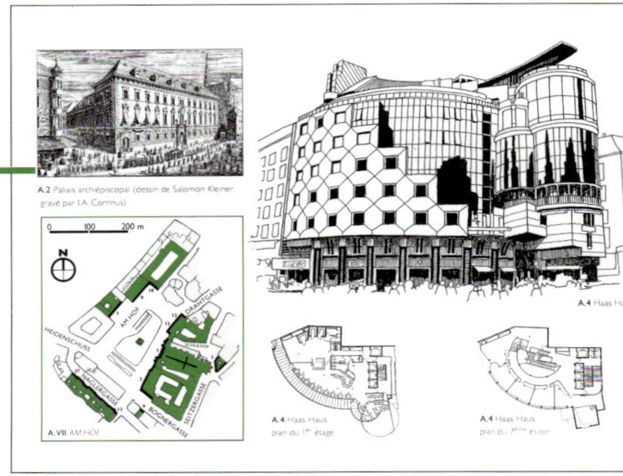

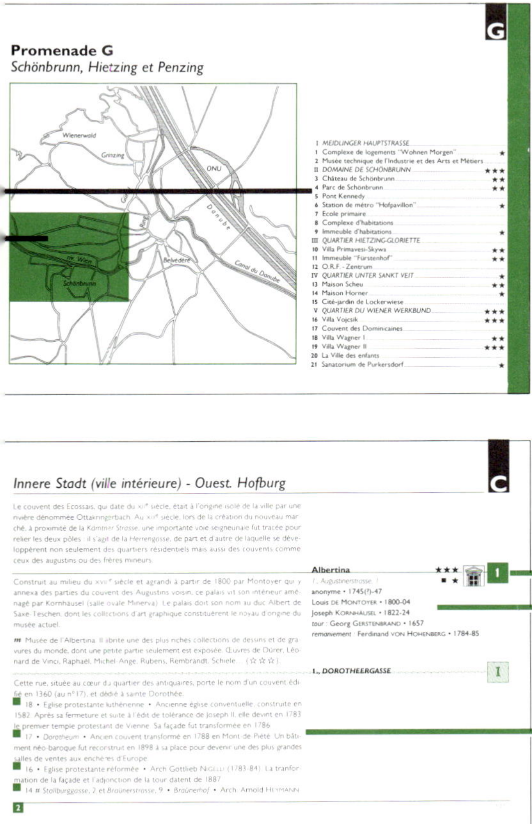

Pages de droite

Les pages de droite des promenades comprennent trois parties: les blocs de repérage, les fiches d'identification et le commentaire.

Blocs de repérage qui renvoient aux cartes.

- Repérage de la promenade par une lettre majuscule.
- Repérage d'un ensemble architectural ou urbain (chiffre romain).
- Repérage d'un bâtiment (chiffre arabe).
- Rappel du repérage de la promenade.

Fiches d'identification

La fiche de chaque objet ou ensemble comprend :

- son appellation
- la traduction éventuelle
- son adresse dans la langue locale
- son ou ses architectes avec la date des interventions
- les conditions de visite
- son style général représenté par un "picto-style" expliqué en début d'ouvrage
- une appréciation (étoiles au dessus de la ligne) de son intérêt extérieur
- la possibilité d'y entrer
- une appréciation (étoiles en dessous de la ligne) de son intérêt intérieur

Commentaires

- Commentaire sur l'histoire, la signification, la fonction et le caractère esthétique de chaque objet ou ensemble architectural.
- Greffes : invitations à s'éloigner de la promenade principale pour découvrir d'autres centres d'intérêt.
- Le cas échéant, indication et appréciation des musées, des points de vue ou des panoramas...
- Mention des transports en commun à utiliser.

Signification des pictogrammes et des signes

■ Bâtiment dans un ensemble urbain.

■ Partie d'un bâtiment ou d'un ensemble urbain.

Début d'une greffe dans un ensemble (donnant accès à un ensemble secondaire).

Bâtiment situé dans la greffe signalée par le pictogramme précédent.

m Musée.

◀ Point de vue remarquable ou panorama.

Indique qu'un bâtiment est situé à l'angle de deux artères ou d'une artère et d'une place.

⊙ Invitation à utiliser les transports en commun.

Heures de visite.

★ Dans le texte, indique le degré d'intérêt d'un objet architectural ou d'un ensemble urbain.

☆ Dans le texte, indique le degré d'intérêt d'un point de vue ou d'une œuvre d'art conservée dans un édifice dont on parle.

L'adresse des immeubles à Vienne contient toujours le numéro de l'arrondissement.
Par exemple, **1., Domgasse, 5** où **1.** signifie le numéro de l'arrondissement et **5** le numéro dans la rue.

Tableau synoptique des grandes périodes de l'histoire de Vienne

Politique & Société	Urbanisme & Architecture	Autres Arts, Sciences, Lettres
• ca 100 : Fondation de la place forte de Vindobona (vindo = lumineux), camp romain sous Trajan. • 169-71 : Pillage de Vindobona par les tribus germaniques des Marcomans et des Quades. • 180 : Mort de Marc Aurèle à Vindobona. • IIIe-VIe s. : Invasions successives des Vandales, des Goths, des Huns et des Alamans. - Vindobona acquiert le statut de "municipe".	• ca 100 : Début du système de constructions défensives du Danube. • IIe s. : Construction de maisons de type romain (A.VII.9 ; A.XI.3).	
	• 740 : Première église Saint-Rupert (A.23).	
• 881 : Le nom de Wenia (Vienne) est mentionné pour la première fois dans les annales de Salzbourg. • 976 : LEOPOLD Ier de Babenberg reçoit la "Marche Autrichienne" d'Othon II. • 1030 : Mention de "Vienna" dans les Annales de Niederaltaich. • 1095-1136 : LEOLPOLD III de Babenberg dit "le Pieux", margrave d'Autriche, fondateur de Vienne.		
	1130-1304 : Roman	
	• 1130-1276 : Eglise romane Saint-Rupert (A.23).	• XIIe s. : Fondation probable des Wienersängerknaben (Petits Chanteurs de Vienne) dans leur forme primitive.
• 1137 : Pour la première fois, un document fait état de Vienne en tant que cité.		
	• 1144 : Premier sanctuaire Saint-Etienne.	
• 1155 : Les Babenberg font de Vienne leur résidence et s'installent à "Am Hof" en 1156. • 1156 : La "Marche Autrichienne" est transformée en duché héréditaire avec Vienne comme capitale. • 1158 : HENRI II Jasomirgott fonde le couvent des Bénédictins écossais (Schottenstift).	• 1156 : Aménagement de "Am Hof" en résidence ducale (A.VII). • 1158 : Construction du premier couvent des Bénédictins écossais (C.23). • ca 1200 : Construction des nouveaux remparts de la ville. • XIIIe s. : Chapelle Saint-Virgile (A.I).	• ca 1200 : Art des Minnesänger (trouvères) ; Reinmar VON HAGENAU (ca 1160-ca 1210) et Walther von der VOGELWEIDE (1170-1230) à la Cour des derniers ducs de Babenberg. Ils puisent leur inspiration poétique dans le Lied.
• 1204 : Frappe de la première monnaie viennoise. • 1221 : Promulgation d'un statut municipal pour Vienne. - Première charte communale connue. • ca 1225 : Premier sceau de la ville de Vienne qui adopte l'aigle comme symbole.	• 1221 : Edification du noyau primitif de la Hofburg.	

Politique & Société

• 1246 : Conflit armé avec les Hongrois. Victoire autrichienne. Fin de la dynastie des Babenberg avec la mort de FREDERIC II dit "le Belliqueux".
• 1251 : Vienne tombe aux mains d'OTAKAR II PŘEMYSL de Bohême, duc d'Autriche et électeur du Saint-Empire.

• 1267 : Concile de Vienne. - Réforme des mœurs du clergé, imposition aux juifs d'un vêtement particulier.
• 1273-91 : RODOLPHE Ier de Habsbourg (∘1218), seigneur de Suisse alémanique, empereur germanique.
• 1276 : Grand incendie de Vienne.

• 1292-98 : ADOLPHE DE NASSAU (∘1250), empereur germanique.
• 1298-1308 : ALBERT Ier de Habsbourg (∘1250), fils de Rodolphe Ier, empereur germanique.

• 1326 : Grand incendie de la ville.

• 1338-49 : Tremblements de terre, inondations et épidémies de peste à Vienne.

• 1358-65 : RODOLPHE IV de Habsbourg (∘1339), duc d'Autriche. - Fondateur en 1365 de l'université de Vienne.

Urbanisme & Architecture

• 1234 : Existence d'un marché aux farines (C.I).

• 1240-63 : Façade occidentale de la cathédrale Saint-Etienne (A.1).

• 1255 : Le fossé d'enceinte de l'ancien camp romain (Graben) est comblé et devient un marché (A.III).

• 1279 : Hofburg, cour des Suisses (C.17).
• 1285 : Création d'un marché aux viandes (B.I).

1304-1515 : Gothique

• 1304-65 : Construction gothique de la cathédrale Saint-Etienne (A.1).
• 1326-75 : Eglise de l'Ordre teutonique (B.15).
• 1327 : D. LADTNER VON PIRN, église des Augustins (C.6).
• 1327-40 : Construction gothique de l'église Saint-Michel (C.11).

• 1339 : Eglise des Frères mineurs (C.19).

Autres Arts, Sciences, Lettres

• 1237 : Document mentionnant pour la première fois l'existence de la maîtrise de la cathédrale Saint-Etienne.

• XIVe et XVe s.: Art des Meistersinger (Maîtres-chanteurs) ; venus de Mayence, ils introduisent la polyphonie à la Cour des Habsbourg.
Le troubadour Neidhart VON REUENTAL (A.V.19).

Politique & Société

- 1404-39 : ALBERT V.
- 1421 : Expulsion des juifs. Inquisition.
- 1438 : Vienne devient capitale du Saint-Empire romain.
- 1440-93 : FREDERIC III de Habsbourg.
- 1440 : FREDERIC III invente la devise des Habsbourg, A.E.I.O.U. (Austriæ est Imperare orbi universo).
- 1469 : Vienne devient le siège d'un évêché.
- 1477 : Maximilien de Habsbourg épouse Marie de Bourgogne et rattache ainsi la Bourgogne et les Pays-Bas à la Couronne.
- 1477 : Siège de la ville par Mathias Corvin, roi de Hongrie.
- 1493-1519 : MAXIMILIEN Ier de Habsbourg.
- 1496 : Philippe le Beau, fils de Maximilien Ier, épouse Jeanne la Folle qui lui apporte en dot la Castille et l'Aragon.

Urbanisme & Architecture

- 1365-1433 : Hans VON PRACHATITZ, tour sud de la cathédrale Saint-Etienne (A.1).
- 1394-1414 : M. KNAB, église Maria am Gestade (A.20).
- 1447-1553 : Hofburg, aménagements successifs de la cour des Suisses (C.17).
- 1451-75 : Hans PUSCHBAUM voûte la nef de la cathédrale Saint-Etienne (A.1) et édifie la colonne Spinnerin am Kreuz (N.1).
- 1455 : Première tentative de régulation du Danube.
- 1510-13 : Anton PILGRAM, chaire de vérité et tribune d'orgue de la cathédrale Saint-Etienne (A.1).

Autres Arts, Sciences, Lettres

- 1467-1513 : Apogée des sculpteurs Nicolas de LEYDE, Max VELMET et Michel TICHER, tombeau de Frederic III (A.1).
- 1477 : L'Ordre de la Toison d'Or, créé en 1430 par Philippe le Bon, duc de Bourgogne, devient autrichien.
- 1490 : H. EDLERAUER, maître de chapelle de la cathédrale, est considéré comme le premier polyphoniste viennois.
- 1490-1519 : P. HOFHAIMER (1459-1537), organiste de Maximilien Ier et considéré comme le premier compositeur authentiquement autrichien.
- 1496 : Heinrich ISAAC (ca 1450-1527), compositeur à la Cour.
- 1498 : Remaniement des Wienersängerknaben.
- début XVIe s. : J. WINTERBURGER, considéré comme le premier représentant de l'édition musicale à Vienne.
- 1510-15 : Anton PILGRAM, chef de la corporation des tailleurs de pierre.

Politique & Société

• 1515 : Les bourgeois viennois perdent le monopole du grand commerce.

• 1519-56 : CHARLES-QUINT (1500-58).
• ca 1520 : La doctrine de Luther se répand dans la ville.
• 1522 : Exécution de Martin SIEBENBÜRGER, bourgmestre de Vienne.
• 1525 : Grand incendie de la ville.
• 1526 : L'archiduc Ferdinand Ier promulgue un statut municipal qui réduit à néant les droits d'auto-administration de Vienne.

• 1529 : 1er siège de Vienne par les Turcs, qui échouent. Niklas SALM défend la ville contre les attaques du sultan Soliman II.

• 1541 : Epidémie de peste.

• 1551 : Arrivée des Jésuites à Vienne. Début de la Contre-Réforme.
• 1556 : Abdication de CHARLES QUINT.
• 1556-64 : FERDINAND Ier (∘1503), frère cadet de Charles Quint, premier souverain austro-hongrois moderne.
• 1564-76 : MAXIMILIEN II de Habsbourg.

• 1576-1612 : RODOLPHE II de Habsbourg (∘1552), fils de Maximilien II.
• 1577 : Interdiction du protestantisme.

Urbanisme & Architecture

1515-1627 : Renaissance

• 1531-66 : Construction des premiers bastions.

• 1547-52 : Hofburg, aile Léopold (C.16).
• 1550 : Premier arsenal bourgeois (A.VII).

• 1558 : Ecuries de l'Ecole espagnole d'équitation (C.10).
• 1560 : Création de la réserve de chasse du Prater (P.III).

• 1573 : Eglise ukrainienne Sainte-Barbe (B.4).
• 1575-77 : Hofburg, aile d'Amalia (C.15).

Autres Arts, Sciences, Lettres

• 1518 : Albrecht DÜRER (1471-1528) peint le célèbre portrait de Maximilien Ier.

• 1527-1603 : Les maîtres de chapelle impériaux sont pour la plupart des compositeurs issus des Pays-Bas : le Gantois Pieter MAESSENS, l'Anversois Charles LUYTON, le Liégeois Lambert de SAYVES et surtout le Malinois Philippe de MONTE.
• 1530 : Niclas MELDEMAN grave une carte de Vienne représentant la défaite des Turcs en 1529.

• ca 1580 : Hans VON AACHEN (1552-1615) peint le portrait de Rodolphe II.

Politique & Société

- 1600-40 : Arrivée à Vienne d'ordres monastiques catholiques.
- 1612-19 : MATTHIAS de Habsbourg.
- 1618-48 : Guerre de Trente Ans.
- 1619-37 : FERDINAND II de Habsbourg (∘1578).
- 1620 : Ferdinand II écrase les états de Bohême à la bataille de la Montagne Blanche.
- 1620 : Le cardinal Melchior KLESL (1552-1630) favorise l'installation à Vienne d'ordres religieux.
- 1637-57 : FERDINAND III de Habsbourg (∘1608).
- 1645 : Les Suédois menacent Vienne.
- 1648 : Traités de Westphalie qui mettent fin à la guerre de Trente Ans.
- 1657-1705 : LEOPOLD Ier de Habsbourg.
- 1668 : Incendie de la Hofburg.

Urbanisme & Architecture

- 1598 : Régulation des eaux du Danube.
- 1603-21 : Eglise des Franciscains (B.16).
- 1614-21 : Couvent des Franciscains (B.VIII).

1627-1753 : Baroque

- 1627-31 : Eglise des Jésuites (B.7).
- 1631-34 : A. CANEVALE, église des Dominicains (B.5).
- 1632-33 : Eglise des Capucins et caveau des Habsbourg (C.I).
- 1643-48 : S. CARLONE et A.F. D'ALLIO, reconstruction du couvent des Ecossais (C.23).
- 1650 : Création du parc d'Augarten (L.I).
- 1651-84 : C. CANEVALE et F. MARTINELLI, église des Servites (O.1).
- 1660 : Construction du couvent de Heiligenkreuzer Hof (B.3).
- 1662 : A. CARLONE, façade baroque de l'église des Neuf Chœurs des Anges (A.15).
- 1667 : Erection de la colonne de la Vierge à Am Hof (A.VII).

Autres Arts, Sciences, Lettres

- 1619-49 : Les maîtres de chapelle impériaux sont pour la plupart des Vénitiens, élèves de Giovanni Gabrieli : Giovanni PRIULI, Giovanni VALENTINI, c'est le début de l'époque baroque à Vienne.
- 1636-57 : Johann Jakob FROBERGER (1616-67), organiste et compositeur à la Cour.
- 1637-57 : FERDINAND III, empereur-compositeur.
- 1642-67 : Apogée de l'opéra italien et du bel canto à Vienne avec Antonio DRAGHI et Francesco CONTI.
- 1649 : Matthäus MERIAN grave une vue perspective de Vienne.
- 1651 : Ouverture du premier théâtre de Comédie de Vienne.
- 1657-1705 : LEOPOLD Ier, empereur-compositeur.

Politique & Société

• 1678 : Début de la peste contre laquelle lutte le prince de Schwarzenberg.
• 1679 : Grande épidémie de peste à Vienne (plus de 100 000 victimes).

• 1683 : Deuxième attaque des Turcs contre Vienne, sous la conduite de Kara Mustafa, arrêtée au Kahlenberg par JEAN III SOBIESKI, roi de Pologne, et CHARLES DE LORRAINE. Le comte Rüdiger STARHEMBERG et le maire Andreas VON LIEBENBERG défendent la ville.
• 1683 : Défaite du grand vizir KARA MUSTAFA.

• 1690 : Joyeuse Entrée de Joseph Ier à Vienne.

• 1697 : Victoire du prince Eugène de Savoie sur les Turcs, les obligeant à céder la Hongrie à l'Autriche.

• 1700 : Vienne compte 80 000 habitants.

Urbanisme & Architecture

• 1682-1737 : Apogée de J.B. FISCHER VON ERLACH, Colonne de la peste (A.6), château de Schönbrunn (G.3), palais Schönborn-Batthyany (C.24), chancellerie de Bohême (A.17), palais Lobkowitz (C.4), église Saint-Charles (E.1), Bibliothèque nationale (C.8).
• 1683 : Ouverture du premier établissement à vocation de "café" (B.9).

• 1684-1706 : Apogée de F. MARTINELLI, église des Servites (O.1), palais d'hiver Liechtenstein (C.18).
• 1685-87 : G.P. TENCALA, palais Lobkowitz (C.4).
• 1687 : Premier éclairage public des rues.
• 1687-90 : L. BURNACINI, Thérésianum (M.1).

• 1691 : Hans Jakob WAGNER VON WAGENFELS publie "EhrenRuff Teutschlands", manifeste démontrant la supériorité de l'architecture germanique sur celle de la France.
• 1693 : I. CANEVALE, Hôpitaux généraux (I.4).

• 1697-1724 : Collaboration entre J.B. FISCHER VON ERLACH et J.L. VON HILDEBRANDT, palais Schwarzenberg (E.8), palais d'hiver d'Eugène de Savoie (B.17).
• 1699 : Hôtel de ville (A.18).
• fin XVIIe s. - début XVIIIe s. : Une fièvre de construction s'empare de la ville. D'innombrables édifices baroques marquent les débuts de la "Vienna gloriosa".
• 1700-25 : D. GIRARD, jardins du Belvédère (E.11).
• 1702 : G. MONTANI, Peterskirche (A.10).
• 1703-07 : A. POZZO, intérieur de l'église des Jésuites (B.7) et de l'église des Franciscains (B.16).

Autres Arts, Sciences, Lettres

• 1670-1700 : Antonio DRAGHI (1635-1700), maître de musique à la cour, collabore avec l'architecte Burnacini à l'avènement du "théâtre musical" viennois.

• 1682-93 : Paul STRUDEL sculpte "La peste terrassée" pour le monument votif du Graben (A.6).

• 1683 : Folbert van ALTEN-ALLEN grave un plan perspectif de Vienne.
• ca 1683 : Franz GEFFELS peint la "bataille de dégagement devant les portes de Vienne".

• 1696-1725 : Apogée de Johan Michaël ROTTMAYR VON ROSENBRUNN (1654-1730), un des meilleurs et des plus célèbres fresquistes baroques d'Europe centrale ; grand coloriste et spécialiste du trompe-l'œil.
- Apothéose de saint Charles Borromée (E.1). - Fresques de la coupole de Peterskirche (A.10).

• ca 1700 : Lieber Augustin, chanteur populaire.

• 1703-07 : Andrea POZZO (1642-1709), peintre, spécialiste du trompe-l'œil. Eglise des Jésuites (B.7).

Politique & Société

- 1705-11 : JOSEPH Ier de Habsbourg (°1678).
- 1711-40 : CHARLES VI de Habsbourg (°1685).
- 1713 : La Pragmatique Sanction, rédigée par CHARLES VI, assure la succession des Habsbourg par les femmes.
- 1713 : Epidémie de peste à Vienne.
- 1714 : Traité de Rastatt.
- 1722 : Vienne devient le siège de l'Archevêché.

Urbanisme & Architecture

- 1703-23 : Apogée de J.L. VON HILDEBRANDT, Peterskirche (A.10), palais d'été Starhemberg (M.9), palais Daun-Kinksy (C.22), palais inférieur du Belvédère (E.10), chancellerie fédérale (C.20), palais supérieur du Belvédère (E.12), Hofburg – aile de la chancellerie (C.14).
- 1704 : Construction des remparts protégeant les nouveaux faubourgs.
- 1705-12 : J. TREHET, parc de Schönbrunn (G.4) et parc d'Augarten (L.I).
- 1721 : J.B. FISCHER VON ERLACH écrit son "Traité d'architecture historique".
- 1723-63 : Apogée de J.E. FISCHER VON ERLACH, Karlskirche (E.1), Hofburg - manège espagnol (C.9) et aile de la Chancellerie (C.14), château de Schönbrunn (G.3), Bibliothèque nationale (C.8), Fontaine du mariage de la Vierge (A.XI).
- XVIIIe s : Hofburg, aile St-Michel (C.13).

Autres Arts, Sciences, Lettres

- 1705-1711 : JOSEPH Ier, empereur-compositeur.
- 1715-41 : Johann Josef FUX (1660-1741) maître de chapelle impériale. Le plus illustre compositeur du baroque autrichien.
- 1717 : Le Hollandais DU PASQUIER fonde la manufacture de porcelaines d'Augarten (L.Ia).
- 1721 : Balthasar PERMOSER (1651-1732) sculpte "L'Apothéose du prince Eugène de Savoie" (E.10).
- 1724-30 : J. B. MADER, J. B. STRAUB et J. SCHLETTERER sculptent les colonnes de Karlskirche (E.1).
- 1725 : Simon VOGEL, maître-forgeron, dessine le balcon de l'hôtel de ville (A.18).
- ca 1725 : Carlo CARLONE (1686-1775) peint "La Gloire du prince Eugène" au Belvédère supérieur (E.12).
- ca 1725 : Lorenzo MATTIELLI, sculpteur.
  - Groupes à l'entrée de la Hofburg (C.13).
  - Les "Travaux d'Hercule" (C.VIII).
- 1729 : M. STEINDL, sculpte la chaire de vérité de Peterskirche (A.10).
- 1734-40 : Apogée de Pietro METASTASIO (1698-1782), dramaturge italien, poète attitré de la Cour des Habsbourg et protégé de Marie-Thérèse.
- ca 1737 : Daniel GRAN peint les fresques de la Bibliothèque nationale (C.8).

Politique & Société

• 1740-80 : MARIE-THERÈSE de Habsbourg (∘1717), première (et unique) bénéficiaire de la Pragmatique Sanction. Elle épouse François-Etienne de LORRAINE, qui devient empereur. C'est la fondation de la Maison des Habsbourg-Lorraine.

• 1753 : Réformes universitaires.

• 1756-63 : Guerre de Sept Ans.

• 1765 : Mort de l'empereur François-Etienne de Lorraine.

Urbanisme & Architecture

• 1740-64 : Apogée de N. PACASSI, château de Schönbrunn (G.3), Amalienburg (C.15), chancellerie fédérale (C.20).

1753-1848 : Classicisme et Biedermeier

• 1753-55 : J.N. JADOT DE VILLE-ISSEY, Académie des Sciences (B.8). Aménagement du caveau des empereurs dans la crypte du couvent des Capucins (C.I). Travaux dans la Hofburg (C.VIII).

• 1766 : Transformation du Prater en parc (P.III).

Autres Arts, Sciences, Lettres

Œuvres dans Annakirche (B.XI).
• ca 1737-45 : Georg Raphael DONNER, sculpteur.

• 1749 : Balthasar Ferdinand MOLL sculpte le tombeau de Marie-Thérèse au Kaisergruft (C.I).
• 1750-70 : Gherard van SWIETEN (1700-72), médecin attitré de Marie-Thérèse, fondateur de l'Ecole viennoise de médecine.
• 1752-90 : Apogée de Franz-Anton MAULBERTSCH (1724-96). Surnommé le "Tiepolo viennois", il fut l'un des plus grands peintres fresquistes de son époque.

• 1754-81 : Christoph Willibald GLUCK (1714-87), directeur musical de la Cour, illustre compositeur et réformateur de l'opéra sous l'influence de l'art lyrique français.
• 1760 : B. BELLOTTO (1721-80), peint les célèbres vues de Vienne (D.10).
• 1761 : Léopold AUENBURGGER (1722-1809), médecin, élève de van Swieten, invente la méthode de percussion pour l'examen du thorax.
• ca 1761 : Albert BOLLA, stucateur, et Gregorio GUGLIELMI (1714-73), fresquiste, décorent le palais de Schönbrunn (G.3). - Fresques à l'Académie des Sciences (B.8).
• 1761-90 : Franz Joseph HAYDN (1732-1809), illustre compositeur, entre au service des princes Esterhazy. Il fixe les formes du quatuor à cordes et de la symphonie classique.
• 1762 : C.W. GLUCK : l'opéra "Orfeo ed Euridice" créé à l'ancien Burgtheater.
• 1765-73 : Apogée de Carl DITTERS VON DITTERSDORF (1739-99), violoniste et compositeur, ami de Haydn et de Mozart.

• 1769 : Fondation de la maison d'édition ARTARIA (A.13), spécialisée dans la publication des œuvres

Politique & Société

- 1773 : Expulsion des Jésuites.
- 1780-90 : JOSEPH II de Habsbourg-Lorraine (∘1741), "despote éclairé". Vienne devient l'unique capitale de l'empire. - Abolition du servage. - Edit de Tolérance (le joséphisme).
- 1783 : Nouvelle constitution de la ville.
- 1784 : Création des hôpitaux.
- 1785 : Création du Josephinum, école de médecine.
- 1790 : Vienne compte 207 000 habitants.
- 1790-92 : LEOPOLD II de Habsbourg-Lorraine (∘1747), frère de Joseph II.
- 1792-1835 : FRANÇOIS II de Habsbourg (∘1768).

Urbanisme & Architecture

- 1770 : Les maisons sont répertoriées par numéros de police.
- 1783 : Suppression du cimetière entourant la cathédrale St-Etienne.
- 1783-84 : F. VON HOHENBERG, palais Pallavicini (C.7).

Autres Arts, Sciences, Lettres

des musiciens dont Haydn, Mozart, Beethoven et Schubert. Après avoir été la plus importante maison d'édition à Vienne, elle ferma ses portes en 1932.

- 1781 : Wolfgang Amadeus MOZART (1756-91). Né à Salzbourg, se fixe définitivement à Vienne.
- 1782 : Karl Georg MERVILLE sculpte la "Chute des anges rebelles" pour l'église Saint-Michel (C.11).
- 1788 : W.A. MOZART écrit ses trois dernières symphonies en 6 semaines.
- 1788-1824 : Apogée d'Antonio SALIERI (1750-1825) après avoir été le rival de Mozart.
- 1789 : Emmanuel SCHIKANEDER (1715-1812), directeur de théâtre, librettiste de Mozart, auteur de "La Flûte enchantée".
- 1791 : Première de "La Flûte enchantée" de MOZART au théâtre "An der Wien" avec Schikaneder lui-même dans le rôle de Papageno.
- 1792 : Ludwig van BEETHOVEN (1770-1827) se fixe définitivement à Vienne où il est adopté par les familles princières Lichnowsky, Lobkowitz et Schwarzenberg.
- 1793-1811 : Johann Nepomuk HUMMEL (1778-1837), pianiste virtuose, compositeur, maître de chapelle de plusieurs cours, concertmeister du prince Esterhazy.
- 1798-1801 : Joseph HAYDN, au palais Schwarzenberg (E.8), les oratorios "La Création" et "Les Saisons".
- 1798-1805 : Antonio CANOVA, sculpteur à Vienne ; tombeau de l'archiduchesse Marie-Christine (C.6).

Politique & Société

• 1805-09 : Napoléon fait la guerre à l'Autriche et occupe Vienne à deux reprises.
• 1806 : Napoléon abolit le Saint-Empire. - FRANÇOIS II renonce à la couronne du Saint-Empire romain germanique et devient premier empereur héréditaire d'Autriche sous le nom de FRANÇOIS Ier.

• 1809 : Traité de Vienne. - METTERNICH, chancelier.
• 1809 : Deuxième occupation de la ville par les Français. - Signature de la "Paix de Vienne", à l'issue de la bataille de Wagram. - METTERNICH, chancelier.

• 1811 : Dévaluation monétaire de 80%.

• 1814-15 : Défaite napoléonienne. - Congrès de Vienne, METTERNICH et Talleyrand. - Chute de Napoléon, remaniement politique de l'Europe dont Vienne devient capitale.
• 1815-48 : L'Autriche, arbitre de l'Europe.
• 1816 : Création de la Banque Nationale.

Urbanisme & Architecture

• 1801 : Reconstruction du théâtre "An der Wien".

• 1803-07 : L. MONTOYER, palais Rasumoffsky (K.6).

• 1809 : Création du Volksgarten (D.IV).

• 1815-30 : Début de l'industrialisation dans les faubourgs.

Autres Arts, Sciences, Lettres

• 1801 : BEETHOVEN : 6 quatuors op. 18 dédiés au prince de Lobkowitz.
• 1802 : BEETHOVEN écrit le "Testament de Heiligenstadt".
• 1803-52 : Anton DIABELLI (1781-58), compositeur, professeur de musique et éditeur de Schubert.
• 1804 : BEETHOVEN dirige en privé la création de sa symphonie Héroïque au palais Lobkowitz (C.4).
• 1804 : J. M. FISCHER sculpte les deux fontaines du Graben (A.III).
• 1804-08 : BEETHOVEN : 4e symphonie, sonate op. 53 pour piano dédiée à Waldstein, sonate "Appassionata", concerto pour violon, 4e concerto pour piano dédié à l'archiduc Rodolphe, 3 quatuors op. 59 dédiés au prince Rasumoffsky.

• 1807 : F.A. ZAUNER sculpte la statue équestre de Joseph II à la Josefplatz (C.VI).
• 1808 : BEETHOVEN, 5e et 6e symphonies.

• 1810-40 : Apogée de Karl CZERNY (1791-1857), pianiste virtuose, auteur de compositions à caractère didactique.
• 1812 : Fondation de la "Société des Amis de la Musique" (Gesellschaft der Musikfreunde).

• ca 1815 : Ferdinand Georg WALDMÜLLER (1793-1865) célèbre peintre de l'époque Biedermeier.
• 1815-48 : Epoque Biedermeier.

• 1816 : Johann Nepomuk MAELZEL, inventeur, construit le premier métronome.
• 1817-27 : Apogée de Franz SCHUBERT (1797-1828), illustre compositeur de Lieder, auteur de symphonies et de musique de chambre.

Politique & Société

• 1824 : Vienne compte 290 000 habitants.

• 1831 : Epidémie de choléra.

• 1835-48 : FERDINAND Ier de Habsbourg (1793-1875). Il abdique en faveur de son neveu François-Joseph.

• 1848-49 : Révolution à Vienne. - Chute de METTERNICH.
• 1848 : Vienne compte 400 000 habitants.
• 1848-1916 : FRANÇOIS-JOSEPH de Habsbourg (∘1830). Il procède à une réorganisation complète de l'Etat. Son ministre de l'Intérieur Alexander BACH, s'appuyant

Urbanisme & Architecture

• 1820-24 : P. VON NOBILE, temple de Thésée (D.6) et Burgtor (D.9).

• 1824-26 : J. KORNHÄUSEL, grande synagogue (A.24).

• 1838 : Inauguration de la première ligne de chemin de fer de Vienne à Wagram

Autres Arts, Sciences, Lettres

• 1820 : Triomphe de la valse viennoise, danse en trois temps issue du Ländler et mise au point par Joseph LANNER (1801-43).
• 1820-30 : Ferdinand RAIMUND (1790-1836), comédien, poète et dramaturge.
• 1824 : BEETHOVEN, 9e symphonie.
• 1825 : Johann STRAUSS père (1804-49) fonde son propre orchestre.
• 1825-38 : Franz GRILLPARZER (1791-1872), dramaturge, auteur de tragédies patriotiques et allégoriques, un des écrivains les plus éminents de la littérature autrichienne. - "Ottakar", "Querelles de Frères".
• 1828 : Ignaz BÖSENDORFER fonde la firme de pianos qui porte son nom. Ses instruments de concert sont parmi les plus réputés.
• 1830-44 : Nicolaus LENAU (1802-50), poète.
• 1832 : Friedrich VON AMERLING (1803-85) peint le portrait de François Ier.
• 1834 : Johann STRAUSS père, chef d'orchestre des bals de la Cour.

• 1842 : Fondation de l'Orchestre philharmonique de Vienne (Wiener Philharmoniker) par Otto NICOLAI (1810-49), auteur de l'opéra "Les Joyeuses Commères de Windsor".
• 1842-46 : A.P. MARCHESEI sculpte le monument de François Ier (C.14).
• 1844-46 : SCHWANTALLER sculpte la fontaine "Austria" (C.XIII).
• 1845-55 : Johann NESTROY (1801-60), acteur et auteur dramatique d'inspiration populaire.

Politique & Société

sur l'armée, la bureaucratie, la police et le clergé, instaure un régime réactionnaire et absolutiste.

• 1849 : Vienne reprend son autonomie communale. L'élection du Conseil est confiée aux citoyens.

• 1853 : Attentat contre l'empereur FRANÇOIS-JOSEPH.

• 1859 : Mort de METTERNICH.

• 1860 : La mairie de Vienne passe aux Libéraux.

Urbanisme & Architecture

1849-94 : Historicisme

• 1849-56 : T. VON HANSEN, Arsenal (E.14), Musée d'histoire militaire (E.14).
• 1849-56 : E. VAN DER NÜLL et A. SICARDSBURG, Arsenal (E.14).
• 1850 : Vienne est structurée en 8 arrondissements.

• 1856-84 : Apogée de H. VON FERSTEL. Banque d'état (C.21), Votivkirche (D.1).

• 1858-65 : Démolition des murs d'enceinte, des bastions et des glacis. - Concours international pour l'aménagement de la ville. - Aménagement de la "Ringstrasse" sur les plans de FÖRSTER. Incorporation progressive des faubourgs à la ville.
• 1860 : Vienne compte 9 arrondissements.
• 1861-69 : E. VAN DER NÜLL et A. SICCARDSBURG, Opéra (D.14).
• 1862 : Création du Stadpark (D.XII).

• 1864-73 : Premières canalisations urbaines.

• 1865 : Premiers tramways à traction chevaline.

• 1866-83 : Apogée de T. VON HANSEN, Musikvereinsgebäude (E.6), palais Epstein (D.7), Parlement (D.5), Académie des Beaux-Arts (D.13).

Autres Arts, Sciences, Lettres

• 1849 : Début des tournées de Johann STRAUSS fils (1825-99), dit "le roi de la valse".

• 1850 : Un humoriste Souabe crée le personnage légendaire de "Biedermeier" qui a donné son nom à l'époque qui le précède.

• 1857 : Adalbert STIFTER (1805-68), un des maîtres du réalisme poétique, "L'été de la Saint-Martin".

• 1859-65 : A. FERNKORN sculpte les statues équestres d'Eugène de Savoie et de l'archiduc Charles à la Heldenplatz (D.8).

• 1862 : Johannes BRAHMS (1833-97), illustre compositeur allemand, se fixe à Vienne où il écrit la majeure partie de son œuvre.
• 1862 : Ludwig KÖCHEL (1800-77), savant et musicologue, établit le catalogue universellement adopté de l'œuvre de Mozart.
• 1862-79 : Apogée de Franz VON SUPPE (1819-95), compositeur d'opérettes et chef d'orchestre aux théâtres "In der Josefstadt", (J.IIb) et "An der Wien" (F.IIa).
• 1865 : Franz WINTERHALTER peint les portraits de l'empereur François-Joseph et de l'impératrice Elisabeth.

• 1867 : Johann STRAUSS : "Le Beau Danube bleu".

Politique & Société

• 1873 : Krach économique. - Epidémie de choléra. - Exposition universelle à Vienne.

• 1882 : Alliance tripartite entre l'Autriche, le Reich allemand et l'Italie.

Urbanisme & Architecture

• 1869-75 : Dernière régulation des eaux du Danube.
• 1869-94 : Apogée de G. SEMPER et K. VON HASENAUER, Neue Hofburg (D.8), Burgtheater (D.4), Musées des Beaux-Arts et d'histoire naturelle (D.10).

• 1872-83 : F. VON SCHMIDT, Hôtel de ville (D.3).
• 1873 : Premières canalisations d'eau courante.
• 1873-84 : H. VON FERSTEL, université (D.2).
• 1874 : Inauguration du cimetière central (K.12). Vienne compte 10 arrondissements.

• 1880 : VON SEGENSCHIMD, Palmenhaus à Schönbrunn (G.4).
• 1881 : Premières lignes téléphoniques.

• 1883 : Premier tramway à vapeur.
• 1885 : G. SENNHOLZ dessine le Türkenschanzpark (O.II).

1894-1914 : Jugendstil, Sécession viennoise, rationalisme loosien, positivisme wagnerien

• 1886-94 : Otto WAGNER, villa Wagner I (G.18), palais Hoyos (E.9), Ankerhaus (A.7).

Autres Arts, Sciences, Lettres

• 1868-90 : Apogée d'Anton BRUCKNER (1824-96), organiste, maître de musique, auteur d'œuvres religieuses et surtout de neuf symphonies monumentales.
• 1869 : J. MEIXNER sculpte la fontaine du Danube (C.III).
• 1869-81 : Apogée de Hans MAKART (1840-84), peintre ayant fortement marqué la Vienne impériale. Virtuose de la couleur, il a influencé les premières œuvres du Jugendstil.
• 1869-83 : Karl MILLÖCKER (1842-99), compositeur d'opérettes, chef d'orchestre au théâtre "An der Wien" (F.II.a).

• 1875-85 : Johann SCHRAMMEL (1850-93), auteur de musique populaire jouée dans les Heurigen (J.I).
• 1877 : Ludwig BOLTZMANN (1844-1906), physicien illustre, auteur d'une célèbre théorie cinétique des gaz.
• 1880-88 : K. ZUMBUSCH sculpte le monument de Marie-Thérèse (D.VI) et celui de Beethoven.

• 1885 : Karl AUER VON WELSBACH (1858-1929), chimiste, invente le bec de gaz qui porte son nom.
• 1885 : Naissance d'Eric VON STROHEIM réalisateur et acteur de cinéma.
• 1885 : Anton ROMAKO (1834-89), l'un des plus grands peintres viennois de sa génération, représentant principal du néo-baroque.

• 1887-97 : Apogée d'Hugo WOLF (1860-1903), l'un des grands maîtres du lied post-romantique allemand.

Politique & Société

• 1889 : Suicide du prince héritier RODOLPHE à Mayerling.

• 1897-1910 : Karl LUEGER, maire de Vienne.

• 1898 : Jubilé de l'Empereur. - Assassinat à Genève de l'impératrice Elisabeth (Sissi).

Urbanisme & Architecture

• 1889 : Camillo SITTE, (1843-1903) urbaniste, auteur de "Städtebau" et d'une critique du Ring de Vienne.
• 1890 : Création des arrondissements 11 à 19.
• 1890 : Création du Grand-Vienne.

• 1894 : Otto WAGNER fonde la Wagner Schule.
• 1894 : Démolition des remparts extérieurs.
- Construction du "Gürtel".
• 1895-1907 : Apogée d'Otto WAGNER : métro, viaducs et métro aérien (F.3-F.4), Hofpavillon (G.6), Karlsplatz (E.2), Stadtpark (D.6), Rossauer Lände (O.2). - Ecluses de Nussdorf (I.8). - Majolikahaus (F.2), Caisse d'épargne postale (D.17), Eglise St-Léopold (H.9), Schützenhaus (L.1).
• 1896 : Ouverture du premier cinéma.
• 1896 : Installation des conduites de gaz.
• 1896-97 : W.B. BASSET, la Grande Roue (P.1).
• 1897-1902 : Electrification des tramways.
• 1897-98 : J.M. Olbrich, pavillon de la Sécession (F.1).

• 1898 : Volksoper.
• 1898-1900 : F. OHMANN et J. HACKHOFER, ponts sur la Wien (D.19), serres impériales (D.12), aménagement de la Wien (D.15).

Autres Arts, Sciences, Lettres

• 1888 : Johann STRAUSS ; "Valse de l'empereur", "La Chauve-souris" et "Le Baron tzigane".
• 1888-96 : Apogée de Rudolf STEINER (1861-1925), philosophe, pédagogue et fondateur de l'Anthroposophie.
• 1890 : Naissance à Vienne du cinéaste Fritz LANG.

• 1892-1928 : Arthur SCHNITZLER (1862-1931), romancier et auteur dramatique ; "La Ronde".
• 1894 : Naissance de Joseph VON STERNBERG, cinéaste.

• 1895-97 R. VON WEYR et E. HELLMER sculptent les fontaines de la Michaëlertrakt (C.13).

• 1896 : V. TILGNER sculpte le monument de Mozart au Burggarten (D.VIII).

• 1897 : Fondation de la Sécession viennoise par Joseph Maria OLBRICH, Gustav KLIMT, Koloman MOSER, Carl MOLL, Joseph HOFFMANN.
• 1897-1907 : Apogée de Gustav MAHLER (1860-1911). Illustre compositeur et chef d'orchestre. Directeur de l'Opéra (D.14), il en fit une des plus prestigieuses scènes lyriques d'Europe. Auteur de 10 symphonies monumentales et d'importantes œuvres vocales.
• 1898-1901 : Plein essor de la revue sécessionniste "Ver Sacrum".
• 1898-1905 : Apogée de Koloman MOSER (1868-1918), peintre, illustrateur, et principal décorateur d'Otto Wagner (F.2, H.9).
• 1899 : Karl KRAUS (1874-1936) journaliste et écrivain, juge impitoyable de la société de son époque, fonde la revue "Die Fackel" (Le Flambeau).
• 1899 : A. STRASSER, monument de Marc Aurèle (F.1).

Politique & Société

Urbanisme & Architecture

• 1900 : Construction des usines communales d'électricité.
• 1900-13 : Urbanisation de Landstrasse et du parc d'Arenberg (K.VI). Création du parc Aloïs Drasche (M.III), et de Estelplatz (K.IV).
• 1900-13 : Pléiade d'architectes Jugendstil et sécessionnistes. - M. FABIANI, Artaria (A.13), Urania (D.18), Portois et Fix (K.7). - J. PLEČNICK, Zacherlhaus (A.3), église du St-Esprit (H.4). - A. BARON, immeubles (B.1 et B.2). - O. SCHÖNTHAL, villa Vojcsik (G.16). - H. PRUTSCHER.
• 1901-14 : Apogée de J. HOFFMANN, Villas Moll I et II, Spitzer (I.IVb), Primavesi (G.10), sanatorium de Purkersdorf (G.21).

• 1905 : Incorporation à la ville du village de Floridsdorf pour former le 21e arrondissement

• 1907 : Inauguration de l'asile d'aliénés "Am Steinhof" et de l'église Saint-Léopold de WAGNER.

Autres Arts, Sciences, Lettres

• 1899-1925 : Apogée de Rainer Marie RILKE (1875-1926). Ecrivain célèbre, poète, romancier, auteur d'essais et d'une importante correspondance.
• 1900 : Fondation de l'orchestre symphonique de Vienne.
• 1900-23 : Edmund HELLMER sculpte les monuments de Goethe (D.VIII) et de Johann Strauss (D.XII).
• 1900-25 : Plein essor de Sigmund FREUD (1856-1939), neurologue et psychiatre, fondateur de la psychanalyse ; - "Totem et Tabou", "La Science des rêves".
• 1901 : Fondation d'Universal-Edition qui reprend Artaria et publie la majeure partie des œuvres de compositeurs d'Europe centrale.
• 1902 : Gustav KLIMT peint la fresque "Beethoven" au pavillon de la Sécession (F.1).
• 1902 : Karl KUNDMANN sculpte la fontaine de Pallas Athéna au Parlement (D.5).
• 1903 : Création de la "Wiener Werkstätte" par le banquier viennois Fritz WAERNDORFER, et les artistes Koloman MOSER et Josef HOFFMANN.
• 1904 : Oscar STRAUS (1870-1954), compositeur d'opérettes.
• 1905 : Franz LEHAR (1870-1948) ; création de l'opérette "La Veuve joyeuse".
• 1905 : B. VON SUTTNER, prix Nobel de la paix.
• 1906 : Robert VON MUSIL (1880-1942) écrivain, maître du roman expressionniste ; - "Les Désarrois de l'élève Törless".
• 1906-08 : Début de la collaboration de Richard STRAUSS avec Hugo VON HOFMANNSTHAL ; l'opéra "Electre".
• 1906-13 : Hugo VON HOFMANNSTHAL (1974-1929), poète, chantre de la vie psychique ; - "Jedermann". En collaboration avec Richard Strauss : Electre, Le Chevalier à la Rose...
• 1907 : Hans BITTERLICH, monument de l'impératrice Elisabeth au Volksgarten (D.IV).
• 1907-08 : Gustav KLIMT (1862-1918) peint "Le Baiser".

Politique & Société

• 1910 : Vienne compte 2 300 000 habitants.

• 1914 : Assassinat à Sarajevo de l'archiduc FRANÇOIS-FERDINAND de Habsbourg, héritier du trône. - Début de la Première Guerre mondiale.
• 1916 : Mort de l'empereur FRANÇOIS-JOSEPH Ier de Habsbourg.
• 1916-18 : CHARLES Ier de Habsbourg (1887-1922).

• 1918 : Fin de la Première Guerre mondiale.
- Effondrement de la monarchie austro-hongroise. - Proclamation de la République d'Autriche.

Urbanisme & Architecture

• 1908-13 : Apogée d'A. LOOS, American Bar (C.1), Looshaus (C.12), magasin Kniže (A.8), maison Scheu (G.13), maison Horner (G.14).

• 1910 : Construction de l'aqueduc

• 1912-13 : O. WAGNER : voûtement de la Wien (F.I), villa Wagner II (G.19).

Autres Arts, Sciences, Lettres

• 1908 : Sigmund FREUD fonde la Société psychanalytique de Vienne.
• 1908 : Josef-Matthias HAUER (1883-1959), théoricien, auteur d'un système atonal et inventeur du principe de la série de 12 sons, le dodécaphonisme, exploité par A. SCHÖNBERG à partir de 1920.
• 1909-33 : Apogée d'Alfred ADLER (1870-1937), médecin et psychologue, collaborateur de FREUD et directeur de l'institut pédagogique de Vienne.
• 1909-49 : Robert STOLZ (1880-1975), compositeur d'opérettes et chef d'orchestre au théâtre "An der Wien" (F.II.a).
• 1910-13 : Oskar KOKOSCHKA (1886-1980) peint sa série de portraits névrotiques.
• 1910-17 : Première période d'Anton WEBERN (1883-1945) ; œuvres atonales d'une étonnante concision.
• 1910-35 : Apogée de Stefan ZWEIG (1881-42), écrivain, maître du portrait psychologique et de la civilisation européenne ; - "Marie-Antoinette", "La maison au bord de la mer", "Amok".
• 1912 : Arnold SCHÖNBERG (1874-1951) compose le "Pierrot Lunaire".
• 1912-28 : Apogée de Max REINHARDT (1873-1943), célèbre metteur en scène, principal animateur du théâtre "In der Josefstadt" (I.IIb).
• 1913-20 : Apogée de Gustav MEYRINK (1868-1932), auteur de romans fantastiques dont le "Golem" et la "Nuit de Walpurgis".
• 1914-22 : Karl KRAUS, "Les derniers jours de l'humanité".

• 1916-18 : Egon SCHIELE (1890-1918) peint la série de la "Guerre des Sexes".

• 1917 : Arnold SCHÖNBERG fonde l'"Ecole de Vienne" avec Alban BERG et Anton WEBERN.

Politique & Société

• 1918 : Karl RENNER (1870-1950), premier président de la République.
• 1919 : Premières élections démocratiques. - Les sociaux-démocrates obtiennent la majorité à Vienne.
• 1919-23 : Jakob REUMANN, maire de Vienne.
• 1919-34 : Politique communale exemplaire de la "Vienne Rouge".
• 1920 : Vienne compte 1 840 000 habitants.

• 1921 : Vienne devient territoire fédéral avec un statut particulier.

• 1927 : Emeute socialiste.

Urbanisme & Architecture

• 1919 : Ouverture au public du Burggarten (D.VIII).

1920-38 : Fonctionnalisme et expressionnisme socialiste

• 1921-37 : Apogée de C. HOLZMEISTER : crématoire (K.12), église St-Judas-Th. (O.10), maison de la radio (M.2).

• 1923-30 : Réalisations exemplaires de logements sociaux dans le cadre de la "Vienne Rouge". - O. NADEL, Amalienbad (M.6), J. HOFFMANN, P. BEHRENS, O. STRNAD... Winarsky-Hof (L.4), A. LOOS, Haas-Hof (L.4). H. SCHMID et H. AICHINGER, Raben-Hof (K.9), H. GESSNER, Karl Seitz-Hof (L.11), K. KRIST et R. OERLEY, Washington-Hof (N.3), K. EHN, Karl Marx-Hof (I.7).
• 1924-25 : J. HOFFMANN, villa Knips (I.9).

• 1926-28 : L. WITTGENSTEIN, maison personnelle (K.2).
• 1927-28 : A. LOOS, maison Moller (O.12).

• 1930-32 : Quartier du Wiener Werkbund. Constructions de J. HOFFMANN, A. LOOS, A. LURÇAT, R. NEUTRA, G. RIETVELD, etc. (G.V).
• 1931 : Inauguration du Stade du Prater (P.III).

Autres Arts, Sciences, Lettres

• 1919 : Fondation des "Wiener Sänger Knaben", dans leur forme actuelle.
• 1919-25 : Apogée à Vienne de Richard STRAUSS (1864-1949), illustre compositeur allemand, auteur d'opéras dont une grande partie sur des livrets d'Hofmannsthal. - Directeur de l'Opéra.

• 1921 : Alban BERG (1885-1935) achève l'opéra "Wozzeck".
• 1921 : Ludwig WITTGENSTEIN (1889-1951), philosophe et logicien, virtuose du langage ; "Tractatus logico-philosophicus".
• 1923-38 : Apogée de Joseph ROTH (1896-1939), romancier. Il décrit le déclin de l'empire austro-hongrois; "La Marche de Radetzky", "La Crypte des Capucins".
• 1923 : Formulation définitive de la théorie dodécaphonique par Arnold SCHÖNBERG.

• 1924 : Début des émissions radiophoniques de la société "Ravag".
• 1924 : Mort de Franz KAFKA à Vienne.
• 1924-43 : 2e période d'Anton WEBERN ; Œuvres dodécaphoniques influencées par les théories de Schönberg.
• 1926-42 : Robert VON MUSIL écrit "L'Homme sans qualité".
• 1928-33 : Période viennoise d'Ernst KRENEK (∘1900), compositeur.
• 1930 : Karl LANDSTEINER (1868-1943) biologiste, prix Nobel de médecine pour la découverte des groupes sanguins et du facteur Rhésus.
• 1931 : Création à Vienne du "Concerto pour la main gauche" de Ravel par Paul WITTGENSTEIN, frère du philosophe et dédicataire de l'œuvre.

Politique & Société

• 1933 : Régime autoritaire du chancelier DOLLFUSS. - Luttes contre les sociaux-démocrates et les nazis.
• 1934 : L'ancien vice-chancelier Richard SCHMITZ devient maire de Vienne.
• 1934 : Guerre civile. - Combat désespéré des sociaux-démocrates pour la liberté. Le Gouvernement fédéral impose sa dictature.
- Assassinat du chancelier DOLLFUSS. "Putsch" nazi.
- Kurt VON SCHUSCHNIGG, chancelier.

• 1938 : L'Anschluss. - Annexion de l'Autriche à l'Allemagne hitlérienne.
• 1938 (13 mars) : Hitler descend triomphalement la Mariahilferstrasse, acclamé par les Viennois.
- Persécutions des Juifs. Fuite d'intellectuels, savants et artistes devant l'extrémisme hitlérien. Un référendum avalise l'Anschluss. - Démission du chancelier VON SCHUSCHNIGG.
• 1940 : Début de la Deuxième Guerre mondiale.

• 1945 : Bataille de Vienne. - L'armée Rouge libère Vienne et chasse les troupes allemandes. - L'Autriche est soumise à l'administration des Alliés. Partage de Vienne en quatre zones d'occupation.
• 1945-50 : Karl RENNER, président de la République autrichienne rétablie.

Urbanisme & Architecture

• 1935 : Ouverture de la route du Wienerwald (J.II).

• 1942-44 : F. TAMMS, tours de défense antiaérienne (F.IIIb, K.VIa, L.Ib).

• 1946-56 : Reconstruction massive de la ville détruite par les bombardements de la guerre.

Autres Arts, Sciences, Lettres

• 1931-36 : Apogée du "Cercle de Vienne". Ecole de philosophie néo-positiviste issue des idées de Russel. Fondateur : Moritz SCHLICK (1882-1936).
• 1932 : Fermeture de la "Wiener Werkstätte".
• 1933 : Erwin SCHRÖNDINGER (1887-1961), physicien, prix Nobel de physique pour ses travaux sur la mécanique ondulatoire.

• 1935-85 : Apogée d'Elias CANETTI (∘1905), écrivain, Prix Nobel de littérature ; "Auto-da-fé".

• 1941-55 : Clemens KRAUSS, crée et dirige les "Concerts du Nouvel An".
• 1943-45 et 1955-56 : Karl BÖHM (1894-1981), illustre chef d'orchestre, directeur de l'Opéra.
• 1945 : Apogée d'Hermann BROCH (1886-1951), écrivain, auteur de "Hofmannsthal et son temps" et de "La mort de Virgile". Inventeur de la célèbre formule "L'Apocalypse joyeuse".
• 1945-75 : Apogée de Fritz WOTRUBA (1907-75), célèbre sculpteur, auteur de l'église de la Sainte-Trinité (N.9).
• 1946 : Apogée d'Ernst LOTHAR (1890-1974), critique, metteur en scène et directeur de théâtre.
• 1949 : Carol REED tourne le film "Le 3e homme", d'après le roman de Graham Greene, avec Orson Welles (P.1).
• 1950 : Heimito VON DODERER (1896-1966) situe un

Politique & Société

• 1955 (15 mai) : Traité d'Etat autrichien, signé au Belvédère entre l'Autriche et les quatre puissances d'occupation. Les troupes alliées se retirent et rendent la liberté à l'Autriche.
• 1955 (26 oct.) : Loi constitutionnelle sur la neutralité de l'Autriche. - Bruno KREISKY, chancelier (1911-1990).
• 1956 : Vienne devient le siège de l'Agence internationale de l'énergie atomique (AIEA).

• 1961 : Rencontre au sommet entre Kennedy et Khrouchtchev à Vienne.

• 1967 : Installation à Vienne de l'Organisation des Nations unies pour le développement industriel (O.N.U.D.I.).

Urbanisme & Architecture

1952-90 : Epoque contemporaine

• 1952-75 : R. RAINER, Stadthalle et Stadthallenbad (H.10), ORF-Zentrum (G.12).

• 1955 : Réouverture de l'Opéra (D.14).

• 1960 : Ouverture de l'aéroport de Wien-Schwechat.

• 1961-63 : R. SCHWARZ, église Saint-Florian (M.10).

• 1964-66 : C. HOLZMEISTER, église de la Sainte-Famille (M.7).
• 1964-82 : Magasins de H. HOLLEIN, Retti (A.12), Christa Metek (C.3), Schullin I (A.9), Schullin II (A.11).

Autres Arts, Sciences, Lettres

de ses romans au "Strudlhofstiege" (O.3).
• 1951 : Création du Festival de Vienne (Wiener Festwochen).
• 1951 : Otto Eric DEUTSCH (1893-1967), musicologue, établit le catalogue thématique universellement adopté des œuvres de Schubert.

• 1953 : Nicolaus HARNONCOURT (∘1929), violoncelliste et chef d'orchestre, fonde le "Concentus musicus de Vienne".
• 1955-69 : Willy BOSKOWSKY, violoniste et chef d'orchestre, dirige les "Concerts du Nouvel An".

• 1956-58 : Ernst MARISCHKA tourne une série de films sur "Sissi" avec Romy Schneider dans le rôle principal.
• 1957-64 : Herbert VON KARAJAN (1908-1989), illustre chef d'orchestre, directeur de l'Opéra.
• 1960-71 : Gunther BRUS, Otto MUEHL et Hermann NITSCH créent "L'Actionnisme viennois", forme de peinture qui utilise le corps humain comme support.
• 1960-85 : Apogée de Fritz STOWASSER dit HUNDERTWASSER (∘1928), peintre.

• 1963-87 : Apogée de Thomas BERNHARD, écrivain, dramaturge, et célèbre metteur en scène (∘1931).

• 1965-80 : Dieter KAUFMANN (∘1941), compositeur, principal représentant de la musique électro-acoustique et concrète à Vienne.
• 1967 : Fondation de l'ensemble de Musique contemporaine "Kontrapunkte" par Peter KEUSCHNIG.

Politique & Société

• 1972-81 : Kurt WALDHEIM, secrétaire général de l'O.N.U.

• 1979 : Vienne devient le 3e siège permanent de l'O.N.U.
Rencontre au sommet entre Carter et Brejnev à Vienne.

• 1981 : Vienne compte 1 500 000 habitants.

• 1986 : Kurt WALDHEIM, président de la République. - Franz VRANITZKY, chancelier.

• 1989 : Mort de l'impératrice ZITA, épouse de Charles Ier. Funérailles impériales à la cathédrale Saint-Etienne.
• 1991 : Vienne compte 1 700 000 habitants.

Urbanisme & Architecture

• 1970-89 : HLAVENICKA, complexe gare François-Joseph, centre de calcul et nouvelle université (I.6).
• 1971-82 : W. HOLZBAUER, H. MARSCHALEK, G. LADSTÄTTER et N. GANTAR, construction de 30 nouvelles stations de métro (A.I, M.3, P.4…).
• 1973-79 : J. STABER, la cité de l'O.N.U. (P.3).

• 1974 : Kärntnerstrasse devient rue piétonnière (B.XII). La municipalité rend progressivement la ville aux piétons.
• 1974-79 : W. HOLZBAUER, complexe de logements "Wohnen Morgen" (G.1).
• 1975-79 : G. DOMENIG, caisse d'épargne Z de Favoriten (M.5).
• 1979-85 : Réhabilitation exemplaire du Spittelberg (H.V).

• ca 1980 : H. GLÜCK, HLAVENICKA, REQUAT et REINTHALLER, parc résidentiel d'Alt-Erlaa (N.6).
• 1981-90 : Apogée du Groupe HIMMELBLAU (W. PRIX et H. SWICZINSKY). Œuvres poético-agressives (A.25 et B.6).
• 1983-85 : F. HUNDERTWASSER, complexe de logements (K.5).
• 1984-88 : R. KRIER, cité-jardin de Liesing (N.8).
• 1985-90 : H. HOLLEIN, Haashaus (A.4). Complexe scolaire (O.11).

• 1987 : Inauguration de l' "Austria-Center" à côté de la cité de l'O.N.U.

Autres Arts, Sciences, Lettres

• 1971-80 : Gottfried VON EINEM (°1918), compositeur d'opéras et d'œuvres diverses de caractère tonal.

• 1973 : Le prix Nobel de médecine est décerné à Konrad LORENZ (1903-90), naturaliste, pour ses travaux sur le comportement animal et à Karl VON FRISCH (1886-1982), entomologiste, pour la découverte du langage des abeilles.

• 1982-84 : Lorin MAAZEL, chef d'orchestre, directeur de l'Opéra.

• 1985 : Exposition : "Vienne 1900, rêve et réalité".
• 1986 : Peter TURRINI (°1944) romancier, écrit en dialecte : "Tango viennois".
• 1986 : Claudio ABBADO, chef d'orchestre, directeur de l'Opéra et directeur général de la musique de la ville.

Evolution de la ville

IIe-XIe s. • Les origines

1 ca 100: Vestiges de la place forte de Vindobona. 2 IIe s.: Maisons romaines (A.VII.9 et A.XI.3). 3 IVe s.: Transformation d'une caserne de Vindobona en une première église Saint-Pierre (A.10). 4 VIe s.: Grand-Place de Vindobona, futur "Am Hof" (A.VII).
5 Marché de Vindobona, futur Hoher Markt (A.XI). 6 Marché aux Bois.
7 740: Première église Saint-Rupert (A.23). 8 IXe s.: Fortifications médiévales sur l'ancien mur d'enceinte romain avec trois portes. 9 XIe s.: Installation d'une colonie de marchands le long de la route de Hongrie.

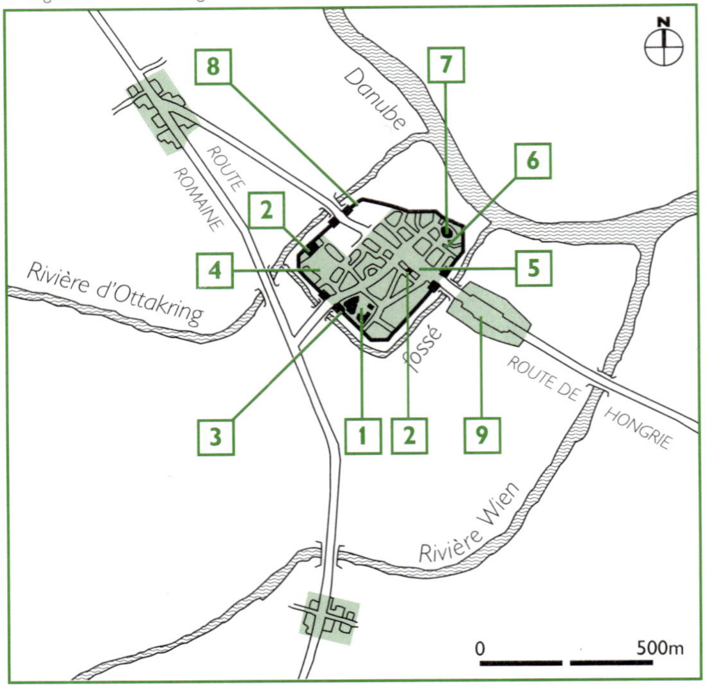

XIIe s. • Vienne pré-romane

1 XIIe s.: Extension de la colonie de marchands en quartier. 2 1130: Construction romane de Saint-Rupert (A.23). 3 1144: Première église paroissiale sur l'emplacement de la future cathédrale Saint-Etienne (A.1). 4 1155: Premier couvent des Ecossais (C.23).
5 1156: Aménagement de la place "Am Hof" (A.VII). 6 1156: Résidence des Babenberg (A.VII). 7 1158: Sanctuaire roman sur l'emplacement de la future église "Maria am Gestade" (A.20).

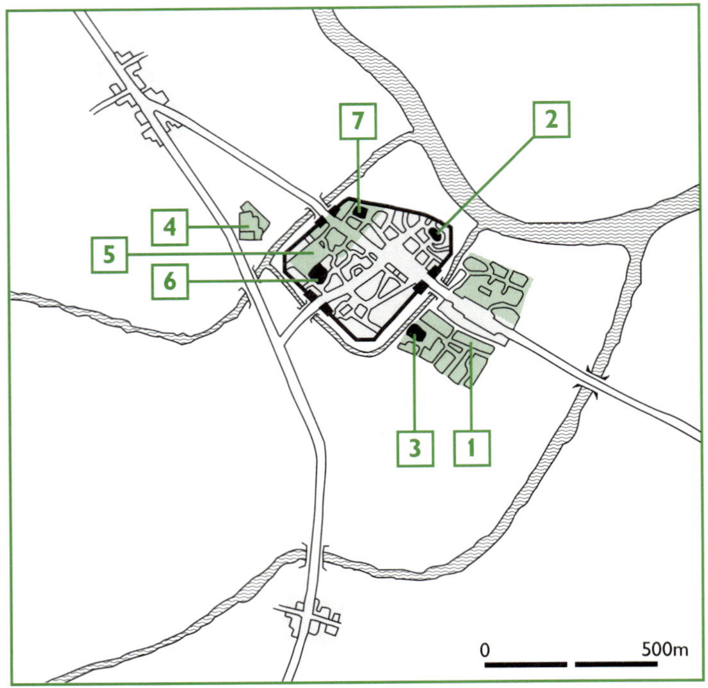

XIIIe s. • Vienne romane

1 ca 1200 : Démolition de l'enceinte romaine et construction de nouveaux remparts dotés de cinq portes. 2 Construction de l'église Saint-Virgile (A.I). 3 1220 : Construction romane de Michaelerkirche (C.11). 4 1221 : Constitution du premier noyau résidentiel de la Hofburg (C.17). 5 1234 : Installation d'un marché aux farines qui deviendra plus tard Neuer Markt (C.I). 6 1240-63 : Début de la construction romane de la cathédrale Saint-Etienne (A.1). 7 1255 : Le fossé d'enceinte de l'ancien camp romain (Graben) est comblé et devient un marché (A.III). 8 1279 : Construction de la Cour des Suisses à la Hofburg (C.17). 9 1285 : Création d'un marché aux viandes (B.I).

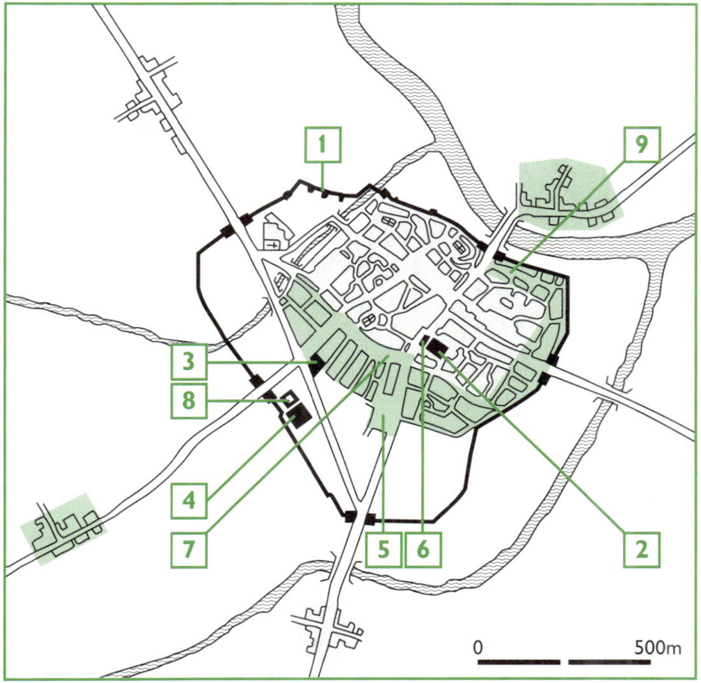

XIVe - XVIe s. • Vienne gothique et ouvrages militaires de la Renaissance

1 1304-65 : Construction gothique de la cathédrale Saint-Etienne (A.1). 2 1326-75 : Eglise de l'Ordre teutonique (B.15). 3 1327-40 : Eglise des Augustins (C.6). 4 1327-40 : Construction gothique de Michaelerkirche (C.11). 5 1339 : Eglise des Frères Mineurs (C.19). 6 1360 : Couvent Sainte-Dorothée (C.IV). 7 1394-1414 : Construction gothique de l'église "Maria am Gestade" (A.20). 8 1447-1553 : Achèvement de la "Cour des Suisses" à la Hofburg (C.17). 9 1531-66 : Ouvrages militaires de la Renaissance : enceinte fortifiée, bastions, portes et glacis. 10 1547-52 : Hofburg, aile Léopold (C.16). 11 1550 : Premier arsenal bourgeois (A.VII). 12 1558 : Ecuries impériales qui, en 1580, deviennent les écuries de l'Ecole espagnole d'équitation (C.10). 13 1560 : Création de la réserve de chasse du Prater (P.III). 14 1575-77 : Hofburg, aile d'Amalia (C.15). 15 1603-21 : Eglise et couvent des Franciscains (B.16).

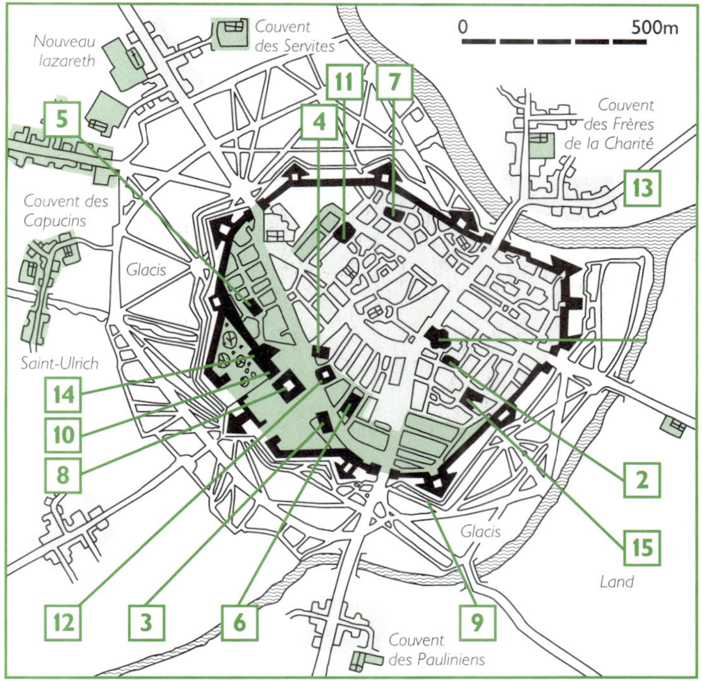

XVIIe et 1ère moitié du XVIIIe s. • Vienne baroque

1 1620-1740 : Ville intérieure, transformations baroques ou constructions nouvelles de 17 églises, 5 couvents, 35 palais et d'importants bâtiments impériaux et municipaux. 2 1650 : Parc d'Augarten (L.I). 3 1651-1756 : Eglise des Servites (O.1). 4 1687-90 : Theresianum (M.1). 5 1691-1711 : Palais Liechtenstein (0.4). 6 1693 : Hôpitaux généraux (I.4). 7 1696-1749 : Schönbrunn (G.3). 8 1697-1724 : Palais Schwarzenberg (E.8). 9 1704 : Remparts protégeant les faubourgs. 10 1714-22 : Belvédère (E.11). 11 1716-37 : Eglise Saint-Charles (E.1). 12 1716-53 : Eglise des Piaristes (I.1). 13 1721-24 : Quartier de Saint-Ulrich (H.II). 14 1766 : Transformation du Prater en parc de plaisance (P.III). • Pendant deux siècles et demi, les glacis entourant la ville intérieure ont formé une zone non bâtie autour de laquelle la nouvelle ville s'est rapidement développée : fait exceptionnel dans l'histoire des grandes villes européennes.

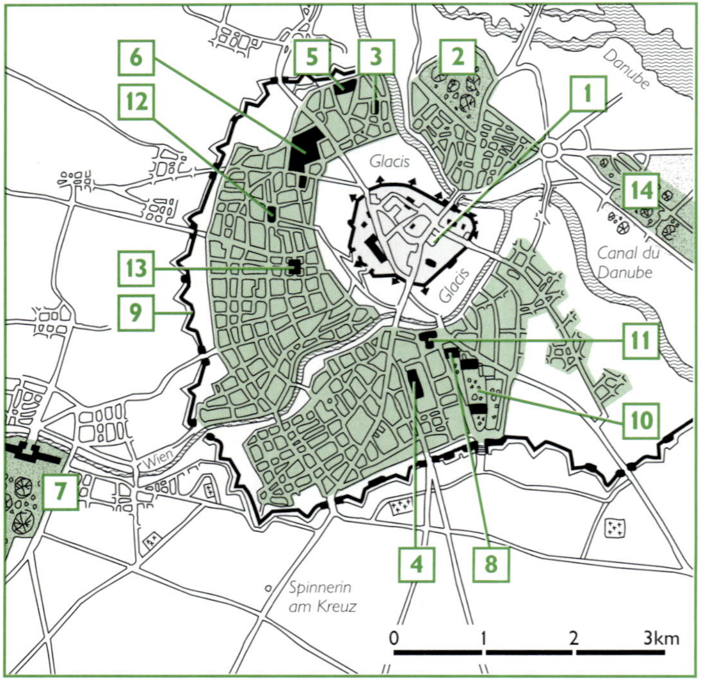

XIXe s. et début du XXe s. • Création du Grand-Vienne

1 1815-30 : Début de l'industrialisation dans les faubourgs. Usines à gaz et centrales électriques. 2 1838-50 : Implantation des grandes gares. 3 1849-56 : Arsenal (E.14). 4 1858-94 : Démolition des murs d'enceinte, bastions et glacis. Création du "Ring" et construction des grands édifices qui le bordent (D). 5 1874 : Cimetière central (K.12). 6 1885 : Ouverture du Türkenschanzpark (O.II). 7 1894 : Démolition des remparts extérieurs et création du "Gürtel". 8 1895-1907 : Construction du métro, du métro aérien, des viaducs et de 25 stations (F.3, F.4, G.6, E.2, D.6 et O.2). 9 1895-1907 : Aménagement du Canal du Danube avec les écluses de Nussdorf (I.8) et le Schützenhaus (L.1). 10 1898-1900 : Voûtement partiel de la Wien et aménagement de ses rives (D.15 et F). 11 1900 : Urbanisation de Landstrasse (K). 12 1905 : Incorporation de Floridsdorf à la ville pour former le 21e arrondissement (L).

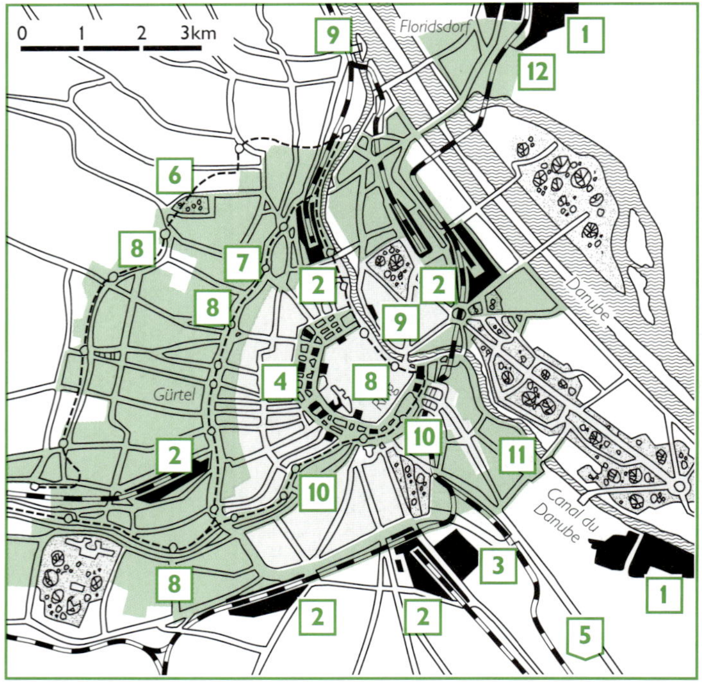

Milieu du XXe s. • Vienne Rouge

1 1920-30 : vaste opération promotionnelle pour la construction et le développement de la Cité ouvrière appelée "Hof" (en noir sur la carte). Par leur nombre et leur qualité architecturale, ces constructions forment un ensemble unique au monde dans l'histoire du socialisme ; Sandleiten-Hof (H.7), Karl-Marx-Hof (I.7), Rabenhof (K.9), Winarsky-Hof (L.4), Karl-Seitz-Hof (L.11) et Washington-Hof (N.3) en sont les réalisations les plus marquantes.
2 1921-22 : Crématoire (K.12). 3 1930-32 : Wiener Werkbund (G.V).
4 1931 : Stade du Prater (P.III). 5 1935 : ouverture de la route du Wienerwald (J.III).
6 1942-44 : Tours de défense anti-aérienne (F.IIIb, K. IVa et L.Ib).

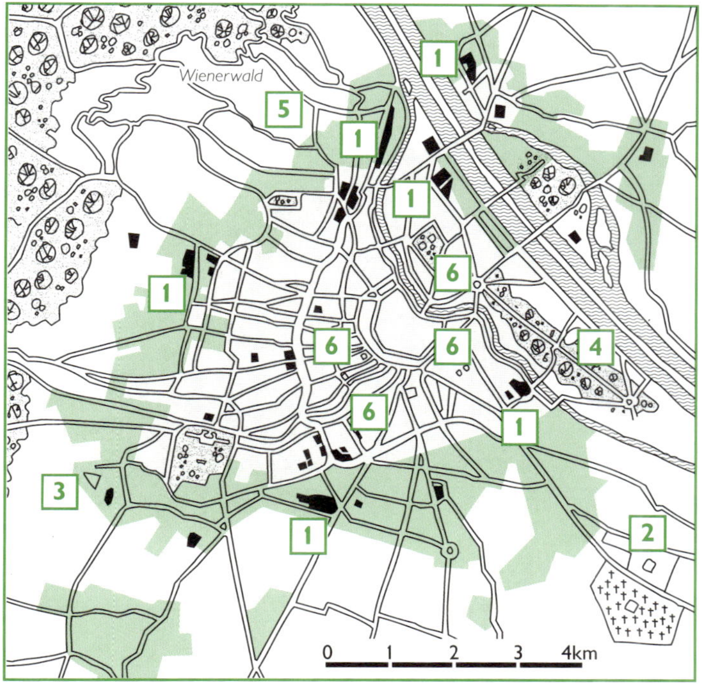

2e moitié du XXe s. • Vienne, 3e siège Mondial de l'O.N.U.

1 1952-58 : Stadthalle et Stadthallenbad (H.10). 2 1960 : Aéroport de Schwechat. 3 ca 1960 : Incorporation à la ville des communes de Kagran-Aspern-Stadlau-Essling et de Liesing-Mauer pour former respectivement les 22e et 23e arrondissements. 4 ca 1960 : Développement intensif des sites industriels créés à la fin du XIXe siècle et implantation de deux importantes raffineries de pétrole. 5 ca 1965-90 : Création des autoroutes de pénétration A22 au nord, A4 au sud-est, A21-A2 au sud et A1 à l'ouest. 6 1969-76 : O.R.F. -Centrum (G.12).
7 1970-89 : Complexe gare François-Joseph, centre de calcul et nouvelle université (I.6).
8 1973-79 : Cité de l'O.N.U. (P.3). 9 1974 : Urbanisation de Meidling (G.I). 10 1974-79 : Wohnen Morgen (G.1). 11 1979-85 : Réhabilitation exemplaire du Spittelberg (H.V).
12 1980 : Complexe résidentiel d'Alt-Erlaa (N.6). 13 1984-88 : Cité-jardin de Liesing (N.8).

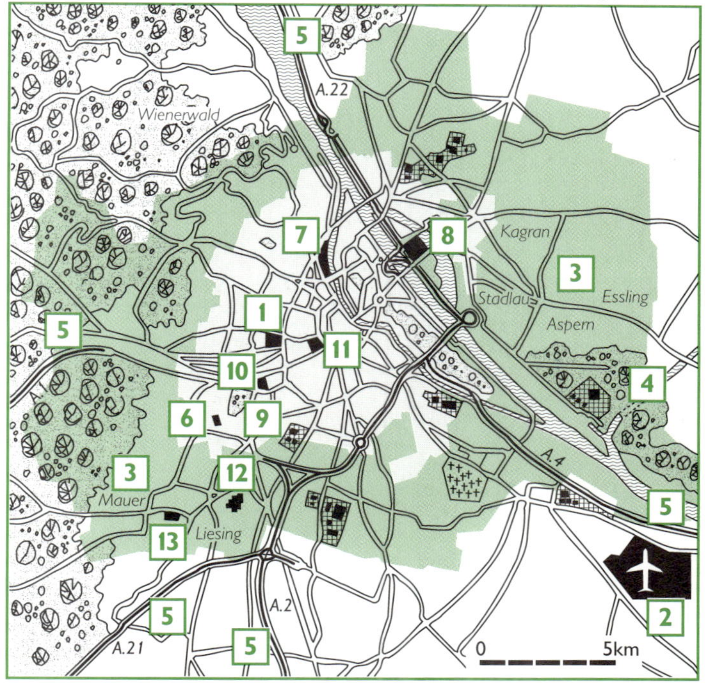

Les grandes périodes de l'architecture viennoise

Même si la majorité des styles historiques de l'architecture occidentale sont illustrés à Vienne, c'est à l'âge baroque et à la charnière des XIXe et XXe siècles que la ville voit naître sur son sol les plus grandes réussites architecturales qui composent aujourd'hui encore son paysage. L'épanouissement du baroque viennois, à la fin du XVIIe et surtout au cours de la première moitié du XVIIIe siècle, coïncide avec l'exaltation de la puissance impériale des Habsbourg. L'extraordinaire épanouissement intellectuel et artistique de la ville autour de 1900, au contraire, accompagne la fin de l'empire austro-hongrois. Les personnalités d'Otto WAGNER et d'Adolf LOOS, la Sécession, le Jugendstil sont autant de composantes d'un foisonnement architectural unique, aux sources de l'architecture contemporaine.

Fenêtre de la tour de Saint-Rupert, A.23

Roman (1130-1304)

Malgré la percée du christianisme au VIe siècle et la fondation de plusieurs monastères, le style roman ne produit pas d'œuvres architecturales remarquables. Beaucoup d'édifices religieux des XIIe et XIIIe siècles sont ensuite démolis et reconstruits dans un autre style, et l'époque romane n'est plus guère représentée, aujourd'hui, que par quelques rares témoignages.

Exemple

- *Eglise Saint-Rupert (A.23)*

Stylisation d'une fenêtre de la cathédrale Saint-Etienne, A.1

Gothique (1304-1515)

Un mélange de deux influences conduit au développement du gothique à Vienne : la première est cistercienne et française, la seconde franciscaine et italienne. Sur ces bases naît un gothique autrichien très proche du style ogival allemand.
Les églises sont de vastes halles où les collatéraux, le transept et le chœur ont souvent la même hauteur que la nef principale. Les voûtes sont souvent compartimentées et divisées par des liernes qui contrastent avec la sobriété des murs.

Exemples

- *Cathédrale Saint-Etienne (A.1)*
- *Eglise Notre-Dame du Rivage (A.20)*
- *Eglise des Augustins (C.6)*

Représentation synthétique de la Porte des Suisses, C.17

Renaissance (1515-1627)

La Renaissance ne marque pas Vienne. Et ses architectes, venus d'Italie, composent avec les traditions locales, comme FERRABOSCO pour l'aile d'Amalia de la Hofburg (C.15). Les écuries de l'Ecole d'équitation espagnole (C.10), avec leur cour intérieure bordée d'arcades, sont à Vienne un exemple unique de fidélité aux modèles italiens.

Stylisation d'une volute de l'église des Jésuites, B.7

Fragment de fenêtre du palais Pallavicini, C.7

Baroque (1627-1753)

Le baroque connaît à Vienne des développements exceptionnellement brillants, mais tardifs.
Le début du XVIIe siècle est en effet troublé par la guerre de Trente Ans, qui s'achève en 1648 avec les traités de Westphalie. En 1683 Vienne est une dernière fois assiégée par les Turcs. Cette date marque la limite entre deux périodes bien distinctes.
Au cours de la première période, le baroque reprend à son compte le vocabulaire du baroque italien, alors à son apogée, dans la construction d'édifices sacrés. Ceux-ci marquent les premières manifestations des différents ordres religieux dans la ville : citons ici l'église des Servites (O.1) de l'italien CANEVALE, et celle des Jésuites (B.7).
Apparaissent ensuite les premières manifestations d'une architecture baroque de palais, dans les remaniements apportés par LUCHESE, D. et M. CARLONE et BURNACINI à l'aile de Léopold de la Hofburg (C.16).
Après la défaite ottomane de 1683, les Habsbourg d'Autriche s'affirment comme une puissance européenne et un baroque impérial s'épanouit dans leur capitale. Les architectes italiens sont toujours actifs à Vienne, tel MARTINELLI qui conçoit le palais Liechtenstein (O.4), mais ce sont deux architectes germaniques, deux des plus grands noms de l'histoire de l'architecture européenne, qui conduisent le baroque impérial viennois à sa pleine maturité : Johann-Bernhard FISCHER VON ERLACH et Johann Lucas VON HILDEBRANDT.
L'un et l'autre ont connu l'Italie : FISCHER VON ERLACH s'est formé à Rome où il a travaillé seize ans, notamment dans l'atelier de Carlo FONTANA, et VON HILDEBRANDT est né à Gênes. Tous les grands thèmes baroques se retrouvent dans leurs œuvres, comme l'irrégularité des contours, l'abondance des formes théâtrales, la recherche du mouvement, le jeu des ondulations des lignes et des surfaces. Leurs palais s'ornent de riches portails à atlantes, et leurs escaliers acquièrent une forme représentative plus accentuée encore que dans les palais italiens ou français ; ces escaliers sont les supports de masques, de volutes et de formes sensuelles ; ils sont tordus, plissés, comprimés par le jeu de géométries irrégulières.
Au-delà des caractéristiques communes aux œuvres de ces deux grands architectes, qui collaborèrent à plusieurs reprises, FISCHER VON ERLACH tend toujours à accentuer les contrastes entre les différents volumes d'un même édifice, contrairement à VON HILDEBRANDT qui joue de préférence sur une plus grande continuité des surfaces et cherche à les faire "vibrer" davantage. En ce sens, FISCHER apparaît plus monumental, plus "romain", plus berninien que VON HILDEBRANDT, souvent moins sec, plus virtuose dans la conception d'organismes architecturaux souples, déliés, proches du rococo.
Contrairement à d'autres capitales européennes, Vienne ne voit pas se développer un urbanisme baroque. Les palais de ville n'y sont pas construits en relation avec de vastes perspectives, mais respectent plutôt le schéma viaire existant, pour former des rues de palais. Par contre, Vienne invente le type du "Gartenpaleis", dont le Belvédère (E.III) est le plus bel exemple. En architecture religieuse, VON HILDEBRANDT remanie l'église Saint-Pierre (A.10) et FISCHER conçoit Saint-Charles Borromée (E.1) dont on a pu écrire qu'elle préfigurait l'historicisme éclectique.

Néo-classicisme et Biedermeier (1753-1848)

Sous le règne de Marie-Thérèse, entre 1740 et 1780, l'extrême fin du baroque laisse progressivement place au néo-classicisme. L'Académie des Sciences (B.8) de Jean-Nicolas JADOT DE VILLE-ISSEY amorce l'abandon progressif des formes et du répertoire décoratif du baroque et du rococo, qui est consommé dans le palais Pallavicini (C.7) de VON HOHENBERG.
A partir du Congrès de Vienne (1815), à côté du néo-classicisme d'inspiration archéologique illustré par le temple de Thésée (D.6), apparaît un style typiquement viennois : le "Biedermeier" ("honnête bourgeois"). Ce style, typique d'un art de plaire qui n'est autre qu'un art de vivre, est plus attaché au confort de la vie quotidienne qu'à l'invention architectonique. Il s'exprime donc surtout dans les aménagements intérieurs et le mobilier. En architecture, le passage Sünnhof (K.1) est un intéressant exemple de la superposition de l'esthétique Biedermeier, dont KORNHAÜSEL est un des principaux représentants, à un ensemble néo-classique.

Interprétation du corps central de l'université, D.2

Historicisme (1848-1894)

Après la démolition des enceintes de la ville par l'empereur François-Joseph, le nouveau Ring est aménagé. En bordure de cette large avenue sont construits des palais monumentaux destinés aux grandes institutions impériales. Aujourd'hui encore, le Ring est un des plus étonnants ensembles urbains de l'historicisme, qui puise librement dans tout le répertoire des styles architecturaux antérieurs. L'hôtel de ville (D.3) et l'église votive (D.1), néo-gothiques, y côtoient un parlement néo-grec (D.5), parmi des édifices néo-Renaissance : l'université (D.2), le théâtre national (D.4) et l'opéra national (D.14) notamment.

Elément des garde-corps métalliques des ponts, viaducs et métro, D.16, F.3, F.4

Otto Wagner

Né en 1841 et mort en 1918, Otto WAGNER incarne la transition de l'historicisme à l'architecture contemporaine. Sa première période créative s'inspire des modèles de la Renaissance toscane, palladiens ou baroques. De cette époque datent sa première villa (G.18), ou encore son propre palais (E.9).
A partir de 1894, année où il est nommé professeur à l'Académie des arts visuels de Vienne, il explore des voies innovatrices, sans jamais oublier cependant les exemples du passé.
Pionnier du Jugendstil avec la maison aux majoliques (F.2), adepte de la Sécession, artisan d'un nouveau rationalisme, WAGNER s'affirme aussi comme l'apôtre du "Nutz-Stil" ("style utile") et se nomme lui-même "Baukünstler" ("artiste en construction"). Les stations et ouvrages d'art qu'il conçoit pour le métro de la ville sont, avec les écluses de Nussdorf (I.8), les plus beaux exemples de son art où architecture et ingéniérie cohabitent.
La caisse d'épargne postale (D.17) et l'église Saint-Léopold (H.9) sont des œuvres de la pleine maturité de l'architecte dont le style ne cesse de s'épurer, jusqu'à sa seconde villa (G.19) et aux immeubles de la Döblergasse (H.I.) qui préfigurent, par certains aspects, l'architecture qui se développera après 1918.

Représentation synthétique d'un tympan de porte à la Da Pontegasse, K. VI.C:7

Jugendstil (1894-1914)

En réaction contre l'académisme historiciste du Ring, les architectes viennois créent un art nouveau, le Jugendstil.
Inspiré du mouvement britannique "Arts and Crafts" et des théories de William Morris qui dès 1880 prend parti pour la réhabilitation du travail artisanal, le Jugendstil est avant tout un mouvement romantique et individualiste.
Il se caractérise par un emploi abondant de lignes courbes, de réminiscences florales et de décorations exubérantes, mais aussi d'atlantes et de figures féminines qui ornent les façades.
Il est proche de l'Art Nouveau belge et français.

Exemples :
- *Villa Vojcsik (G.16)*
- *Aménagements des rives de la Wien à Stadtpark (D.15)*

Interprétation d'un fragment du pavillon de la Sécession, F.1

Sécession (1897-1907)

En 1897, un groupe d'artistes fonde la Sécession, sorte de manifeste contre tous les mouvements de l'époque. OLBRICH et HOFFMANN en font partie. Dans les architectures sécessionnistes, les formes ondoyantes du Jugendstil se métamorphosent en motifs géométriques qui n'évoquent plus tellement la nature végétale mais se rapprochent davantage de la structure des édifices dont ils deviennent le contrepoint.
La stylisation du décor et l'épuration des formes sécessionnistes se manifestent dans des œuvres dépouillées où prédomine le goût des volumes géométriques d'une nudité systématique.
Cet art, débarassé comme le Jugendstil des carcans académiques, veut être en prise directe avec les aspirations de l'homme moderne.
La "Wiener Werkstätte" ("Société coopérative de production des artisans de Vienne"), fondée en 1903 par HOFFMANN notamment, apparaît comme une prolongation de certains idéaux de la Sécession, et lui survit jusqu'en 1932.

Exemples
- *Pavillon de la Sécession (F.1)*
- *Villa Primavesi-Skywa (G.10)*
- *Maison d'habitation et de commerce Portois et Fix (K.7)*

Silhouette évoquant la maison Scheu, G.13

Adolf Loos

Le rationalisme de LOOS est radical. Il est par excellence l'ennemi de tout ornement. Il s'oppose au Jugendstil et à la Sécession qui prônent la fusion de l'art et de la vie. "Le style de notre temps", écrit LOOS, "nous l'avons partout où les artistes (...) n'ont pas encore fourré le nez." Dans son essai célèbre de 1908, "Ornement et crime", il affirme : "L'évolution de la culture va dans le sens de l'expulsion de l'ornement hors de l'objet d'usage (...)." Influencé par l'Américain Louis Sullivan pour qui la forme découle de la fonction, LOOS est ainsi le pionnier du rationalisme contemporain, et construit des œuvres "outrageusement nues" (pour reprendre les termes de la critique de l'époque). La plus célèbre est l'immeuble de la Michaelerplatz (C.12) construit en 1909. Précurseur de tant de développements architecturaux ultérieurs, LOOS, incompris de son époque, est aussi l'inventeur du "Raumplan" ou "plan spatial" dans lequel les différentes pièces sont reliées en un continuum d'espaces d'une grande qualité architecturale.

Synthèse du complexe d'habitations sociales "Karl-Marx-Hof", I.7

"Vienne Rouge" (1920-1933)

Avec la proclamation de la république autrichienne en 1918 débute une politique de promotion du logement prolétarien, qui s'attache plus au destin de quelques îlots périphériques qu'à une réorganisation globale de la ville. Les cités ouvrières s'installent de préférence en bordure du Gürtel, et sont souvent conçues comme des ensembles autonomes, tant fonctionnellement qu'esthétiquement. Organisées autour de cours-jardins intérieures, elles ne cherchent guère à s'intégrer au tissu urbain environnant. Cette typologie du Hof, qui s'inspire du Heiligenkreuzer Hof (B.3) de l'époque baroque, se généralise à Vienne au détriment de celle du "Siedlung" car elle permet un meilleur contrôle social de ses habitants. De nombreux architectes de valeur édifient cette "Vienne Rouge" dans un répertoire de formes géométriques articulées avec une force plastique et monumentale rare.

Exemples

- *Karl Marx-Hof (I.7)*
- *Winarsky et Otto Haas-Hof (L.4)*
- *Karl Seitz-Hof (L.11)*

Éléments architectoniques empruntés au Wiener Werkbund G.V

Fonctionnalisme (1920-1938)

Le fonctionnalisme de l'entre-deux-guerres produit à Vienne des œuvres isolées remarquables, dont la maison Wittgenstein (K.2) et l'église Saint-Judas-Thaddäus (O.10). Mais le principal témoignage de ses principes de composition demeure l'ensemble des maisons construites pour l'exposition internationale d'architecture du Werkbund (G.V), où des architectes viennois et étrangers exécutent au sein d'un même quartier des maisons qui reflètent leur pensée. LOOS, HOFFMANN, RIETVELD, LURÇAT et bien d'autres œuvrent au Werkbund dans ce langage fonctionnaliste qui associe volumes simples et nus, parois blanches et lisses, bandes vitrées horizontales et ferronneries tubulaires graciles.

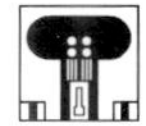

Façade du magasin de bougies Retti, A.12

Époque contemporaine (1952-1990)

C'est l'éclatement d'un pluralisme, de remises en question incessantes, de recherches multiples. L'internationalisme est représenté avec le musée du XXe siècle (E.13), la cité de l'ONU (P.3) ou les grands ensembles collectifs de GLÜCK dont celui d'Alt-Erlaa (N.6).
HANS HOLLEIN œuvre dans sa manière individuelle, symbolique et raffinée à l'extrême. Ses bijouteries Schullin I (A.9) et Schullin II (A.11) sont des réalisations exemplaires de l'architecture de notre temps.
GUSTAV PEICHL, avec notamment son centre de rééducation hospitalière (N.4), illustre le brutalisme.
ROB KRIER explore les voies d'un renouveau de l'urbanité dans ses immeubles à appartements (M.8) ou sa cité-jardin de Liesing (N.8), et COOP HIMMELBLAU celles du "déconstructionnisme", avec notamment sa "déconstruction d'un toit" (B.6).
La caisse d'épargne "Z" (M.5) de DOMENIG, la maison HUNDERTWASSER (K.5) et l'église de la Très-Sainte-Trinité (N.9), volontairement inclassables, sont autant de manifestes anticonformistes et individualistes, d'autant plus violents qu'ils surgissent dans la ville du Biedermeier.

Les promenades A, B, C se succèdent en un itinéraire continu, au départ de la cathédrale Saint-Etienne, pour une découverte de la ville intérieure délimitée par le canal du Danube au Nord et la Ringstrasse *décrite dans la promenade D.*

Ce cœur de Vienne, à la superficie étonnamment réduite par rapport à l'étendue de l'agglomération, s'organise aujourd'hui encore autour de quelques axes d'origine très ancienne : principalement la Rotenturmstrasse *et la* Kärntnerstrasse *qui se font suite du Nord au Sud, le* Graben, *la* Herrengasse.

L'architecture du XXe siècle est présente au centre de Vienne, et y ménage parfois d'intéressants contrastes lorsque la Haas Haus dialogue avec la cathédrale Saint-Etienne, ou lorsque la maison construite par Loos sur la Michaelerplatz *fait face à la* Hofburg.

Symbole impressionnant de la puissance déchue des Habsbourg, celle-ci n'a pourtant ni l'élégance des palais de ville construits par Fischer von Erlach ou von Hildebrandt, ni le charme de maints quartiers comme celui du Heiligenkreuzer Hof *et de ses abords, où flâner est un plaisir toujours renouvelé.*

A

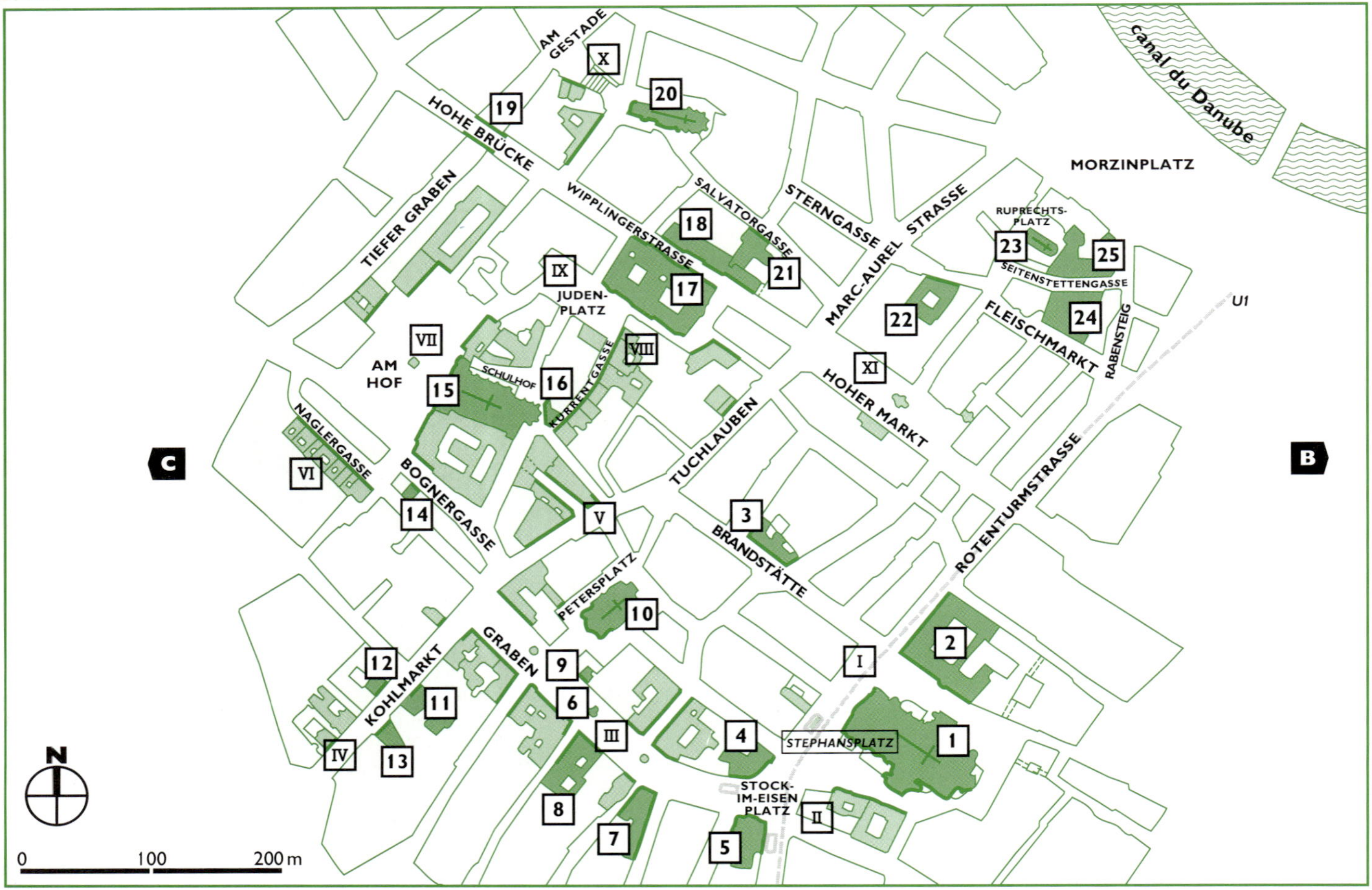

AM GESTADE
X
19
20
HOHE BRÜCKE
canal du Danube
MORZINPLATZ
TIEFER GRABEN
WIPPLINGERSTRASSE
SALVATORGASSE
STERNGASSE
MARC-AUREL STRASSE
RUPRECHTS-PLATZ
18
23
25
IX
17
21
SEITENSTETTENGASSE
JUDEN-PLATZ
22
FLEISCHMARKT
24
U1
VII
VIII
RABENSTEIG
AM HOF
SCHULHOF
16
KURRENTGASSE
XI
15
HOHER MARKT
NAGLERGASSE
TUCHLAUBEN
C
B
VI
BOGNERGASSE
ROTENTURMSTRASSE
14
V
3
BRANDSTÄTTE
PETERSPLATZ
10
2
GRABEN
9
I
12
KOHLMARKT
11
6
III
4
STEPHANSPLATZ
1
IV
13
N
STOCK-IM-EISEN PLATZ
8
II
7
5
0
100
200 m

Promenade A

Innere Stadt (ville intérieure) - Centre

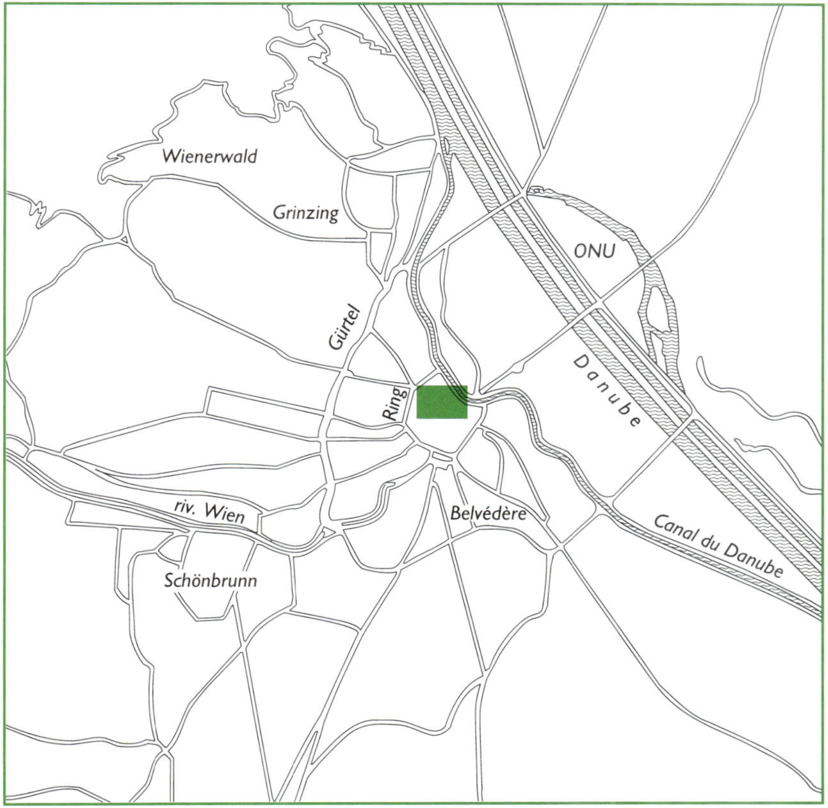

I *STEPHANSPLATZ*
1 Cathédrale Saint-Etienne ★★★★
2 Palais archiépiscopal
3 Zacherlhaus ★★
II *STOCK-IM-EISEN PLATZ*
4 Haas Haus ★★
5 Palais "Equitable"
III *GRABEN* ★★
6 Colonne de la Peste ★★
7 Ankerhaus ★
8 Magasin de vêtements "Kniže" ★
9 Bijouterie "Schullin I" ★★★
10 Peterskirche ★★★★
IV *KOHLMARKT*
11 Bijouterie "Schullin II" ★★
12 Magasin de bougies "Retti" ★
13 Artaria Haus ★
V *TUCHLAUBEN*
14 Engel Apotheke
VI *NAGLERGASSE*
VII *AM HOF* ★★
15 Eglise des Neuf Choeurs des Anges ★★
16 Musée de l'Horlogerie
VIII *KURRENTGASSE*
IX *JUDENPLATZ* ★
17 Ancienne chancellerie de Bohême ★★★
18 Ancien Hôtel de ville ★
19 Hohe Brücke
X *AM GESTADE* ★
20 Eglise Maria am Gestade ★★★
21 Portail de la Chapelle du Saint-Sauveur
XI *HOHER MARKT*
22 Monastère de Wiener-Neustadt
23 Eglise Saint-Rupert
24 Grande Synagogue ★
25 Cabaret "Roter Engel"

A.I : 10 Agence de voyage

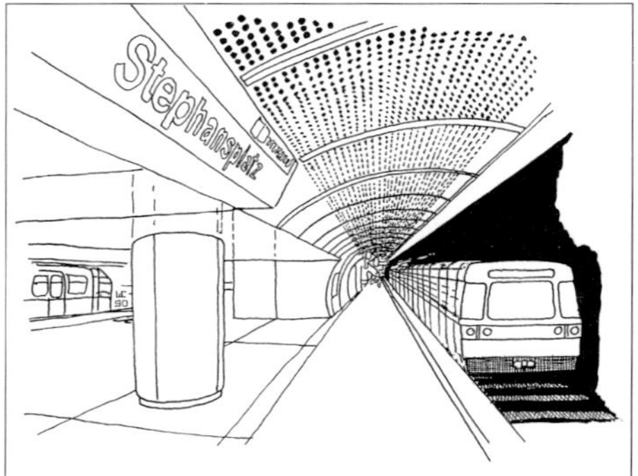

A.I Station de métro *Stephansplatz*

A.1

Cathédrale Saint-Etienne

• Grande tour

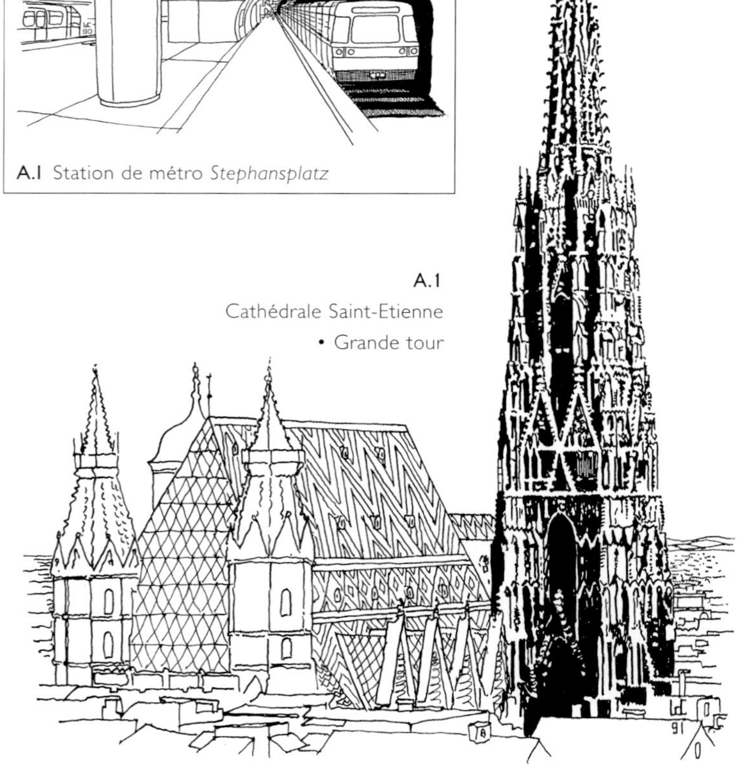

Innere Stadt (ville intérieure) - Centre

A

Cette promenade, à partir de la cathédrale jusqu'à l'extrémité nord de la *Rotenturmstrasse*, passe par le *Graben*, l'église Saint-Pierre, *Am Hof*, *Maria am Gestade*, Saint-Rupert et *Hoher Markt*. L'itinéraire, en forme de boucle, parcourt approximativement le périmètre de la ville telle qu'elle se présentait aux XIe et XIIe siècles, sur l'emplacement de l'ancien castrum romain de *Vindobona*.

1., STEPHANSPLATZ

I

Centre actuel de la ville intérieure, la place Saint-Etienne, bien qu'urbanisée au XVIIIe siècle, a conservé, à peu de choses près, les dimensions réduites qu'elle avait au Moyen Age. De ce fait, la masse imposante de la cathédrale occupe presque tout l'espace et la grande tour qui en émerge se dresse comme un signal à l'échelle de la ville entière.

■ **Cathédrale Saint-Etienne** (commentaire en A.1).

■ Station de métro *Stephansplatz* • Arch. Wilhelm HOLZBAUER, Heinz MARSCHALEK, Georg LADSTÄTTER et Norbert GANTAR • Parmi les quelque trente stations de métro construites entre 1971 et 1981 par ce groupe d'architectes *(Architektengruppe U-Bahn)*, celle de *Stephansplatz*, sur la ligne U1 (rouge), est un bon exemple de station entièrement souterraine sans superstructure extérieure. A l'intérieur, une grande vitre permet de voir les vestiges de la **Chapelle Saint-Virgile** (★), crypte du XIIIe siècle, située dans l'enceinte du cimetière qui entourait la cathédrale jusqu'en 1783.

🕒 Ma-Di : 09.00-12.15 • 13.00-16.30

■ Maison de Coire *(Churhaus)* • Arch. Daniel Christoph DIETRICH et Johann Gottfried POCK (1738-40) • Le séminaire, fondé à l'époque de la contre-Réforme en 1618, était lié à l'évêché catholique de Coire en Suisse.

■ 10 • Agence de voyage • Arch. Hans HOLLEIN (1977-78) • La petite salle d'attente (★), située au fond de l'agence, est décorée de palmiers stylisés et traitée comme une oasis .

A.1
Cathédrale
Saint-Etienne
(Gravure de S. Kleiner et G.D. Heumann)

A.1 Cathédrale Saint-Etienne
• Haut-relief de la chaire extérieure de Capistran

A.1 Cathédrale Saint-Etienne
• Facade occidentale
(d'après une gravure d'un anonyme du début du XIXe siècle)

Cathédrale Saint-Etienne (*Stephansdom*)

★★★★

1

I., Stephansplatz ■ ★★

façade romane : 1240-63
chœur gothique : 1304-40
nef gothique : 1359-65
tour méridionale : H. VON PRACHATITZ • 1365
poursuite de la construction gothique : 1365-1450
Konrad RORITZER
voûte gothique : Hans PUCHSBAUM • 1450-75
toiture : 1490
Anton PILGRAM • 1510-13
KASPAR et SAPHOY • 1566-70
interventions baroques : 1667-1752

visites guidées :
Lu-Sa : 10.30, 15.00
Di et fér. : 15.00

bourdon : ts l.j.: 09.00-17.30

accès à la flèche :
mars-oct. : 09.00-17.30
nov.-fév. : 09.00-16.30

catacombes : ts l.j. : 10.00-11.30 • 14.00-16.30

Située au centre de la ville, la cathédrale Saint-Etienne marque symboliquement le cœur de la capitale et est l'un des monuments les plus chers aux Viennois.

Chronologie

- 1144 : Attestation de l'existence d'une église paroissiale dans le diocèse de Passau.
- 1147 : Consécration de l'église en basilique.
- 1240-63 : Construction romane de la façade occidentale comprenant la porte des Géants (*Riesentor*) et les tours des Païens.
- 1304-40 : Construction gothique du chœur.
- 1359-65 : Construction de la nef gothique sous l'impulsion du duc Rodolphe IV de Habsbourg, appelé pour cette raison "le fondateur de la Cathédrale".
- 1365-1433 : Tour méridionale, commencée par Hans von Prachatitz.
- 1430 : Construction de la chaire extérieure, dite *Kapistrankangel* du nom de saint Jean de Capistran qui, en 1451, y prêcha la croisade contre les Turcs.
- 1455-1475 : Konrad Roritzer dirige les travaux de la cathédrale. Hans Puchsbaum construit la voûte de la nef centrale et commence la construction de la tour nord. C'est en 1469, sous le règne de Frédéric III, que Vienne est élevée au rang d'évêché et Saint-Etienne à celui de cathédrale.
- 1490 : Mathias Ier Corvin, roi de Hongrie, fait construire la toiture polychrome.
- 1510-13 : Anton Pilgram sculpte la chaire de vérité et le pied d'orgue. Arrêt des travaux gothiques.
- 1566-70 : Construction d'un toit Renaissance sur la tour septentrionale par les architectes Kaspar et Saphoy.
- 1667-90 : Installation d'autels baroques.
- 1752 : Construction de la crypte.
- 1945 : Bombardement et incendie de l'édifice, lors de la retraite des troupes allemandes, à la fin de la deuxième guerre mondiale.
- 1956 : Achèvement de la reconstruction partielle et des restaurations de l'édifice.

A.1 Cathédrale Saint-Etienne
• Détail de la toiture
et des gâbles

A.1 Cathédrale
Saint-Etienne
• Coupe tranversale
(dessin de
Sir Banister Fletcher)

A.1 Cathédrale
Saint-Etienne
• Détail d'un
triple gâble
entrecroisé

Extérieur

Si elle manque d'unité architecturale, la cathédrale n'en présente pas moins quelques parties remarquables.

■ La **façade ouest,** romane, est flanquée de deux tours, de section octogonale, dites "des Païens". Au centre s'ouvre le portail dit "du Géant" (*Riesentor*), surmonté d'un beau tympan orné d'un christ en majesté, le genou découvert (certains historiens y voient une allusion aux rites maçonniques).

■ Le **flanc sud** groupe la porte gothique des chantres (*Singertor*), due au maître Puchsbaum (1450), la chaire gothique de Capistran surmontée d'un haut-relief exubérant de style baroque, et, surtout, la **Grande Tour** (★★★★) haute de 136 m, appelée "*Steffl*" par les Viennois, un des chefs-d'œuvre du gothique germanique. Sa forme particulière, de section carrée à la base et octogonale à hauteur de la flèche, lui confère une élégante légèreté que favorise le jeu des gâbles entrecroisés et des pinacles finement sculptés. Le passage du plan carré au plan octogonal s'opère par la démultiplication progressive de tous les éléments décoratifs situés juste au-dessus du cordon, à peu près à mi-hauteur de la tour ; arcs et colonnettes, gâbles ciselés, motifs et fleurons se reproduisent en s'élevant jusqu'à la couronne de pinacles qui entoure le pied de la flèche. Celle-ci, effilée, admirablement ajourée et ornée de crochets, s'élance d'une pièce jusqu'à l'amortissement du sommet en forme de croix fleuronnée.

De la place, actuellement dégagée, on peut admirer le tapis polychrome de la toiture en tuiles vernissées (★★).

■ Le **flanc nord** reçoit principalement la tour de l'Aigle (*Adlerturm*) qui abrite *Pummerin,* le gros bourdon de 21 tonnes, copie de celui qui fut coulé en 1717 avec l'airain des canons pris aux Turcs, lors du siège de 1683.

Intérieur

Le vaisseau, de style gothique flamboyant, est à trois nefs d'égale largeur. Il s'apparente au type d'église germanique appelée *Hallenkirche* expérimenté par Konrad Roritzer dans d'autres villes d'Europe centrale. Les voûtes à liernes, moins belles que celles de l'église *Maria am Gestade* (cf.: A.20), se situent à mi-hauteur entre le sol et le faîte du

A.2 Palais archiépiscopal
(dessin de Salomon Kleiner, gravé par I.A. Corvinus)

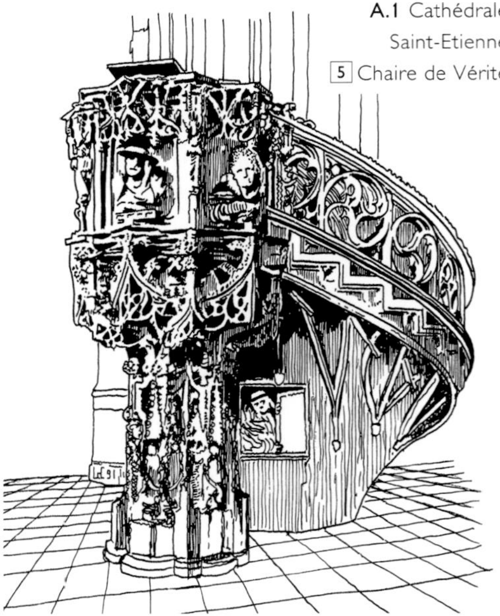

A.1 Cathédrale Saint-Etienne
5 Chaire de Vérité

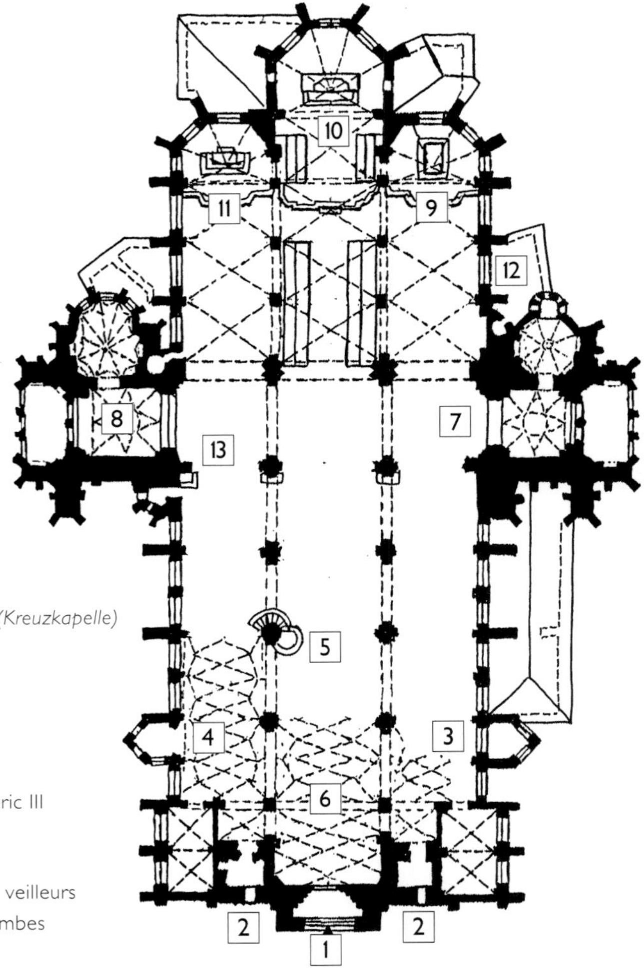

A.1 Cathédrale Saint-Etienne • Plan

1 Porte du Géant
2 Tours des Païens
3 Chapelle ducale
4 Chapelle de la croix *(Kreuzkapelle)*
5 Chaire de Vérité
6 Tribune d'orgue
7 Tour sud
8 Tour nord
9 Chœur des Apôtres et tombeau de Frédéric III
10 Maître-autel
11 Chœur des femmes
12 Montée à la salle des veilleurs
13 Descente aux catacombes

toit. La grande charpente (initialement en mélèze et reconstruite en métal en 1945) a la forme d'un triangle isocèle dont l'angle au sommet est particulièrement aigu et permet à la toiture d'offrir à la ville le spectacle de sa décoration polychrome.

L'intérieur de la cathédrale comprend plusieurs œuvres d'art ; quelques-unes d'entre elles méritent une attention particulière :

■ 3 la **chapelle ducale** qui contient une belle statue de la Vierge, du XIVe siècle.

■ 4 la ***Kreuzkapelle*** abritant le tombeau du prince Eugène de Savoie.

■ 5 la **chaire de Vérité** (★★★), chef-d'œuvre d'Anton Pilgram (1510) ; le dynamisme des formes qui imprègne toute la composition donne à chaque élément architectural une force ascensionnelle, symbole de l'élévation spirituelle de la Parole et de la Foi. La tradition veut que le personnage représenté dans une fenêtre du socle soit l'artiste lui-même.

■ 6 la **tribune d'orgue** (★) également d'Anton Pilgram (1513). Cette fois, c'est sous la forme d'un soutien de console que l'artiste se serait représenté.

■ 9 le **chœur des Apôtres** où se trouve le tombeau de Frédéric III (★), en marbre rouge, œuvre de Nicolas de Leyde, Max Velmet et Michel Ticher (1467-1513).

■ 10 le **maître-autel** en style baroque, par Tobias Pock (1667).

■ 11 le **chœur des femmes** qui contient un retable gothique de 1447 et le cénotaphe du duc Rodolphe IV.

◀ De la salle des veilleurs dans la tour méridionale ou du sommet de la tour de l'Aigle, vues remarquables sur toute la ville (★★★).

Palais archiépiscopal
(Erzbischöfliches Palais)

2

I., Rotenturmstrasse, 2 # Stephansplatz, 7 ■

Giovanni COCCAPANI (?) • 1630-40

Me-Sa : 10.00-18.00
Di : 10.00-16.00

Edifice construit sur l'emplacement d'un ancien presbytère du XIIIe siècle.

m Musée diocésain abritant une importante collection d'art religieux du haut Moyen Age provenant du Trésor de la cathédrale (☆☆).

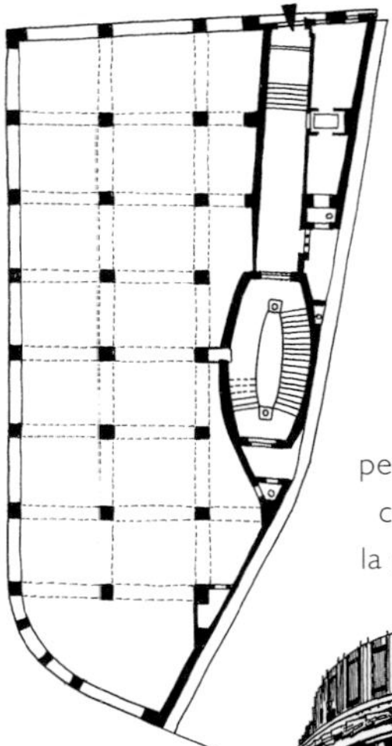

A.3 *Zacherlhaus*
• Plan

A.3 *Zacherlhaus*
peu de temps après sa
construction et avant
la pose de la sculpture

A.4 *Haas Haus*

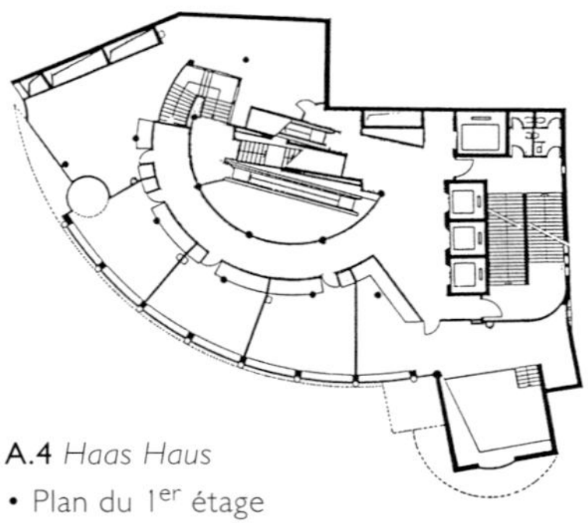

A.4 *Haas Haus*
• Plan du 1er étage

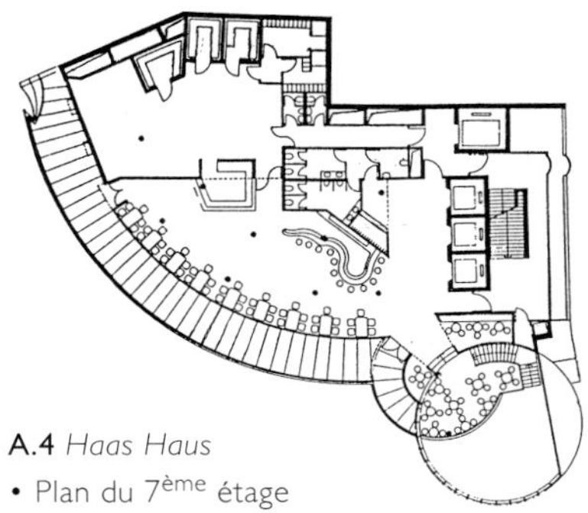

A.4 *Haas Haus*
• Plan du 7ème étage

Zacherlhaus ★★ 3

I., Brandstätte, 6 # Wildpretmarkt, 2 et Bauernmarkt, 5

Jože PLEČNIK • 1903-05

transf. du rez-de-chaussée : B. PODRECCA, SCHMUTZER et WETTSTEIN • 1985

Edifié à front de trois rues, sur un terrain exigu et de forme irrégulière, cet immeuble de commerce et de logements, construit pour l'industriel Johann Evangelist Zacherl, est une des œuvres maîtresses de Plečnik. Dans les premières esquisses, la façade avait été traitée par l'architecte sur le modèle de la *Majolikahaus* de Wagner (cf.: F.2). Cette solution s'avéra vite insatisfaisante car elle ne résolvait pas convenablement le passage d'une rue à l'autre. Plečnik élabora alors 9 projets différents pour aboutir à la façade que nous voyons aujourd'hui et qui est parfaite ; habillée de dalles en granit poli, elle est rythmée verticalement par des couvre-joints cylindriques, eux aussi en granit poli. Les puissants atlantes de l'attique et la frise en majoliques de la corniche sont de Franz Metzner, tandis que Ferdinand Andri est l'auteur de la monumentale sculpture en cuivre représentant l'archange Michel.
L'escalier intérieur, sur plan ovale, est rejeté à l'arrière du terrain pour ne pas perturber la composition de la façade.

1., STOCK-IM-EISEN-PLATZ II

Cette petite place, qui forme trait d'union entre *Stephansplatz* et le *Graben*, doit son nom au tronc d'arbre bardé de clous *(Stock-im-Eisen)*, installé à l'angle de la *Kärntnerstrasse*. La légende, remontant au XVIe siècle, rapporte que chaque compagnon serrurier devait planter un clou dans le bois avant de quitter la ville.

Haas Haus ★★ ■ ★★ 4

I., Stephansplatz # Stock-im-Eisen-Platz, 4

Hans HOLLEIN • 1985-90

La maison Haas se trouve dans un site chargé d'Histoire. En effet, ce lieu situé à l'extrémité sud du *castrum* romain était au Moyen Age une petite place triangulaire entourée de maisons aux façades courbes, d'où partaient d'étroites ruelles jusqu'à la cathédrale. Au XVIIIe siècle, on y construisit des maisons bourgeoises et même de petits hôtels de maître. A la fin de la Seconde Guerre mondiale, ce quartier fut presque totalement détruit, y compris le front incurvé de la place où l'on édifia un immeuble sans caractère. Empruntant la forme courbe qu'avaient jadis les maisons médiévales, le complexe de Hollein redéfinit l'espace de *Stephansplatz* et le lie à la place *Stock-im-Eisen* par un jeu astucieux de volumes qui dégage la vue sur la cathédrale à partir de l'extrémité du *Graben*. L'architecte a dramatisé la courbure du bâtiment par une série de baies

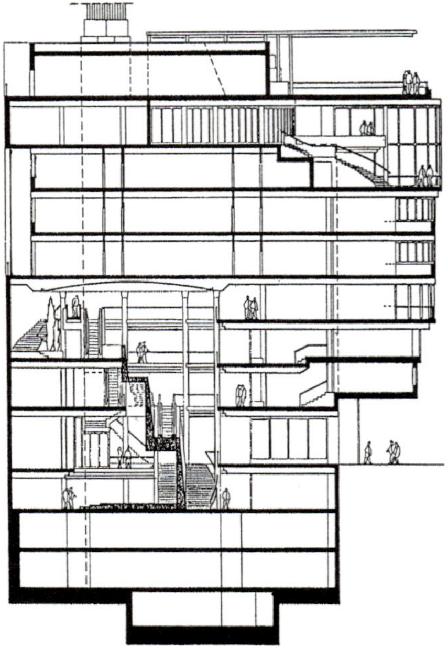

A.4 *Haas-Haus* • Coupe

A.III : 14/15 *Grabenhof*

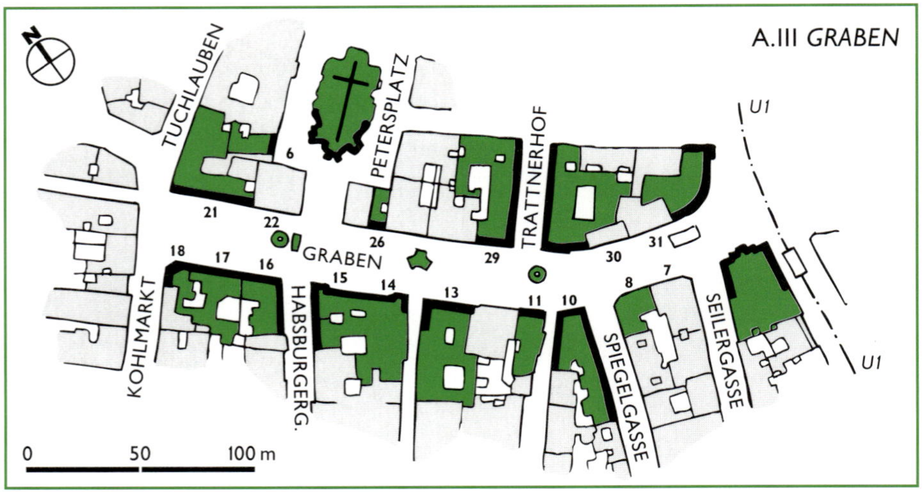

disposées en gradins qui contraste avec la façade vitrée qui, elle, rejoint la rotonde engagée à l'angle de la *Goldschmiedgasse*. Le jeu des volumes à cet endroit devient de plus en plus complexe au fur et à mesure que s'élève l'édifice, pour aboutir en toiture à une superstructure qui ponctue l'espace aérien entre les verrières de l'*Ankerhaus* de Wagner (cf.: A.7) et la grande tour de la cathédrale.

A l'intérieur, les commerces s'organisent sur les quatre niveaux inférieurs autour d'un atrium, tandis que les bureaux occupent les quatre derniers étages autour de restaurants et de cafés d'où l'on a une belle vue sur la *Kärntnerstrasse* et la cathédrale.

Palais "Equitable" 5

I., Stock-im-Eisen-Platz, 5

Andreas STREIT • 1890-91

Siège d'une compagnie d'assurances new-yorkaise • Construction de style néo-baroque allemand influencée par l'architecture américaine.

1., *GRABEN* ★★ III

Le *Graben* est le centre des commerces de luxe les plus élégants de Vienne. Aménagé en zone piétonnière, il est, comme la *Kärntnerstrasse*, le théâtre de manifestations populaires où se produisent chanteurs, musiciens et saltimbanques de tous pays. Occupant jusqu'au XIIe siècle la place de l'ancien fossé d'enceinte du camp romain, le *Graben* (qui signifie précisément "fossé") fut comblé en 1255 pour devenir une esplanade à vocation marchande. A la fin du XVIIIe siècle, la place servit aussi de lieu de rendez-vous aux prostituées, appelées parfois "nymphes du *Graben*".

Colonne de la Peste (commentaire en A.6).

Fontaines de part et d'autre de la Colonne de la Peste, œuvres de Johann Martin Fischer (1804).

8 # *Spiegelgasse*, 1 • Portail Jugendstil de l'immeuble Braun et Co • Arch. Arnold HATSCHEK (1904).

10 # *Spiegelgasse*, 2 et *Dorotheergasse*, 1 • ***Ankerhaus*** (commentaire en A.7).

13 • **Magasin de vêtements Kniže**, dans l'immeuble du Generali-Hof (commentaire en A.8).

14/15 • *Grabenhof* • Grand immeuble dont la façade est inspirée du néo-classicis-

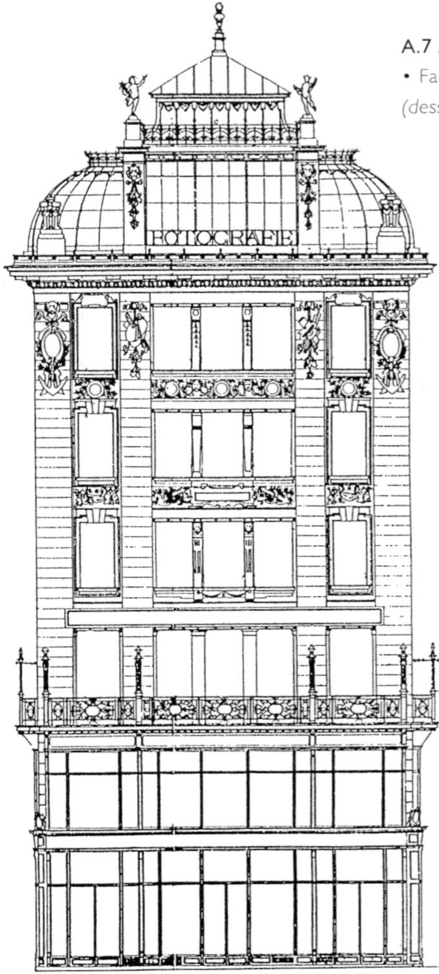

A.7 *Ankerhaus*
• Facade sur le Graben
(dessin d'Otto Wagner)

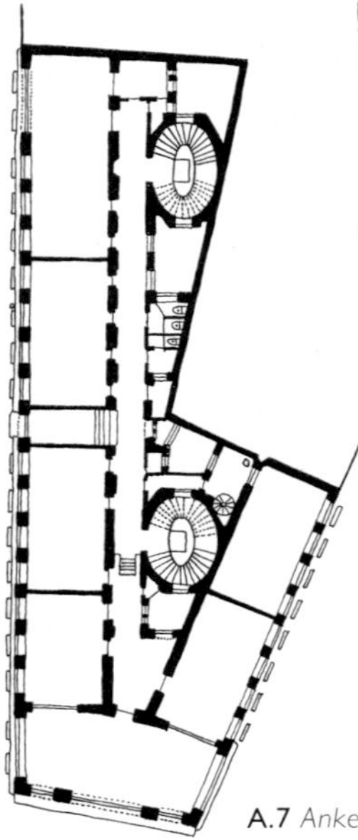

A.7 *Ankerhaus* • Plan

A.7 *Ankerhaus* • Détail

A.6 Colonne
de la Peste

me, réalisé par Otto WAGNER d'après un projet de Otto THIENEMANN (1873-74).

■ 16 # *Habsburggasse*, 2 • Immeuble d'habitation et de commerce Jugendstil, Leschka et Co., orné dans sa partie supérieure de mosaïques polychromes • Arch. P. PALUMBO (1909-10). L'entrée du magasin est attribuée à Adolf LOOS.

■ 17 • Grand immeuble d'habitation et de commerce Jugendstil • Arch. Ernst von GOTTHILF (1906).

■ 18 # *Kohlmarkt*, 1 • Autre immeuble d'habitation et de commerce Jugendstil • Arch. F. ROTH (1896).

■ 21 • Siège de la première banque autrichienne "Sparkasse" fondée en 1819. Immeuble de style Biedermeier • Arch. Aloïs PICHL (1835-38).

■ En face du n°22 • Toilettes publiques souterraines en Jugendstil (1904-05).

■ 26 • **Bijouterie Schullin** I (commentaire en A.9).

■ 29 et 30 # *Trattnerhof* • Immeubles de bureaux • Arch. Rudolf KRAUSS (1912).

Colonne de la Peste *(Pestsäule)* ★★ 6

I., Graben

Franz MENEGATTI, Mathias RAUCHMILLER, Joh. Bern. FISCHER VON ERLACH, Ludovico Ottavio BURNACINI, Paul STRUDEL • 1682-1693

Egalement appelée Colonne de la sainte Trinité *(Dreifaltigkeitssäule)*, cette colonne votive fut érigée, conformément au serment de l'empereur Léopold Ier, pour célébrer la fin de l'épidémie de peste de 1679 qui fit au moins 75 000 victimes à Vienne. Dès 1679 fut dressée une colonne provisoire en bois, œuvre de Joseph Frühwirt. C'est en 1682 que commença l'exécution du monument en pierre. De nombreux artistes et artisans sont intervenus dans sa conception et sa réalisation : le plus célèbre est Johann Bernhard Fischer von Erlach. Cette œuvre nous rappelle que le XVIIe siècle fut en Europe le siècle de la peste, et que l'omniprésence de la maladie et de la mort est une caractéristique essentielle de la sensibilité baroque. Dans cet extraordinaire bouillonnement de formes et d'images, on distingue les allégories de la peste, et de la foi qui la terrasse. Sur le socle, l'empereur Léopold Ier est représenté agenouillé.

Ankerhaus ★ 7

I., Graben, 10 # Spiegelgasse, 2

Otto WAGNER • 1893-95

Grand immeuble à trois façades dont la masse et l'implantation sont comparables à celles du palais Equitable (cf.: A5). Toutefois, l'expression architectonique, le jeu des baies et des trumeaux, le traitement du socle et les remarquables verrières de l'atelier de photographie en toiture montrent à quel point l'architecte commençait à se

A.9 Bijouterie "Schullin I"

A.8 Magasin de vêtements Knize

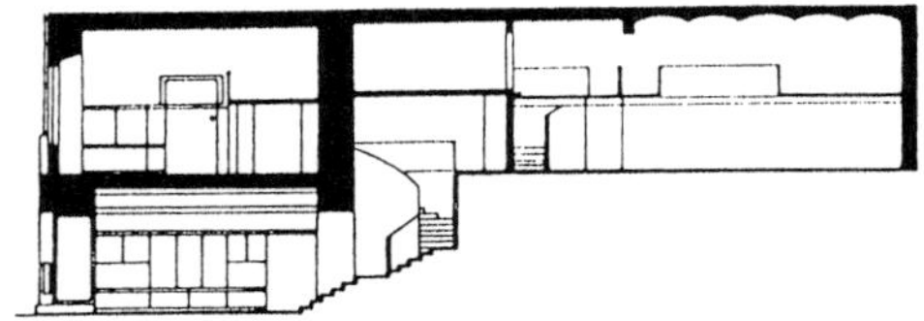

A.8 Magasin de vêtements Knize • Coupe

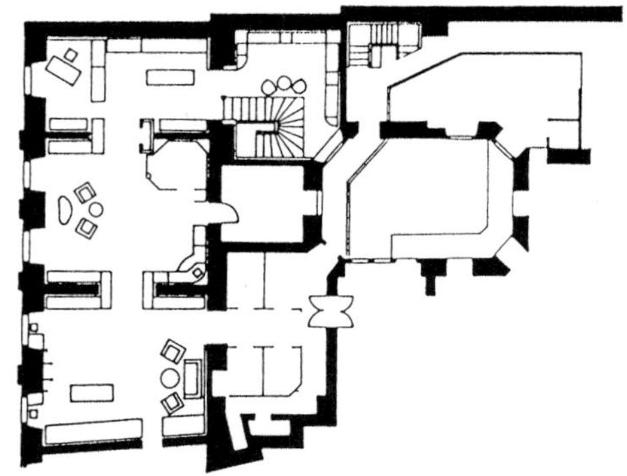

A.8 Plan de l'étage

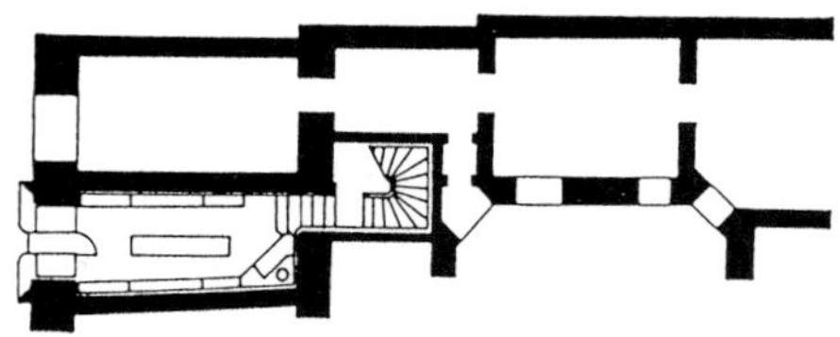

A.8 Plan du rez-de-chaussée

dégager des poncifs académiques de l'époque. Lors d'une récente restauration de l'immeuble, les coupoles semi-circulaires ont été légèrement simplifiées.
Le plan, établi sur un terrain de forme complexe, s'articule sur deux cages d'escaliers spacieuses rejetées à l'arrière. Cette disposition permet aux façades de s'organiser selon leur rythme propre, en accord avec la typologie du *Graben* et des deux rues qui y débouchent.

Magasin de vêtements Kniže

8

I., Graben, 13

■ ★

Adolf Loos • 1910-13

La façade du magasin en granit noir poli est une composition typique de l'esthétique de Loos : encadrant une haute porte étroite, deux vitrines verticales d'une grande sobriété y sont traitées sans ornementation (les deux petites vitrines dans les piliers ont été ajoutées ultérieurement).
Le magasin haut et étroit se rétrécit encore vers l'arrière. De là part un petit escalier qui donne accès à l'étage réservé aux essayages et coupes sur mesure.
Tout le mobilier en bois est d'origine et a été dessiné par Loos.

Bijouterie Schullin I

9

★★★

I., Graben, 26

■ ★★

Hans Hollein • 1972-74

Ce petit magasin, qui s'inscrit dans la tradition viennoise des boutiques de luxe, est une des œuvres qui ont le plus contribué à la réputation internationale de Hollein.
Le granit poli, le verre et le cuivre de la façade évoquent le monde minéral qui est précisément, sous sa forme précieuse, la raison commerciale du magasin. La porte d'entrée naît d'une faille qui lui sert d'imposte : brèche savamment dessinée et taillée avec précision pour recevoir le "jeu d'orgue" des tuyaux qui assurent la ventilation mécanique du magasin.
Le minuscule espace intérieur est traité comme un écrin de velours où scintillent les pierres précieuses. Le plafond qui prolonge le mur s'élève en des gradins derrière lesquels sont logés les équipements d'éclairage et de ventilation. Cette disposition, dictée par la technique, a pour effet d'encore accentuer l'exiguïté du lieu.
Ce petit chef-d'œuvre de précision et de design est une sorte de discours sur la symbolique engendrée par la matière d'où émerge le "signe" qui envahit l'espace et par moment permet de le produire.

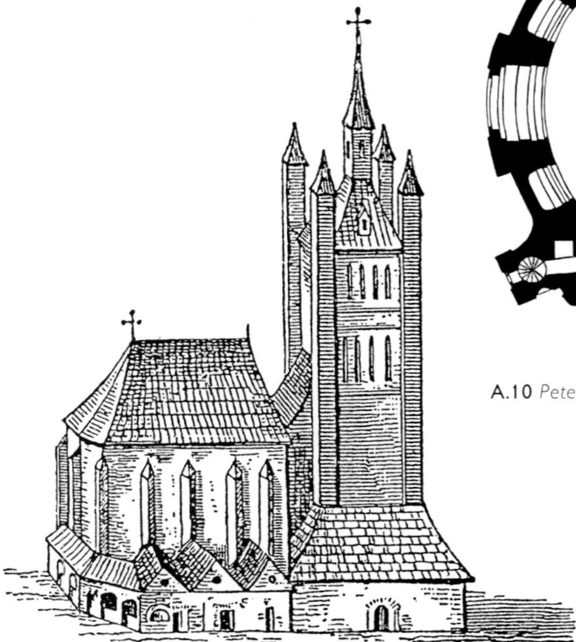

A.10 *Peterskirche* au début du XVIIe siècle *(fragment d'une vue perspective de Vienne dressée par Jakob Hoefnagel en 1609)*

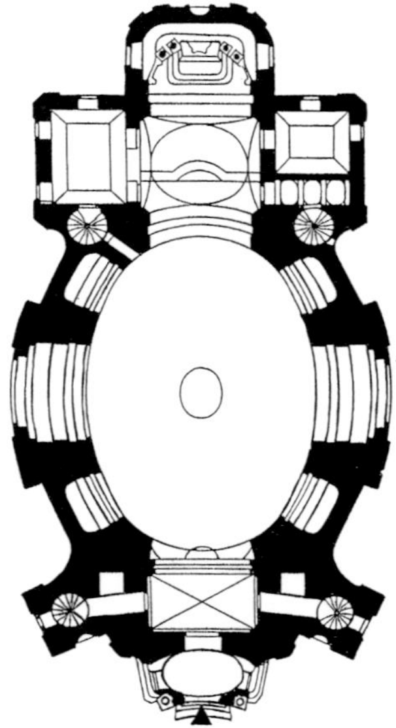

A.10 *Peterskirche* • Plan

A.10 *Peterskirche*

Peterskirche

★★★★

I., Petersplatz # Jungferngasse

■ ★★

conception : Gabriele MONTANI • 1702-03
réalisation : Johann Lucas VON HILDEBRANDT • 1703-33
décoration intérieure : 1733
portail : Andrea ALTOMONTE • 1751-53

L'église Saint-Pierre est la plus belle église baroque de Vienne avec la *Karlskirche* (cf.: E.1), qui est moins homogène, mais plus extraordinaire sans doute par son programme symbolique.

Chronologie

- Deuxième moitié du IVe siècle : Une des casernes de la légion romaine de *Vindobona* est transformée pour devenir la première église de Vienne. C'est une basilique de 40 mètres de long sur 18 mètres de large.
- Tout au long du Moyen Age, l'église est progressivement remaniée dans les styles roman puis gothique.
- 1661 : Un incendie ravage l'église, qui est sommairement restaurée.
- 1667 : Fondation de la confrérie de la Trinité, qui choisit ensuite l'église Saint-Pierre comme siège.
- 1699 : L'empereur, membre de la confrérie, décide la reconstruction de l'église qu'il avait antérieurement promise.
- 1701 : L'ancienne église est rasée, ainsi que son cimetière voisin.
- 1702 : Pose de la première pierre de l'église baroque actuelle, construite sur les plans de Gabriele Montani.
- 1703 : A la mort de Montani, von Hildebrandt poursuit les travaux et apporte sans doute quelques remaniements au plan initial.
- 1708 : Première messe dans l'église inachevée.
- 1722 : La couverture de cuivre est posée aux frais de Charles VI.
- 1733 : Achèvement du chœur et de la décoration intérieure.
- 1751-53 : Erection du portail sur les plans d'Andrea Altomonte.
- 1783 : Joseph II dissout la confrérie de la Trinité. L'église redevient paroissiale.
- 1836 ; 1927 ; 1940-42 ; 1971 : Campagnes successives de restauration.

Extérieur

Au milieu d'une des plus petites places de la ville intérieure, l'église Saint-Pierre inscrit sa façade principale dans la perspective de la courte rue qui la relie au *Graben*.

A.10 *Peterskirche* • Intérieur

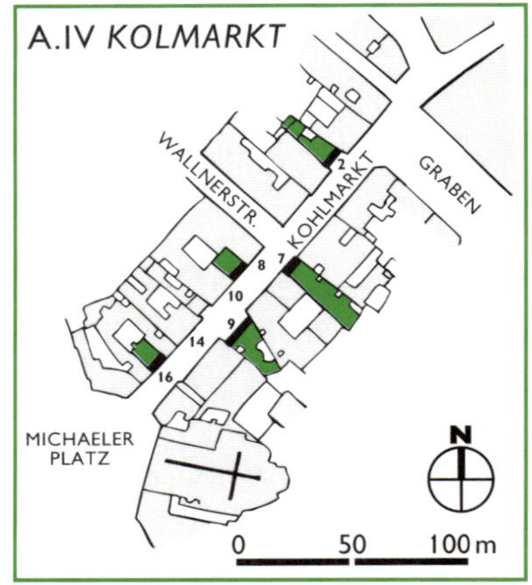

A.10 *Peterskirche*
• Coupe *(dessin de H.L. Kotzourek, 1906)*

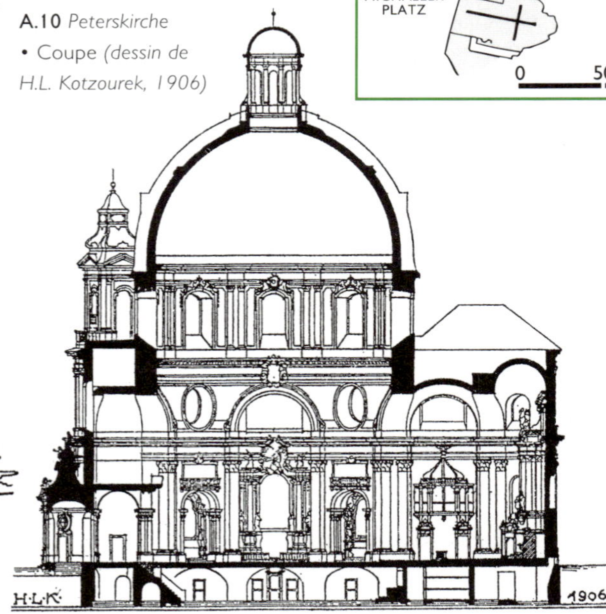

Cette façade élancée se compose de deux tours latérales placées en oblique par rapport au grand diamètre de l'ellipse du plan, de la coupole en léger retrait, et d'un avant-corps dont la paroi semble onduler sous la pression des tours qui l'enserrent.
L'ensemble, précédé d'un porche à la décoration rococo, est vivement animé par un jeu de courbes et contre-courbes, de concavités et de convexités, et très fortement divisé en registres superposés séparés par deux entablements, tandis que les parois sont articulées par des pilastres. De la *Peterskirche* se dégage une impression de dynamisme dans lequel élan vertical et expansion horizontale sont équilibrés avec une grande maîtrise.

Intérieur

Son unité est remarquable : la très haute coupole coiffe l'ellipse centrale entourée de chapelles creusées dans l'épaisseur des maçonneries, du hall et du chœur. La lumière y est généreusement dispensée, notamment par les huit fenêtres de la coupole et les quatre fenêtres ménagées dans les pendentifs. Ce majestueux espace aux tonalités dorées est richement décoré et meublé.

- La chaire est une œuvre de Matthias Steinl.
- En face de l'entrée du chœur : l'autel de saint Jean Népomucène de L. Mattielli.
- La fresque de la coupole de Johann Michael Rottmayr représente l'Assomption.
- Les fresques du hall et la décoration du chœur sont d'Antonio Galli-Bibbiena.
- Le buffet d'orgues est l'œuvre de Gottfried Sonnenholz (1751).
- Les six chapelles abritent aussi des œuvres d'Altomonte, Rottmayr et Steinl.

Au n°6 de la *Petersplatz*, se trouve une jolie maison baroque construite en 1697-98 par Gabriele Montani. C'était l'ancienne cure de l'église Saint-Pierre.

1., KOHLMARKT IV

Ancien marché au charbon, aménagé actuellement en rue commerçante piétonnière.

- 2 • Maison de commerce Jugendstil • Arch. Friedrich SCHÖN (1909).
- 7 • **Bijouterie Schullin II** (commentaire en A.11).
- 8/10 • **Magasin de bougies Retti** (commentaire en A.12).
- 9 • ***Artaria Haus*** (commentaire en A.13).

A.12 Magasin de bougies Retti

A.IV : 16 Librairie Manz

A.11 Bijouterie Schullin II • Plan

A.11 Bijouterie Schullin II

16 • Librairie Manz • Arch. Adolf LOOS (1912) • Cette œuvre a subi plusieurs transformations.

Bijouterie Schullin II ★★ ■ ★★ 11

I., Kohlmarkt, 7

Hans HOLLEIN • 1981-82

D'une conception différente de celle de la bijouterie Schullin I (cf.: A.9), la façade de ce magasin est composée sur une symétrie respectueuse de la maison ancienne où il est aménagé. Placé dans l'axe de la composition, le grand fronton curviligne en tôle industrielle posé sur deux frêles colonnes de bois fait office de portique comme à l'entrée d'un temple ; son aspect triomphal contraste étrangement avec la porte étroite et basse du magasin en même temps qu'il magnifie les deux vitrines verticales, démesurément hautes en regard des bijoux qui y sont exposés.
Les formes et les matériaux mis en jeu dans cette composition évoquent le mystère indéfinissable d'une culture archaïque.

Magasin de bougies Retti ★ ■ ★ 12

I., Kohlmarkt, 8/10

Hans HOLLEIN • 1964-65

Cette œuvre, une des premières de Hollein, est un des magasins les plus célèbres de la Vienne des années 60. Sa façade est faite d'une simple tôle d'aluminium découpée où s'inscrivent deux minuscules vitrines. Le symbolisme de l'entrée est volontairement ambigu : non seulement la porte et son imposte ont la forme d'une clef dressée comme un symbole phallique, mais en même temps la découpe apparaît comme une serrure qui incite à entrer dans un intérieur baigné de lumières chaudes.
Dans le très petit espace intérieur, deux prismes droits, l'un à base octogonale, l'autre à base carrée, constituent tout le magasin. Des miroirs modifient les proportions des volumes selon un trompe-l'œil qui avait déjà été expérimenté par Loos dans son bar américain (cf.: C.1). La chaude lumière intérieure confère à l'ensemble une atmosphère mystérieuse, qui évoque le feu et renvoie donc aux objets vendus dans ce magasin.

Artaria-Haus ★ 13

I., Kohlmarkt, 9

Max FABIANI • 1900-02

Cet immeuble, affecté au commerce et au logement, est une œuvre marquante de la Sécession viennoise ; sa façade est une sorte de compromis entre le Jugendstil wagnérien et le rationalisme naissant. En effet, si l'emploi d'un revêtement de plaques de marbre fixées sur une ossature rappelle la technique inventée par Wagner à la station *Karlsplatz* de 1898 (cf.: E.2), l'absence de toute décoration en façade annonce déjà

A.V : 7 *Tuchlaubenhof* • Porte d'entrée

A.14 *Engel Apotheke* • Plans

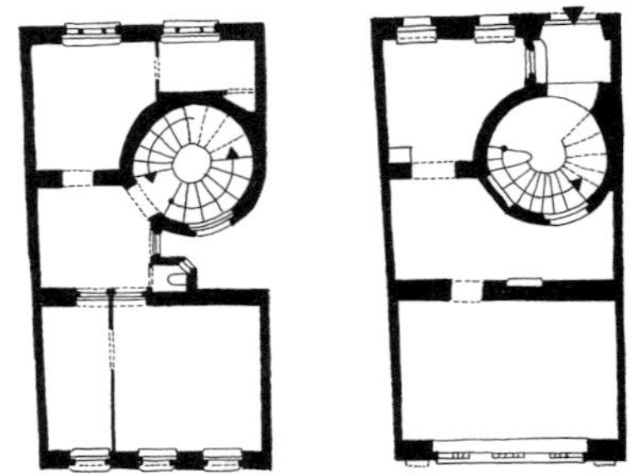

A.13 *Artaria-Haus*

A.13 *Artaria-Haus* • Plan

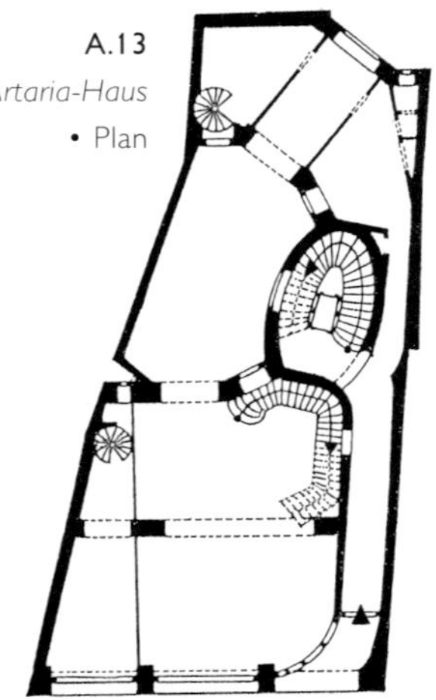

A.14 *Engel Apotheke*

l'esthétique de la Maison Loos de 1909 (cf.: C.12), à quelques pas de là. Cependant, la nudité de la façade est rompue par différents bandeaux qui règlent la composition en registres horizontaux coiffés par la grande visière de la corniche ; quant aux fenêtres prismatiques, elles réinterprètent à la viennoise le modèle anglais des bow-windows en bois.

V — 1., TUCHLAUBEN

Ancienne rue des drapiers.

5 • Grande maison baroque à la façade incurvée datant de 1719 (★)

7 et 7a • *Tuchlaubenhof* • Arch. Ernst SPIELMANN et Alfred TELLER (1912) • Un des rares exemples au centre de la ville de *hof* social groupant bureaux, commerces et habitations. On remarquera les deux grandes lucarnes Jugendstil, ainsi que les portes d'entrée ornées de belles grilles en cuivre.

19 • Maison Neidhart où l'on peut voir, dans la salle des fêtes, des fresques datant des années 1400, illustrant des chants du troubadour Neidhart von Reuental.

Ma-Di : 09.00-12.15 • 13.00-16.30

14 — *Engel Apotheke*

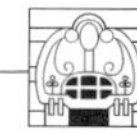

I., Bognergasse, 9

Oskar LASKE • 1901-02

Les deux anges qui encadrent la grande baie de la pharmacie relient plastiquement le rez-de-chaussée au premier étage.

VI — 1., NAGLERGASSE

Cette rue qui suit le tracé des anciennes fortifications romaines est bordée d'une rangée de belles maisons bourgeoises dont certaines (du n°7 au n°27) remontent aux XVe et XVIe siècles.

13 • Maison du XVe siècle, dotée d'une façade de 1700 et ornée d'un relief représentant le Couronnement de la Vierge (XVIIIe s.).

VII — 1., AM HOF ★★

Située sur l'emplacement de l'ancien camp de *Vindobona*, cette vaste place de forme trapézoïdale fut, dès le Moyen Age, le centre névralgique de la ville. C'est ici que, vers 1156, Henri III Jasomirgott installa la résidence permanente des Babenberg ; d'où le nom de *Am Hof* ("à la Cour").

A.VII : 13 Palais Collalto

A.VII : 10 *Bürgerliches Zeughaus*

A.15 Eglise des Neuf Chœurs des Anges

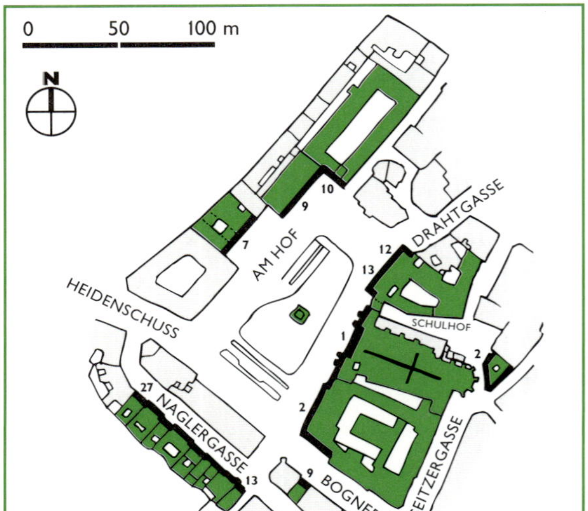

A.VII *AM HOF*

A.15 Eglise des Neuf Chœurs des Anges

1 • **Eglise des Neuf Chœurs des Anges** (commentaire en A.15).

2 • *Länderbank.* • Arch. Ernst VON GOTTHILF et Alexander VON NEUMANN (1915).

7 • *Märkleinsches Haus*, construite en 1727-30 d'après un projet de Johann Lucas VON HILDEBRANDT, sur l'emplacement d'un château fort qui, au Moyen Age, servait de résidence aux Babenberg.

9 • Dans cette maison, vestiges de l'ancienne *Vindobona*.

10 • *Bürgerliches Zeughaus* • Ancien arsenal bourgeois, construit vers 1550 et remanié par Anton OSPEL (1731-32). Les sculptures en façade sont de Lorenzo Mattielli. Le bâtiment est occupé aujourd'hui par les sapeurs-pompiers et le musée du feu.

12 • Maison baroque de 1730, avec une façade dans le style de Johann Lucas VON HILDEBRANDT.

13 • Palais Collalto, datant de 1671. La façade (★), dont les fenêtres sont surmontées de frontons "en sourcils", fut remaniée entre 1717 et 1725. C'est ici que Mozart, âgé de 6 ans, donna son premier concert.

Colonne de la Vierge *(Mariensäule)*. Remplaçant une colonne votive plus ancienne erigée en 1646, ce monument date de 1667. La statue de la Vierge est l'œuvre de Balthasar Herold. Carlo Martino Carlone et Carlo Canevale ont construit le socle supportant les symboles des quatre fléaux de la ville combattus par des anges : la guerre (un lion), la famine (un dragon), l'hérésie (un serpent), la peste (un basilic).

Eglise des Neuf Chœurs des Anges

★★ 15

I., Am Hof
construction gothique : **1386-1403**
remaniement baroque : **1607-10**
façade baroque :
Carlo Antonio CARLONE • 1662

Construite en style gothique par les Carmes entre 1386 et 1403 et remaniée en style baroque au début du XVIIe siècle après un incendie, cette ancienne église des Jésuites *(Alte Jesuitenkirche)* est habillée d'une façade baroque de Carlone (1662).
Cette façade est encadrée par deux ailes abritant des habitations, qui s'avancent pour relier l'église aux constructions adjacentes d'une manière particulièrement originale. Ces ailes furent transformées au XVIIIe siècle. L'intérieur, à trois nefs, abrite des fresques de F. A. Maulbertsch, et le retable du maître-autel est de G. J. Daringer.

A.18 Ancien Hôtel de ville

A.17 Ancienne chancellerie de Bohême

A.IX : 2 *Judenplatz*
Maison du Grand Jordan

A.16 Musée de l'Horlogerie

Musée de l'Horlogerie *(Uhrenmuseum)* 16

I., Schulhof, 2

Ma-Di : 09.00-16.30

m Le musée (☆☆☆), un des plus intéressants, rassemble dans l'ancien palais Obizzi, édifié en 1690, plus de 3 000 horloges et montres de toute beauté, témoins d'une extraordinaire activité artisanale s'étalant sur plus de quatre siècles.

1., KURRENTGASSE VIII

Une des rues les plus charmantes de Vienne. Les maisons (n°2 à 12) qui la bordent forment un ensemble urbain caractéristique du XVIIIe siècle.

1., JUDENPLATZ ★ IX

Centre du ghetto au Moyen Age.

- 2 • *Haus zum Grossen Jordan*, maison construite au XVe s., ornée d'un beau bas-relief. Une inscription rappelle l'expulsion des Juifs en 1421.
- 3 et 4 • Deux anciennes maisons qui furent habitées par Mozart.
- 11 • Façade de l'**ancienne chancellerie de Bohême** (commentaire en A.17).

Ancienne chancellerie de Bohême *(Ehemalige Böhmische Hofkanzlei)* ★★★ 17

I., Wipplingerstrasse, 7 et Judenplatz, 11

J.B. Fischer von Erlach • 1708-14

Mathias Gerl • 1750-54

Seule la partie est de la façade principale donnant sur la *Wipplingerstrasse* est l'œuvre de Fischer (1708-14). C'est la partie la plus remarquable de ce palais, agrandi dès le milieu du XVIIIe siècle par Gerl qui respecta le gabarit de l'édifice primitif, mais dont l'œuvre n'a pas la finesse de celle de Fischer von Erlach. Cette façade originelle est symétriquement ordonnée autour d'un corps central à trois travées surmontées d'un fronton triangulaire. Le portail à trois portes y est traité à la manière d'un arc de triomphe. Son entablement supporté par des atlantes est surmonté d'un beau balcon et de statues détachées de la façade qui donnent à celle-ci un relief et une élégance accentués par la riche décoration sculptée des fenêtres de l'étage. Du côté de la *Judenplatz*, la façade est moins élégante et sa décoration plus lourde.

Ancien Hôtel de ville *(Altes Rathaus)* ★ 18

I., Wipplingerstrasse, 6/8

Anonyme • 1699

La très longue façade de cet édifice, qui fut l'Hôtel de ville de Vienne jusqu'en 1885, a été construite à la fin du XVIIe siècle devant une construction d'origine bien plus

A.18 Ancien Hôtel de ville
• Fontaine d'Andromède

A.19 *Hohe Brücke*

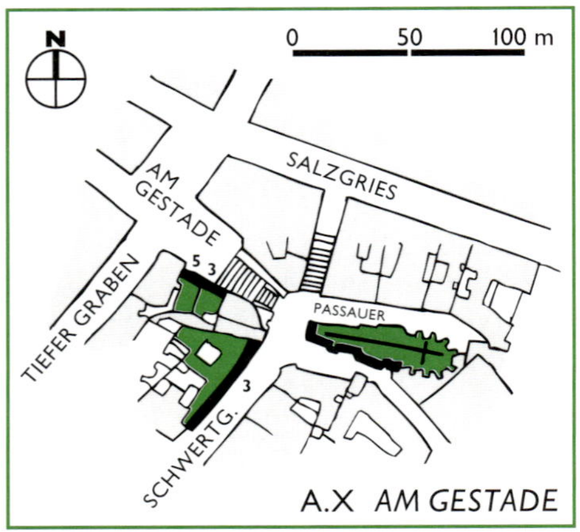

A.20 *Maria am Gestade*

ancienne : la maison confisquée d'un des bourgeois condamnés pour avoir comploté contre les Habsbourg en 1309. Le duc Frédéric le Beau en fit don au Conseil municipal, en 1316.

Chacun des portails ménagés dans des travées de la façade en retrait est encadré de colonnes qui supportent un entablement brutalement interrompu par une fenêtre du premier étage. Les extrémités de cet entablement s'écartent obliquement de la façade et supportent des statues de J.M. Fischer (1781).

Dans la cour intérieure centrale, splendide fontaine (★★) de Georg Raphael Donner : *Andromeda-Brunnen*, de 1741. C'est un haut-relief en plomb placé sous un balcon supporté par deux couples de petits amours, à la superbe balustrade en fer forgé de Simon Vogel (1725).

19 ***Hohe Brücke***

I., Wipplingerstrasse et Tiefer Graben

Josef HACKHOFER, Ing. Karl Christl • 1903

Pont Jugendstil remplaçant l'ancien ouvrage qui enjambait la rivière d'*Ottakring*, appelée également "Fossé profond" *(Tiefer Graben)*.

X ***1., AM GESTADE*** ★

Am Gestade signifie "sur le rivage". C'était l'endroit où, au Moyen Age, les bateliers amarraient leurs barques le long de l'Alsbach, un des anciens bras du Danube. La rive escarpée est aujourd'hui occupée par un grand escalier qui débouche sur l'église *Maria am Gestade*.

■ 3 et 5 • Deux maisons du début de la Renaissance.

20 **Eglise Notre-Dame du Rivage *(Maria am Gestade)*** ★★

I., Salvatorgasse et Am Gestade ■ ★★★

chœur gothique : 1343-60

nef et tour : Michael KNAB • 1394-1414

Ce joyau du gothique germanique est remarquable pour l'originalité de son plan, la géométrie de ses voûtes, la légèreté de son dais et l'élégance de sa tour polygonale.

Chronologie

- 1158 : Attestation de l'existence d'un sanctuaire roman.
- 1258-1343 : Incendie et destructions successives de l'édifice roman.
- 1343-60 : Construction du chœur gothique.

A.20 *Maria am Gestade*

A.20 *Maria am Gestade* • Plan

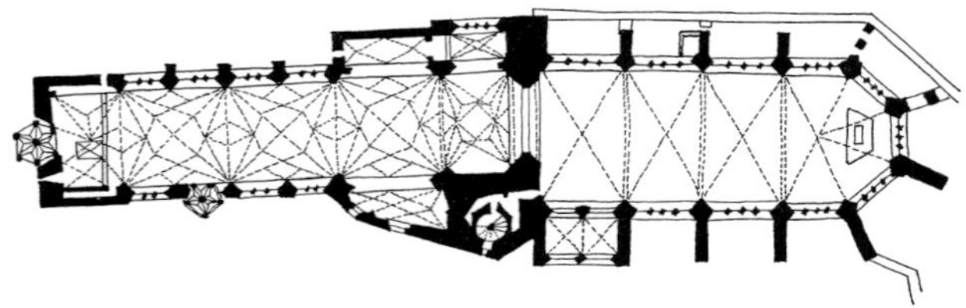

A.20 *Maria am Gestade*
• Détail des voûtes

A.21 Chapelle du Saint-Sauveur
• Portail sur la Salvatorgasse

- 1394-1414 : Le maître Michael Knab construit la nef et la tour.
- 1688 : Reconstruction de la partie supérieure de la tour, détruite par les Turcs lors du siège de 1683.
- 1817-24 : Première restauration par Friedrich von Klinkowström.
- 1897-1907 : Deuxième restauration par Viktor Luntz.

Extérieur

La façade principale, creusée par une grande verrière, est surmontée d'un fronton. Celui-ci, pris entre deux pinacles, est précédé d'une galerie à balustrade ajourée. L'auvent qui précède le portail a la forme d'un dais richement décoré et partiellement en porte à faux.
A l'intersection de la nef et du chœur, la tour de section heptagonale se termine par une flèche ajourée, véritable dentelle de pierre (★★).

Intérieur

Le chœur et la nef, d'égale longueur, ne sont pas situés sur le même axe. Ce plan brisé et l'absence de transept résultent de l'implantation primitive du sanctuaire dans ce coin de ville aux rues étroites et tortueuses. Le chœur, partie la plus ancienne de l'édifice, est de style gothique rayonnant. Il est couvert de voûtes en croisée d'ogives et éclairé par des vitraux du XIVe siècle.
La nef en gothique flamboyant germanique est flanquée d'importants piliers formés de colonnes accolées en faisceau qui supportent une voûte à liernes et tiercerons. Ce dispositif d'une grande élégance permet la suppression de l'arc-doubleau et le partage de la voûte en éléments plus petits appelés voûtains. Le fond de la nef est occupé par une imposante tribune à balustrade aveugle où se trouve un beau buffet d'orgue.

Portail Renaissance de la Chapelle du Saint-Sauveur

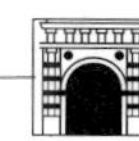

21

I., Salvatorgasse, 5

Anonyme • 1520-30

Un des rares portails Renaissance de Vienne. L'accès à la chapelle se fait par l'ancien Hôtel de ville, *Wipplingerstrasse*, 6.

A.XI *Hoher Markt*

• Fontaine du Mariage de la Vierge

A.XI *Ankeruhr*

A.23 Eglise Saint-Rupert

21

1., *HOHER MARKT*

Cette longue place rectangulaire, reconstruite après la guerre de 1940-45, est bordée d'édifices d'une grande banalité de style. Il s'agit cependant de l'une des plus anciennes places de Vienne. Un tribunal y fut installé dès le Moyen Age, ainsi qu'un pilori et une potence. La Justice fut rendue là jusqu'en 1839 ; le gibet fut enlevé en 1703 et le pilori en 1848.

■ 3 • En sous-sol, vestige de deux maisons romaines qui étaient situées vraisemblablement à proximité du palais prétorial de *Vindobona*.

■ 11/12 • *Ankeruhr* • Horloge en forme de passerelle entre deux immeubles de bureaux de la compagnie d'assurances Anker. Curieux exemple de Jugendstil, œuvre du peintre et sculpteur Franz von Matsch (1913). Tous les jours à midi, on peut assister au défilé de personnages historiques au son de musiques populaires.

■ *Vermählungs-Brunnen* (Fontaine du Mariage de la Vierge) appelée aussi *Josephsäule* ou colonne de Joseph. Lors du siège de Landau, l'empereur Léopold Ier fit le serment d'élever une colonne votive à saint Joseph si son fils Joseph Ier restait indemne. Une première colonne en bois fut construite par Johann Bernhard Fischer von Erlach (1705-06). Son fils Joseph-Emanuel conçut ensuite la fontaine de pierre que nous connaissons (1729-32). Elle se présente comme un baldaquin de bronze supporté par des colonnes corinthiennes qui abrite un groupe sculpté par Antonio Corradini.

Monastère de Wiener-Neustadt dit "Aux Sept Etoiles Jaunes" 22

I., Sterngasse, 3

Anton Ospel • 1734

Grand immeuble baroque composé de neuf travées.

Eglise Saint-Rupert *(Ruprechtskirche)* 23

I., Ruprechtsplatz ■

nef romane et tour : **1130-70**

chœur et portail : **1276**

achèvement : **1ère moitié du XVe s.**

Fondée en 740 par des disciples de saint Rupert, cette petite église de village est sans doute le sanctuaire le plus ancien de Vienne. La construction de la nef romane et des étages inférieurs de la tour date du XIIe siècle. Le portail et le chœur ont été construits après 1276 et ce n'est que dans la première moitié du XVe siècle que l'on acheva la tour et que l'on ajouta les bas-côtés, les voûtes sous charpente et la tribune d'orgue.

24

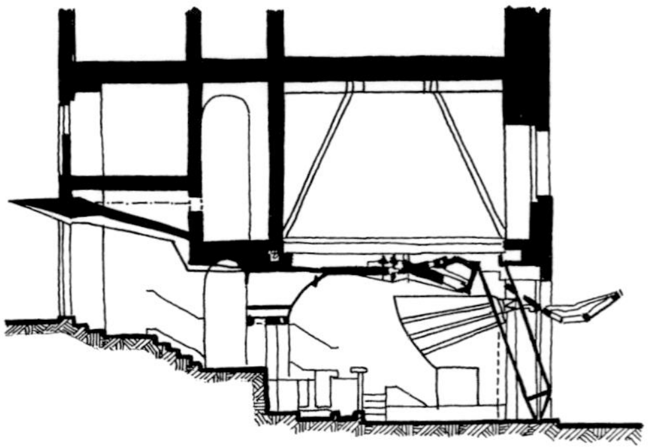

A.25 Cabaret *"Roter Engel"* • Coupe & plan

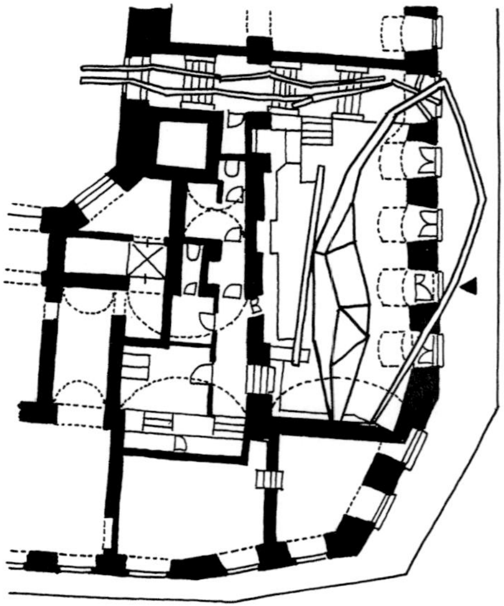

A.25 Cabaret *"Roter Engel"* • Intérieur

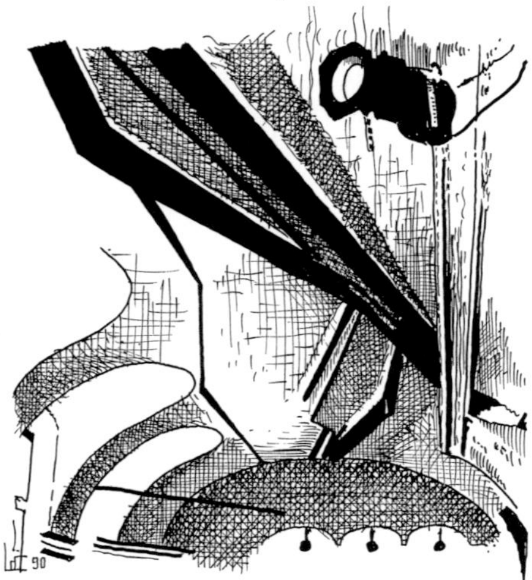

A.24 Grande Synagogue

Grande Synagogue

I., Seitenstettengasse, 2/4

Josef KORNHÄUSEL • 1824-26

visite sur demande écrite

24

La façade à rue de ce lieu de culte israélite est traitée comme un édifice civil, à la manière d'un palais, conformément aux exigences de la règle en vigueur sous le régime de tolérance de Joseph II. A cette époque, en effet, nul édifice religieux non catholique ne pouvait avoir une façade monumentale ressemblant à un temple à front d'une voie publique.

Cabaret "A l'Ange Rouge" *(Roter Engel)*

I., Rabensteig, 5

Coop Himmelblau :

Wolf PRIX et Helmut SWICZINSKY • 1980-81

25

Installé dans un ancien immeuble, l'Ange Rouge combine un bar à vin et une scène pour la chanson de cabaret. Le plan et l'espace qui en émanent sont torturés par de nouvelles voies d'inspiration poético-agressive, chères au groupe *Himmelblau*. Le corps de l'ange est fait de plâtre et de blocs de verre. Ses ailes, composées de métal tordu, d'argile et d'acier inoxydable, se déploient douloureusement pour percer le plafond. La ligne brisée du *Ton* (mot allemand qui signifie à la fois "son" et "argile") symbolise la musique et le chanteur qui la produit. Elle commence sur scène, sort dans la rue, court le long de la façade, la traverse à nouveau pour mourir à l'intérieur en pointe d'aiguille. Cette mise en scène, décapante, incendiaire et blessante, entend représenter, en les amplifiant, les tensions de ce lieu.

La promenade A se termine soit au Fleischmarkt, *point de départ de la promenade B, soit à la* Rotenturmstrasse *qui conduit au* Franz-Josefskai, *le long du canal du Danube, où passent les trams 1 et 2 permettant de joindre le* Ring, *objet de la promenade D. Le visiteur a également la possibilité de joindre rapidement la* Schwedenplatz *où commence la promenade P.*

B

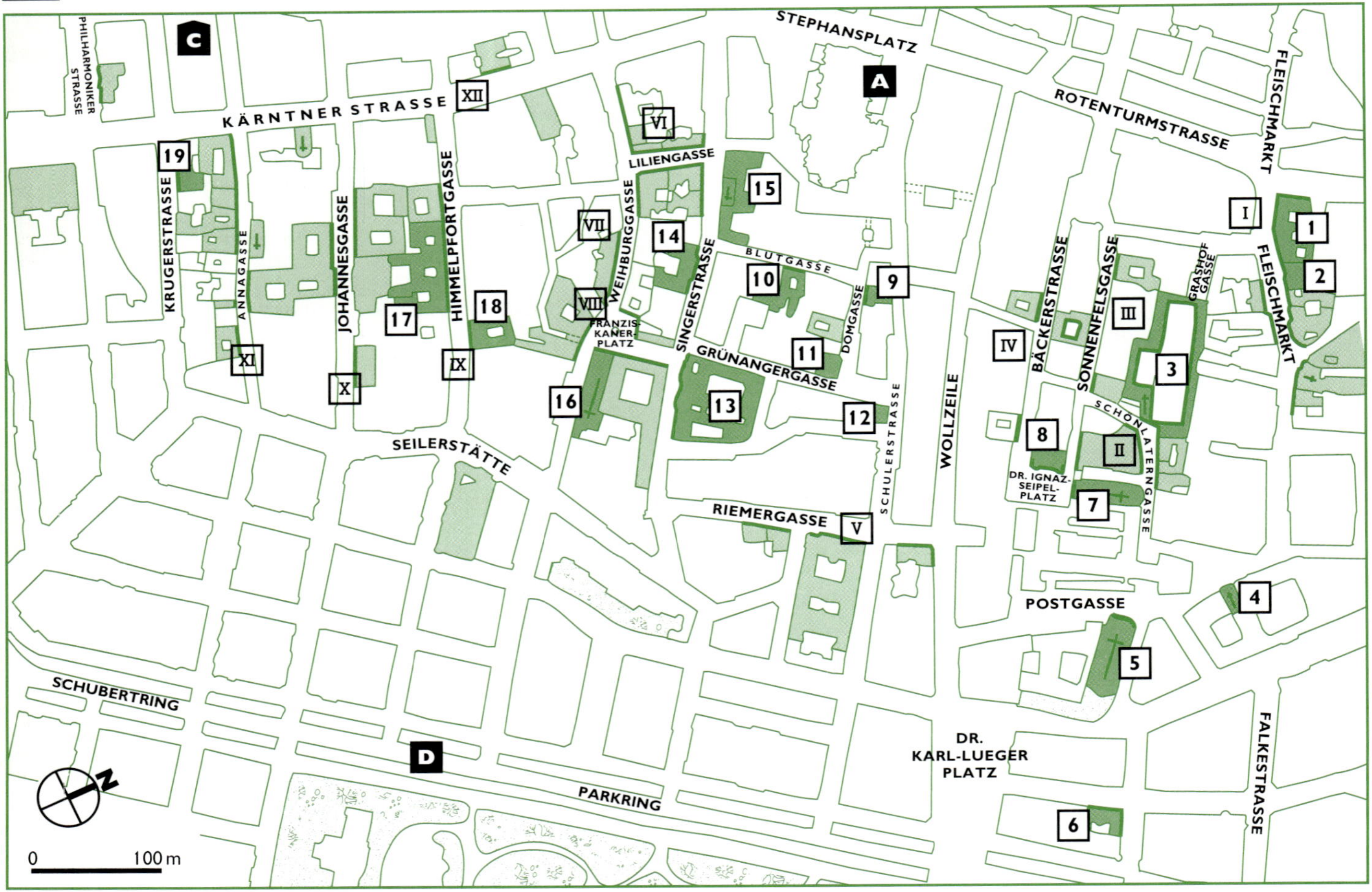

C
PHILHARMONIKER STRASSE
STEPHANSPLATZ
A
ROTENTURMSTRASSE
FLEISCHMARKT
KÄRNTNER STRASSE
XII
19
VI
LILIENGASSE
15
KRUGERSTRASSE
JOHANNESGASSE
HIMMELPFORTGASSE
ANNAGASSE
VII
14
WEIHBURGGASSE
I
1
2
BLUTGASSE
10
9
SINGERSTRASSE
DOMGASSE
BÄCKERSTRASSE
SONNENFELSGASSE
GRASHOF GASSE
III
18
17
VIII
FRANZISKANER PLATZ
IV
11
3
XI
IX
X
GRÜNANGERGASSE
16
13
12
WOLLZEILE
SCHÖNLATERNGASSE
SCHULERSTRASSE
8
II
SEILERSTÄTTE
DR. IGNAZ-SEIPEL-PLATZ
7
RIEMERGASSE
V
POSTGASSE
4
5
SCHUBERTRING
DR. KARL-LUEGER PLATZ
FALKESTRASSE
D
PARKRING
N
6
0
100 m

Promenade B

Innere Stadt (ville intérieure) - Est

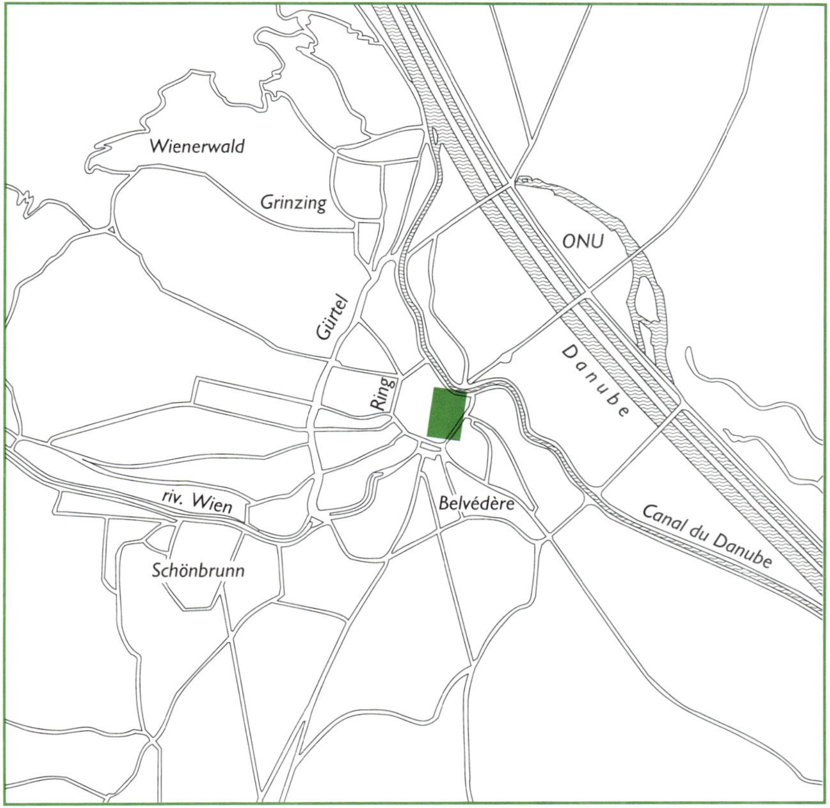

B.I: 14 *Fleischmarkt*, immeuble Jugendstil

B.I: 13
Eglise grecque

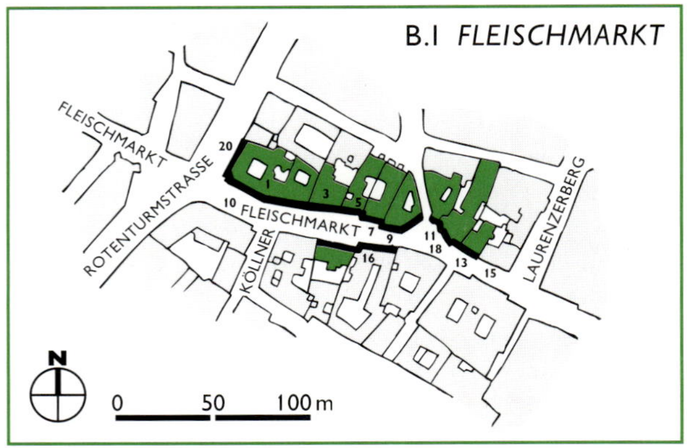

Innere Stadt (ville intérieure) - Est

Dès le XIe siècle, les terrains situés au sud-est de la rivière Möhrung (actuelles *Kärntner Strasse* et *Rotenturmstrasse*) furent aménagés pour recevoir une colonie de marchands venus d'Orient par une route tracée depuis le pays des Magyars (actuelle Hongrie). Aux XIIe et XIIIe siècles, lors de la construction romane de Saint-Etienne et de la création d'un important marché aux viandes, la colonie se développa rapidement pour devenir un véritable quartier, protégé par un mur d'enceinte percé de trois portes: *Kärntnertor, Stubentor et Rotenturmtor.* Si du XVe au XIXe siècle le tracé des rues resta quasi inchangé, les maisons et les édifices religieux furent par contre sans cesse modifiés ou reconstruits. C'est à travers ce vieux quartier, pittoresque par excellence, que se déroule la promenade B.

1., *FLEISCHMARKT*

Marché aux viandes, dont l'existence est mentionnée dès 1285 dans un document de la corporation des bouchers. Vers la fin du XVIIe siècle, il fut surtout fréquenté par des marchands grecs et levantins.

1 • **Immeuble *Reinerhof*** (commentaire en B.1).

3 • **Immeuble *Steyrermühl*** (commentaire en B.2).

7 • Immeuble de commerce Jugendstil de la firme Julius Meinl • Arch. Max KROPF (1899) • Au-dessus des scènes allégoriques qui ornent les pilastres de la façade, on peut voir les armes de Hambourg, Trieste et Londres où la firme possède des succursales.

9 • Maison dite "A Notre-Dame du Bon Secours". Construction Renaissance avec façade édifiée vers 1700. L'empiétement de la maison sur le trottoir actuel témoigne de l'étroitesse du marché au XVIe siècle.

11 • Restaurant *Griechenbeisl*, installé dans une auberge connue déjà en 1447 et fréquentée au XVIIe siècle par le chanteur populaire "der Liebe Augustin". On peut voir, scellés dans la façade, des boulets en pierre tirés par les Turcs durant le siège de 1683.

13 • Eglise grecque • Construction de Peter MOLLNER (1782-87) sur laquelle Theophil VON HANSEN édifia en 1858-61 une façade et une tour octogonale percées de fenêtres d'inspiration byzantine.

B.2 Immeuble *"Steyrermülh"*

B.1 Immeuble *"Reinerhof"* • Détail de l'articulation des façades

14 • Immeuble locatif Jugendstil • Arch. Ferdinand DEHM et Franz OLBRICHT (1898-99) • Façade ornée de bustes athéniens et de stucs dorés.

Immeuble de commerce et de bureaux *Reinerhof* ★★ 1

I., Fleischmarkt, 1 # Rotenturmstrasse, 20

Arthur BARON • 1909-10

Conçu dans la tradition viennoise des grands immeubles commerciaux de la fin du XIXe siècle, l'immeuble d'angle du *Reinerhof* comprend trois registres : un haut rez-de-chaussée qui forme soubassement, une série d'étages de bureaux et un attique qui couronne l'édifice. Si les façades expriment bien ces trois registres, elles sont cependant traitées dans des matériaux et des formes qui renforcent les rythmes et les articulations des parties en une composition d'une étonnante modernité. Par exemple :

- l'élévation de l'immeuble est divisée en deux parties égales puisque la hauteur du soubassement équivaut à celle des trois étages réunis ;
- le soubassement, habillé de marbre brun foncé, s'affirme par sa masse et contraste avec les étages revêtus de carreaux beiges et violets à motifs carrés. Ceux-ci, disposés en losanges, forment des chapelets qui tombent de la corniche, pour accentuer la verticalité du registre des étages ;
- coiffant l'édifice, l'attique, en tôles vertes, ponctue le rythme des pilastres et accentue le jeu des articulations à l'endroit du coin arrondi et surtout à la brisure de la façade à front du *Fleischmarkt* ;
- le plan est, lui aussi, d'une conception moderne ; réglé par une ossature en béton armé, il peut recevoir une libre implantation des cloisons de bureaux.

Immeuble de commerce et de bureaux *Steyrermühl* ★★ 2

I., Fleischmarkt, 3/5

Arthur BARON • 1910-13

Contemporain de son voisin, mais très différent de celui-ci, l'immeuble "*Steyrermühl*" est d'une esthétique sévère, basée sur un emploi systématique et rationnel de matériaux simples et qui vise à en tirer un effet de puissance proche de l'expressionnisme industriel. Le contraste entre les deux registres de la façade est saisissant. L'inférieur, établi sur trois niveaux, est rythmé par de puissants poteaux en béton armé entre lesquels s'intercalent des pans de façade composés de verre et d'éléments en fer battu de ton rouille. L'attique qui comprend deux étages, tranche violemment sur le registre

B.II *Schönlaterngasse*

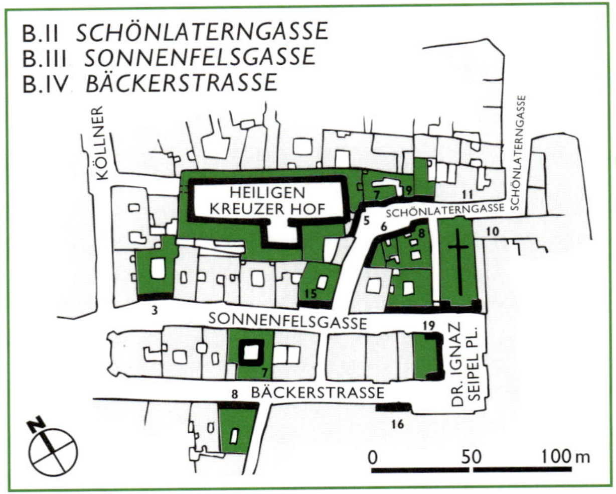

B.3 *Heiligenkreuzer Hof*

B.3 *Heiligenkreuzerhof* • Plan

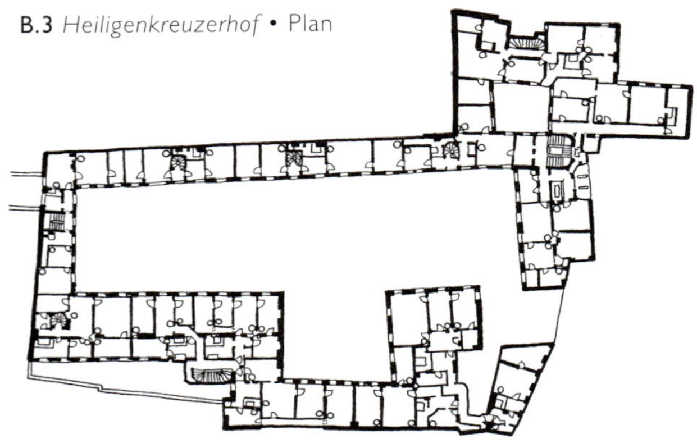

inférieur: la couleur blanche de son enduit, le long bandeau entre les fenêtres ainsi que le fronton aplati répondant à la grande corniche intermédiaire accentuent l'horizontalité de la composition qui s'oppose délibérément à la verticalité du registre inférieur. Les trois élégants bow-windows occupent les travées centrales de la façade et agissent sur celle-ci en un contrepoint qui adoucit le rythme des poteaux.

Heiligenkreuzer Hof ★★★ 3

I., Schönlaterngasse, 5 et Grashofgasse, 3

fondation : XIIe s

construction : 1660

remaniements : XVIIe et XVIIIe s

Ce complexe est une dépendance du couvent d'*Heiligenkreuz*, près du château de Mayerling en Basse-Autriche. Bien que le couvent ait été fondé au XIIe siècle, les bâtiments datent de 1660 et leur aspect actuel remonte aux XVIIe et XVIIIe siècles. Ce vaste lieu refermé sur lui-même, où règne une atmosphère de paix, inspira la philosophie qui devait présider à l'élaboration de plans types pour les cités de la Vienne socialiste des années 20.

Chapelle Saint-Bernard *(Bernhardkapelle)*, bel édifice baroque de 1660 remanié ultérieurement.

1., SCHÖNLATERNGASSE ★★ II

Bordée de maisons anciennes aux façades colorées, la rue dite "de la belle lanterne" est, avec *Heiligenkreuzer Hof*, un des coins les plus pittoresques de la ville intérieure. Elle est reliée au couvent par un passage couvert, aménagé dans un ensemble de maisons admirablement articulées entre elles.

5 • Maison qui donne accès par un passage couvert à *Heiligenkreuzer Hof*.

6 • Maison avec belle lanterne en fer forgé de 1680 à laquelle la rue doit son nom.

7 • Ancienne boulangerie, dite "maison du basilic", connue déjà en 1212 et remaniée aux XVIe et XVIIIe siècles. Le basilic, reptile né d'un œuf de coq et couvé par un crapaud, capable de tuer par son regard, est représenté sur la façade. Il aurait, selon la légende, empoisonné le puits de la maison.

7a • Maison habitée par Robert Schumann durant l'année 1838.

8 • *Wunder-Bar* • Arch. Hermann CZECH (1975-76) • Le bar occupe le niveau inférieur d'une ancienne maison revitalisée. L'architecte, se référant à la tradition néo-gothique tout en la transcendant, a installé dans ce lieu ses fameuses arches interrompues reprenant le thème des ogives.

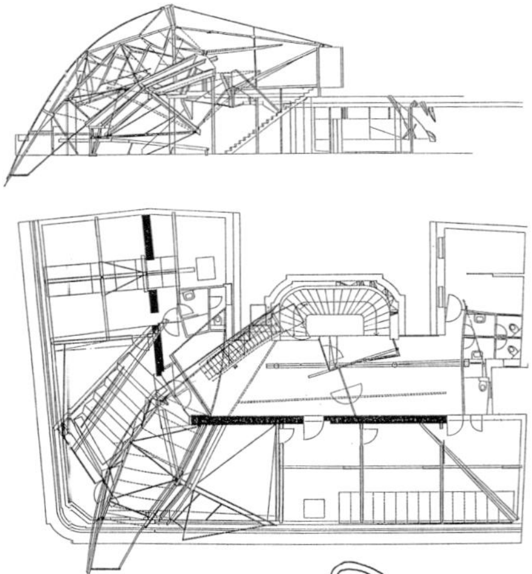

B.6 "Déconstruction d'un toit" • Plan et coupe

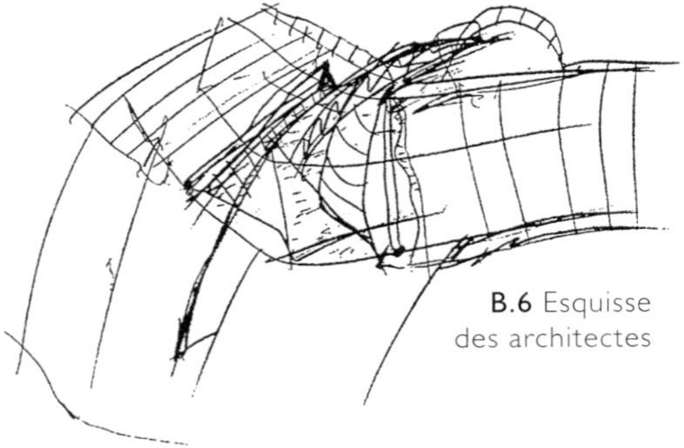

B.6 Esquisse des architectes

B.6 "Déconstruction d'un toit"

B.7 Eglise des Jésuites

9 • Atelier du maître-forgeron Josef Schmirler jusqu'en 1974.

Musée du fer forgé.

Lu-Ve : 09.00-15.00

4 Eglise ukrainienne Saint-Barbe

I., Postgasse, 8

anonymes • 1573-1654

A l'intérieur, belle iconostase richement sculptée, par les Markovic de Serbie.

5 Eglise des Dominicains *(Dominikanerkirche)*

I., Postgasse, 4

J. Spatz, C. Biasino et A. Canevale • 1631-34

anonyme • 1666-74

Reconstruite entre 1631 et 1634 à l'emplacement d'une église plus ancienne, l'église des Dominicains présente une façade au dessin extrêmement proche des modèles romains baroques dont le Gesù est le prototype. L'architecte de cette façade est inconnu. Le couvent attenant à l'église fut fondé au XIIIe siècle.

6 "Déconstruction d'un toit" ★★

I., Falkestrasse, 6

Coop Himmelblau (Wolf Prix et Helmut Swiczinsky) • 1983-88

Etablie sur les principes avant-gardistes de la géométrie fractale, cette œuvre essentielle du groupe Himmelblau se présente comme une structure acrobatique où chaque élément renferme la clef de la construction tout entière. La conception assistée par ordinateur ouvre la voie à un nouveau type de synthèse créative au service d'une architecture "en fête" destinée, ici, à un cabinet d'avocats.

III 1., *SONNENFELSGASSE*

3 • Maison dite *de Hildebrandt* datant du XVe siècle, transformée au siècle suivant et dotée d'une belle façade dans le style de von Hildebrandt.

15 • Beau portail Renaissance.

19 • *Domus antiqua universitatis*. Cette grande bâtisse, construite en 1628, servait jadis de demeure aux appariteurs de l'université.

7 Eglise des Jésuites *(Jesuitenkirche)* ★

I., Dr. Ignaz Seipel-Platz ★★

anonyme • 1627-31

Carlo Antonio Carlone • ap. 1631

Andrea Pozzo • 1703-05

Sur la place de l'ancienne université, la *Jesuitenkirche* dresse sa haute façade dont les deux registres inférieurs, articulés de pilastres, sont coiffés par deux tours et un petit pignon à volutes. Ces registres sont animés de nombreuses fenêtres et niches de dimensions réduites. L'ensemble est de proportion maladroite. L'intérieur, au contraire,

B.7 Eglise des Jésuites • Intérieur

B.7 Eglise des Jésuites • Chaire de vérité

B.IV: 7 Maison *Schwanenfeld*

B.8 Académie des Sciences

déploie tous les fastes du baroque à son apogée et est marqué par l'empreinte d'Andrea Pozzo. Le prince Adam Florian de Liechtenstein l'avait invité en 1703 à venir travailler à Vienne après avoir admiré, à Rome, les fresques du plafond de l'église Saint-Ignace. Pozzo peignit à fresque les voûtes de l'église, ainsi qu'une fausse coupole en trompe-l'œil (un disque jaune indique au milieu du pavement l'endroit d'où il faut la regarder pour que l'illusion soit parfaite). Pozzo remania aussi l'architecture intérieure: il ajouta à la nef les balcons semi-circulaires et les colonnes torses en marbre vert. La chaire est également remarquable pour ses incrustations de marbre.

8 Académie des Sciences (Akademie der Wissenschaften) ★

I., Dr. Ignaz Seipel-Platz, 2 ■ ★

conception : Jean Nicolas JADOT DE VILLE-ISSEY
réalisation : J. ENZENHOFER, D.C. DIETRICH et Joh. Ad. MÜNZER • 1753-55

L'ancienne université datant de 1627 fut entièrement démolie sous Marie-Thérèse, pour faire place aux facultés de médecine et de jurisprudence. Son architecte Jadot de Ville-Issey était lorrain et avait suivi à Vienne François de Lorraine.
La façade au socle élevé, avec ses deux corps latéraux à frontons triangulaires et pilastres dédoublés, avec son balcon et ses colonnes doubles détachées, est fidèle à certains thèmes architecturaux plus français que viennois. Elle annonce la naissance du néo-classicisme en Autriche. La salle des fêtes est célèbre pour les concerts qu'y donnèrent Haydn et Beethoven. Elle est ornée de fresques de Gregorio Guglielmi, reconstituées après l'incendie de 1961 qui les ravagea.

1., *BÄCKERSTRASSE* IV

■ 16 • Maison bourgeoise construite en 1712.
■ 8 • Palais Seitern édifié en 1722 dans le style de Johann Lucas von Hildebrandt.
■ 7 • Maison Schwanenfeld avec belle cour à arcades Renaissance.

9 *Figarohaus*

I., Domgasse, 5 ■

XVIIe s.

Maison typique du XVIIe siècle; Mozart y vécut de 1784 à 1787, alors qu'il composait son opéra "Les Noces de Figaro". C'est là aussi qu'il rencontra Haydn et Beethoven.

Ma-Di : 09.00-12.15 • 13.00-16.30

m Appartement de Mozart transformé en musée.

■ Au n°6 de la *Domgasse* s'ouvrit, en 1683, le premier établissement viennois à vocation de "café".

B.13 Palais Rottal

B.V: 11 Immeuble à appartements

B.10 Ensemble rénové de la *Blutgasse*

B.11 Palais Fürstenberg

B.12 Magasin "Section N"

Ensemble de maisons anciennes ★ 10

I., Blutgasse, 3

Une des premières revitalisations urbaines de l'après-guerre, menée systématiquement et affectant tout l'îlot.

Palais Fürstenberg 11

I., Grünangergasse, 4

Edifié en 1720. Grand escalier orné de sculptures dans la manière de Donner.

Magasin "Section N" 12

I., Schulerstrasse, 16

auj. boutique Moser

Hans HOLLEIN • 1971

Aménagement d'un magasin dans un ancien immeuble. Intéressant traitement de l'espace intérieur.

1., *RIEMERGASSE* V

Les immeubles qui bordent cette rue datent pour la plupart du début du XXe siècle. Certains sont des œuvres en Jugendstil d'architectes peu connus.

■ 1/3 # *Wollzeile*, 28 • Immeuble de commerce et d'appartements bourgeois • Arch. Albert H. PECHA (1901) • Contraste entre les balcons en fer forgé ornés de feuillages et la géométrie des tours plates et du balcon du dernier étage.

■ 7 • Ancien palais de Justice • Arch. Alfred KELLER (1908) • Immeuble monumental divisé en 3 registres : un haut socle en pierres appareillées orné d'une frise, 2 niveaux recouverts d'enduit et le dernier étage décoré de motifs géométriques en majoliques.

■ 9 • Immeuble à appartements dont les formes générales et les détails architectoniques sont repris à l'architecture locale de Basse-Autriche • Arch. F. VON FARNHOLZ.

■ 11 • Immeuble à appartements • Arch. August FONDI (1910) • Façade décorée de motifs inspirés par la Wiener Werkstätte. Particularité : les formes polygonales des bow-windows, balcons et frontons.

Palais Rottal 13

I., Singerstrasse, 17/19

auj. Caisse de la dette publique

Johann Lucas VON HILDEBRANDT (attr.) • 1750-54

Ce palais fut construit après la mort de von Hildebrandt et, semble-t-il, d'après ses plans. Des constructions plus anciennes furent intégrées au nouvel édifice. La polychromie de la façade en accentue le relief. Remarquer la fantaisie déployée dans les différents traitements des baies de fenêtres à arcs en plein cintre.

B.VII: 14 Maison du XVIIIe s., *Weihburggasse* • Balcon et garde-corps en fer forgé

B.14 Palais *Neupauer-Breuner*

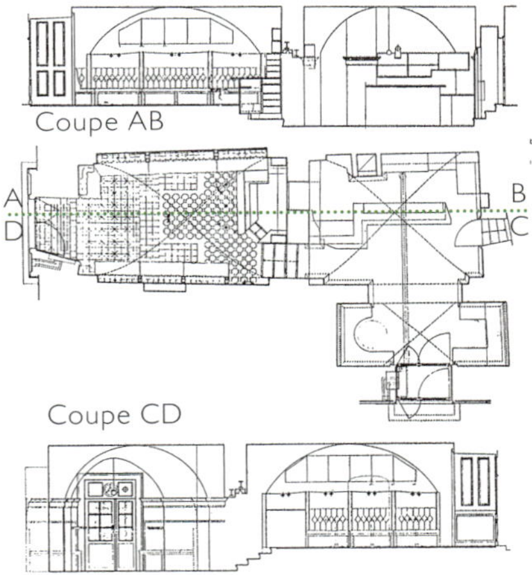

B.VIII: 3 *Kleines Café* • Plan et coupes

B.VIII *Franziskanerplatz*

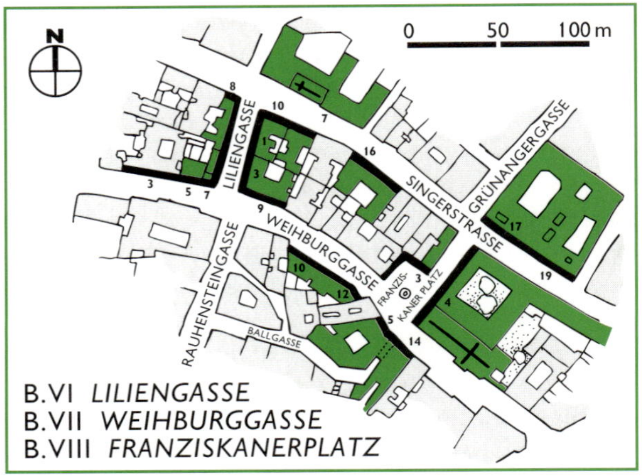

Palais Neupauer - Breuner 14

I., Singerstrasse, 16
auj. Sothebys
anonyme • 1715-16

La façade de ce palais présente un dessin influencé dans son ensemble par von Hildebrandt, ainsi qu'un étonnant portail à atlantes (★) dans le style de Johann Bernhard Fischer von Erlach.

Eglise de l'Ordre Teutonique (Ste-Elisabeth) 15

I., Singerstrasse, 7
anonymes • 1326-75
remaniement : 1720

L'église gothique à une nef, du XIVe siècle, est incorporée dans la maison de l'Ordre Teutonique et a conservé l'essentiel de son aspect primitif, malgré les quelques modifications baroques apportées en 1720. Beau retable hollandais du début du XVIe siècle.

m Trésor de l'Ordre Teutonique.

Lu, Je, Sa : 10.00-12..00 • Me, Ve, Sa : 15.00-17.00

1., *LILIENGASSE* VI

Cette petite rue fait partie du vieux quartier entourant la cathédrale. Les maisons qui la bordaient ont été détruites au début du XXe siècle et remplacées par trois grands immeubles Jugendstil, en rupture d'échelle avec le reste du quartier.

- 1 # *Singerstrasse*, 10 • Arch. Karl et Wilhelm SCHÖN (1911).
- 2 # *Singerstrasse*, 8 et *Weihburggasse*, 7 • Arch. Rudolf ERDS (1911).
- 3 # *Weihburggasse*, 9 • Arch. Ignaz REISNER (1913).

1., *WEIHBURGGASSE* VII

- 10/12 • Immeuble de bureaux en béton armé • Arch. Guido GRÖGER (1911) • Imposante construction Jugendstil dont la décoration est partiellement inspirée par la Wiener Werkstätte.
- 14 • Maison édifiée en 1722 dans le style de von Hildebrandt. Les garde-corps des balcons en fer forgé comptent parmi les plus beaux de Vienne (★★).

1., *FRANZISKANERPLATZ* VIII

Agréable petite place pittoresque bordée de vieilles bâtisses.

- 3 • *Kleines Café* • Arch. Hermann CZECH (1970-74). Aménagé dans une vieille demeure, ce café est une des premières réalisations d'après-guerre d'un débit de boisson "nouveau style" renouant avec la tradition viennoise.

B.17 Palais d'hiver d'Eugène de Savoie
• Projet originel (*gravure de J.B. Fischer von Erlach)*

B.17 Palais d'hiver d'Eugène de Savoie
• Réalisation et état actuel (*gravure de J.A. Corvinus)*

B.17
Ancien palais d'hiver du Prince Eugène de Savoie
• Escalier d'honneur

B.16 Eglise Saint-Jérôme

4 • Couvent des Franciscains (1614-21). Longue façade curieusement constellée d'oculi aveugles.

Eglise des Franciscains (commentaire en B.16).

Fontaine de Moïse, érigée en 1798 par Johann Martin FISCHER.

5 • Maison de 1796, attribuée à Franz KOCH • Son porche voûté donne accès à la *Ballgasse*, pittoresque ruelle au cœur d'un des plus vieux quartiers de la ville.

Eglise Saint-Jérôme *(Franziskanerkirche)*

16

★ ■

I., Franziskanerplatz

P. BONAVENTURA DAUM (?) • **1603-21**

remaniement baroque : XVIIIe s.

intérieur : Andrea POZZO • **1707**

Cette église à une seule nef est surtout remarquable pour sa façade à pignon de la Renaissance bavaroise, unique exemple de ce genre à Vienne.

A l'intérieur, transformé dans le goût baroque au XVIIIe siècle, l'on peut admirer le maître-autel orné d'éléments architectoniques et d'un arc de triomphe en trompe-l'œil, œuvre d'Andrea Pozzo (1707), ainsi que le buffet d'orgue installé dans le chœur, œuvre de J. Wöckerl (1642).

1., *HIMMELPFORTGASSE*

IX

2 • Immeuble de commerce et de logements, construit par Johann WALLAND (1906-07), particulièrement estimé par Adolf Loos.

6 • Maison baroque de 1720 dans le style de von Hildebrandt.

8 • **Palais d'hiver d'Eugène de Savoie** (commentaire en B.17)

13 • **Palais Erdödy-Fürstenberg** (commentaire en B.18).

25 # *Seilerstätte, 9* • Théâtre Ronacher.

Ancien palais d'hiver du prince Eugène de Savoie

17

★★★

■ ★

I., Himmelpfortgasse, 8

Johann Bernhard FISCHER VON ERLACH • **1697-98**

Johann Lucas VON HILDEBRANDT • **1702-1724**

C'est un des plus beaux palais urbains baroques de Vienne. Les sept travées centrales et la très belle cage d'escalier à atlantes furent d'abord construites sur les plans de Fischer. Von Hildebrandt intervint sur le chantier à partir de 1702 et édifia successivement les cinq travées est et les cinq travées ouest. L'édifice achevé se caractérise par la solennité de sa longue façade articulée par trois porches identiques. Sur un haut socle à bossages, des pilastres colossaux soutiennent un entablement surmonté d'une balustrade. C'est von Hildebrandt qui a strié ces pilastres de rainures horizontales, tou-

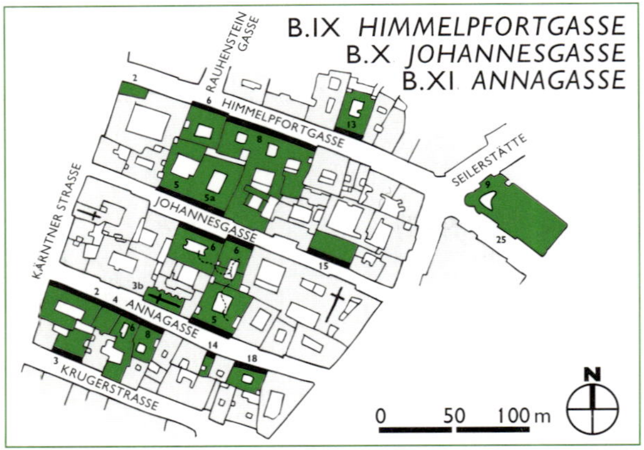

B.XI: 14
Maison
"A la carpe bleue" • détail

B.XI: 8 *Deybelhof*

jours soucieux de faire "vibrer" une façade là où Fischer, au contraire, tend souvent à traiter un ensemble de masses plus nettement articulées.

Palais Erdödy-Fürstenberg

I., Himmelpfortgasse, 13

anonyme • ca 1724

La façade grise et ocre de ce palais peut être comparée à celle du Palais Neupauer-Breuner (cf.: B.14). Les baies de fenêtres du bel étage sont d'une grande élégance. Portail monumental à atlantes.

1., *JOHANNESGASSE* ★★

X

15 • Fondation des Dames de Savoie. Intéressante façade au dessin complexe intégrant des éléments variés, parmi lesquels des panneaux qui fragmentent la paroi à la manière d'une décoration intérieure.

6 et *Annagasse*, 5 • Archives de la Trésorerie de la Cour •Aile de la *Johannesgasse* construite par P. SPRENGER (1843-1846) • Aile de l'*Annagasse* construite en 1768 par D. DIETRICH • Franz Grillparzer fut directeur des Archives de la trésorerie de la Cour de 1832 à 1856.

5/5 à 5a • Palais Questenberg-Kaunitz. Construit après 1701, probablement par un architecte italien.

1., *ANNAGASSE* ★★

XI

Rue pittoresque bordée de maisons bourgeoises et de palais des XVIIe et XVIIIe siècles.

2 • Palais Esterházy, du milieu du XVIIe siècle. Façade modifiée en 1785.

3b • Eglise Sainte-Anne (1629-34) de style gothique, transformée dans le style baroque vers 1747; voûtes peintes à fresque par Daniel Gran.

4 • Maison attachée aux activités et aux œuvres de la cathédrale; élégante façade du XVIIe siècle.

5 et *Johannesgasse*, 6 • Archives de la Trésorerie de la Cour (cf.: B.X.6).

6 • Maison ducale datant de 1600, avec une façade baroque de 1720.

8 • *Deybelhof* ou *Täuberlhof* (1730), d'après un projet de Johann Lucas VON HILDEBRANDT, remanié par Andreas ZACH. Beau portail. Au bel étage, les frontons angulaires et curvilignes alternés des fenêtres sont intégrés dans un entablement continu.

14 • Maison "A la carpe bleue" *(Zum blauen Karpen)* du XVIIe siècle, transformée en 1814 par K. EHMANN. Reliefs de J. Klieber.

B.19 Immeuble de bureaux

B.XII Fontaine
entre le Ring
et la *Kärntner Strasse*
au pied de l'Opéra

B.XII *Kärntner Strasse*

■ 18 • Maison dite "de l'empereur romain".

19 Immeuble de bureaux

I., Krugerstrasse, 3

Ernst GOTTHILF • 1904

Bel immeuble de bureaux au décor sécessionniste avec étage en attique terminé par des "visières" curvilignes.

XII 1., *KÄRNTNER STRASSE* ★

Cette longue rue, piétonnière depuis 1974, est située sur l'emplacement de l'ancien axe qui reliait Vienne à la Carinthie *(Kärnten)*, la plus méridionale des provinces autrichiennes. Reliant le Ring à Stephansplatz, elle est, comme le Graben (cf.: A.III), un lieu de flânerie fréquenté par les Viennois qui aiment s'arrêter aux terrasses des cafés ou devant les nombreux magasins de luxe.

■ 51 # *Walfischgasse*, 2 et *Mahlerstrasse*, 1 • Palais Todesco • Arch. Ludwig FÖRSTER et Theophil VON HANSEN (1861-63).

■ *Philharmonikerstrasse*, 4 • Hôtel Sacher • Arch. W. FRAENKEL (1876) • Hôtel particulier de Madame Sacher et lieu de rendez-vous de la haute société jusqu'en 1918. Cette grande dame s'illustra dans la gastronomie avec son fameux gâteau au chocolat, mondialement connu sous le nom de *Sachertorte*.

■ 37 • Eglise des Chevaliers de l'Ordre de Malte (Saint-Jean-Baptiste). Edifice gothique du XIVe siècle flanqué d'une façade néo-classique (1806-08).

■ 17 • *Wahliss-Passage* • Coop Himmelblau (Wolf PRIX et Helmut SWICZINSKY), (1985-86).

■ 16 • Hôtel Meissl et Schadn • Façade décorée d'une scène en mosaïques Jugendstil représentant la "Rencontre de l'Orient et de l'Occident", œuvre d'Eduard Veith.

⊙ *A proximité de la* Kärntner Strasse *se trouve le* Neuer Markt, *point de départ de la promenade C. On peut aussi rejoindre la station de métro* Stephansplatz *et prendre le U1, soit en direction de* Reumannplatz *qui longe la promenade M, soit en direction de* Kagran, *qui longe la promenade P.*

C

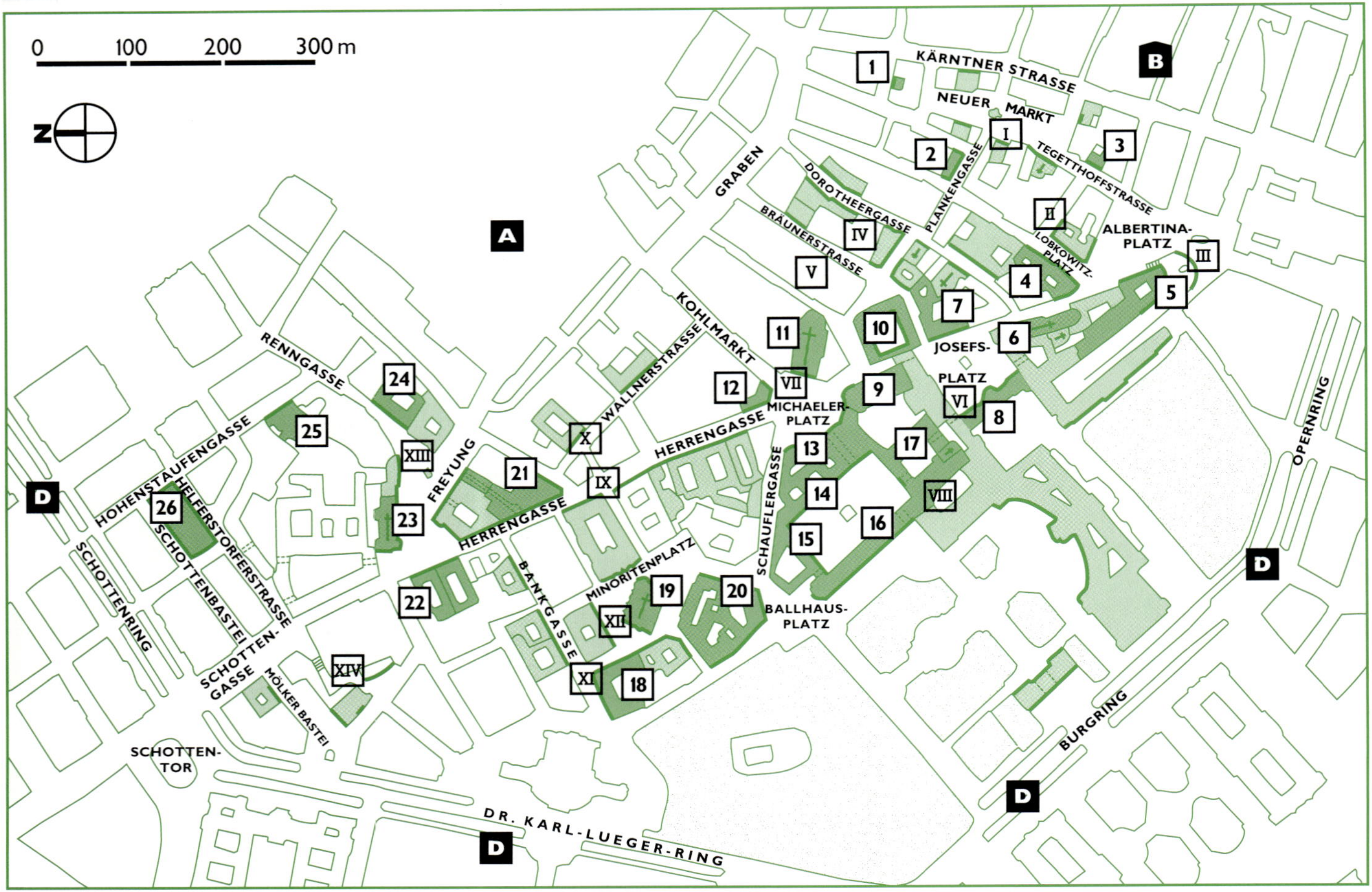
0
100
200
300 m
Z
A
B
D
D
D
D
KÄRNTNER STRASSE
NEUER MARKT
TEGETTHOFFSTRASSE
PLANKENGASSE
DOROTHEERGASSE
BRÄUNERSTRASSE
GRABEN
ALBERTINA-PLATZ
LOBKOWITZ-PLATZ
JOSEFS-PLATZ
KOHLMARKT
WALLNERSTRASSE
MICHAELER-PLATZ
HERRENGASSE
SCHAUFLERGASSE
BALLHAUS-PLATZ
MINORITENPLATZ
BANKGASSE
FREYUNG
RENNGASSE
HOHENSTAUFENGASSE
HELFERSTORFERSTRASSE
SCHOTTENBASTEI
SCHOTTENRING
SCHOTTEN-GASSE
MÖLKER BASTEI
SCHOTTEN-TOR
DR. KARL-LUEGER-RING
BURGRING
OPERNRING
1
2
3
4
5
6
7
8
9
10
11
12
13
14
15
16
17
18
19
20
21
22
23
24
25
26
I
II
III
IV
V
VI
VII
VIII
IX
X
XI
XII
XIII
XIV

Promenade C

Innere Stadt (ville intérieure) - Ouest • Hofburg

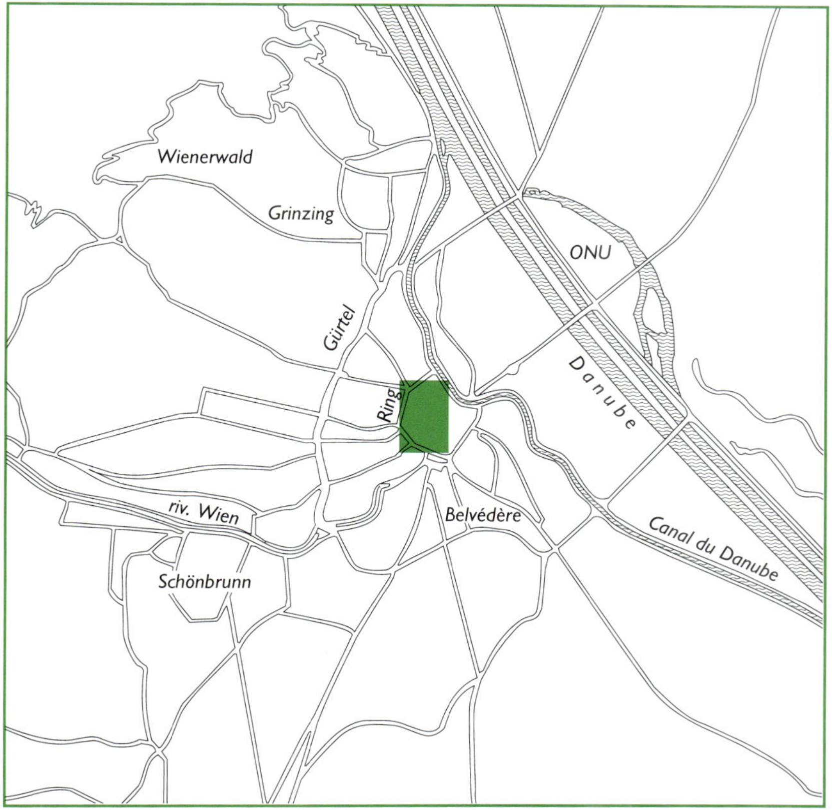

I *NEUER MARKT*
1 American Bar ★★
2 Immeuble “Zum Silbernen Brunnen” ★
3 Boutique “Christa Metek”
II *LOBKOWITZPLAT*
4 Palais Lobkowitz
III *ALBERTINAPLATZ*
5 Albertina ★
6 Eglise des Augustins ★
IV *DOROTHEERGASSE*
V *BRÄUNERGASSE*
VI *JOSEFSPLATZ* ★★★
7 Palais Pallavicini
8 Bibliothèque nationale ★★★★
9 Hofburg - Manège espagnol ★
10 Ecuries de l’Ecole d’équitation espagnole ★
VII *MICHAELERPLATZ*
11 Eglise Saint-Michel
12 Maison Loos ★★★
VIII *ENSEMBLE MONUMENTAL DE LA HOFBURG* ★★★★
13 Hofburg - Aile Saint-Michel ★
14 Hofburg - Aile de la Chancellerie ★
15 Hofburg - Aile d’Amalia ★
16 Hofburg - Aile de Léopold ★
17 Hofburg - Cour des Suisses
IX *HERRENGASSE* ★★
X *WALLNERSTRASSE*
XI *BANKGASSE*
18 Palais d’hiver Liechtenstein ★
XII *MINORITENPLATZ*
19 Eglise des Frères Mineurs
20 Chancellerie fédérale
XIII *FREYUNG* ★
21 Palais Ferstel et Café Central ★★
22 Palais Daun-Kinsky ★★★★
23 Eglise et couvent des Ecossais
24 Palais Schönborn - Batthyany ★
25 Banques des Provinces
26 Juridicum
XIV *QUARTIER DU MÖLKERBASTEI* ★

C.I. *Donnerbrunnen*

C.I. Crypte des Capucins
• Tombeau de Marie-Thérèse
et de François Ier de Lorraine
par Balthasar Ferdinand MOLL.

C.I. Eglise
des Capucins

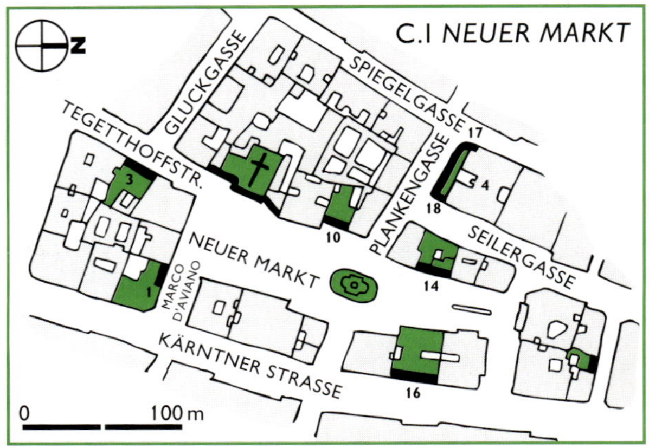

Innere Stadt (ville intérieure) - Ouest • Hofburg

C

Deux pôles, le nouveau marché et le couvent des Ecossais, délimitent l'étendue de la promenade C.

Le couvent des Ecossais, qui date du XIIe siècle, était à l'origine isolé de la ville par une rivière dénommée Ottakringerbach. Au XIIIe siècle, lors de la création du nouveau marché, à proximité de la *Kärntner Strasse*, une importante voie seigneuriale fut tracée pour relier les deux pôles : il s'agit de la *Herrengasse*, de part et d'autre de laquelle se développèrent non seulement des quartiers résidentiels mais aussi des couvents comme ceux des Augustins ou des Frères Mineurs. C'est sur un terrain situé le long de cette voie princière qu'à la fin du XIIIe siècle les Habsbourg, venus d'Argovie en Suisse, décidèrent de s'installer. Ce fut là le premier Burg, appelé pour cette raison *Schweizerhof* ou "Cour des Suisses".

1., *NEUER MARKT*

I

Le nouveau marché, qui existait déjà en 1234 en tant que marché aux farines *(Mehlmarkt)*, est une longue place au centre de laquelle se trouve une des plus belles fontaines de Vienne.

Donnerbrunnen (★★). Bassin orné de sculptures en bronze de Raphaël Donner (1737-39). Axée sur la statue de la Providence qui symbolise la sagesse des édiles, la composition du bassin s'organise à partir des quatre allégories qui incarnent la Traun, l'Enns, l'Ybbs et la March, quatre affluents du Danube. Cet ensemble est remarquable par la nervosité et la finesse du modelé des sculptures.

Eglise et crypte des Capucins (★). Sous l'église de style baroque (1632) précédée d'une façade reconstruite en 1935, se trouve la crypte des Empereurs *(Kaisergruft)* qui renferme 144 tombes des membres de la famille des Habsbourg. La crypte comprend plusieurs salles qui ont fait l'objet de multiples transformations et rajouts entre 1633 et 1909. Certains mausolées (★★) sont d'authentiques œuvres d'art signées VON HILDEBRANDT, JADOT DE VILLE-ISSEY, MOLL et VON NOBILE.

ts. l. j. : 09.30-16.00

Marco d'Avianogasse, 1 • *Reiss-Bar* • Arch. Coop Himmelbau (Wolf D. PRIX et Helmut SWICZINSKY), 1977. Transformation d'un ancien établissement au moyen de

C.1 *American Bar*

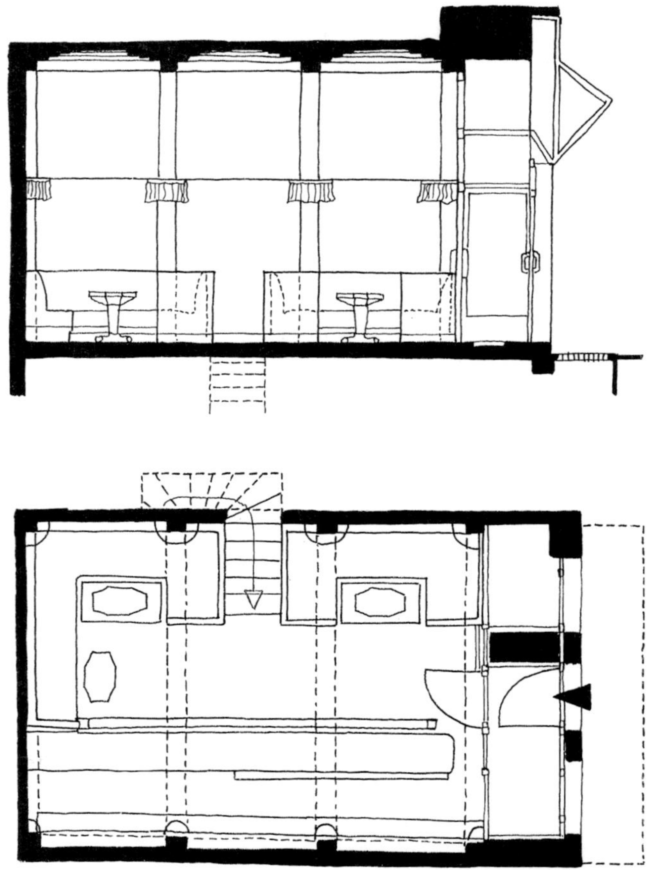

C.1 *American Bar* • Plan et coupe

matériaux industriels traités dans un mode esthétique propre à ce groupe d'architectes, pionnier du renouveau des bars viennois.

10/11 • Maison typique de la fin du XIXe siècle, richement décorée et ornée en son centre d'un bel oriel triangulaire sur trois étages.

14 • Maison bourgeoise construite en 1665 avec façade baroque attribuée à Jos. Em. FISCHER VON ERLACH (1735).

American Bar (Kärntner Bar) ★★

I., Kärntner Durchgang ■ ★★

Adolf LOOS • 1908

1

Avec son petit bar de 4,45 m de large sur 6,15 m de profondeur, Loos s'est affirmé comme un véritable magicien de l'espace et de la lumière. L'exploitation rationnelle de ce lieu minuscule fut mondialement reconnue comme un petit chef-d'œuvre de design moderne. Se souvenant de son séjour aux Etats-Unis (1893-96), l'architecte a tenté d'introduire à Vienne un type de bar très répandu en Amérique, mais, comme on peut s'en douter, d'un esprit bien différent de celui des cafés bourgeois chers aux Viennois.

La façade est faite de quatre piliers en marbre de Skyros entre lesquels s'insèrent trois vitrages à châssis de cuivre. Au-dessus de la devanture, une avancée oblique fait office de marquise dont la sous-face en verre coloré représente un drapeau américain stylisé, éclairé de l'intérieur. Une bande en dalles d'onyx translucide, formant le dessus de la marquise, diffuse la lumière à l'intérieur du bar où règne une atmosphère feutrée.

Au-dessus des lambris en acajou foncé, insérés comme des écrans entre les piliers de marbre vert, des miroirs sans cadre, qui font le tour de la pièce et montent jusqu'au plafond, créent par réflexion une impression d'espace illimité. Le plafond de marbre jaune fortement veiné est disposé en caissons carrés entre les poutres ; il se reflète dans les miroirs et se répète à l'infini, en une illusion parfaite.

Entièrement restauré et rétabli dans son état d'origine, ce petit bar privé n'est accessible que sur demande. Il est classé monument historique depuis 1959.

C.2 Immeuble
"Zum Silbernen Brunnen"

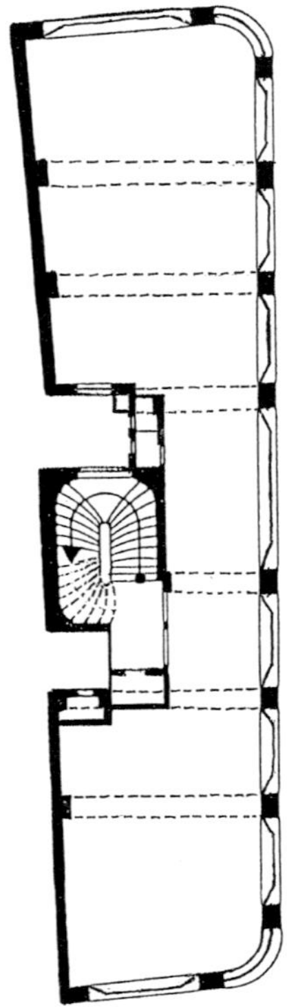

C.2 Immeuble
"Zum Silbernen Brunnen"
• Plan

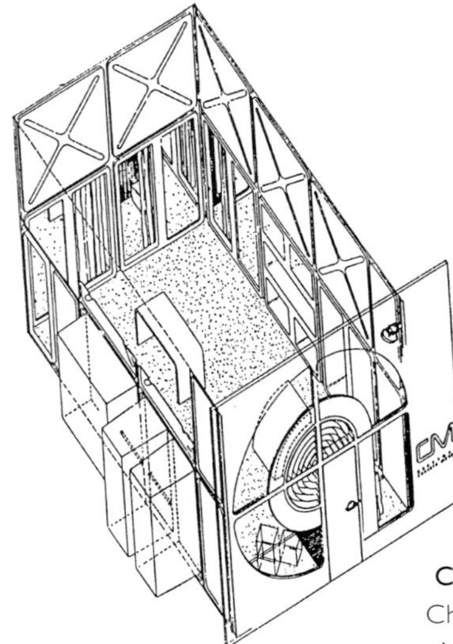

C.3 Boutique
Christa Metek
• Axonométrie

C.3 Boutique
Christa Metek

2

Immeuble *Zum Silbernen Brunnen* ★

1., Plankengasse, 4 # Spiegelgasse, 17
 # Seilergasse, 18
conception: Robert OERLEY (?)
réal.: Karl et Wilhelm SCHÖN • 1912-14

Ce grand immeuble sécessionniste, implanté sur une étroite bande de terrain, développe avec grandeur ses trois façades fortement rythmées par les verticales de l'ossature apparente en béton armé. Les éléments les plus originaux de cette œuvre maîtresse sont les encastrements obliques entre poteaux et poutres au rez-de-chaussée, les baies largement vitrées, les divisions des châssis et les allèges en cuivre. Tous les détails sont traités avec élégance et contribuent à donner à l'immeuble une distinction qui n'exclut pas un réel sens lyrique des proportions.

3

Boutique Christa Metek

1., Tegetthoffstrasse, 3
Hans HOLLEIN • 1966-67

La façade de ce petit magasin se présente comme un véritable signal publicitaire, caractéristique du vocabulaire symbolique de l'architecte.

II

1., *LOBKOWITZPLATZ*

1 • Maison de rapport • Arch. Otto WAGNER (1884) • Immeuble d'angle avec rotonde et coupole très XIXe siècle.

2 • Palais Lobkowitz (commentaire en C.4).

4

Palais Lobkowitz

1., Lobkowitzplatz, 2
auj. Musée du Théâtre
Giovanni Pietro TENCALA • 1685-87
Johann Bernhard FISCHER VON ERLACH • 1709-11

Palais construit sur les plans de Tencala et modifié au début du XVIIIe siècle par Fischer qui y ajouta l'attique et le portail. Celui-ci est une transposition du maître-autel que Fischer avait conçu pour l'église des Franciscains de Salzbourg. Dans le palais Lobkowitz fut interprétée pour la première fois la symphonie "Héroïque" de Beethoven.

III

1., *ALBERTINAPLATZ*

De cette place, on a une vue intéressante sur la façade latérale de l'Albertina, le monument équestre de l'archiduc Albert et, adossée au mur de soutainement, la fontaine du Danube (1869).

A gauche, une grille donne accès au *Burggarten* et aux serres impériales (cf.: D.12).

Au centre de la place se trouve le monument aux Juifs (1990).

C. III. *Albertinaplatz*
C.5 *Albertina*

C.6
Eglise des Augustins
• Tombeau de l'archiduchesse Marie-Christine par Antonio Canova

C.4 Palais Lobkowitz (à droite) et **C.6** Eglise des Augustins (à gauche) *(gravure de Hieronymus Sperlino)*

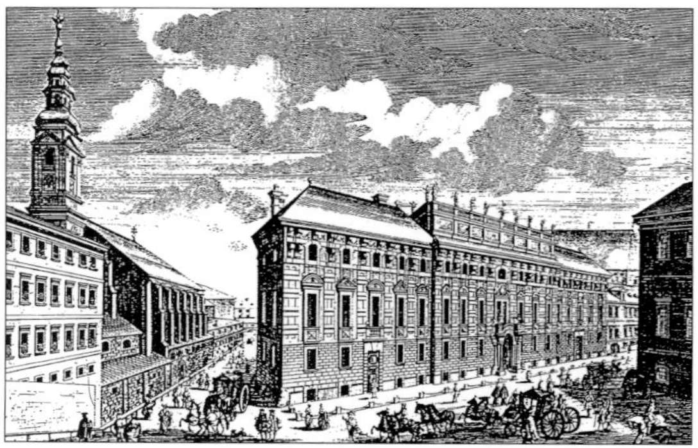

C.6
Eglise des Augustins dans son contexte urbain en 1683 *(extrait de la carte dressée en 1686 par Folbert van Alten-Allen)*

Albertina (ancien palais Tarouca) 5

I., Augustinerstrasse, I ■ ★

anonyme • 1745(?)-47

Louis DE MONTOYER • 1800-04

Joseph KORNHÄUSEL • 1822-24

Construit au milieu du XVIIIe siècle et agrandi à partir de 1800 par Montoyer qui y annexa des parties du couvent des Augustins voisin, ce palais vit son intérieur aménagé par Kornhäusel (salle ovale Minerva). Le palais doit son nom au duc Albert de Saxe-Teschen, dont les collections d'art graphique constituèrent le noyau d'origine du musée actuel.

m Musée de l'Albertina. Il abrite une des plus riches collections de dessins et de gravures du monde, dont une petite partie seulement est exposée. Œuvres de Dürer, Léonard de Vinci, Raphaël, Michel-Ange, Rubens, Rembrandt, Schiele... (☆☆☆).

Lu, Ma, Je : 10.00-16.00
Me : 10.00-18.00 • Ve : 10.00-14.00
Sa, Di : 10.00-13.00 sauf juil. et août

Eglise des Augustins (*Augustinerkirche*) 6

I., Augustinerstrasse, 3b ■ ★

construction gothique :

Dietrich LADTNER VON PIRN • 1327-...

décorations baroques : XVIIe s.

tour : Georg GERSTENBRAND • 1652

remaniement : Ferdinand VON HOHENBERG • 1784-85

Incorporée dans l'enceinte de la *Hofburg* et paroisse impériale, cette église gothique à 3 nefs fut maintes fois remaniée à l'époque baroque.

Chronologie

- 1327 : Fondation du couvent des Augustins par Frédéric le Beau. Début de la construction de l'église par Dietrich Ladtner von Pirn.
- XVIIe s. : Décorations de style baroque.
- 1652 : Edification de la tour par Georg Gerstenbrand.
- 1784-85 : Suppression des ornements baroques par Ferdinand von Hohenberg.

Intérieur

La principale caractéristique de cette église est le chœur conventuel dont la longueur équivaut à celle de la nef. Sont également dignes d'intérêt : le tombeau de l'archiduchesse Marie-Christine, pyramide de marbre d'Antonio Canova (1798-1805) ; la chapelle Saint-Georges, à deux nefs ; le caveau des cœurs de la famille impériale *(Herzgruft)*.

Le dimanche à 11h a lieu la Grand-Messe durant laquelle sont régulièrement donnés des concerts où se produit la chorale Saint-Augustin accompagnée par des ensembles instrumentaux dans des œuvres du grand répertoire religieux.

caveau : Lu, Ma, Je : 08.00-09.30
Me : 08.00-08.45
Ve : 08.00-08.45 et 09.30-12.00

C.V : 3
Maison *Nestroy* (1762)

C.VI. Josefsplatz et
C.8 Bibliothèque nationale
(gravure de J. A. Corvinus)

C.IV. *DOROTHEERGASSE*
C.V. *BRÄUNERSTRASSE*

1., *DOROTHEERGASSE* IV

Cette rue, située au cœur du quartier des antiquaires, porte le nom d'un couvent édifié en 1360 (au n° 17), et dédié à sainte Dorothée.

18 • Eglise protestante luthérienne • Ancienne église conventuelle, construite en 1582. Après sa fermeture et suite à l'édit de tolérance de Joseph II, elle devint en 1783 le premier temple protestant de Vienne. Sa façade fut transformée en 1786.

17 • *Dorotheum* • Ancien couvent transformé en 1788 en Mont-de-Piété. Un bâtiment néo-baroque fut reconstruit en 1898 à sa place pour devenir une des plus grandes salles de ventes aux enchères d'Europe.

16 • Eglise protestante réformée • Arch Gottlieb NIGELLI (1783-84) • La transformation de la façade et l'adjonction de la tour datent de 1887.

14 # *Stallburggasse*, 2 et *Braünerstrasse*, 9 • *Braünerhof* • Arch. Arnold HEYMANN (1909-10).

6/8 • Maison des Sociétés des Théâtres autrichiens • Arch. Hans MAYR (1912) • Au rez-de-chaussée, Café Hawelka, exemple typique de café d'artistes.

5 et 7 • Deux immeubles d'habitation et de commerce • Arch Emil HOPPE, Otto SCHÖNTHAL et Marcel KAMMERER (1912) • Les deux façades Jugendstil, bien que traitées différemment, reflètent l'influence d'Otto Wagner.

1., *BRÄUNERSTRASSE* V

3 • Belle maison édifiée en 1762.

11 • Exemple typique d'une maison de rapport du XVIIIe siècle en style néo-classique • Arch. Ferdinand VON HOHENBERG (1783).

1., *JOSEFSPLATZ* ★★★ VI

C'est une des places les plus harmonieuses de Vienne. Aménagée au XVIe siècle en manège pour l'école d'équitation, elle évolua au cours du XVIIIe jusqu'à sa forme actuelle. Au fond de la place se trouve la Bibliothèque nationale (cf.: C.8) dont l'espace central se traduit extérieurement en un volume autour duquel s'ordonne l'ensemble de la composition. A droite de la Bibliothèque se trouve la *Redoutensaal* (1767), à gauche une aile du couvent des Augustins. En face, le palais Palffy (1575) côtoie le palais Pallavicini (cf.: C.7), au centre de la place, statue équestre de Joseph II par Zauner (1807).

C.8 Bibliothèque nationale

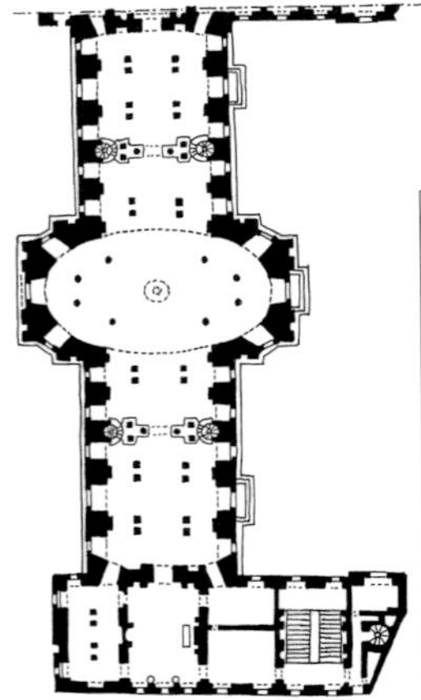

C.8 Bibliothèque nationale
• Plan de l'étage

C.7 Palais Pallavicini • Portail

C.VI. *Josefsplatz*
C.7 Palais Pallavicini

Palais Pallavicini (ancien palais Fries)

7

I., Josefsplatz, 5

Ferdinand VON HOHENBERG • 1783-84

Palais représentatif du néo-classicisme, dans lequel le schéma baroque traditionnel est inversé : le bel étage est remonté sous la toiture et les pièces d'habitation proprement dites sont descendues au premier étage. L'avant-corps central du palais baroque est également abandonné au profit d'une plus grande sobriété. Les cariatides qui encadrent le portail à fronton brisé et les sculptures de l'attique sont de Franz Anton Zauner.

Bibliothèque nationale *(Hofburg - Nationalbibliothek)* ★★

8

I., Josefsplatz, 1 ■ ★★★★

conception : Johann Bernhard FISCHER VON E. • 1719-23

réalisation : Joseph-E. FISCHER VON E. • 1719-37

transformations : Nikolaus PACASSI • ca 1770

Ancienne Bibliothèque de la Cour, la Bibliothèque nationale se présente extérieurement sous l'aspect d'un volume statique coupé en deux par un corps central qui se dilate : thème architectural typique de l'époque baroque tardive. Posé sur un socle haut et massif, et surmonté de statues allégoriques, l'ensemble est savamment articulé par des pilastres colossaux, des fenêtres de formes et de proportions différentes, un bandeau et un entablement discontinus. Mais cette élégance un peu compassée n'est rien à côté de la splendeur de l'intérieur de la bibliothèque. Son grand salon dont le plan est constitué par l'intersection d'un rectangle et d'une ellipse se développe sur une hauteur de deux niveaux. Avec sa coupole centrale et les deux paires de gigan-tesques colonnes qui le délimitent, c'est un des espaces les plus extraordinaires de toute l'architecture baroque non religieuse. Il s'agit d'ailleurs d'une des premières bibliothèques qui ne soient pas intégrées à un couvent ; la première d'entre elles avait été construite en 1706 à *Wolfenbüttel* sur proposition de Leibniz. Le grand salon est orné de fresques de Daniel Gran dont les couleurs s'accordent aux boiseries de la tribune et des rayonnages, aux dorures et aux marbres, en une symphonie de chaudes tonalités qui accentue l'homogénéité de l'espace.

m Quelques salles présentent au public des pièces parmi les plus précieuses des collections riches de plus de deux millions de livres, de manuscrits et d'incunables.

Lu-Sa : 11.00-12.00
Mai à Oct., expositions :
Lu-Sa : 10.00-16.00 • Di : 10.00-13.00

C.VII. *Michaelerplatz*
"La Puissance maritime"

C.9 Manège espagnol

C.10 Ecuries de l'Ecole d'équitation espagnole

9

Hofburg-Manège espagnol (*WInterreitschule*)

■ ★

I., Josefplatz, 4 et Reitschulgasse, I

Joseph-Emanuel FISCHER VON ERLACH • 1729-35

Le manège d'hiver fut construit sur les plans de Joseph-Emanuel Fischer von Erlach. La grande salle, où se déroulent encore aujourd'hui les fameuses représentations de l'Ecole d'équitation espagnole, est splendide : de proportions majestueuses (55 m de long, 18 m de large, 17 m de haut), toute blanche, elle est entourée d'une colonnade, de deux galeries où prennent place les spectateurs, et coiffée d'un plafond à caissons. L'école tire son nom de ses chevaux, que Maximilien II fit venir d'Espagne en 1562.

10

Ecuries de l'Ecole d'équitation espagnole

★ ■

I., Reitschulgasse, 2

ca 1558

Edifice construit vers 1558 en style Renaissance pour l'archiduc Maximilien, et transformé en 1565. Il s'ordonne autour d'une élégante cour intérieure aux trois registres d'arcades superposés. Il abrite non seulement des écuries, mais aussi une intéressante galerie de tableaux.

m Galerie d'Art européen du XIXe siècle. Œuvres de Friedrich, Hodler, Munch, Delacroix, Monet, Renoir, Degas, Cézanne, Van Gogh... (☆☆).

VII

1., *MICHAELERPLATZ*

Cette place, de forme polygonale, est bordée d'importants édifices ; on en retiendra la façade en hémicycle de la *Hofburg* (cf.: C.13), l'église Saint-Michel (cf.: C.11) et la Maison Loos (cf.: C.12). La façade incurvée de la *Hofburg*, surmontée d'un dôme et percée d'un grand portail, ferme la perspective du *Kohlmarkt*. Elle est flanquée de deux fontaines monumentales symbolisant l'une la puissance terrestre (Hellmer, 1897), l'autre, la puissance maritime (von Weyr, 1895).

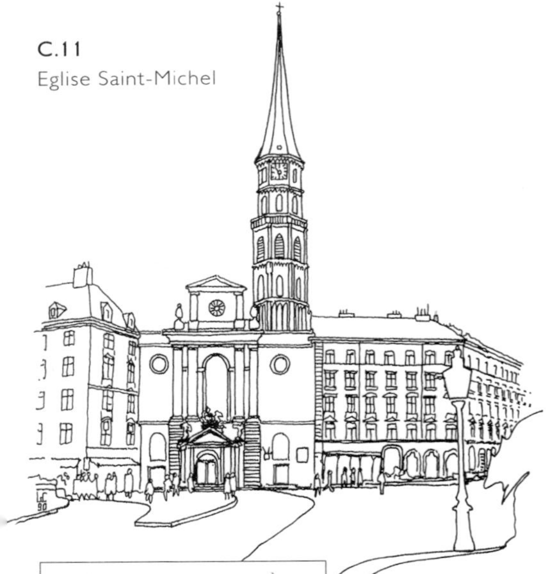

C.11
Eglise Saint-Michel

C.12
Maison Loos
• Affiche
de 1911

C.12
Maison Loos
• Dessins
satiriques
de 1911

C.12
Maison Loos
• Projet d'un
architecte inconnu
pour l'immeuble de
la *Michaelerplatz*.

C.12 Maison Loos

Eglise Saint-Michel (*Michaelerkirche*) 11

I., Michaelerplatz, 5

■

construction romane : 1220-50
chœur gothique : 1327-40
tour : 1598
portail : Antonio BEDUZZI • 1724-25
façade : Ernest KOCH • 1792-93

Chronologie

- 1220-50 : Construction de la partie romane, presque entièrement disparue aujourd'hui.
- 1327-40 : Construction du chœur gothique.
- 1598 : Edification de la tour sur plan octogonal.
- 1724-25 : Construction du portail par Antonio Beduzzi, surmonté d'un groupe représentant l'archange Michel par Lorenzo Mattielli.
- 1792-93 : Déplacement du portail et construction, par Ernest Koch, de la façade en style néo-classique.

Intérieur

L'édifice est à 3 nefs, voûté en ogives sur piliers polystyles avec chapiteaux gothiques à crochets et feuillages. Malgré de nombreux remaniements, le chœur et la tour ont conservé leur structure originelle. Parmi les œuvres d'art qui se trouvent dans l'église on remarquera, dans le transept de gauche, le tombeau du poète Métastase et, au-dessus du maître-autel, l'exubérante Chute des anges (☆☆) de Karl Georg Merville (1781), l'une des dernières œuvres baroques de Vienne.

Maison Loos (*Looshaus*) 12

★★★
■ ★★

I., Michaelerplatz, 3
 # Kohlmarkt et Herrengasse
Adolf LOOS • 1909-11

Rentrant d'Amérique, Adolf Loos prône la pureté et le dépouillement des formes comme source mystique de la beauté. Annonciateur du fonctionnalisme, humble et rigoureux dans sa logique, c'est en plein centre de la ville qu'il signe cet immeuble dont la façade est considérée par la critique de l'époque comme un crime d'honnêteté. Contemporain de l'église du Saint-Esprit de Plečnik (cf.: H.4) et de l'achèvement de la Caisse d'épargne postale de Wagner (cf.: D.17), l'immeuble de la *Michaelerplatz* est sans doute le manifeste le plus provocant de Loos ; il s'agit en effet d'une démonstration ostentatoire de ce que peut être une façade "outrageusement nue", inscrite, de surcroît, bien en vue sur une ancienne place bordée d'édifices historiques tels la somptueuse *Hofburg*, l'élégante église Saint-Michel, deux maisons baroques et le palais Herberstein.

C.12 Maison Loos • Rez-de-chaussée

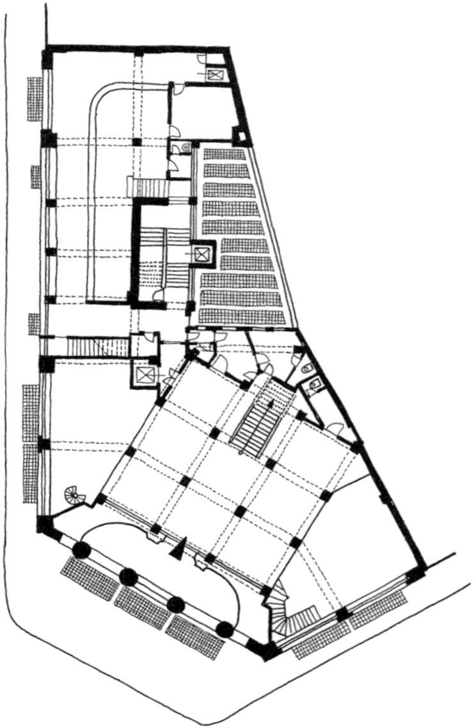

C.12 Maison Loos • Mezzanine

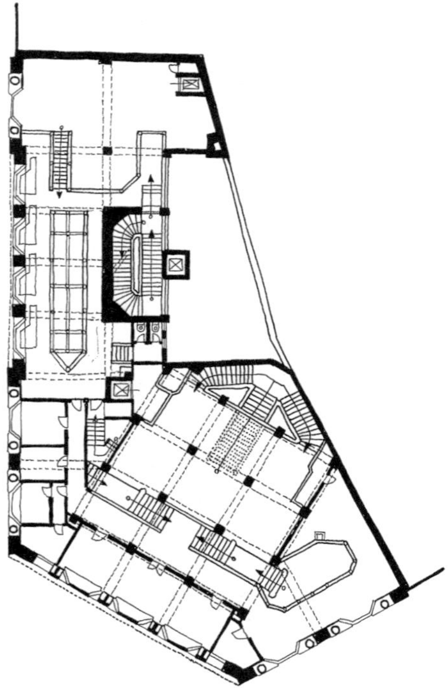

C.12 Maison Loos • Etage type

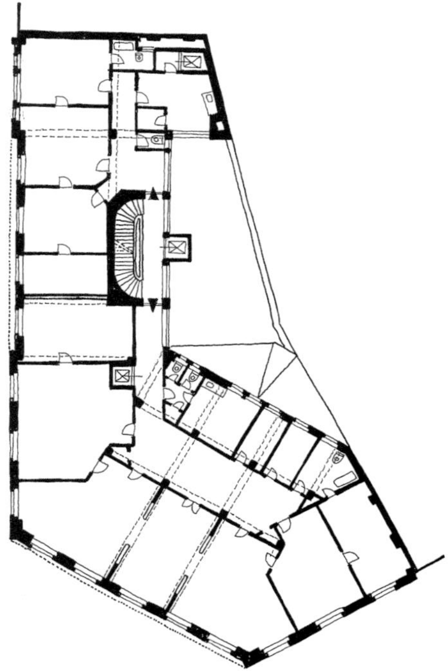

Chronologie succincte de la bataille de la *Looshaus*

- avril 1909 : La firme Goldmann et Salatsch organise un concours d'architecture pour la construction d'un immeuble de commerce et d'habitation à la *Michaelerplatz*. Neuf architectes y participent dont Loos et Ernst Epstein. Le concours n'ayant pas abouti, Loos élabore un nouveau projet "fonctionnel" qui est accepté par le maître de l'ouvrage, mais le dessin des façades reste en suspens.
- mars 1910 : Loos est en Grèce à la recherche d'un marbre pour le soubassement de l'immeuble. En son absence, Epstein dessine à la hâte une façade décorée de motifs conventionnels.
- 10 mars 1910 : L'autorisation de bâtir est accordée et le chantier commence.
- 2 juillet 1910 : Loos, de retour à Vienne, dépose à la municipalité un nouveau projet de façade simplifiée sur laquelle les édiles ajoutent des bandes horizontales en faïences et des ornements destinés à masquer "l'indécente nudité" du bâtiment.
- septembre 1910 : Provoquée par la presse, une polémique passionnelle sur le scandale de la *Looshaus* s'engage entre édiles communaux, historiens de l'Art, détracteurs du projet et défenseurs de Loos. L'opinion publique s'émeut et la police ordonne l'arrêt du chantier.
- 3 octobre 1910 : Parution du "Pamphlet" de Loos. La municipalité exige de l'architecte un nouveau projet.
- 6 mai 1911 : La firme Goldmann et Salatsch organise un concours de façade que les amis de Loos boycottent.
- 11 juillet 1911 : La municipalité abandonne la lutte, laissant à Loos le soin de terminer le bâtiment comme il l'entend ; à la suite de quoi elle délivre le permis d'occupation moyennant le paiement d'une forte amende.
- 11 décembre 1911 : Conférence jubilatoire donnée par Loos : *Mein Haus am Michaelerplatz* avec en épigraphe, cette citation ironique : "Le crime d'une maison".

Extérieur

L'immeuble se compose de deux parties : un socle commercial et un ensemble de bureaux et de logements. Le magasin comprend le rez-de-chaussée, la mezzanine, la

C.12 Maison Loos • Détail de la façade à l'endroit de la mezzanine

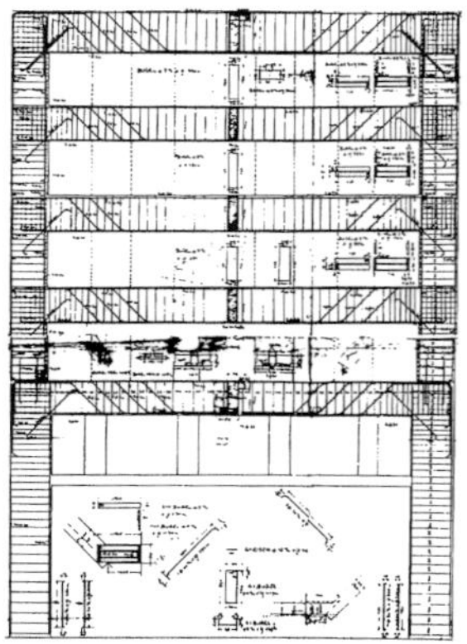

C.12 Maison Loos • Elévation des portiques en béton armé

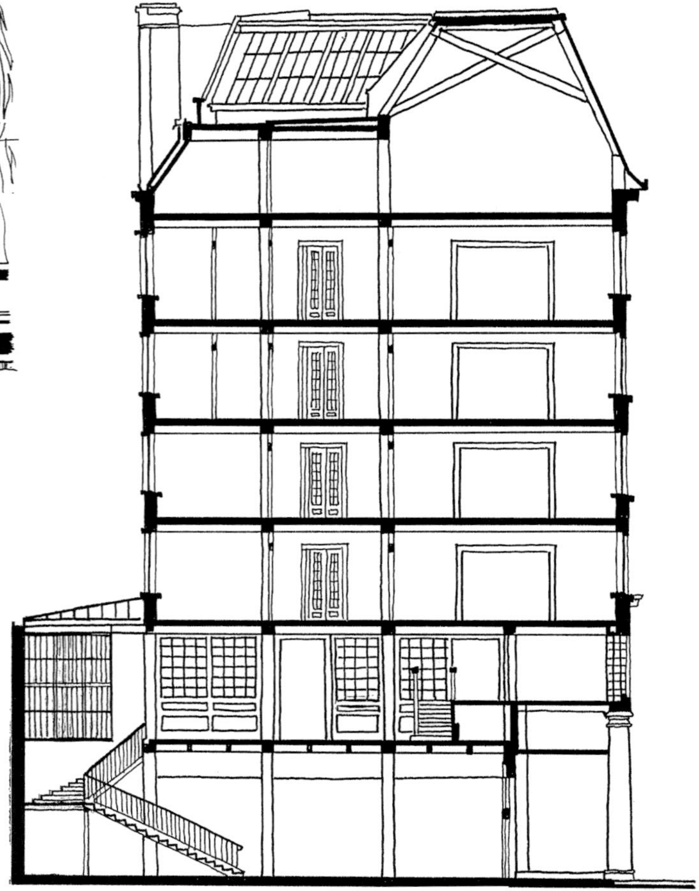

C.12 Maison Loos • Coupe

galerie et l'entrée monumentale que rythment quatre puissantes colonnes monolithes; le tout est traité en marbre cipolin d'origine grecque, utilisé pour la première fois à Vienne en telle quantité. Cet ensemble commercial est une synthèse entre l'archi tecture de l'Ecole de Chicago et le style des magasins viennois traditionnels. Sur le socle vert foncé sont installés quatre étages recouverts d'un enduit blanc et lisse, sans aucun ornement. Loos a ainsi voulu affirmer la séparation des fonctions à travers les matériaux et l'expression plastique des deux grands registres de l'immeuble.

Parmi les grands principes qui ont présidé à la composition de cet immeuble, quelques-uns méritent l'attention du visiteur :

- Afin de répondre à la *Michaelerkirche*, Loos s'inspire du portail de celle-ci (cf.: C.11) et emploie la colonne toscane qu'il sort de tout contexte stylistique pour l'intégrer dans son architecture.
- Les bow-windows ne sortent pas de l'alignement des façades et sont cadrés par des colonnes non porteuses qui adoucissent les arêtes vives des pilastres.
- Dans l'entrée, les marches sont disposées entre les colonnes, ce qui annule l'effet de perron ; les socles qui généralement portent les colonnes sont ici portés par elles et deviennent trumeaux par l'intermédiaire d'une grande poutrelle métallique.
- Les châssis des bow-windows sont en cuivre tandis que ceux des étages sont en bois.
- La toiture en cuivre à versants très raides répond par sa couleur au socle inférieur de l'immeuble.

Intérieur

Coupes et plans, conçus en tant qu'espace unitaire, exploitent toutes les ressources de l'angle obtus et s'organisent de façon intense à partir de circulations verticales rejetées à l'arrière pour laisser toute liberté aux façades. L'ossature en béton armé est établie sous la forme de portiques non-exprimés, ce qui permet une grande souplesse de composition non seulement pour la disposition intérieure des étages, mais aussi pour celle du grand volume commercial. Ce type d'ossature est nouveau pour l'époque : la façade à front de la place est en effet constituée, sur toute la hauteur du bâtiment, d'un seul cadre dans lequel s'encastrent les dalles-poutres de l'étage. La cage d'esca-

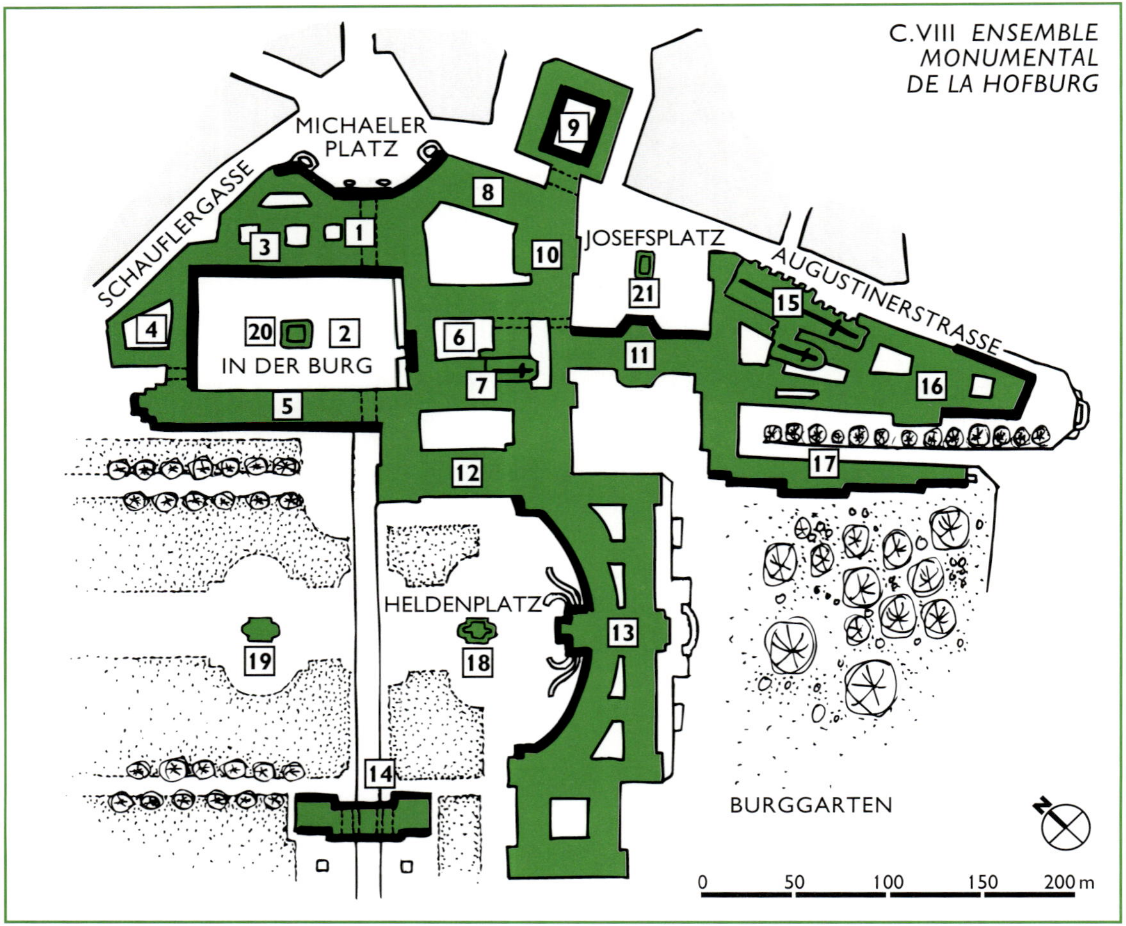

1 Aile Saint-Michel
2 Cour d'honneur
3 Aile de la Chancellerie
4 Aile d'Amalia
5 Aile de Léopold
6 Cour des Suisses
7 Chapelle impériale
8 Manège espagnol
9 Ecuries
10 Salle des Redoutes
11 Bibliothèque nationale
12 Palais des congrès
13 Neue Hofburg
14 Burgtor
15 Eglise des Augustins
16 Albertina
17 Serres impériales
18 Statue du prince Eugène de Savoie
19 Statue de l'archiduc Charles
20 Monument de François II
21 Statue de Joseph II

lier des étages inférieurs, entièrement revêtue de marbre grec de Skyros, constitue par sa chaude couleur ocrée, le cœur vivant de tout l'édifice.
A propos de la maison Loos, Karl Kraus, s'adressant aux Viennois, leur dit: "Ce n'est pas un immeuble qu'il vous a construit, mais bien une pensée !". La *Looshaus* est classée monument historique depuis 1947.

ENSEMBLE MONUMENTAL DE LA *HOFBURG* ★★★★

VIII

Jusqu'en 1918, la *Hofburg* fut résidence impériale des Habsbourg. Agrandie progressivement autour d'un château médiéval dont il ne reste que la chapelle, cette ville dans la ville témoigne de sept siècles d'histoire et abrite aujourd'hui des musées, des institutions politiques et un centre de congrès.

1 **Aile Saint-Michel** *(Michaelertrakt)* (commentaire en C.13).

2 *In der Burg,* cour intérieure principale de la *Hofburg*. Au centre se dresse le monument de l'empereur François II, mort en 1835, qui fut le dernier empereur du Saint Empire Romain Germanique. Le monument fut érigé entre 1842 et 1846.

3 **Aile de la Chancellerie** *(Reichskanzleitrakt)* (commentaire en C.14).

4 **Aile d'Amalia** *(Amalienburg)* (commentaire en C.15).

5 **Aile de Léopold** *(Leopoldinischer Trakt)* (commentaire en C.16).

6 **Cour des Suisses** *(Schweizerhof)* (commentaire en C.17).

7 Chapelle du palais *(Burgkapelle)*, construite au XVe siècle sous Frédéric III, et ensuite "baroquisée". Tous les dimanches et les jours de fête religieuse, des messes y sont célébrées avec la *Hofmusikkapelle*.

8 **Manège espagnol** *(Winterreitschule)* (commentaire en C.9).

9 **Ecuries du Manège espagnol** *(Stallburg)* (commentaire en C.10).

10 *Redoutensaal.*

11 **Bibliothèque nationale** (commentaire en C.8).

12 Palais des congrès.

13 ***Neue Hofburg*** (commentaire en D.8).

14 ***Burgtor*** (commentaire en D.9).

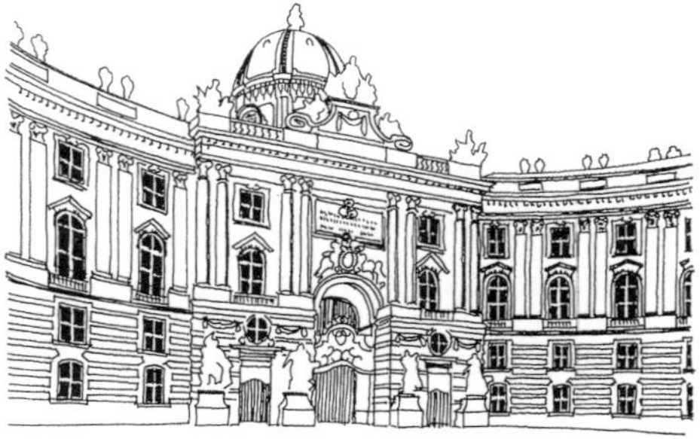

C.13 *Hofburg* • Aile Saint-Michel

C.15 *Hofburg* • *Amalienburg*

C.14 *Hofburg*
• Aile de la Chancellerie

13 Hofburg - Michaelertrakt (Aile Saint-Michel)

I., Michaelerplatz, 1 ★

anonyme • XVIIIe s

remaniement : Jos.-Eman. FISCHER VON ERLACH

réalisation : Ferdinand KIRSCHNER • 1889-93

Commencée en même temps que la construction de l'aile de la Chancellerie, celle de l'aile Saint-Michel ne fut menée à son terme qu'à la fin du XIXe siècle par Kirschner. Le centre de sa façade concave qui se déploie sur la *Michaelerplatz* est ponctué par un arc de triomphe surmonté d'une coupole : c'est l'entrée principale de la *Hofburg*. Deux fontaines monumentales ornent les extrémités de cette façade concave : à gauche, "L'Autriche dominant sur mer" de von Weyr et à droite "L'Autriche dominant sur terre" de Hellmer.

14 Hofburg - Reichskanzleitrakt (Aile de la Chancellerie) ★

I., Hofburg, aile nord-est de la cour In der Burg ■ ★

Johann Lucas VON HILDEBRANDT • 1723

Joseph Emanuel FISCHER VON ERLACH • 1726-30

Ma-Ve, Di : 09.00-13.00

C'est l'aile la plus fastueuse de la cour *In der Burg*, à la longue façade articulée par des pilastres lisses et cannelés et d'imposants balcons. Elle abrite les appartements impériaux, parmi lesquels ceux de François-Joseph, auxquels on accède depuis la rotonde reliant la *Michaelerplatz* à *In der Burg*.

m Collection des porcelaines et de l'argenterie de la Cour.

15 Hofburg - Amalienburg (Aile d'Amalia) ★

I., Hofburg, aile nord-ouest de la cour In der Burg ■ ★

anonyme • 1575-77

Pietro FERRABOSCO • 1581

Hans SCHNEIDER et Antonio DE MOYS • 1600-11

Nikolaus PACASSI • 1764

Lu-Sa : 08.30-12.00 • 12.30-16.00
Di : 08.30-12.30

L'aile Amalia doit son nom à l'impératrice Amélie, veuve de Joseph Ier, qui y vécut. Elle fut construite au XVIe siècle pour Rodolphe II, surélevée au XVIIe siècle, et remaniée au XVIIIe siècle par Pacassi (tour).
Le centre de la façade sur la cour, surmonté de la tour à bulbe de Pacassi, est orné d'un cadran solaire, d'une horloge et d'une sphère indiquant les quartiers de la lune due à l'astronome Tycho Brahe. Avec sa façade animée sur toute sa hauteur par des parois lisses percées de fenêtres et des bossages alternés, l'*Amalienburg* est d'une élégance plus discrète que l'aile de la Chancellerie.
A l'intérieur, on peut notamment voir les appartements de l'épouse de François-Joseph, l'impératrice Elisabeth, qui peuvent se visiter en même temps que les appartements de l'aile de la Chancellerie.

C.17 *Hofburg* • Porte des Suisses

C.16 *Hofburg*
• *Leopoldinischertrakt*

C.17 *Hofburg*
• Cour des Suisses

Hofburg - Léopoldinischertrakt (Aile Léopold) ★ 16

I., Hofburg, aile sud-ouest de la cour In der Burg
anonyme • 1547-52
Philiberto LUCHESE, Domenico
et Martino CARLONE • 1660-66
Ludovico BURNACINI • 1668-81

L'aile de Léopold est le résultat de la réunion et du remaniement dans l'esprit baroque, au XVIIe siècle, de bâtiments plus anciens. Ses longues façades rythmées sont représentatives du premier style baroque viennois, antérieur à l'éclosion du baroque impérial illustré surtout par les Fischer et von Hildebrandt, dont les ailes Saint-Michel et de la chancellerie sont deux exemples.
Les anciens appartements de l'impératrice Marie-Thérèse dans l'aile Léopold abritent aujourd'hui les bureaux du Président fédéral autrichien.

Hofburg - Schweizerhof (Cour des Suisses) ■ 17

I., Hofburg
anonymes •1279 • 1447-49 • 1547-52 • 1552-53

Des documents mentionnent déjà la cour des Suisses en 1279 ; c'est la partie la plus ancienne de la *Hofburg*. La cour était alors entourée par un édifice carré fortifié, bâti vers 1275 par Ottokar II, roi de Bohême.
La cour, dans son aspect actuel, est le résultat de profonds remaniements effectués à la Renaissance, dont la porte des Suisses *(Schweizertor)* qui date de 1522 (★★) : c'est une belle porte en briques rouges avec des inscriptions dorées, en forme d'arc de triomphe.
De la cour des Suisses, on peut accéder à la chapelle du palais impérial ainsi qu'au Trésor du palais.

m Trésor du palais impérial (☆☆☆☆).
C'est peut-être le plus important trésor (profane et sacré) du monde.
Il est, notamment, riche de la couronne impériale du Saint Empire Romain Germanique (ca 962), du trésor des ducs de Bourgogne, du trésor de la Toison d'Or, de l'ancienne couronne des Habsbourg.

Lu, Me-Ve : 10.00-16.00
Sa-Di : 09.00-16.00 (avr.-oct. jusqu'à 18.00)

1., *HERRENGASSE* ★★ IX

Bordée sur son côté ouest de belles demeures seigneuriales, la longue *Herrengasse* est une des artères principales de la vieille ville : elle relie en ligne droite deux pôles urbains importants, *Michaelerplatz* et *Freyung*.

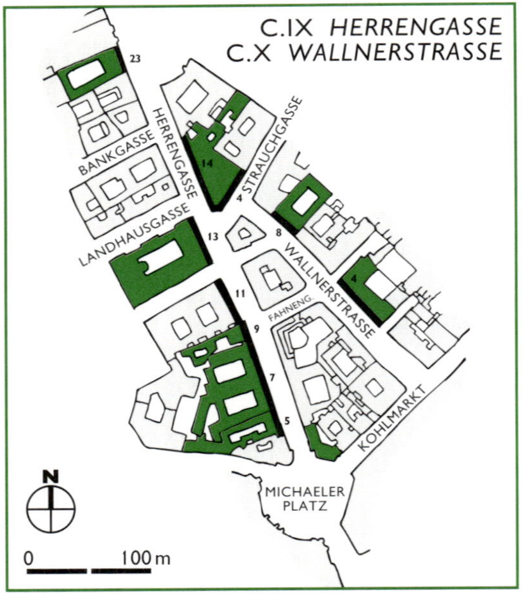

C.X : 8 Palais Caprara-Geymüller

C.IX : 13 Ancienne maison Liechtenstein

C.18 Palais d'hiver Liechtenstein

IX

5 • Palais Wilczek, édifié avant 1737, d'après un projet d'Anton OSPEL.
7 • Ministère de l'Intérieur, ancien palais Modena construit au XVIe siècle et entièrement remanié en 1811 par Ludwig PICHL et Giacomo QUARENGHI.
9 • Palais Mollard-Clary, édifié en 1689. Dans la cour, beau puits avec grille en fer forgé de 1570.

m Dans les salons du XVIIe siècle est installé le musée de Basse-Autriche.

Ma-Ve : 09.00-17.00
Sa : 09.00-14.00
Di : 09.00-12.00

13 • Ancienne maison Liechtenstein, construite entre 1837 et 1848 par Ludwig PICHL et ayant servi de palais au gouvernement de Basse-Autriche.
14 • Café Central dans le palais Ferstel (cf.: C.21).
23 • Palais Porcia, construit après 1546 ; un des rares témoignages de l'architecture Renaissance à Vienne.

1., *WALLNERSTRASSE* X

4 • Palais Esterházy, vaste édifice de la fin du XVIIe siècle construit dans l'art de Tencala. Pendant plus de trente ans, Joseph Haydn, compositeur protégé des Esterházy, y dirigea de nombreux concerts de ses œuvres.
8 • Palais Caprara-Geymüller, construit vers 1698 par un architecte italien inconnu et remanié au XVIIIe siècle.

1., *BANKGASSE* XI

2 • Palais Batthyány, édifié en 1695 dans le style de Fischer von Erlach.
4/6 • Ambassade de Hongrie • Arch. Franz HILLEBRAND (1783-84) • C'est le résultat de la réunion des deux palais Trautson et Strattmann-Windischgrätz, plus anciens, derrière une façade commune.
9 • **Palais d'hiver Liechtenstein** (commentaire en C.18).

Palais d'hiver Liechtenstein ★ 18

1., Bankgasse, 9
Domenico MARTINELLI, Antonio RIVA, Gabriel DE GABRIELE • 1694-1706

Commencé sur un dessin de Martinelli par Riva, et terminé par de Gabriele qui apporta quelques modifications au projet initial (cage d'escalier). Imposante façade baroque "à la romaine", avec un beau portail aux colonnes détachées de la façade, un socle à bossages et un ordre géant de pilastres. Très beau vestibule (★).

C.20 Chancellerie fédérale

C.XII : 4
Palais d'hiver
Liechtenstein

C.19 Eglise des Frères Mineurs
• Vue du chevet

C.19 Eglise des Frères Mineurs

1., *MINORITENPLATZ*

XII

- **Eglise des Frères Mineurs** (commentaire en C.19).
- 2/3 • Palais Dietrichstein. Bâti au XVIIe siècle. Remanié en 1755 par F. HILLEBRAND.
- 4 • Palais d'hiver Liechtenstein (cf.: C.18). Très beau portail par DE GABRIELE (?).
- 5 • Palais Starhemberg, datant du milieu du XVIIe siècle et remanié ensuite.

Eglise des Frères Mineurs *(Minoritenkirche)*

19

I., Minoritenplatz
anonyme • 1339
tranformations : F. VON HOHENBERG • 1781-89

Fondée au XIIIe siècle par la congrégation italienne des Frères Mineurs, cette église gothique fut fortement endommagée lors des sièges de Vienne par les Turcs. Après des transformations partielles à l'époque baroque, elle fut restaurée et rendue à son état d'origine par von Hohenberg.
L'édifice se présente sous la forme d'une église-halle de type germanique dont la spécificité est la hauteur égale des trois nefs. Celles-ci sont comprises dans un volume simple couvert d'une toiture à versants fort pentus. Le volume est limité à l'avant par une façade-pignon avec portail à trumeau central, et à l'arrière, par une abside composite flanquée d'une tour de section octogonale dont le caractère élancé rappelle les campaniles italiens.

Chancellerie fédérale *(Bundeskanzleramt)*

20

I., Ballhausplatz, 2
Johann Lucas VON HILDEBRANDT • 1717-19
Nikolaus PACASSI • 1766
anonyme • 1881-82
Otto HOFER • 1902-03

Ancienne chancellerie secrète de la Cour. Construite sur les plans de von Hildebrandt, et transformée à plusieurs reprises. Pendant deux siècles, l'histoire de l'Europe se fit en partie dans les salons de cette chancellerie. Metternich fut maître de ces lieux. En 1934, le chancelier Dollfuss y fut assassiné.

1., *FREYUNG* ★

XIII

Grande place de forme irrégulière dont le nom, *Frei* (libre), rappelle le droit d'asile accordé aux voyageurs et aux truands qui, durant le Moyen Age, se réfugiaient dans le couvent des Ecossais.

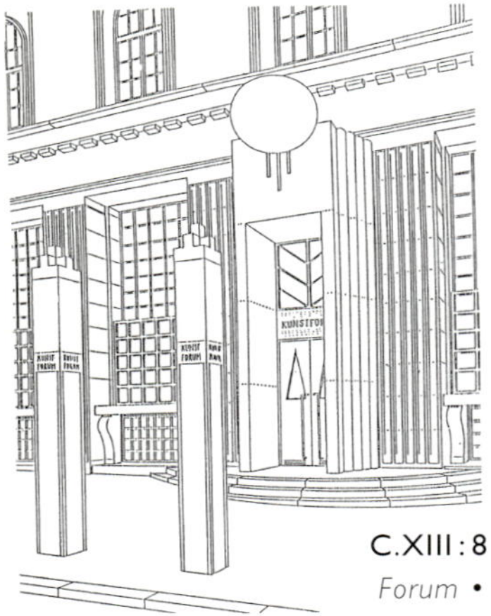

C.XIII : 8 *Kunst-Forum • Dessin de Gustav Peichl*

C.21 Café Central, Palais Ferstel

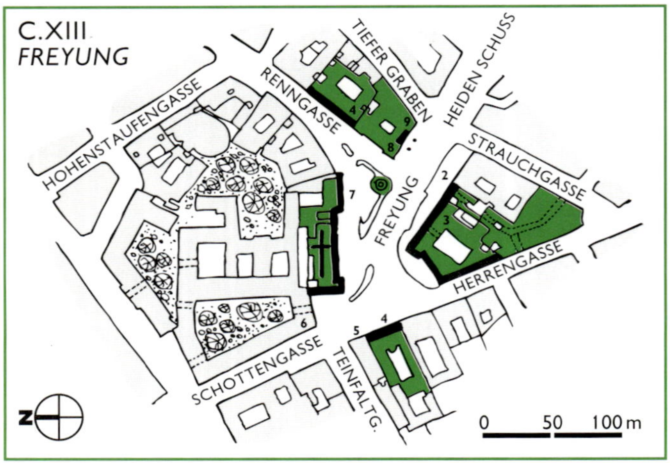

C.XIII
FREYUNG

C.21 Palais Ferstel

Austriabrunnen, fontaine qui occupe le centre de la place • Arch. Ludwig SCHWANTHALER (1844-46). Les figures symbolisant le Pô, la Vistule, l'Elbe et le Danube (les quatre fleuves de l'empire autrichien du XIXe siècle) sont l'œuvre de Ferdinand Miller.

2 • **Palais Ferstel** (commentaire en C.21).

3 • Palais Harrach, construit vers 1690 • Arch. Domenico MARTINELLI (?) • Belle façade basse et allongée avec un portail central et deux avant-corps latéraux surmontés de frontons.

4 • **Palais Daun-Kinsky** (commentaire en C.22).

Eglise et couvent des Ecossais (commentaire en C.23).

7 • Maison dite "La Commode", ancien prieuré du couvent des Ecossais construit en 1774 d'après un projet d'Andreas ZACH.

8 • *Kunst-Forum* (★) • Arch. Gustav PEICHL (1987) • Galerie d'art aménagée dans un ancien bâtiment. Œuvre d'une grande délicatesse de style, précédée d'un "signal" en marbre installé sur le trottoir en guise de portique, et d'une boule en métal doré, sorte d'hommage à Joseph Maria OLBRICH et à son pavillon de la Sécession (cf. F.1).

Palais Ferstel et Café Central ★ 21

I., Herrengasse, 14 et Freyung, 2 ■ ★★

Heinrich VON FERSTEL • 1856-60

Parmi les œuvres de Ferstel, la plus surprenante est, sans doute, l'ancienne Bourse et Banque d'Etat où néo-roman et néo-Renaissance italienne se mêlent avec une subtilité et un éclectisme exceptionnels. Grand virtuose de l'espace, l'architecte compose une véritable fugue entre escaliers, galeries, patios et niveaux de toutes sortes où la lumière joue un rôle unificateur à travers la diversité des volumes. Désaffecté en 1925, le bâtiment fut restauré en 1975 et transformé en galeries marchandes et en salles de réunions depuis les années 80. Les trois entrées de l'édifice sont reliées par un passage commerçant qu'agrémente une fontaine représentant l'Ondine du Danube, œuvre d'Anton Fernkorn.

A l'angle de la Herrengasse et de la Strauchgasse se trouve le **Café Central.** Au début du siècle, il était fréquenté par les milieux littéraires qui lui assurèrent la célébrité dont il jouit encore aujourd'hui.

C.23 Eglise des Ecossais

C.23 Eglise et
couvent des Ecossais

C.22 Palais Daun-Kinsky

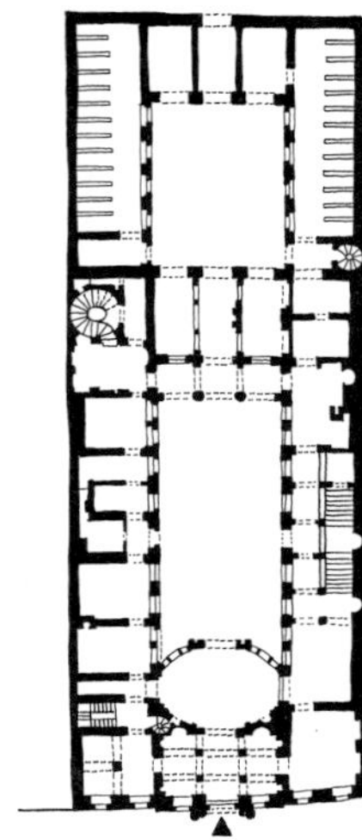

C.22 Palais Daun-Kinsky
• Plan du rez-de-chaussée

Palais Daun-Kinsky ★★★★

22

I., Freyung, 4 ■ ★★

Johann Lucas von Hildebrandt • 1713-16

Chef d'œuvre étourdissant, c'est le plus beau des palais de ville viennois. Sa façade sur *Freyung*, de proportions élancées, est un organisme unitaire dans lequel une articulation raffinée des éléments architectoniques s'allie à une décoration particulièrement élégante. L'avant-corps central de trois travées, très peu saillant, est conçu comme une subtile variation dans l'élévation de la façade plutôt que comme un élément à l'individualité clairement affirmée. Cet avant-corps est rythmé par des pilastres colossaux posés sur le socle à bossage. Ces pilastres se différencient de ceux des deux paires de travées latérales par leur forme effilée (ils sont plus étroits à la base qu'au sommet), par les cannelures de leurs parties basses, et par les motifs décoratifs qui les enrichissent. Le traitement des fenêtres est remarquable. Au deuxième étage, elles sont couronnées de frontons différents suivant qu'elles éclairent l'avant-corps central ou les ailes. Au premier étage, seule la fenêtre du milieu se différencie des autres : surmontée d'un écusson, elle est encadrée par les deux fragments du fronton concave brisé qui couronne le très beau portail à atlantes. L'attique est percé de fenêtres plus larges que hautes, entre l'entablement supporté par les pilastres et la corniche surmontée d'une balustrade aux motifs décoratifs enlacés rythmée de statues sur leurs socles.
A l'intérieur, un porche au plafond supporté par quatre colonnes donne accès à un vestibule ovale et au splendide escalier baroque, que l'étroitesse du terrain a repoussé dans une aile latérale, à droite de la première cour. Dans une profusion décorative de statues et de stucs, il s'élève en une succession de mouvements continus vers l'apothéose du plafond peint à fresque par Marcantonio Chiarini.

Eglise et couvent des Ecossais (*Schottenhof*)

23

I., Freyung ■

construction : 1155
transformations : Silvestro Carlone et Andrea Felice d'Allio • 1643-48
reconstruction et bibliothèque : Joseph Kornhäusel • 1828-32

Le couvent, improprement appelé "des Ecossais", fut fondé en 1155 par des bénédictins venus d'Irlande, sous le règne d'Henri III Jasomirgott de la Maison de Babenberg. Plusieurs fois détruit, il fit place au complexe actuel construit en 1828 par Joseph Kornhäusel qui, en 1832, le dota d'une belle bibliothèque de style classique.
L'église, dont la construction remonte au XIIe siècle, fut plusieurs fois endommagée et restaurée durant le Moyen Age. Transformée par Allio et Carlone dans le style baro-

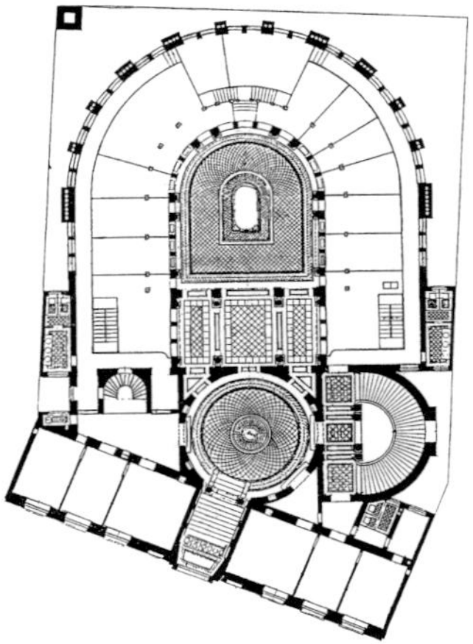

C.25 *Länderbank*

C.26 *Juridicum*
• Principe de la structure

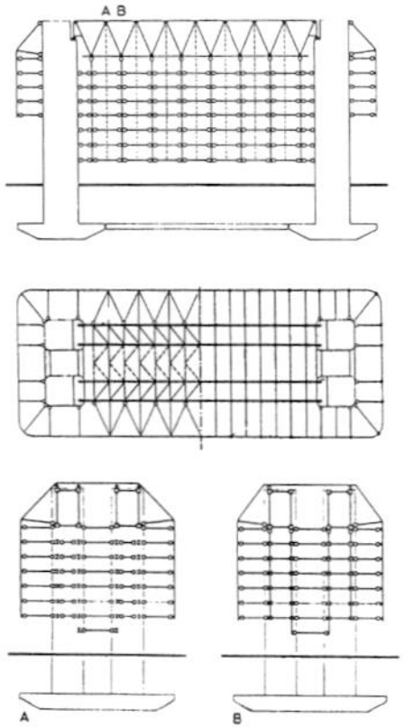

C.24 Palais Schönborn-Batthyány

C.26 *Juridicum*

que, elle ne reçut son aspect actuel qu'au XIXe siècle. Sa façade aux lignes simples est flanquée de tours massives, tandis qu'à l'arrière du chevet se trouve un beau clocher baroque avec toiture à bulbe.

Palais Schönborn-Batthyány ★ 24

I., Renngasse, 4

Johann Bernhard FISCHER VON ERLACH • 1698-1706

Tout comme le palais d'hiver Liechtenstein, le Schönborn-Batthyány présente des similitudes avec le modèle berninien du palais Chigi-Odescalchi de Rome. Il résulte de la transformation d'un édifice plus ancien par Fischer. Son avant-corps central est faiblement proéminent, mais acquiert du relief par la finesse de sa décoration sculptée. La façade fut modifiée en 1846 par la démolition de l'attique.

Länderbank 25

I., Hohenstaufengasse, 3

Otto WAGNER • 1882-84

Edifice de la première période de l'architecte, durant laquelle il puise surtout son inspiration dans la tradition de la Renaissance toscane. Le plan desaxé est une remarquable composition qui s'articule sur une rotonde servant de pivot aux différentes fonctions de l'édifice.

"Juridicum" - Faculté de Droit de l'université 26

I., Hohenstaufengasse, Helferstorfergasse, Hessgasse, Schottenbastei

Ernst HIESMAYR, Hermann KITTEL, Rudolf PROHAZKA, Wieslaw SUSUL, Reinhard GALLISTER • 1968-84

Le bâtiment de la faculté de Droit occupe la totalité d'un îlot, sur l'emplacement de sept immeubles datant de la fin du XIXe siècle. Par ses dimensions impressionnantes, sa modulation systématique et ses façades de verre, il s'inscrit en rupture d'échelle dans cet ancien quartier résidentiel. Ce bâtiment de conception révolutionnaire est un exemple, unique à Vienne, de structure suspendue, résolue grâce à des procédés techniques audacieux. En effet, la construction s'appuie sur 4 pylônes intérieurs en béton armé, de 30 m de haut, qui, au dernier niveau, reçoivent 4 fermes métalliques de 52 m de portée. A celles-ci sont suspendues des colonnes d'acier auxquelles sont accrochés les façades et les planchers des quatre étages supérieurs. Cette technique a permis une organisation très libre du socle de quatre niveaux et un évidement impressionnant des angles du bâtiment.

C.XIV Quartier
du Mölkerbastei

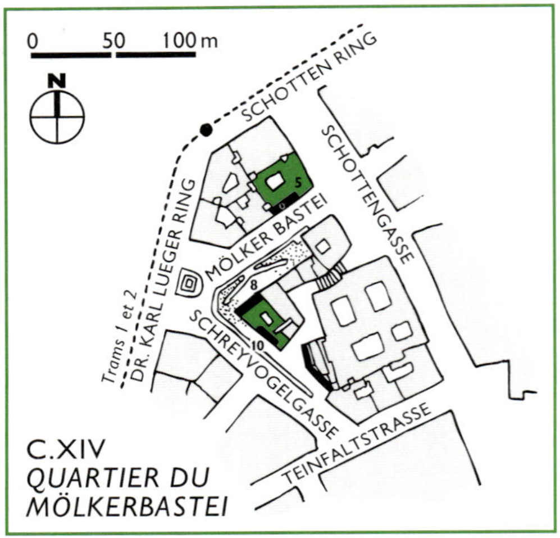

C.XIV Quartier
du *Mölkerbastei*
• *Schreyvogelgasse, 10*
• Maison des Trois Jeunes Filles
• Porte d'entrée

QUARTIER DU *MÖLKERBASTEI* ★

Quartier pittoresque aux ruelles tortueuses et aux maisons bourgeoises édifiées au XIXe siècle sur les restes de l'ancien bastion des laitiers *(Mölkerbastei)*, à proximité du rempart des Ecossais.

[a] *Mölkerbastei*, 5 • Maison de thé Demmer. • Arch. Luigi BLAU (1981) • Décor aseptisé au goût puriste où le design des châssis intérieurs et extérieurs évoque la forme des boîtes de thé.

[b] *Mölkerbastei*, 8 • Maison Pasqualati, construite entre 1791 et 1798. C'est dans cette maison que vécut Beethoven alors qu'il composait ses 4e et 5e symphonies.

m Petit musée consacré au poète Adalbert Stifter.

Ma-Di : 09.00-12.15 • 13.00-16.30

[c] *Schreyvogelgasse*, 10 • *Dreimäderlhaus* (Maison des Trois Jeunes Filles). Exemple typique de maison bourgeoise, construite en 1803 dans le style néo-classique (★).

La promenade C se termine à proximité de Schottentor *où se trouve une importante gare souterraine pour tramways et où passe la ligne U2 du métro. On y trouve, entre autres, le terminus des trams 37 et 40-41 où se terminent les promenades I et O. C'est également à* Schottentor *que l'on peut prendre les trams 1 et 2 pour faire le tour du Ring qui fait l'objet de la promenade D.*

D

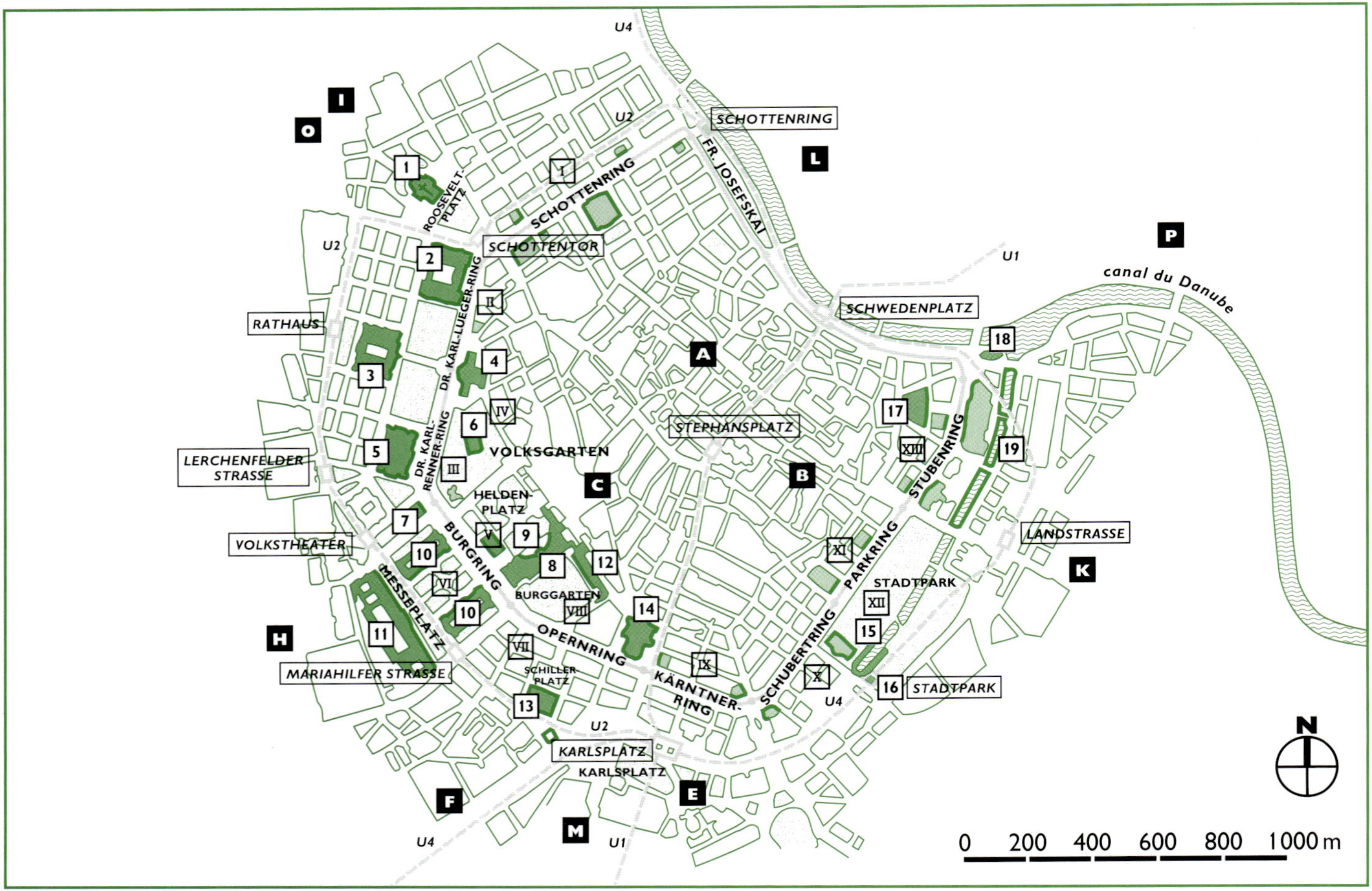

U4
U2
SCHOTTENRING
FR. JOSEFSKAI
SCHOTTENRING
SCHOTTENTOR
ROOSEVELT-PLATZ
DR. KARL-LUEGER-RING
RATHAUS
U2
U1
canal du Danube
SCHWEDENPLATZ
STEPHANSPLATZ
VOLKSGARTEN
DR. KARL-RENNER-RING
LERCHENFELDER STRASSE
HELDEN-PLATZ
BURGRING
VOLKSTHEATER
MESSEPLATZ
BURGGARTEN
OPERNRING
KÄRNTNER-RING
SCHUBERTRING
PARKRING
STUBENRING
STADTPARK
LANDSTRASSE
STADTPARK
U4
MARIAHILFER STRASSE
SCHILLER-PLATZ
U2
KARLSPLATZ
KARLSPLATZ
U4
U1
A B C E F H I K L M O P
1 2 3 4 5 6 7 8 9 10 10 11 12 13 14 15 16 17 18 19
I II III IV V VI VII VIII IX X XI XII XIII
N
0 200 400 600 800 1000 m

Promenade D
La Ringstrasse et ses géants

D.I Station de metro
Schottenring • Axonométrie

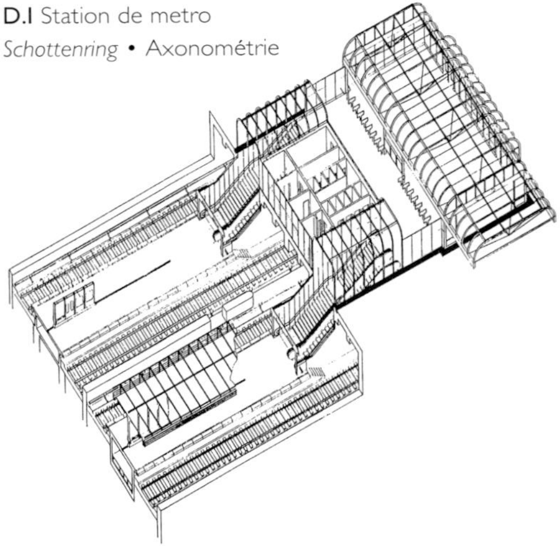

D Le Ring
(dessin de Ludwig Förster)

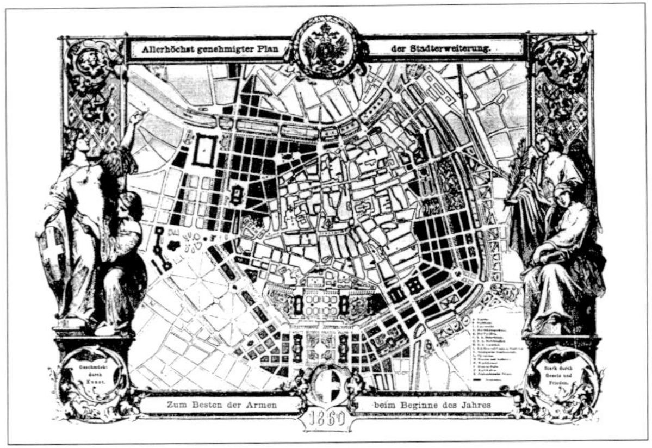

D Carte de Vienne
par J.D. Huber (1769-74)

D.I Station de metro *Schottenring*

La Ringstrasse et ses géants

Cette promenade de 4 kilomètres et demi qui ceinture le vieux centre urbain est essentielle pour comprendre la transformation de la ville dans la deuxième moitié du XIXe siècle. Un plan perspectif dressé en 1683 par Folbert Van Alten-Allen fait apparaître l'isolement de la ville intérieure par rapport aux faubourgs qui n'étaient que de simples villages agricoles et le sont restés jusqu'au milieu du XIXe siècle. En 1858, l'empereur François-Joseph ordonne la démolition des enceintes fortifiées et des glacis, proposant à leur place la création d'un ring en fer à cheval, boulevard monumental de 57 m de large dont l'ampleur et la diversité sont uniques en Europe. Sollicités par l'empereur pour meubler ce gigantesque ouvrage d'art, quelques architectes de renom proposent des palais monumentaux dans des styles historiques aptes à magnifier les grandes institutions impériales. L'Historicisme viennois, dont les édifices du Ring sont une synthèse, est le déchaînement grandiose et éclectique de tous les "néos" traités de façon spectaculaire. Les chantiers s'ouvrent presque tous en même temps et les quelque 25 "géants" du Ring sont édifiés en l'espace d'un quart de siècle seulement. Leur implantation ponctuelle le long du boulevard accentue leur isolement mutuel et leur individualité stylistique ; comme l'a fait remarquer l'urbaniste Camillo Sitte en 1889 : "Un bâtiment isolé sera toujours comme une tarte sur une assiette."

La promenade du Ring peut se faire en tram 1 ou 2. Si l'on désire s'en tenir à la partie la plus verdoyante de ce parcours, la promenade peut se faire à pied depuis Schottentor *jusqu'au* Stadtpark. *De là, il ne reste que 500 m à franchir pour arriver à la Caisse d'épargne postale, le chef-d'œuvre d'Otto Wagner.*

1., *SCHOTTENRING*

I

Station de métro *Schottenring* des lignes U2 et U4 • Arch. W. HOLZBAUER, H. MARSCHALEK, G. LADSTÄTTER et N. GANTAR (1971-81). Bon exemple de nouvelle station où verre, métal et polyvinyle se combinent harmonieusement. Les ouvrages de ce type font dorénavant partie du paysage urbain (cf.: A.I, M.3 et P.4).

30 • Filiale d'une agence de voyage • Arch. Hans HOLLEIN (1976-78).

D.1 *Votivkirche* (Eglise "Votive")

D.2 Université

D.2 Université • Galerie intérieure

■ 23 • Immeuble de rapport • Arch. Otto WAGNER (1877) • Façade décorée de motifs en pointes de diamant.

■ 16 • Bourse *(Börse)* • Arch. Theophil VON HANSEN (1871-77) • Vaste édifice de style néo-Renaissance.

■ 8/6 • Banque de crédit • Arch. Alexander VON NEUMANN et Ernst VON GOTTHILF (1909-12) • Immeubles typiques de l'esthétique néo-classique apte à magnifier ce genre d'institution.

■ 5 # *Hessgasse*, 7 • Maison bourgeoise habitée par le compositeur Anton Bruckner entre 1877 et 1895.

Eglise "Votive" *(Votivkirche)* ★ 1

9., Rooseveltplatz

Heinrich VON FERSTEL • 1856-79

Commandée par l'archiduc Ferdinand-Max, cette église fut édifiée pour commémorer l'attentat manqué du 18 février 1853 contre l'empereur François-Joseph, alors âgé de 23 ans. Implantée sur une brèche pratiquée dans les glacis du bastion des Ecossais, la Votivkirche est une des églises néo-gothiques les plus vastes et les plus homogènes d'Europe centrale. Le parti général rappelle celui de la cathédrale de Cologne, tandis que la décoration des façades s'inspire volontiers du gothique germanique du XIVe siècle. Les deux clochers surmontés de flèches ajourées évoquent la tour élancée de la cathédrale Saint-Etienne.

A l'intérieur, retable en bois sculpté (école flamande du XVe siècle) et un grand tableau de Gustave Doré représentant le Christ quittant le prétoire.

1., DR. KARL-LUEGER-RING II

Ce tronçon de Ring, qui porte le nom d'un célèbre maire de Vienne de la fin du XIXe siècle, est dominé par le *Burgtheater* et l'hôtel de ville devant lequel s'ordonne, en un plan symétrique, le *Rathaus-Park*.

■ Au n°4, à côté du *Burgtheater* se trouve le célèbre **Café Landtmann,** luxueux établissement qui a conservé une ambiance très "Belle Epoque".

Université 2

1., Dr. Karl-Lueger-Ring, 1

Heinrich VON FERSTEL • 1873-84

Fondée en 1365 par Rodolphe IV, l'université de Vienne est la plus ancienne d'Europe centrale après Prague et Cracovie. L'imposante construction qui l'abrite aujourd'hui est de style néo-Renaissance italienne. Les bâtiments, disposés "en pavillons" autour

D.3 Hôtel de ville

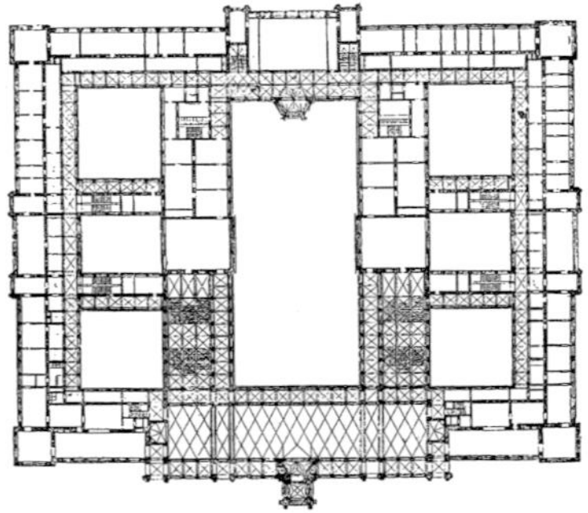

D.3 Hôtel de ville
• Plan du rez-de-chaussée

D.4 Théâtre national
• Escalier d'honneur

D.4 Théâtre national

de huit cours, s'articulent sur une grande cour centrale dite "des Arcades" au centre de laquelle se trouve la fontaine de Castalia, œuvre du sculpteur Hellmer (1910).
Derrière l'université, au n°8 de la *Ebendorferstrasse*, se trouve la chapelle des Etudiants • Arch. Ottokar UHL (1957-58).

Hôtel de ville *(Rathaus)*

★ ■ ★ 3

I., Rathausplatz, F. Schmidtplatz, Felderstrasse, Lichtenfelsgasse

Friedrich VON SCHMIDT • 1872-83

visites guidées
Lu-Ve : 13.00 (sauf les jours de séances)

Edifice de style néo-gothique réalisé sur le modèle de l'hôtel de ville de Bruxelles ; mais ni les proportions, ni le raffinement des détails du chef-d'œuvre brabançon ne semblent avoir été compris de l'architecte viennois. Ici tout est figé en un stéréotype académique qui renforce l'implantation symétrique des quatre tourelles de la façade principale. La tour centrale, haute de 98 m, est la partie la plus réussie de l'édifice ; à son sommet se trouve le *Eiserne Rathausmann*, "l'homme de fer de la municipalité", un des symboles de la ville.
A l'intérieur, l'*Arkadenhof* et plusieurs salles d'apparat méritent une visite.

Théâtre national *(Burgtheater)*

★★★ ■ ★ 4

I., Dr. Karl-Lueger-Ring, 2

Gottfried SEMPER • 1874-79
Karl VON HASENAUER • 1874-88
reconstruction : Michel ENGELHART • 1945-55

visites guidées
juil. et août : Lu-Sa : 13.00, 14.00 et 15.00
sept., mai et juin : Lu-Sa : 16.00; Di : 15.00
oct-avril : Ma, Je : 16.00; Di : 15.00

Equivalent autrichien de la Comédie-Française, le *Burgtheater* est, avec l'Opéra, la scène la plus prestigieuse de la ville et l'édifice public le plus distingué de la *Ringstrasse*. Il fut inauguré en 1888 par une représentation du "Camp de Wallenstein" de Schiller. L'édifice est une composition éclectique de style néo-Renaissance tardif avec des éléments néo-baroques et des accents Second Empire français dans le traitement de la façade convexe. Celle-ci est flanquée de deux ailes occupées par des escaliers monumentaux, l'un réservé à la Cour Impériale, l'autre au public. L'aspect de la façade et la disposition de la salle font penser à l'Opéra de Dresden (1841) également conçu par Semper. Gravement endommagé pendant la dernière guerre, le théâtre fut reconstruit entre 1945 et 1955 sous la direction de Michel Engelhart qui, tout en respectant la conception originale, introduisit dans maints détails un esprit plus épuré et plus moderne. Au-dessus des grands escaliers, plafond peint à fresque par Gustav Klimt et Franz Matsch.

D.IV : 1 Mémorial de l'Impératrice Elisabeth

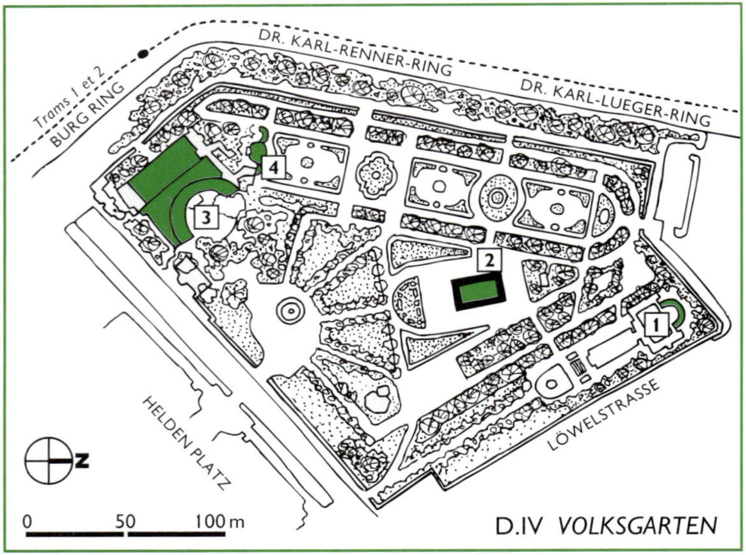

D.IV *VOLKSGARTEN*

D.5 Parlement

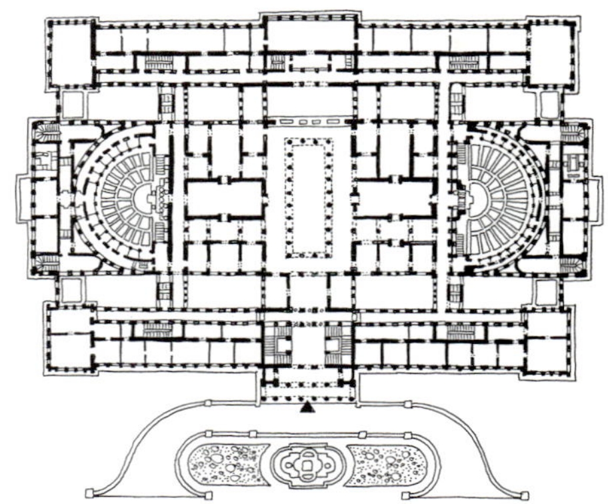

D.5 Parlement
• Plan

1., *DR. KARL-RENNER-RING*

III

Cette courte partie de Ring, qui porte le nom d'un chancelier d'Autriche au début du XXe siècle, est dominée par le Parlement, devant lequel s'étend le très beau *Volksgarten*.

Parlement ★ ■★

5

I., Dr. Karl-Renner-Ring, 3

Theophil VON HANSEN • 1873-83

jan.-juin et sep.-déc. :
Lu-Ve : 11.00 (sauf jours de séances)
juil. et août : Lu-Ve : 10.00, 11.00, 13.00 et 14.00

Influencé par un long séjour à Athènes, von Hansen s'est inspiré des temples grecs pour composer ce vaste parlement d'un académisme pompeux dont maints détails évoquent le temple de Phidias. L'édifice est formé d'un pavillon central en saillie, flanqué de deux longues ailes que décorent quatre quadriges en bronze. Aux extrémités de la façade, deux petits temples installés sur un haut soubassement font penser à l'Erechthéion athénien. Le pavillon central est précédé d'un pronaos devant lequel se dressent huit colonnes corinthiennes surmontées d'un fronton historié qui représente la cession de la Constitution par l'empereur François-Joseph I$^{er.}$ Au centre d'une double rampe d'accès, ornée de 4 dresseurs de chevaux en bronze, s'élève la fontaine monumentale de "Pallas Athena", œuvre hellénisante de Karl Kundmann (1902).

1., *VOLKSGARTEN* ★★

IV

Le "Jardin du Peuple", créé en 1809 sur l'emplacement d'un bastion démoli, est le plus ancien parc public de Vienne ; Ludwig Remy en dessina les plans entre 1819 et 1823 et en fit l'un des plus beaux jardins de la ville. La composition, qui tient compte à la fois de l'oblique du Ring et de l'axe de la place des Héros, ménage une série de perspectives à travers une remarquable roseraie.

1 Mémorial de l'impératrice Elisabeth, dite Sissi (★) • Arch. Friedrich OHMANN, sculptures de Hans Bitterlich (1907) • Monument Jugendstil agrémenté d'une pièce d'eau et d'éléments architectoniques en marbre.

2 **Temple de Thésée** (commentaire en D.6).

3 Ancien café Corti • Arch. Peter VON NOBILE.

4 Monument du poète Franz Grillparzer, œuvre de Karl von Hasenauer, Karl Kundmann et Rudolf von Weyr (1889).

Temple de Thésée ★

6

I., Volksgarten

Peter VON NOBILE • 1820-23

Réplique du Théséion d'Athènes, construit expressément pour abriter le groupe du "Thésée tuant le Minotaure" d'Antonio Canova (aujourd'hui au *Kunsthistorisches*

D.6 Temple de Thésée

D.8 Nouveau Palais impérial

D.8 Nouveau Palais impérial

Museum). L'édifice est du type périptère, hexastyle, d'ordre dorique, et possède toutes les caractéristiques des temples grecs du Ve siècle av. J.-C.: échine des chapiteaux redressée, faible saillie du tailloir, dégagement de la ligne horizontale de l'architrave.

Palais Epstein

7

I., Dr. Karl-Renner-Ring, I

auj.: Imm. administr. de la ville

Theophil VON HANSEN • 1868-72

Construction massive dont les étages sont soulignés par d'importantes corniches faisant saillie sur les façades.

1., *BURGRING*

V

Bordant la place des Héros, la nouvelle aile de la *Hofburg* et les musées nationaux, cette section du ring porte le nom de *Burg*, c'est-à-dire château.

Nouveau Palais impérial *(Neue Hofburg)*

★ ■ 8

I., Hofburg, Heldenplatz

Gottfried SEMPER • 1869-79
Karl VON HASENAUER • 1869-94
Emil VON FÖRSTER • 1897-99
Friedrich OHMANN • 1899-1907
Ludwig BAUMANN • 1907-13

Grand édifice en hémicycle dont le caractère monumental se perçoit d'un seul coup d'œil dans la perspective axiale de la *Heldenplatz*. Traitée dans le style néo-Renaissance italienne, la *Neue Hofburg* devait faire pendant à une aile semblable de l'autre côté de la place pour former un "Forum impérial" prolongé par les deux grands musées situés au-delà du Ring. Suite à l'effondrement de la monarchie austro-hongroise, ce vaste projet, prévu par l'empereur François-Joseph, ne fut jamais réalisé. Heureusement, car il aurait eu pour effet d'écraser l'aile Léopold de l'ancienne *Hofburg*, de couper les vues sur le Ring et de fermer la perspective sur le *Volksgarten*. La façade en hémicycle se compose d'un haut soubassement en bossage, percé de baies qui alternent avec des statues évoquant l'histoire de l'Autriche. De part et d'autre du corps central court une haute loggia à colonnes jumelées. C'est du haut du balcon qu'en 1938 Hitler proclama l'*Anschluss*.

m Musée d'ethnographie ; musée d'Ephèse (☆) réunissant des œuvres d'art d'Asie Mineure ; collection d'armes et d'armures (☆) ; collection d'instruments de musique (☆☆).

Lu, Me-Ve : 10.00-16.00
Sa, Di : 09.00-16.00

■ Au centre de la place, statues équestres du prince Eugène de Savoie et de l'archi-

D.10 Musée des Beaux-Arts

D.10 Musée des Beaux-Arts • Plan

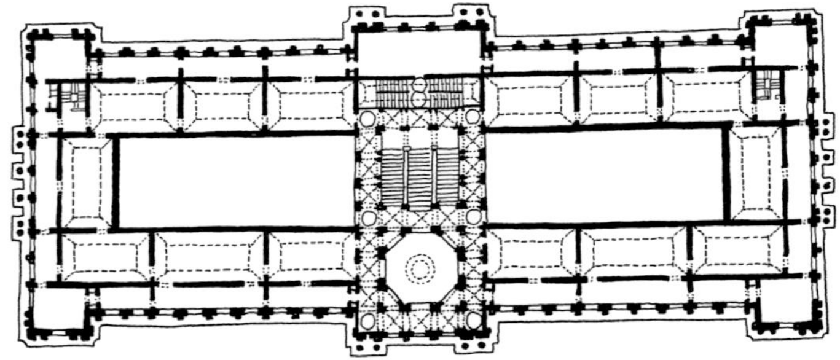

D.10

Musée des Beaux-Arts
• Grand escalier et
"La Victoire de Thésée
sur le Minotaure"
d'Antonio Canova

D.9 *Burgtor*

duc Charles, œuvres du sculpteur Anton Fernkron (1859-65).

■ Au nord-est de la place, l'on peut admirer la longue façade de l'aile Léopoldine du vieux palais impérial (cf.: C.16).

Burgtor

9

I., Hofburg, Burgring

projet : Luigi CAGNOLA

réalisation : Peter VON NOBILE • 1821-24

transformation : Rudolf WONDRACEK • 1934

Porte monumentale construite sur l'emplacement des anciennes fortifications partiellement détruites par les armées napoléoniennes, en 1809. L'édifice a été transformé, en 1934, en Mémorial de la Guerre.

1., *MARIA-THERESIENPLATZ* ★

VI

Vaste esplanade agrémentée de parterres fleuris, d'arbustes et de 4 pièces d'eau. Encadré par les deux musées impériaux et le palais des foires, la place s'ouvre sur la perspective du *Burgtor* et de la *Heldenplatz*. En son centre se trouve le monument de l'impératrice Marie-Thérèse, œuvre de K. Zumbusch et K. VON HASENAUER.

a Musée des Beaux-Arts
b Musée d'Histoire naturelle

10

I., Burgring 5 et 7 - Maria-Theresienplatz ■ ★

a Gottfried SEMPER • 1872-79

b Karl VON HASENAUER • 1872-91

Les deux musées impériaux, totalement symétriques, implantés face à face de part et d'autre de la *Maria-Theresienplatz*, abritent, l'un, les collections d'Histoire naturelle, l'autre (celui de gauche), l'une des plus fabuleuses collections d'œuvres d'art du monde. Chacun des bâtiments de style néo-Renaissance italienne comprend un pavillon central surmonté de quatre tourelles et d'une haute coupole, et deux longues ailes rythmées par des pilastres à chapiteaux ioniques. L'aspect extérieur des bâtiments est dû essentiellement à Semper, tandis que l'aménagement et la décoration intérieurs furent confiés à Hasenauer.

Ma-Ve : 10.00-16.00
Sa, Di : 09.00-16.00 (d'avr. à oct. jusqu'à 18.00)

m a Le musée des Beaux-Arts (☆☆☆) comprend cinq départements : Egypte, Antiquité classique, sculptures et arts décoratifs, cabinet des monnaies et surtout pinacothèque (☆☆☆☆). Celle-ci offre un panorama complet de l'histoire de la peinture européenne, groupant des chefs-d'œuvre de l'école flamande avec, entre autres, Van Eyck, Van der Weyden, Memling, Bosch, Van Dyck, Jordaens, Van der Goes,

D.12 Serres impériales
• Détail

D.VIII Burggarten • Monument consacré à Mozart

D.12 Serres impériales

Rubens et Teniers ; de l'école hollandaise avec entre autres Rembrandt, Hals et Vermeer ; de l'école allemande représentée par Dürer, Cranach et Holbein ; de l'école italienne avec Titien, Mantegna, Giorgione, Tintoret, Véronèse, Perugin, Raphaël, le Corrège, le Caravage, Tiepolo, Bellotto et Canaletto ; de l'école espagnole dominée par Velasquez... La salle consacrée à Pieter Brueghel l'Ancien (☆☆☆☆) rassemble une collection unique d'une douzaine d'œuvres essentielles dont la Grande Tour de Babel, le Repas de noce, le Retour des chasseurs, la Danse des paysans, le Massacre des innocents, le Combat de Carnaval et de Carême...

m b Le musée d'Histoire naturelle (☆☆☆) abrite les collections rassemblées par François-Etienne de Lorraine, époux de l'impératrice Marie-Thérèse, complétées jusqu'à nos jours d'inestimables trésors naturels.

Lu, Me-Di : 09.00-18.00

11 — Palais des Foires *(Messepalast)*

7., Messeplatz, I

Johann Bernhard FISCHER VON ERLACH • 1719

Joseph Emanuel FISCHER VON ERLACH • 1721-23

L'ancien bâtiment des écuries impériales, œuvre des Fischer (père et fils), a été considérablement agrandi au milieu du XIXe siècle. Il abrite aujourd'hui la Foire de Vienne.

VII — 1., *OPERNRING*

Ring bordé essentiellement par l'Opéra et les jardins du Palais impérial.

VIII — 1., *BURGGARTEN*

Les jardins du Palais impérial furent aménagés dans la seconde moitié du XIXe siècle, peu après la démolition des fortifications. Ouvert au public depuis 1919, cet espace vert, agrémenté de plusieurs monuments (dont l'un consacré à Mozart), précède agréablement les grandes serres impériales adossées au soubassement de l'Albertina.

12 — Serres impériales *(Palmenhaus)* ★★

I., Burggarten ■ ★

Friedrich OHMANN • 1901-07

Intéressante composition où le verre et l'acier se combinent à des façades en pierre de style classique. Dans ce compromis architectural, traité avec virtuosité, les formes arrondies des verrières, inhérentes à la fonction de l'édifice, s'articulent harmonieusement sur les portiques et les pavillons de pierre par le biais de motifs Jugendstil.

D.14
Opéra national

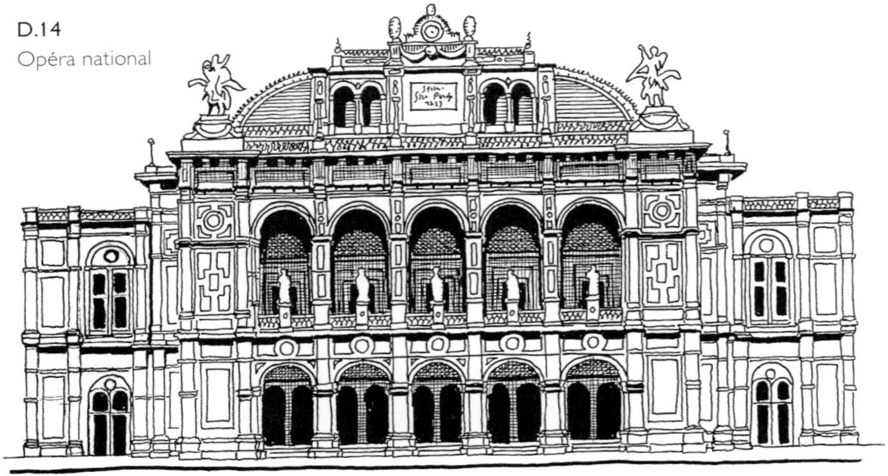

D.14 Opéra national • Grand escalier

D.13. [a]
Café Museum • Plan

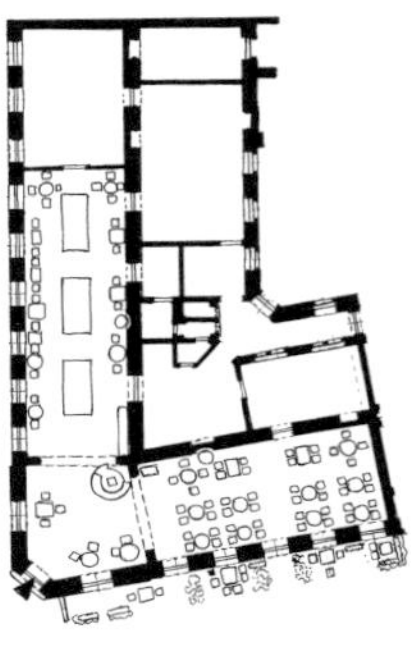

D.13 Académie des Beaux-Arts
• Aula Magna

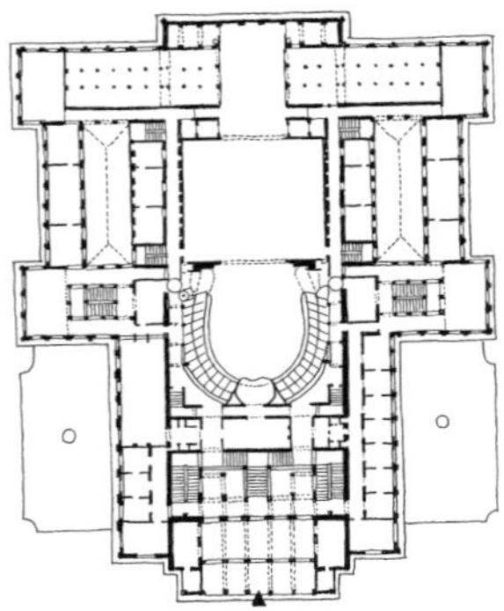

D.14
Opéra national • Plan

Académie des Beaux-Arts

13

I., Schillerplatz, 3

■ ★

Theophil VON HANSEN • 1872-76

Ma, Je, Ve : 10.00-14.00
Me : 10.00-13.00 • 15.00-18.00
Sa, Di : 09.00-13.00

Situé à quelques pas du pavillon de la Sécession (cf.: F.1), ce grand coffre, figé dans son carcan de pierre, permet d'apprécier les profondes mutations qui se sont produites dans les esprits en une vingtaine d'années. Si l'extérieur est traité avec froideur dans le style de la Renaissance, l'intérieur, au contraire, recèle des éléments d'inspiration grecque, traités avec raffinement. L'Aula Magna, ornée d'une élégante colonnade, est couverte d'un plafond peint à fresque par Anselm Feuerbach (1875-80) et plusieurs salles conservent des œuvres de maîtres anciens dont Rubens, Bosch et Guardi.

a *Operngasse # Friedrichstrasse* • Café Museum • Arch. Adolf Loos (1899) • Œuvre de jeunesse fortement transformée.

Opéra national *(Staatsoper)* ★★★

14

I., Opernring, 2

■ ★

Eduard VAN DER NÜLL
et August SICARD VON SICARDSBURG • 1861-68
reconstruction : E. BOLTENSTERN, O. PROSSINGER
et F. CEVELA • 1946-55

Visites guidées
juil. et août, ts l. j. : 10.00, 11.00, 13.00, 14.00, 15.00
sept.-juin : sur rendez-vous

L'Opéra de Vienne, premier des édifices du Ring, fut souvent comparé à celui de Paris, de Charles Garnier, qui lui est contemporain. De style néo-Renaissance, il est d'une structure plus simple et techniquement moins hardie que celle de la grande scène parisienne. Son architecture rappelle davantage celle des théâtres du Châtelet, à Paris, construits par Gabriel Davioud à la même époque. L'avant-corps, traité comme une loggia, et les ailes latérales fortement saillantes, s'articulent à angle droit et de façon rigide sur la masse du coffre central couvert d'une vaste toiture incurvée, en cuivre. Inauguré le 25 mai 1869 par une représentation mémorable du "Don Giovanni" de Mozart, l'Opéra de Vienne allait rapidement devenir, sous l'impulsion de Gustav Mahler, la première et la plus prestigieuse des scènes lyriques d'Europe. D'illustres chefs d'orchestre, tels Richard Strauss, Bruno Walter, Karl Böhm et Herbert von Karajan, y dirigèrent les œuvres du grand répertoire. La dernière représentation avant la fermeture de l'Opéra par Goebbels, en juin 1944, fut le "Crépuscule des dieux" de Richard Wagner. Etonnante prémonition ! En effet, le 12 mars 1945, le théâtre fut incendié et quasi anéanti par les bombes de l'armée russe. Après un référendum populaire, à la fin de la Seconde Guerre mondiale, on décida de reconstruire en priorité l'Opéra national. L'actuel théâtre, entièrement reconstruit selon les plans d'origine par l'architecte Erich Boltenstern et son équipe, fut inauguré en 1955 avec le "Fidelio" de Beethoven

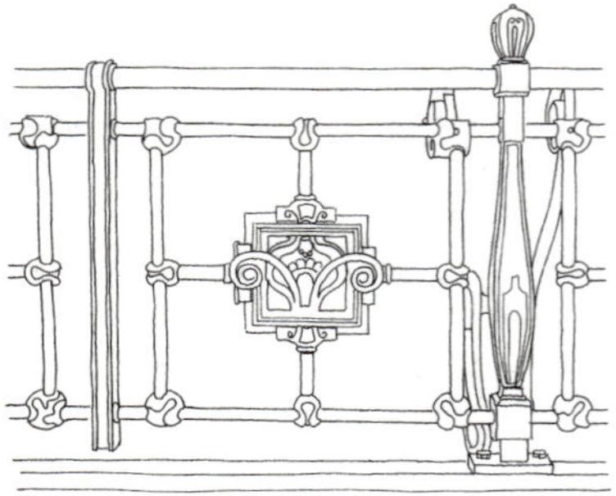

D.XII *Stadtpark*
• Petit pont hongrois, détail du garde-corps

D.XII. 1 Kursalon

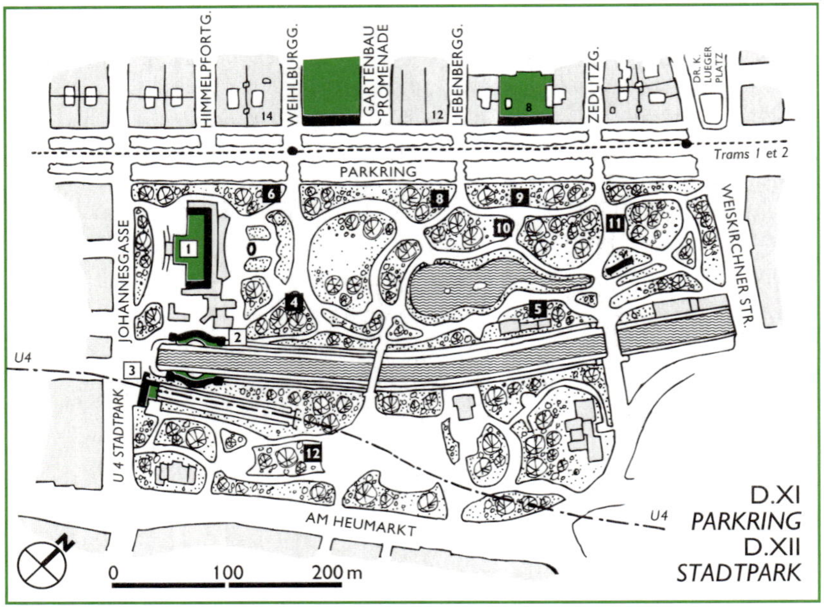

D.XI
PARKRING
D.XII
STADTPARK

D.XII. 4 *Stadtpark* • Monument de Johann Strauss

dirigé par Karl Böhm. La décoration de la salle fut fortement simplifiée, ce qui permit à l'architecte d'améliorer sensiblement l'acoustique globale jusqu'au dernier niveau des loges.

1., *KÄRNTNERRING* IX

1 # *Kärntner Strasse*, 53/55 • Hôtel Bristol • Arch. L. FIEDLER et P. PALUMBO (1913).

17 # *Schwarzenbergstrasse* • **Café Schwarzenberg** (★). Exemple typique de café viennois qui a conservé toute l'ambiance Jugendstil de la "Belle Epoque".

1., *SCHUBERTRING* X

Schwarzenbergplatz • Ancien palais de l'archiduc Louis-Victor, frère de François-Joseph • Arch. Heinrich VON FERSTEL (1869) • Important bâtiment d'angle dans le style de la Renaissance italienne.

1., *PARKRING* XI

12a • Hôtel Marriott (1987). Les façades de cette importante construction se succèdent en une répétition monotone des mêmes éléments en polyvinyle blanc.

8 • Ancien palais du Grand Maître de l'Ordre teutonique, actuellement préfecture de police • Arch. Theophil VON HANSEN (1864-67) • Un des premiers palais néo-Renaissance à Vienne, construit pour l'archiduc Wilhelm.

1., *STADTPARK* ★★ XII

Créé en 1862, le parc municipal se situe de part et d'autre de la rivière Wien. Les paysagistes Josef Selleny et Rudolf Siebeck en dessinèrent le plan, inspiré des jardins à l'anglaise, où des chemins sinueux conduisent à un grand étang éclairé la nuit par des fontaines lumineuses.

1 Le *Kursalon* (1865-67), grand café-concert, un des symboles de la danse dans les lieux publics, où aujourd'hui encore se déroulent des concours de valses.

2 **Aménagement des rives de la Wien** (commentaire en D.15).

3 **Station de métro *Stadtpark*** (commentaire en D.16).

Monuments commémoratifs de 4 Johann Strauss (★), par Edmund Hellmer (1923); 5 Anton Bruckner, par Tilgner et Zerritsch; 6 Franz Lehar, par Coufal; 7 Robert Stolz, par Rudolf Friedel; 8 Mozart; 9 Schubert; 10 Amerling; 11 Zelinka; 12 Kneipp.

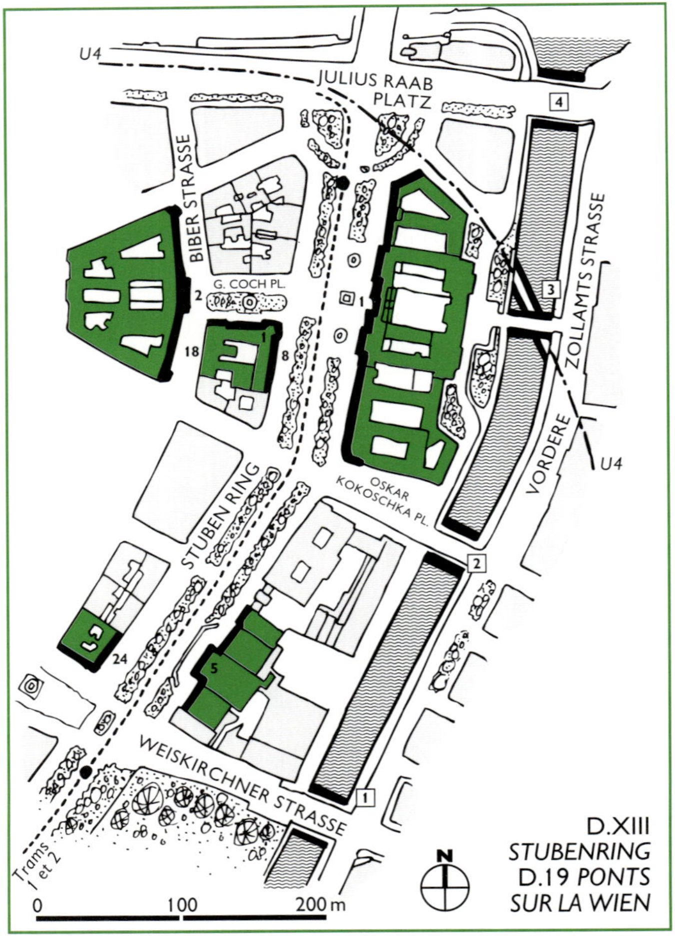

D.XIII
STUBENRING
D.19 PONTS SUR LA WIEN

D.17 *Stadtpark*
• Aménagement
des rives de la Wien

D.16 Station de métro *Stadtpark*

Aménagements des rives de la Wien à *Stadtpark* ★★

15

1., Stadtpark

Friedrich OHMANN, Josef HACKHOFER • 1903-07

Dans un site particulièrement accidenté et hybride, où le métro et la rivière débouchent de leurs tunnels, les architectes ont planté un décor scénique aux accents baroques traité dans un Jugendstil très personnel. Escaliers, rampes, tourelles d'accès et murs de soutènement constituent les éléments de cette composition, entièrement basée sur une liaison verticale qu'il fallait assurer entre la rivière, le parc et la station de métro.

Station de métro *Stadtpark* ★

16

3., Stadtpark et Johannesgasse

Otto WAGNER • 1897-98

Cette station fait partie intégrante des aménagements des rives de la Wien (cf.: D.15). Elle se distingue des autres stations par la présence d'une haute colonne qui désaxe la composition pour la rendre plus proche de la typologie du parc.

1., *STUBENRING*

XIII

24 # *Dr. Karl-Luegerplatz* • **Café Prückel.** Exemple typique de café viennois.

5 • Académie et Musée des Arts appliqués • Arch. Heinrich VON FERSTEL (1867-71) • L'édifice, de petite dimension par rapport aux colosses du Ring, est de style néo-Renaissance et d'une ordonnance parfaitement réglée.

m Intéressant musée consacré à l'esthétique industrielle et à des objets de la Wiener Werkstätte. Il contient également une collection de meubles baroques et Biedermeier, ainsi qu'une remarquable série de tapis d'Orient (☆).

Me-Lu : 11.00-18.00

8/10 • Chambre de commerce • Arch. Ludwig BAUMANN (1905-07) • Architecture Jugendstil fortement influencée par le classicisme.

1 • Ancien ministère de la Guerre, actuellement palais gouvernemental • Arch. Franz NEUMANN (av. 1905) • Un des bâtiments les plus imposants du Ring, par ses dimensions, la lourdeur de son style et la surcharge des sculptures qui lui donnent un aspect colossal. Dans l'axe de la façade, le monument de Radetzky complète cet ensemble significatif de l'Empire décadant auquel s'oppose, juste en face, la remarquable Caisse d'épargne de Wagner (cf.: D.17).

D.17 Caisse d'épargne postale • Détail

D.17 Caisse d'épargne postale • Salle des guichets

D.17 Caisse d'épargne postale • Développement de la façade principale *(dessin d'Otto Wagner)*

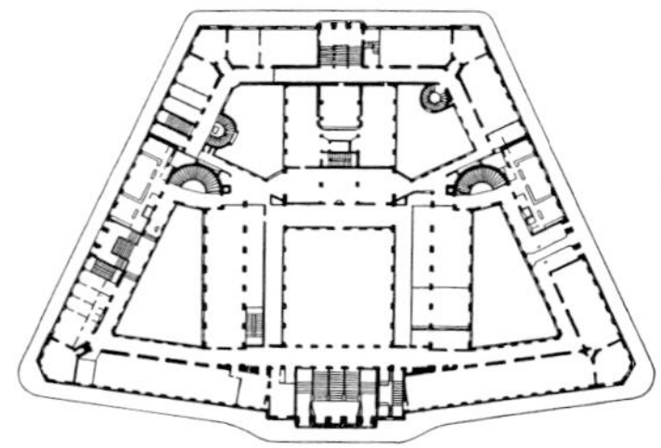

D.17 Caisse d'épargne postale • Plan

Caisse d'épargne postale (*Postsparkasse*)

★★

17

I., Georg-Coch-Platz, 2

■ ★★★★

Otto WAGNER • 1904-06 • 1910-12

A l'issue d'un concours organisé en 1903 pour la construction du siège de la Caisse d'épargne postale, Otto Wagner remporta le premier prix devant 36 autres concurrents dont l'un avait proposé une copie du Belvédère de von Hildebrandt. Par la pertinence de son insertion dans le tissu urbain, la compacité et la clarté de son parti, la solennité de ses volumes, la modernité des matériaux et des moyens techniques mis en œuvre, cette réalisation est considérée comme un des chefs-d'œuvre de l'architecture du XXe siècle naissant.

Extérieur

Les façades comprennent trois parties : un socle puissant en plaques de granit, quatre étages recouverts de plaques de marbre de Sterzing fixées à l'ossature par des boulons de bronze recouverts de cabochons en aluminium, et, au-dessus d'une corniche fort débordante, un attique derrière lequel se dresse une superstructure monumentale aux formes complexes. Le corps central, qui s'articule par deux grands pilastres sur les ailes latérales obliques, se différencie des autres façades par des plaques légèrement incurvées vers l'extérieur et boulonnées selon un dessin plus serré, ce qui leur donne un aspect plus sombre. Installée entre les étages et l'attique, la corniche saillante est soutenue par des caissons métalliques, légers et aériens, qui, techniquement, remplacent les lourds corbeaux de pierre des édifices anciens. L'attique, couronné d'une balustrade en aluminium, est percé de fenêtres, sauf au-dessus du corps principal où il joue le rôle d'un long acrotère qui reçoit deux anges hiératiques en fonte d'aluminium, œuvre du sculpteur Schimkowitz.
L'accès à l'immeuble se fait par cinq portes réunies sous un auvent de verre que soutiennent cinq colonnettes d'aluminium.
La façade sévère de cet édifice d'une grande technicité d'expression ne laisse pas soupçonner la présence intérieure d'une des salles de guichets les plus aériennes que le XXe siècle nous ait données.

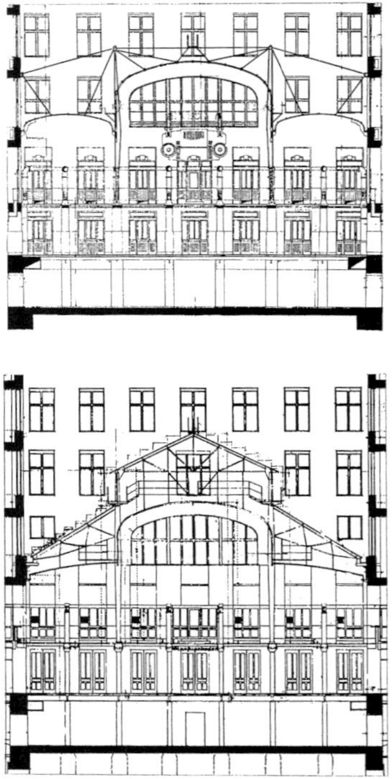

D.17 Caisse d'épargne postale
• Coupes dans la salle des guichets
(dessins d'Otto Wagner : version du projet (en haut), version réalisée (en bas))

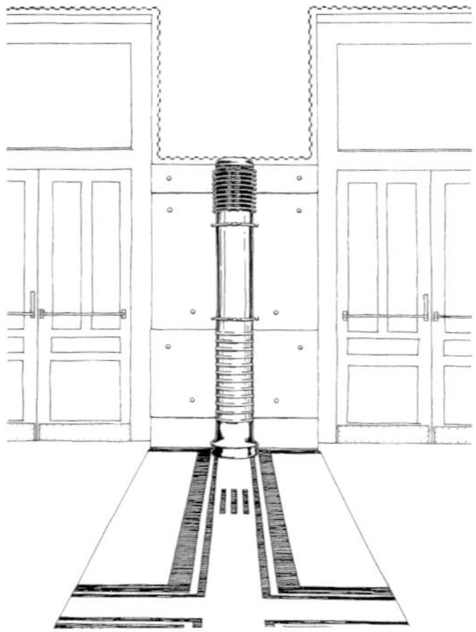

D.17 Caisse d'épargne postale
• Détail

D.18 Urania

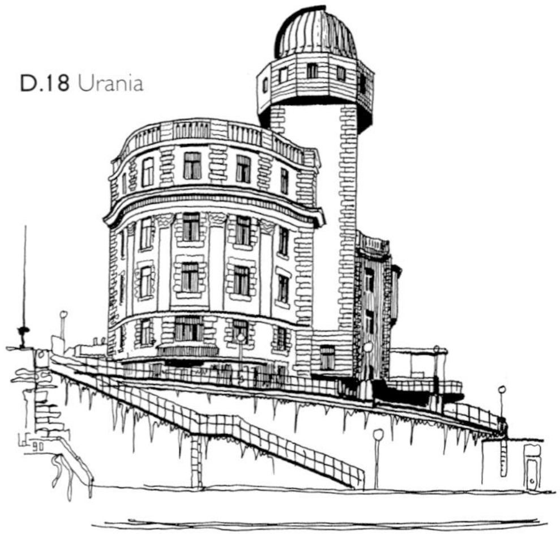

D.18 Urania • Plans et coupe

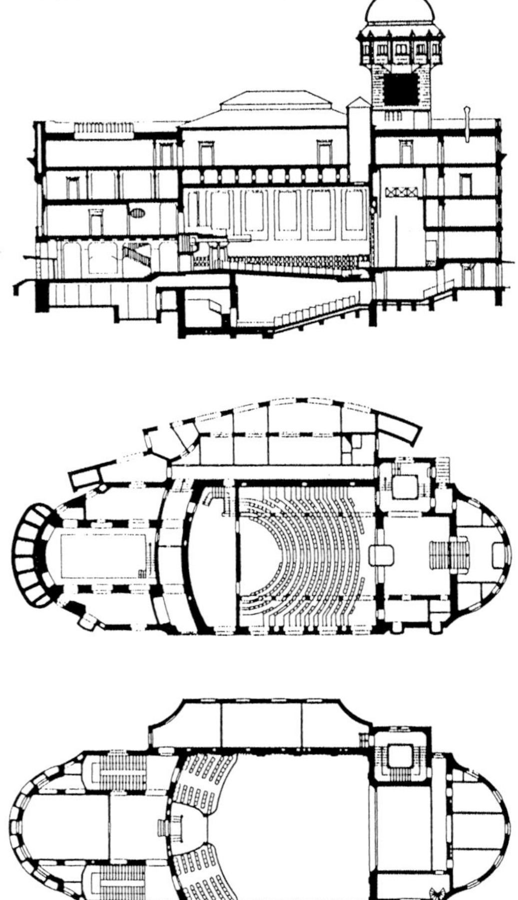

Intérieur

Après avoir gravi le monumental escalier de marbre blanc, on découvre la salle tripartite des guichets qui surprend par la légèreté et la transparence de sa verrière cintrée. Insérée dans le rythme des colonnes métalliques, la fine pellicule de verre et d'acier couvre tout le centre du bâtiment, l'organise et lui donne vie par la lumière qu'elle diffuse. Dans le projet initial, la verrière devait être suspendue à des câbles retenus par des mâts prolongeant les poteaux de la salle. Lors de la réalisation, l'architecte préféra couvrir le plafond de verre d'un lanterneau afin de ménager un espace d'air stabilisé pour isoler la salle de l'extérieur, tout en assurant une lumière suffisante pour éclairer les locaux en sous-sol, séparés de la salle des guichets par des dalles de verre. A cette époque, au moment de la construction de l'immeuble de la *Michaelerplatz* (cf.: C.12), Adolf Loos critiqua cette solution car, pour lui, la seule résolution technique d'un problème ne suffisait pas à garantir la qualité architecturale. C'est cependant avec un art extraordinaire que Wagner apporte aux moindres détails une finition exceptionnelle ; en témoignent les rampes d'escaliers, les grilles d'aération, les frises en noir et blanc qui décorent les marbres, les lambris et mobiliers en noyer des bureaux de direction et, surtout, les bouches de chauffage tubulaires, véritables sculptures abstraites, synthèse entre l'art et la technique, qui préfigurent l'"Art déco" et l'esthétique industrielle des années 30.

Urania (Académie populaire)

18

I., Uraniastrasse, 1 # Aspernplatz ■ ★

Max FABIANI • 1909-10

Ce palais d'inspiration néo-baroque, doté d'une salle de spectacle et d'un observatoire astronomique, était destiné à des séances d'éducation populaire dans divers domaines scientifiques. L'aspect extérieur fut fortement critiqué, d'une part par les "anciens" qui y voyaient une trahison de l'ordre corinthien classique, mais en même temps par les "modernes" qui reprochaient à l'architecte un manque d'engagement à l'égard de son temps. En fait, c'est l'intérieur de l'Urania qui est surtout intéressant pour la disposition de ses niveaux de hauteurs variables et librement répartis dans un volume unitaire. Ce concept, très moderne pour l'époque, fait de l'édifice une sorte de prototype du *Raumplan* (plan spatial) que Loos allait surtout exploiter après les années 20 par exemple dans la villa Moller (cf.: D.12).

visites guidées (par temps clair)
Me, Ve, Sa : 20. (avr. sept. : 21.00)
Di : 11.00
fermé en août

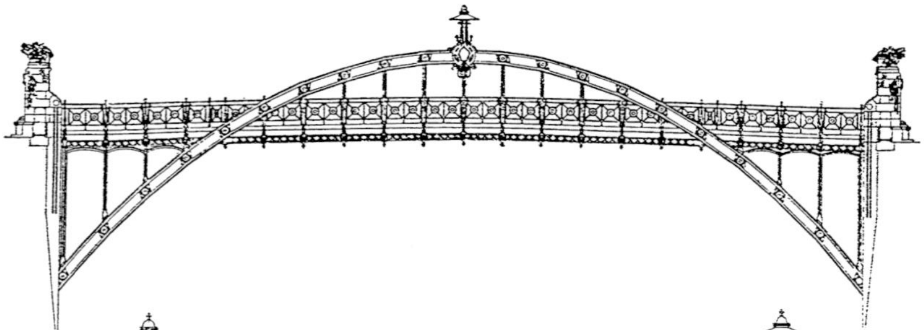

D.19 3
Zollamtsbrücke

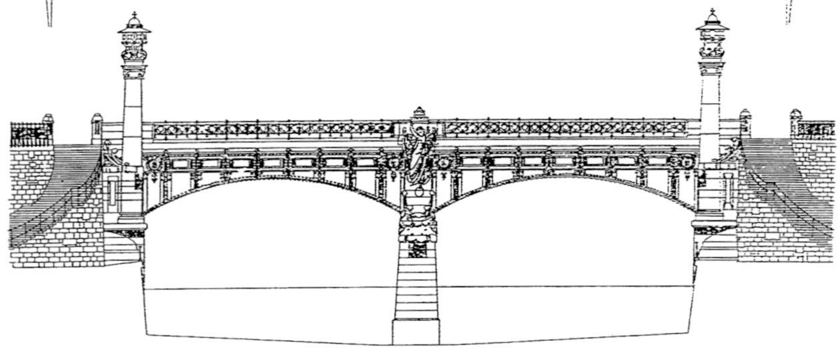

D.14 4
Radetzkybrücke

D.19 Pont sur la Wien :
Zollamtsbrücke • Détail d'une pile

Ponts sur la Wien

I., Vordere Zollamtsstrasse

Friedrich OHMANN, Josef HACKHOFER • 1898-1903

Les quatre ponts sur la rivière Wien, entre *Stadtpark* et le canal du Danube, sont des constructions utilitaires auxquelles les architectes se sont efforcés de donner des formes artistiques différenciées. Les piles en pierre terminées par des bouquets floraux, les garde-fous métalliques richement décorés, les longerons à caissons, les tôles découpées en festons et les consoles aux lignes courbes contribuent à faire de ces ponts Jugendstil les points forts d'un paysage urbain quelque peu ingrat.
On trouvera successivement [1] *Stubentorbrücke*, [2] *Maxerbrücke*, [3] *Zollamtsbrücke*, grande arche parabolique en acier, et [4] *Radetzkybrücke*.

Cette promenade se termine à proximité de la Landstrasser Hauptstrasse, *point de départ de la promenade K. Si, au contraire, à partir d'*Urania *on franchit le pont* Aspern *sur le canal du Danube, on trouve sur l'autre rive l'*Aspernbrückengasse *qui conduit rapidement à la* Praterstrasse, *point de départ de la promenade P.*

Avec la promenade E commence la découverte de la ville au-delà du Ring. *Le tissu urbain se fait ici et là moins dense pour laisser la place à de splendides parcs et jardins, comme ceux du Belvédère (promenade E) et de Schönbrunn (promenade G). Ces domaines, avec leurs palais, comptent parmi les plus remarquables réalisations du baroque viennois, ainsi que la* Karlskirche *(promenade E) à laquelle on ne manquera pas de comparer l'église Saint-Léopold d'Otto Wagner (promenade H) pour saisir l'importance de la tradition architecturale dans la formation de la personnalité de cet extraordinaire novateur.*

Otto Wagner est également présent sur les Wienzeilen, *bordées par nombre d'architectures Jugendstil ainsi que par le célèbre pavillon de la Sécession : ces rives de la Wien sont décrites dans la promenade F.*

E

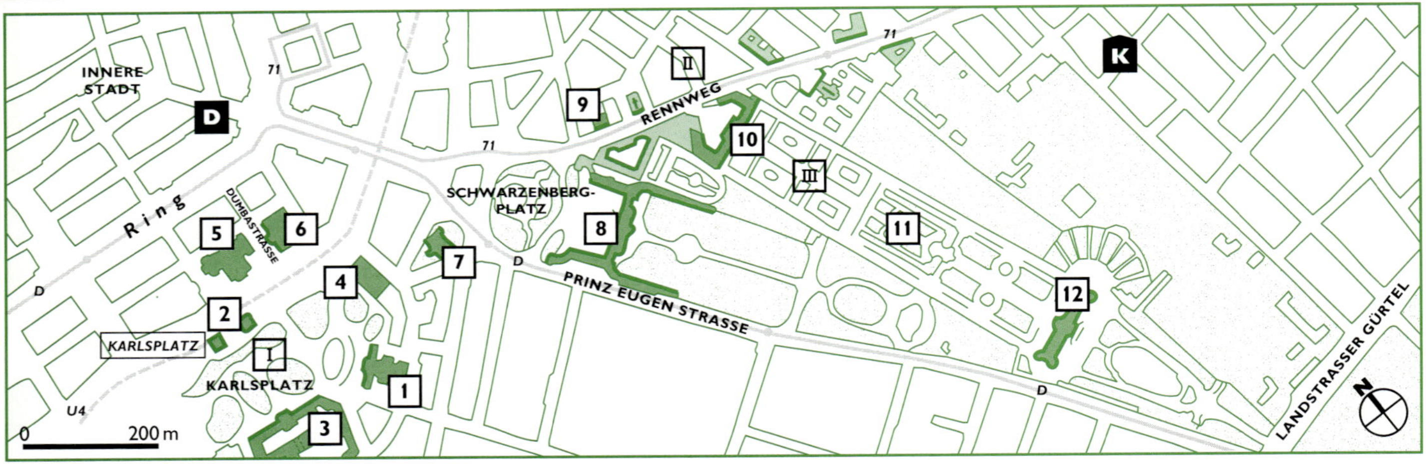
INNERE STADT
D
K
71
RENNWEG
SCHWARZENBERG-PLATZ
Ring
DUMBASTRASSE
PRINZ EUGEN STRASSE
KARLSPLATZ
KARLSPLATZ
U4
LANDSTRASSER GÜRTEL
1
2
3
4
5
6
7
8
9
10
11
12
I
II
III
0 200 m
N

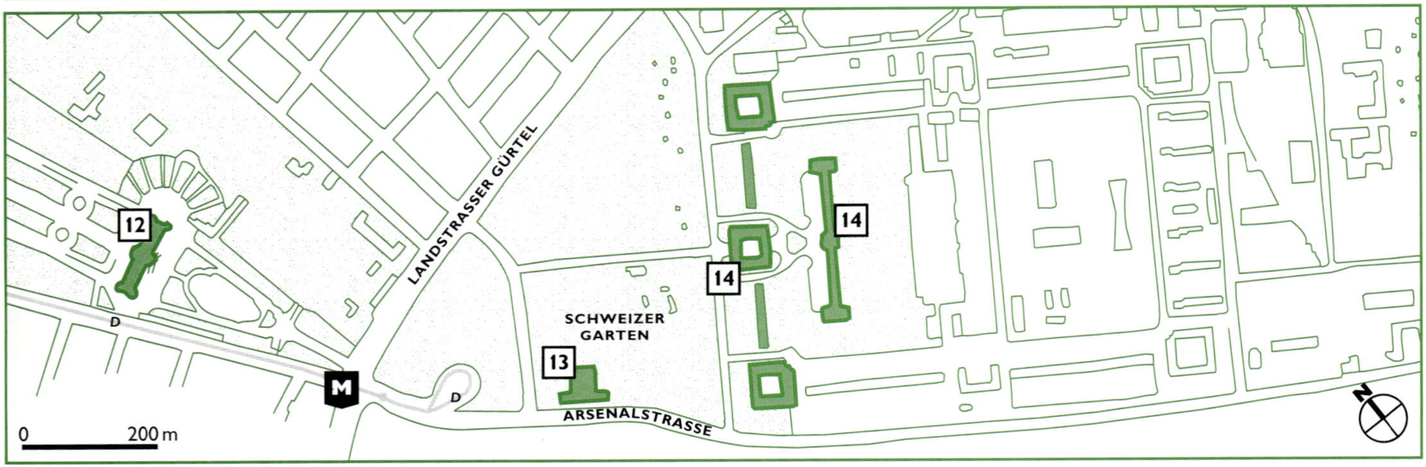
12
13
14
14
LANDSTRASSER GÜRTEL
SCHWEIZER GARTEN
ARSENALSTRASSE
M
D
0 200 m
N

Promenade E
De Saint-Charles au Belvédère

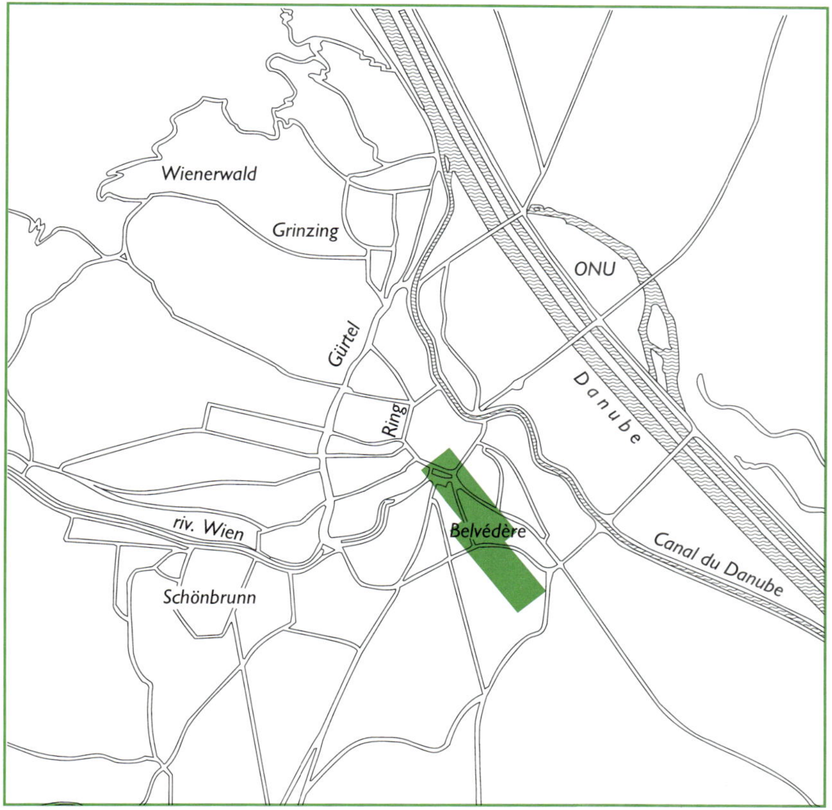

I *KARLSPLATZ*
1 Eglise Saint-Charles ★★★★
2 Pavillons de la station de métro "Karlsplatz" ★★★★
3 Université technique
4 Musée d'histoire de la ville de Vienne
5 Künstlerhaus et Théâtre des Comédiens
6 Musikvereinsgebäude ★
7 Ambassade de France
II *RENNWEG*
8 Palais Schwarzenberg ★★
9 Palais Wagner ★
III *LE BELVEDERE* ★★★★
10 Le Belvédère inférieur ★★
11 Les jardins du Belvédère ★★★
12 Le Belvédère supérieur ★★★★
13 Musée du XXe siècle
14 Arsenal et Musée d'histoire militaire ★

E.1 Eglise Saint-Charles
(gravure de J.B. Fischer von Erlach)

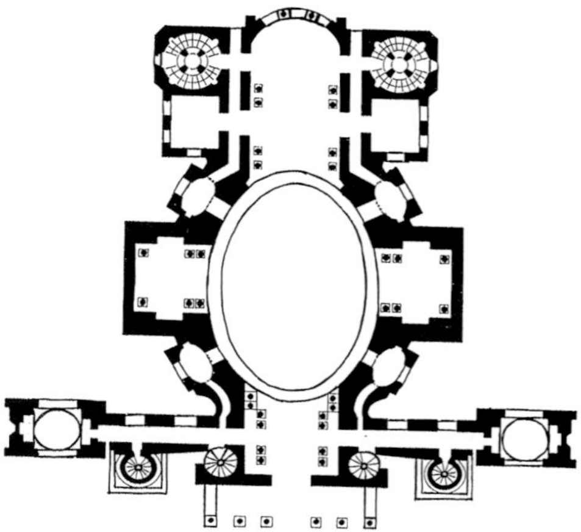

E.1 Eglise Saint-Charles • Plan

E.1 Eglise Saint-Charles

De Saint-Charles au Belvédère

E

La promenade E propose la découverte des deux plus grands chefs-d'œuvre du baroque viennois du XVIIIe siècle: l'église Saint-Charles de Johann Bernhard Fischer von Erlach et les palais du Belvédère de Johann Lucas von Hildebrandt. Chemin faisant, le visiteur aura l'occasion d'admirer l'une des architectures les plus marquantes de la fin du XIXe siècle: les pavillons de *Karlsplatz* d'Otto Wagner.

4., *KARLSPLATZ*

I

Bordée par plusieurs édifices importants, cette grande place de forme irrégulière apparaît comme un ensemble hétérogène au caractère mal défini. Elle est plantée d'arbres et agrémentée de plusieurs monuments commémoratifs dont une belle statue de Brahms. Face à la *Karlskirche*, une grande pièce d'eau est ornée d'une sculpture d'Henry Moore.

Eglise Saint-Charles
(Karlskirche) ★★★★

1

4., Karlsplatz ■ ★★★

Johann Bernhard FISCHER VON ERLACH • 1716-22
Joseph Emanuel FISCHER VON ERLACH • 1723-37

Saint-Charles est une église votive, édifiée à la demande de Charles VI pour célébrer la fin de la peste de 1713. Son architecte fut désigné par concours: Fischer l'emporta sur von Hildebrandt et Ferdinando Galli-Bibbiena. Après la mort de Johann Bernhard Fischer von Erlach en 1723, elle fut achevée par son fils Joseph Emanuel et les proportions de la coupole furent légèrement modifiées. Cette réalisation extraordinaire, qui se dressait à l'origine totalement isolée face au glacis entourant la ville ancienne, est parfois regardée comme un collage maladroit d'éléments hétérogènes. Il s'agit tout au contraire d'un assemblage prodigieux de références historiques, au service d'un programme symbolique d'une richesse exceptionnelle. Bien plus qu'un ex-voto grandiose, cette église est un monument érigé tant à la gloire du Souverain des Cieux qu'à celle des Habsbourg dont la puissance s'affirmait suite à la défaite des Turcs devant la ville en 1683 et à la paix de Rastatt. Fort peu d'architectures, depuis la Renaissance, ont mérité comme Saint-Charles le qualificatif d'"impériale". Cet édifice peut, en outre, être tenu pour l'acte de naissance de la scénographie architecturale viennoise.

E.1 Eglise Saint-Charles
• Les deux modes de lecture de la façade
(D'après H. Sedlmayr)

E.1 Colonne Trajane à Rome

E.1 Colonne de Marc-Aurèle à Rome

Extérieur

La large façade, qui se déploie perpendiculairement au grand axe de la coupole ovale, se compose de six unités constructives: un pronaos central à six colonnes supportant un fronton triangulaire, deux colonnes triomphales, deux pavillons d'extrémité et un haut tambour surmonté de la coupole elle-même.

Ces six éléments peuvent être lus de deux manières différentes. Une première lecture associe d'une part la triade composée par la coupole – avec son tambour – et les deux colonnes triomphales, d'autre part les deux pavillons d'angle et la colonnade centrale reliés par des volumes intermédiaires. Dans cette vision de l'église, les trois éléments verticaux (la coupole et les deux colonnes triomphales) sont réunis par le traitement similaire de leurs lanternes respectives: la lanterne de la coupole est inhabituellement petite en regard des proportions de celle-ci. Dans un deuxième mode de lecture, la coupole s'appuie sur un socle calé entre deux pavillons pour composer un ensemble baroque, devant lequel se détachent deux colonnes triomphales et un temple à l'antique. Les deux colonnes sont en effet inspirées de celles de Trajan et de Marc-Aurèle, à Rome, que Bernini avait projeté de juxtaposer sur une même place. Fischer, formé dans la ville éternelle à la fin du XVIIe siècle, n'ignorait certainement pas l'idée qu'avait eue Bernini. Mais les colonnes de Saint-Charles, que surmontent des aigles impériaux, évoquent en outre des minarets turcs.

Le fronton de temple à l'antique, quant à lui, était lu par les contemporains mêmes de Fischer comme une interprétation du temple romain de Jupiter et de la Paix: Saint-Charles est aussi un temple de la paix, celle née du traité de Rastatt (1714).

L'ensemble du fronton entouré des deux colonnes correspond, de plus, aux reconstitutions du temple de Salomon imaginées à l'ère baroque, temple dont le Livre des Rois nous apprend que la colonnade était précédée de deux colonnes isolées. Si l'on ajoute que les Colonnes d'Hercule, symboles des limites de la terre, étaient l'emblème de Charles Quint, et que les bas-reliefs des colonnes de la *Karlskirche* célèbrent la *constantia* et la *fortitudo* du saint éponyme, vertus dont Charles VI avait fait sa devise *Constantia et Fortitudine*, la richesse symbolique de ce *Novum Theatrum Architecturae* se révèle dans toute sa complexité.

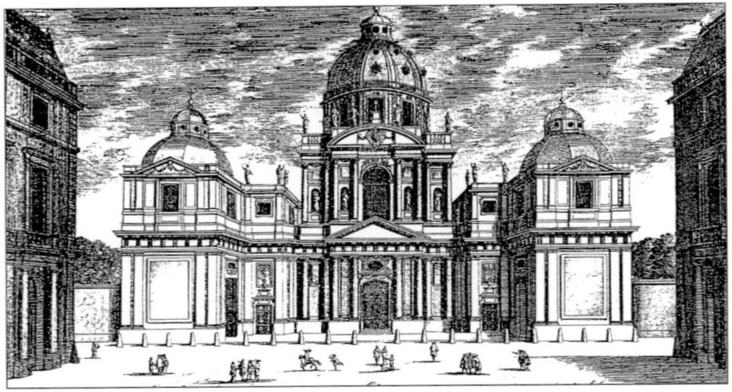

E.1 Eglise des Minimes
à Paris *(François Mansart)*

E.1
Eglise Saint-Charles
• Vue intérieure du tambour
et de la coupole

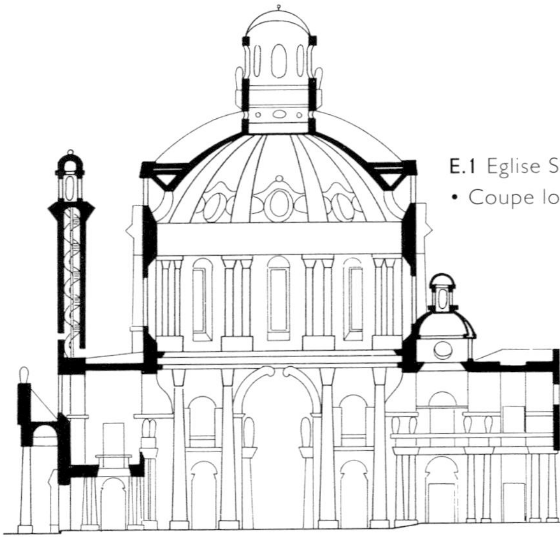

E.1 Eglise Saint-Charles
• Coupe longitudinale

E.1 Eglise Saint-Charles
• Façade latérale *(Gravure de J.B. Fischer von Erlach)*

Au tympan du pronaos est figurée la libération de Vienne de la peste par intercession de saint Charles, tandis que sur le même axe vertical le tambour de la coupole domine toute la composition: il est en effet d'une élévation exceptionnelle qu'accentuent les ouvertures ovales ménagées dans la coupole elle-même, si bien que cette dernière, recouverte de cuivre, n'est en somme que le couronnement du tambour.
On peut trouver à cet exemple original d'architecture religieuse baroque tardive d'autres modèles que ceux déjà cités. Le thème de l'église à coupole précédée d'une très large façade encadrée de pavillons rappelle le projet de François Mansart pour l'église des Minimes de Paris. La large façade de Saint-Pierre de Rome peut aussi être évoquée à propos de la *Karlskirche*: Bernini avait voulu la couronner de campaniles latéraux. On ignore par contre si Fischer connaissait le sanctuaire de la Superga, édifié à la même époque près de Turin par Juvarra, selon une esthétique proche.

Intérieur

Le plan est basé sur la combinaison d'une ellipse et d'une croix grecque déformée: le chœur est plus large et plus profond que les autres bras de la croix. Mais c'est le grandiose espace enclos sous la coupole elliptique qui crée l'impression d'espace dominante, empreinte de majesté solennelle. Les parois inférieures sont articulées par des colonnes détachées qui supportent des pots-à-feu. Tous les grands thèmes du baroque sont ici exposés avec talent: polychromie et dynamisme de la décoration, distribution savante de la lumière, tantôt abondante, tantôt mesurée. Deux colonnes éclairées en contre-jour séparent le fond du chœur de la sacristie: il s'agit là d'un thème formel emprunté aux églises vénitiennes d'Andrea Palladio.
Enfin, certains détails de la décoration sculptée, sont inspirés de Borromini. La coupole fut peinte à fresque entre 1725 et 1730 par J. M. Rottmayr; elle figure la Gloire de saint Charles Borromée. Le maître-autel est de Fischer père lui-même. Daniel Gran, Jakob von Schuppen et Sebastiano Ricci prirent part à la décoration stuquée de cet intérieur. Les orgues sont coiffées de la couronne impériale allemande pour compléter cet édifice à la gloire des Habsbourg, dignes successeurs de Salomon et d'Auguste, et à la gloire de Vienne, nouvelle Rome. [Hans Sedlmayr, 1984]

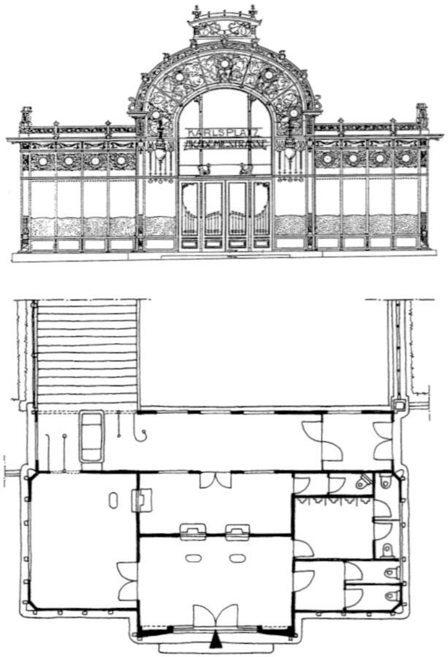

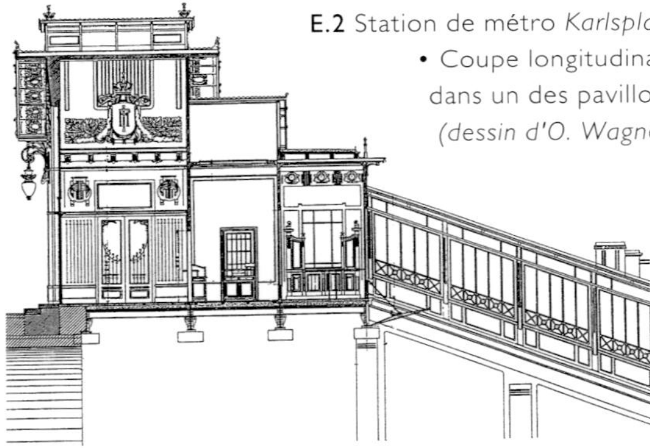

E.2 Station de métro *Karlsplatz* • Coupe longitudinale dans un des pavillons *(dessin d'O. Wagner)*

E.2 Pavillon de la station de métro *Karlsplatz* • Détail

E.2 Pavillon de la station de métro *Karlsplatz* • Plan et élévation

E.2 Pavillon de la station de métro *Karlsplatz*

Pavillons de la station de métro *Karlsplatz*

★★★★ 2
■ ★★

I., Karlsplatz

Otto WAGNER • 1898-99

En 1894, Otto Wagner se voit confier la charge de conseiller artistique de la commission chargée d'aménager le réseau des transports en commun de la ville. Entre 1892 et 1899, il conçoit et réalise, en plus des 40 km de réseau métropolitain, l'ensemble des galeries, viaducs et ponts de quatre lignes ainsi que 36 stations dont la plupart sont encore en service aujourd'hui.

La station de métro la plus célèbre est sans conteste celle de *Karlsplatz*, considérée comme une synthèse idéale entre le design, l'art et la technique.

Exemples typiques du Jugendstil, les deux pavillons de *Karlsplatz*, par l'esprit baroque de leurs courbes et le caractère romantique de leur décor, apparaissent aujourd'hui comme le symbole du raffinement viennois du début de ce siècle. Le caractère révolutionnaire du système de construction réside dans la mise en œuvre d'un squelette composé d'éléments métalliques préfabriqués entre lesquels sont incorporés des panneaux légers. Ceux-ci, constitués d'une dalle de marbre de 2 cm d'épaisseur, d'un vide de 3 cm et d'une plaque de plâtre de 5 cm, préfigurent un type de panneau composite que l'on retrouvera sous différentes formes tout au long du XXe siècle. Wagner, jugeant ce projet très important par sa situation face à l'église Saint-Charles, accorda une attention particulière à la résolution des moindres détails, qu'ils soient d'ordre technique ou esthétique, depuis la toiture en tôles de cuivre ondulées, en passant par les frises et consoles peintes en vert et or, et jusqu'aux marbres blancs bouchardés à leurs bases et incrustés de motifs floraux dans les cadres supérieurs.

A l'origine, les deux pavillons qui se font face donnaient chacun accès à un quai; admirablement restaurés en 1977, ils ont été classés monuments historiques. L'un d'eux, situé au nœud des lignes U1, U2 et U4, sert actuellement de salle d'exposition ; l'autre est devenu un café décoré et meublé dans le style de la Wiener Werkstätte.

E.4 Musée d'histoire de la ville de Vienne • Fragment de la carte de la ville dressée en 1529 par Nicolas Meldeman

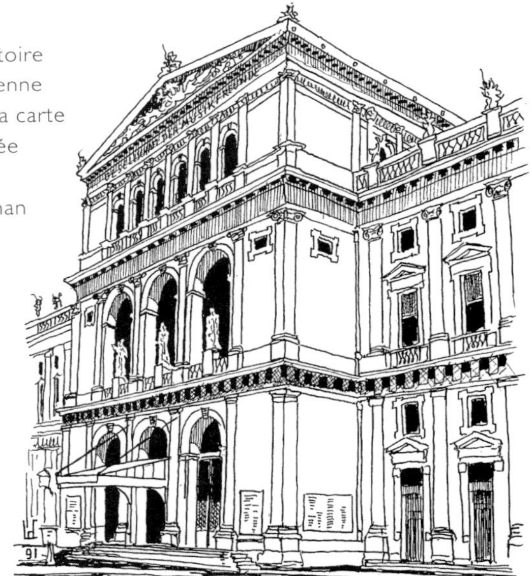

E.6 *Musikvereinsgebäude*

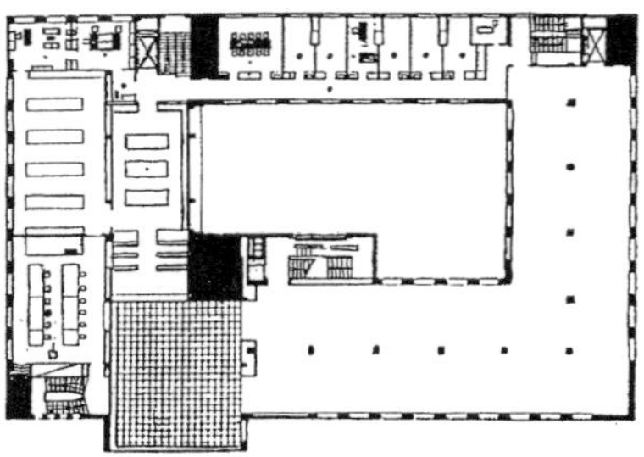

E.4 Musée d'Histoire de la ville de Vienne • Plan

E.5 *Künstlerhaus*

Université technique de Vienne 3

4., Karlsplatz, 13 ■

Joseph SCHMERL VON LEYTENBACH • 1816-18
Peter VON NOBILE • 1835-42

Edifiée par Schmerl von Leytenbach sur les plans de la Direction impériale à la construction, l'université technique est un bon exemple de style néoclassique post-révolutionnaire viennois. Sa salle des fêtes est l'œuvre de l'architecte Peter von Nobile (1835-42). L'édifice a été agrandi à plusieurs reprises au cours du XIXe siècle et au début du XXe. Les sculptures de la partie centrale de la façade sont de Joseph Klieber.

Musée d'histoire de la ville de Vienne 4

I., Karlsplatz ■

Oswald HAERDTL • 1954-59

Ma-Di : 09.00-16.30

m Ce musée ouvert en 1959 permet une bonne initiation à l'histoire de l'architecture, de l'urbanisme (grandes maquettes de la ville à différentes époques) et de la vie sociale de Vienne (☆☆).

■ Rez-de-chaussée: époques romaine, romane et gothique. Vestiges du camp romain de *Vindobona*. Projets pour la cathédrale Saint-Etienne.

■ Premier étage: évolution de la ville entre 1526 et 1792. Plan turc de la ville. Réforme et contre-réforme. La Vienne baroque avec le grand plan de Huber.

■ Deuxième étage : développement de la ville depuis 1792. L'époque Biedermeier. Histoire du Ring. Maquette de Saint-Léopold (cf.: H9). L'urbanisme moderne.

Künstlerhaus et Théâtre des comédiens 5

I., Karlsplatz ■

Andreas STREIT, Friedrich SCHACHNER • 1881
transformation : Khosrow DJAFAR-ZADEH
et N. POLAK • 1972-74

Dans le *Künstlerhaus* construit à la fin du XIXe siècle par Streit et Schachner est aujourd'hui installée une compagnie théâtrale. Pour abriter celle-ci, l'édifice original a été transformé au moyen d'un système de construction industriel dont les capacités d'adaptation favorisent la diversité des scénographies et mises en scène.

Musikvereinsgebäude (Maison des amis de la musique) 6

I., Dumbastrasse, 5 ■ ★

Theophil VON HANSEN • 1866-70

C'est un grand bâtiment rouge et jaune de style néo-Renaissance aux éléments décoratifs d'inspiration grecque. Il renferme la plus belle salle de concerts de Vienne, temple historique de l'orchestre philharmonique, un des plus illustres ensembles

E.6 Maison des Amis
de la musique
• Grande salle de concerts

E.7 Ambassade de France

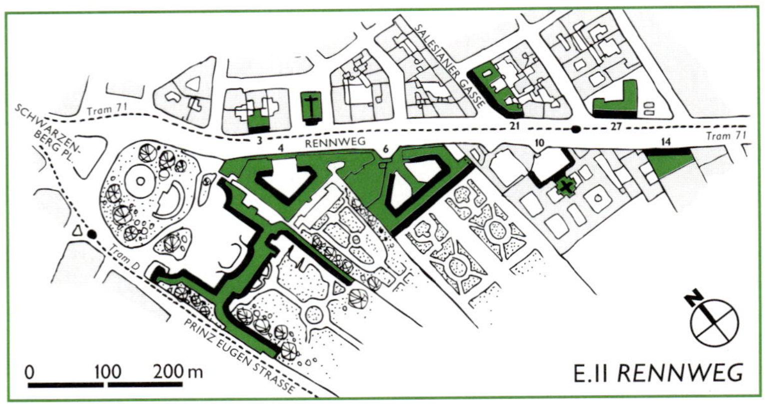

symphoniques du monde, dirigé par les plus grands (Gustav Mahler, Felix Weingartner, Wilhelm Furtwangler, Clemens Krauss, Bruno Walter, Herbert von Kajaran, etc). Les qualités acoustiques de la salle sont remarquables, malgré sa forme parallélépipédique que, sur les recommandations des acousticiens modernes, peu de salles de concerts contemporaines adoptent encore. Cette salle possède aussi la caractéristique rare d'être éclairée naturellement par deux rangées de fenêtres latérales.

Ambassade de France

7

4., Schwarzenbergplatz, 12 # Technikerstrasse, 2 et Brucknergasse, 1

Georges CHEDANNE • **1901-1909**

Cette ambassade est un exemple, à Vienne, de l'Art nouveau français aux formes souplement ondoyantes. Ses lignes courbes, en particulier celles des baies des fenêtres et du porche qui s'avance pour accueillir les visiteurs, sont associées à diverses réminiscences de l'architecture des palais français du XVIIIe siècle. Les frontons curvilignes sont ornés de reliefs dorés symbolisant l'Autriche et la France, œuvres de Paul Gasq et François Sicard.

Les trams 71 et D qui passent à la Schwarzenbergplatz *empruntent, l'un, le* Rennweg, *l'autre, la* Prinz Eugen-Strasse, *deux artères qui longent de part et d'autre les jardins du Belvédère.*

3., *RENNWEG*

II

2 • **Palais Schwarzenberg** (commentaire en E.8).

3 • **Palais Wagner** (commentaire en E.9).

5a • Eglise de la Garde • Arch. Nikolaus PACASSI (1755-63) • Construite sur ordre de Marie-Thérèse, initialement église de l'Hôpital impérial puis église des Polonais de Vienne. Intérieur rococo ovale coiffé d'une coupole plate à nervures.

6 • **Palais du Belvédère** (commentaire en E.III, E.10, E.11 et E.12).

21 # *Salesianergasse*, 31/33 et *Jaurèsgasse*, 21 • Immeuble à appartements. • Arch. Ernst SPIELMANN et Alfred TELLER (1912-13) • Le plan de cet immeuble s'articule sur trois cours intérieures en une distribution fonctionnelle des pièces d'habitation particulièrement bien conçue.

10 • Eglise et couvent des Salésiennes • Arch. Donato Felice D'ALLIO (1717-30) • Ensemble baroque s'ouvrant sur le Rennweg par un beau portail.

E.9 Palais Wagner
(dessin d'O. Wagner)

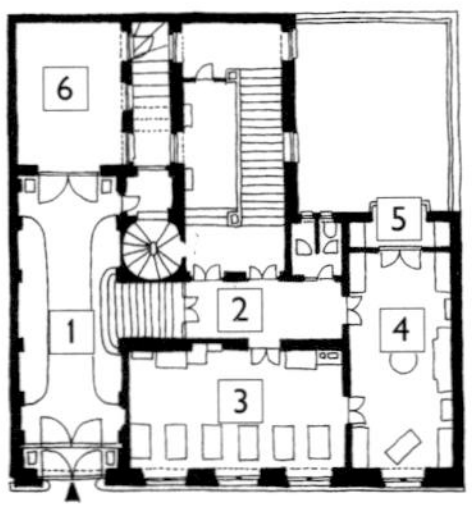

Rez-de-chaussée

1 Entrée cochère
2 Hall
3 Atelier d'architecture
4 Bureau
5 Jardin d'hiver
6 Remise

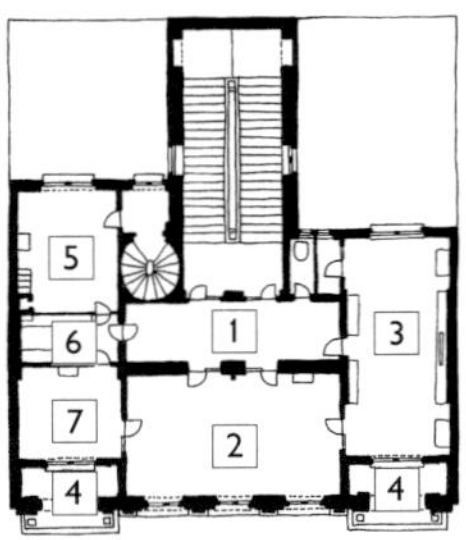

1er étage

1 Antichambre
2 Pièce de séjour
3 Salle à manger
4 Loggias
5 Cuisine
6 Office
7 Chambre

E.9 Palais Wagner
• Coupe-perspective de la façade

E.8 Palais Schwarzenberg • Plan

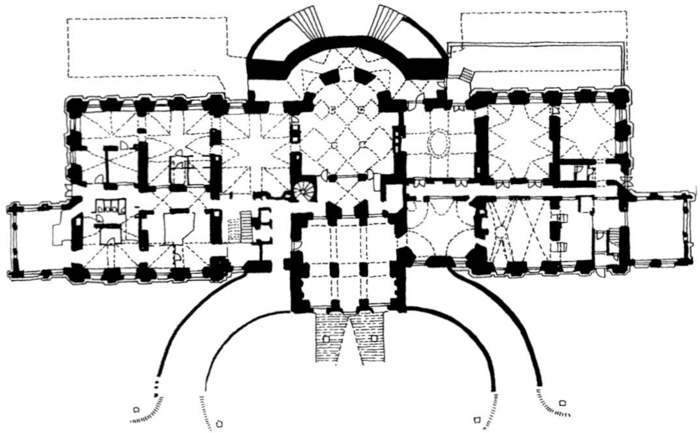

E.8 Palais Schwarzenberg *(gravure de S. Kleiner)*

La coupole de l'église, dont l'intérieur est orné de fresques de Giovanni Pellegrini, est bien visible depuis les jardins du Belvédère (E.11).

■ 27 • Palais Metternich • Arch. Romano SCHWENDENWEIN (1846) • Ce palais d'un néo-classicisme sobre, qui abrite l'Ambassade d'Italie depuis 1908, fut construit à l'emplacement de la villa du prince Metternich, chancellier d'Etat sous les empereurs François Ier et Ferdinand Ier.

■ 12a • Imprimerie d'Etat • Arch. Alfred KERN (1907-08) • Majestueux édifice dont la façade s'articule sur deux de ses travées, plus hautes et surmontées de belles grilles.

Palais Schwarzenberg ★★ 8

3., Prinz Eugen-Strasse et Rennweg, 2 ■

Johann Lucas VON HILDEBRANDT • 1697-1704
Johann Bernhard FISCHER VON ERLACH • 1720-23
***jardins* : Jos. Eman. FISCHER VON ERLACH**
***transformation* : Hermann CZECH • 1983-85**

Ce palais fut construit à partir de 1697 par von Hildebrandt pour le comte Mansfeld-Fondi. Johann Bernhard Fischer von Erlach dessina les plans de sa transformation pour la famille Schwarzenberg à partir de 1716 et son fils Joseph Emanuel exécuta cette transformation (salle des fêtes, pavillon central) entre 1720 et 1723. Depuis 1985, le palais abrite un hôtel aménagé par Czech.

Du côté de la cour d'honneur, l'ensemble se présente comme un organisme composé de deux ailes, d'un porche et d'un corps central presque indépendant du reste de l'édifice. Un ordre colossal de pilastres, qui se détachent tantôt sur des parois lisses et tantôt sur des bossages, articule les deux ailes composées chacune d'un avant-corps latéral et d'un volume en retrait.

Les toitures, cependant, unifient chacune des ailes. Il s'agit là d'un jeu simultané d'unification et de différenciation typique de l'art de von Hildebrandt.

Palais Wagner (Palais Hoyos) ★ 9

3., Rennweg, 3
ambassade de Yougoslavie
Otto WAGNER • **1890-91**

Le palais que se construisit Otto Wagner, acquis ensuite par la famille Hoyos, est entouré de deux autres édifices du même architecte. C'est un étonnant exemple de sa première manière, teintée d'historicisme. Les deux niveaux inférieurs de la façade sont traités de façon similaire, sous un entablement continu. Les deux niveaux supérieurs, eux aussi traités de façon unitaire, s'opposent aux précédents par le caractère rococo de leur décoration. Le contraste est si grand que Wagner semble avoir superposé deux édifices différents.

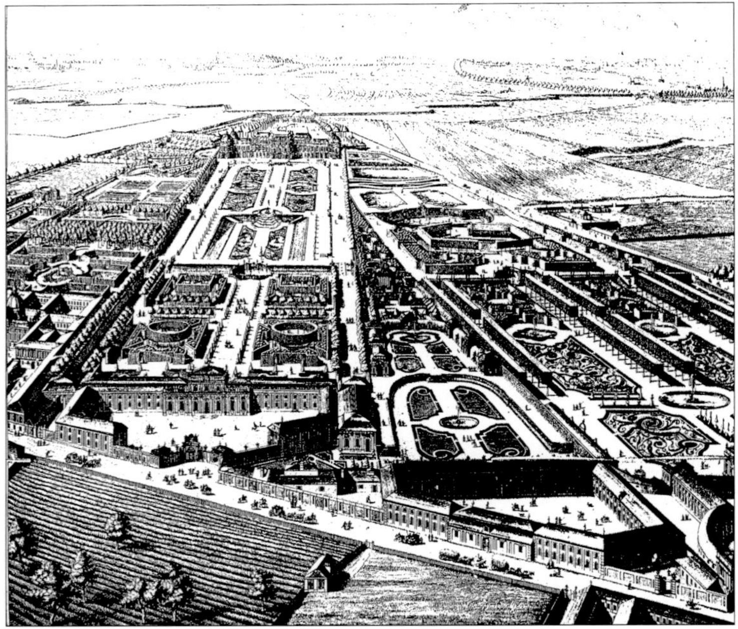

E.III. Vue d'ensemble du Belvédère
(gravure de J. Aug. Corvinus)

E.10
Belvédère inférieur

E.10 Belvédère inférieur • Façade sud *(gravure de J. Aug. Corvinus)*

3., LE BELVÉDÈRE ★★★★

Le domaine du Belvédère, avec ses deux palais reliés par un jardin en pente douce, est un des plus beaux ensembles européens du baroque tardif. Le palais supérieur, en particulier, est sans doute le chef-d'œuvre de son architecte Johann Lucas von Hildebrandt. L'ensemble est entouré d'autres jardins et édifices déployés en éventail entre le *Rennweg* au nord, le *Landstrasser Gürtel* au sud, et la *Prinz Eugen-Strasse* à l'ouest: le palais Schwarzenberg (cf.: E.8), l'église et le couvent des Salésiennes (cf.: E.II.10), et le jardin botanique de l'université.

Ce domaine est né de la complicité entre ses concepteurs et leur client, le prince Eugène de Savoie-Carignan. Celui-ci, humaniste raffiné et mécène sensible, vainqueur des Turcs et commandant en chef des armées autrichiennes, choisit à la fin du XVIIe siècle de s'installer à Vienne et de s'y construire un palais capable de concurrencer les résidences impériales. A la mort du prince en 1736, le château devient propriété des Habsbourg. En 1779, Marie-Thérèse en ouvre le parc au public et en 1781 Joseph II y abrite des collections de peintures impériales, transférées en 1891 au *Kunsthistorisches Museum* (cf.: D.10) construit sur le Ring. A la fin du XIXe siècle, l'archiduc François-Ferdinand, qui sera assassiné à Sarajevo en 1914, fait du Belvédère sa résidence. Après 1918, le domaine devient propriété de l'Etat qui y aménage par étapes successives les différents musées de l'art autrichien que l'on peut aujourd'hui visiter.

En 1955 fut signé au Belvédère supérieur le traité par lequel l'Autriche redevenait indépendante après dix ans d'occupation.

- Le **Belvédère inférieur** (commentaire en E.10).
- Les **jardins du Belvédère** (commentaire en E.11).
- Le **Belvédère supérieur** (commentaire en E.12).

Le Belvédère inférieur ★★ 10

3., Rennweg, 6 ■ ★★

Johann Lucas VON HILDEBRANDT • 1714-16

Construit plusieurs années avant le Belvédère supérieur réservé aux fêtes et réceptions, le Belvédère inférieur était un des lieux de résidence d'été du prince Eugène.

Extérieur

Tangent au *Rennweg*, le palais inférieur est précédé par une cour d'honneur qui se pré-

E.10 Le centre-ville
vu des jardins du Belvédère
(dessin de Georges Volckrick)

E.10
Belvédère
inférieur

E.11 Jardins du Belvédère • Illusion d'optique d'une pièce d'eau provoquée par la pente naturelle du terrain

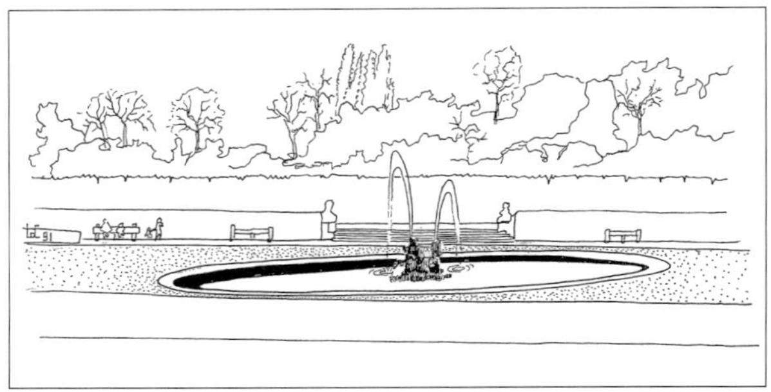

sente sous la forme d'un hexagone irrégulier dont le plus petit côté se serait courbé pour mieux accueillir les visiteurs. Le portail ménagé dans ce côté concave compte trois portes et son élégante décoration sculptée comprend, au-dessus du fronton irrégulier orné de la croix de Savoie, les allégories de la sagesse et de la force. Au fond de la cour, le bâtiment se déploie tout en largeur autour d'un corps central plus élevé, légèrement proéminent. Le développement en largeur de la façade donnant sur le jardin est plus marqué encore, car les plans des façades du corps central et des ailes plus basses n'y sont que très faiblement décalés. Lorsqu'on se retourne vers le bâtiment après s'être dirigé vers le Belvédère supérieur, le recul permet de saisir la savante articulation de ses volumes reliés par un entablement ininterrompu. Trois d'entre eux sont mis en relief par la richesse de leurs pilastres, frontons, encadrements de baies, balustrades et statues: les deux pavillons d'extrémité et le corps central, lui-même fragmenté en trois, dont les parties basses sont abritées sous des toits semblables à ceux des pavillons mais reliés sans césure à ceux des longues ailes reliant les éléments dominants de la composition.

Intérieur

Les pièces principales se trouvent dans le corps central: le salon de marbre *(Marmorsaal)* est un espace presque cubique, d'une hauteur double de celle des autres pièces. Son plafond est décoré d'une fresque de Martino Altomonte, qui célèbre les exploits du prince Eugène. Parmi les autres pièces, la salle des grotesques et la galerie de marbre sont particulièrement belles.

m Le Belvédère inférieur abrite le Musée baroque autrichien *(Österreichisches Barockmuseum)* (☆☆) qui contient notamment des œuvres de Messerschmidt, Maulbertsch, et les originaux des statues de Donner dont les copies ornent la fontaine du *Neuer Markt* (cf.: C.I).

Ma-Di : 10.00-16.00

m Dans l'orangerie du Belvédère inférieur est installé le Musée d'art médiéval autrichien *(Museum mittelalterlicher österreichischer Kunst)*. Œuvres du XIIIe siècle(☆).

E.12
Belvédère supérieur
• Coupe longitudinale
(gravure de J. Aug. Corvinus)

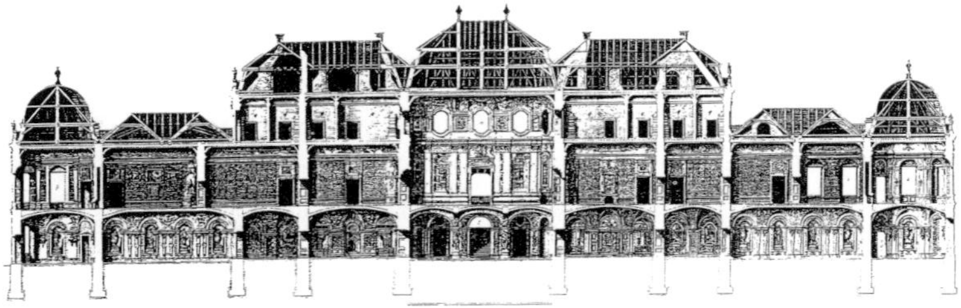

E.12 Belvédère supérieur
• Affectation des pièces
au XVIIIᵉ siècle

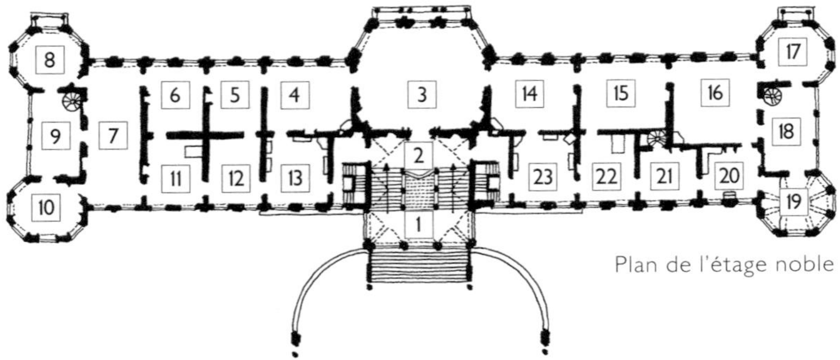

Plan de l'étage noble

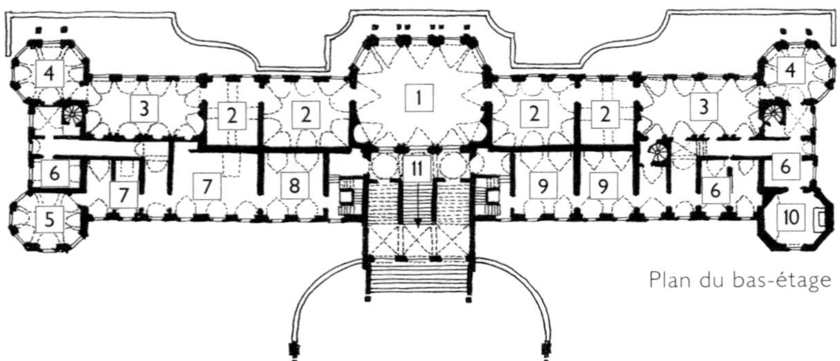

Plan du bas-étage

Plan du bas-étage

1 Vestibule
2 Appartements pour la conversation en été
3 Galeries ouvertes
4 Cabinets ouverts
5 Salle à manger pour les officiers
6 Quartiers des domestiques
7 Cuisines
8 Avant-cuisine
9 Appartements aux confitures
10 Chapelle
11 Escalier d'honneur

Plan de l'étage noble

1 Passage pour carosses
2 Escalier d'honneur
3 Salle de bal ou grand salon
4 Salle à manger
5 Appartement au café
6 Appartement pour le jeu
7 Galerie de tableaux
8 Cabinet de marbre
9 Logis à part
10 Cabinet peint
11 Chambre à coucher
12 Antichambre
13 Appartement aux boissons
14 Antichambre de Son Altesse Sérénissime
15 Appartement aux conférences
16 Chambre de parade et d'audiences
17 Cabinet des glaces
18 Logis à part
19 Vide de la chapelle et tribune princière
20 Bibliothèque
21 Cabinet
22 Chambre à coucher
23 Garde-robes

Les jardins du Belvédère ★★★

11

3., Rennweg, 6; Landstrasser Gürtel et Prinz Eugen-Strasse, 27

Dominique GIRARD • ca 1700-1725

C'est par la manière dont ils relient la résidence du prince à son palais d'apparat grâce à un jeu de rampes et de terrasses étagées, ornées de parterres et de sculptures, articulées par des bosquets, des bassins, des fontaines et des cascades, que ces jardins impressionnent et séduisent. Conçus par le français Girard, spécialiste en architecture hydraulique, ils créent un univers géométrique relativement clos, plus fermé en tout cas que celui de la plupart des grands jardins baroques. Mais grâce à la configuration du site en pente, le Belvédère supérieur domine un paysage plus vaste : depuis sa terrasse on jouit d'une vue splendide sur la ville (★★★). Bernardo Bellotto, déjà, avait peint ce panorama.

Au-delà du Belvédère supérieur, un grand plan d'eau joue le rôle d'un vaste miroir dans lequel se reflète l'architecture de von Hildebrandt.

De part et d'autre de ce dispositif scénographique rigoureusement axé reliant le *Rennweg* au *Landstrasser Gürtel*, le petit jardin fait face à l'orangerie du Belvédère inférieur et l'ancien zoo du prince Eugène a conservé son plan en éventail.

Le Belvédère supérieur ★★★★

■★★★★

12

3., Landstrasser Gürtel et Prinz Eugen-Strasse, 27

Johann Lucas VON HILDEBRANDT • 1721-22

Ferdinand VON HOHENBERG • av. 1800

La construction du Belvédère supérieur fut entreprise après l'achèvement du palais inférieur et alors que les aménagements des jardins étaient presque terminés. L'édification d'un palais au sommet du terrain en pente avait cependant été envisagée dès les toutes premières années du XVIIIe siècle. Les modifications apportées au porche de l'entrée sud lorsque l'archiduc François-Ferdinand s'établit dans ce château ont été supprimées, et les dégâts provoqués par des bombardements en 1944 et 1945 réparés. On notera également, pour l'anecdote, que c'est dans les dépendances du Belvédère supérieur que mourut Anton Bruckner en 1896.

Extérieur

Qu'on la voie du pied des jardins en terrasses, ou depuis l'entrée principale sud qu'empruntaient les carrosses des invités du prince Eugène, la découpe sur le ciel du Belvédère supérieur est la même: il s'agit d'un ensemble de sept corps de bâtiments dans l'articulation desquels les toits jouent un rôle essentiel. La forme de ces toits évoque

E.12 Belvédère supérieur
• Détail de l'acrotère, des lucarnes
et d'une cheminée de ventilation

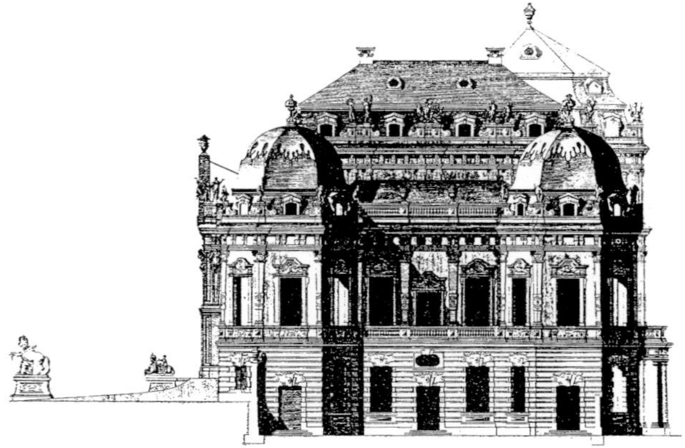

E.12 Façade latérale
et coupe transversale
*(gravures de J. Jacob
Graessmann)*

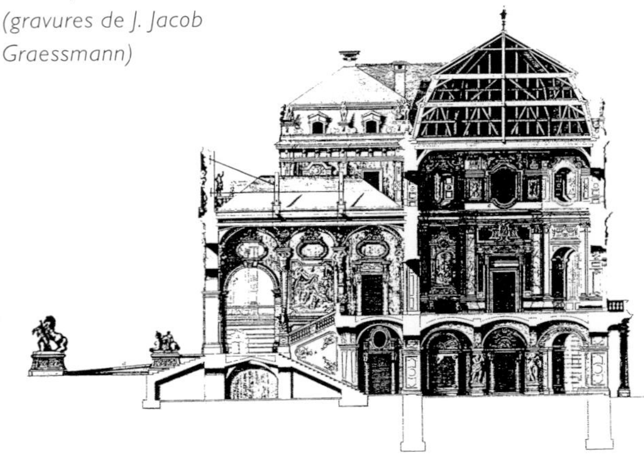

E.12 Belvédère supérieur • Façade sud

un campement ottoman et fait écho au goût naissant pour l'orientalisme.

Le volume central, divisé en trois parties, est flanqué de volumes plus bas. L'ensemble est encadré par des pavillons latéraux en forme de tours octogonales pour former un organisme architectural remarquablement composé. Tandis que les toitures se découpent nettement sur le ciel, l'enveloppe murale extérieure se plie souplement, continûment, avec un minimum d'angles droits.

Vus du sud, depuis la très belle grille en fer forgé de von Hildebrandt donnant sur le *Landstrasser Gürtel*, les volumes du palais présentent un relief plus accusé: seule la partie basse du corps central s'avance par rapport à ses ailes, pour accueillir les carrosses, tandis que sa partie supérieure est fortement en retrait. Des deux façades principales richement articulées de pilastres et décorées dans le goût rococo, celle du sud est moins élevée que celle du nord qui regarde vers la ville. C'est-à-dire que von Hildebrandt a mis à profit l'implantation du palais au sommet d'une pente pour en situer l'accès principal, au sud, un demi-étage au-dessus de la terrasse du jardin, au nord. C'est par cet accès principal qu'il faut pénétrer dans le Belvédère supérieur pour en saisir pleinement la beauté et l'originalité.

Intérieur

De l'entrée principale, on pénètre sur le palier intermédiaire d'un escalier monumental qu'abrite un hall grandiose. Jusqu'à la fin du XVIIIe siècle où Ferdinand von Hohenberg obtura les baies du porche, les carrosses pouvaient y pénétrer directement. Du palier, une volée centrale permet de descendre vers une magnifique salle aux voûtes supportées par des atlantes, située au niveau de la terrasse du jardin, tandis que les deux volées latérales s'élèvent vers la grande salle de bal très lumineuse qui occupe tout l'avant-corps central sur la hauteur de deux étages. De part et d'autre de cet escalier d'apparat, deux escaliers dérobés desservent tous les niveaux du palais. En profitant du palier de repos d'un escalier monumental à triple volée pour en faire une entrée majestueuse, von Hildebrandt s'adapte au site d'une manière magistrale, et relie avec brio la cour d'honneur, la terrasse du jardin et la grande salle de bal en une continuité spatiale largement ouverte en de superbes perspectives sur le paysage qui l'environne.

E.11 Jardins du Belvédère • Grille Sud

E.13 Musée du XXe siècle

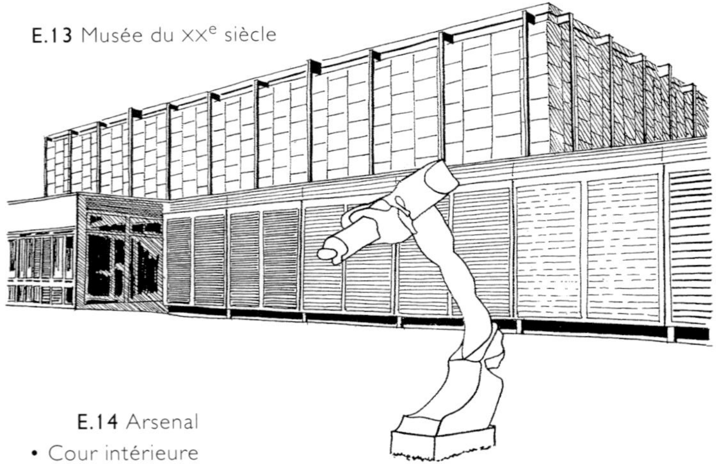

E.12 Belvédère supérieur • Vestibule

E.14 Arsenal
• Cour intérieure

E.13
Musée du XXe siècle
• Plan

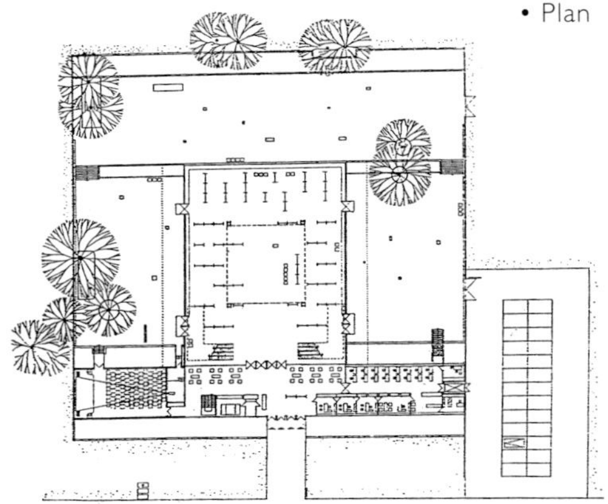

La décoration intérieure du palais est extrêmement élaborée; le rococo et l'orientalisme s'y mêlent. Le plafond de la grande salle de bal est peint à fresque par Carlo Carlone qui y a représenté l'apothéose du prince Eugène. On remarquera encore les fresques de Carlone dans la chapelle, qui abrite un retable d'autel de Francesco Solimena. Le cabinet doré est particulièrement élégant.

m Le Belvédère supérieur abrite la Galerie autrichienne des XIXe et XXe siècles *(Österreichische Galerie des 19. und 20. Jahrhunderts)* où l'on peut notamment voir un exceptionnel ensemble d'œuvres de Klimt, Schiele et Kokoschka (☆☆☆☆).

Ma-Di : 10.00-16.00

13 Musée du XXe siècle

3., Schweizer Garten

Karl SCHWANZER • 1959-62

L'ossature du bâtiment provient du pavillon autrichien construit pour l'exposition universelle de Bruxelles en 1958. Dès le projet, l'architecte avait prévu une réutilisation possible de son bâtiment sans destination bien définie. Le rez-de-chaussée, ouvert à l'origine, a été fermé, ce qui dénature la composition. L'esthétique de l'ensemble s'inspire des idées de Mies van der Rohe.

m Le musée est consacré aux œuvres non figuratives de la sculpture et de la peinture contemporaines (☆☆).

Lu-Ma, Je-Di : 10.00-18.00

14 [a] Arsenal [b] Musée d'histoire militaire ★

3., Arsenalstrasse

[a] Aug. SICARD VON SICARDSBURG
Ed. VAN DER NÜLL, Carl. ROESNER,
Pius VON RIGEL, L. FÖRSTER • 1849-56
[a] [b] Theophil VON HANSEN • 1852-56

L'arsenal fut conçu comme une véritable forteresse au lendemain de la révolution de 1848. Son plan s'inspire de l'architecture militaire italienne du Moyen Age. Ses bâtiments principaux, dont certains sont affectés au logement, s'ordonnent autour de belles cours intérieures.

m Au centre du complexe est implanté le Musée de l'armée, construit par von Hansen à partir de 1852 dans un style gothico-byzantin. On peut notamment y voir la cuirasse du prince Eugène et l'automobile dans laquelle l'archiduc François-Ferdinand fut assassiné à Sarajevo le 28 juin 1914.

Lu-Je, Sa, Di : 10.00-16.00

F

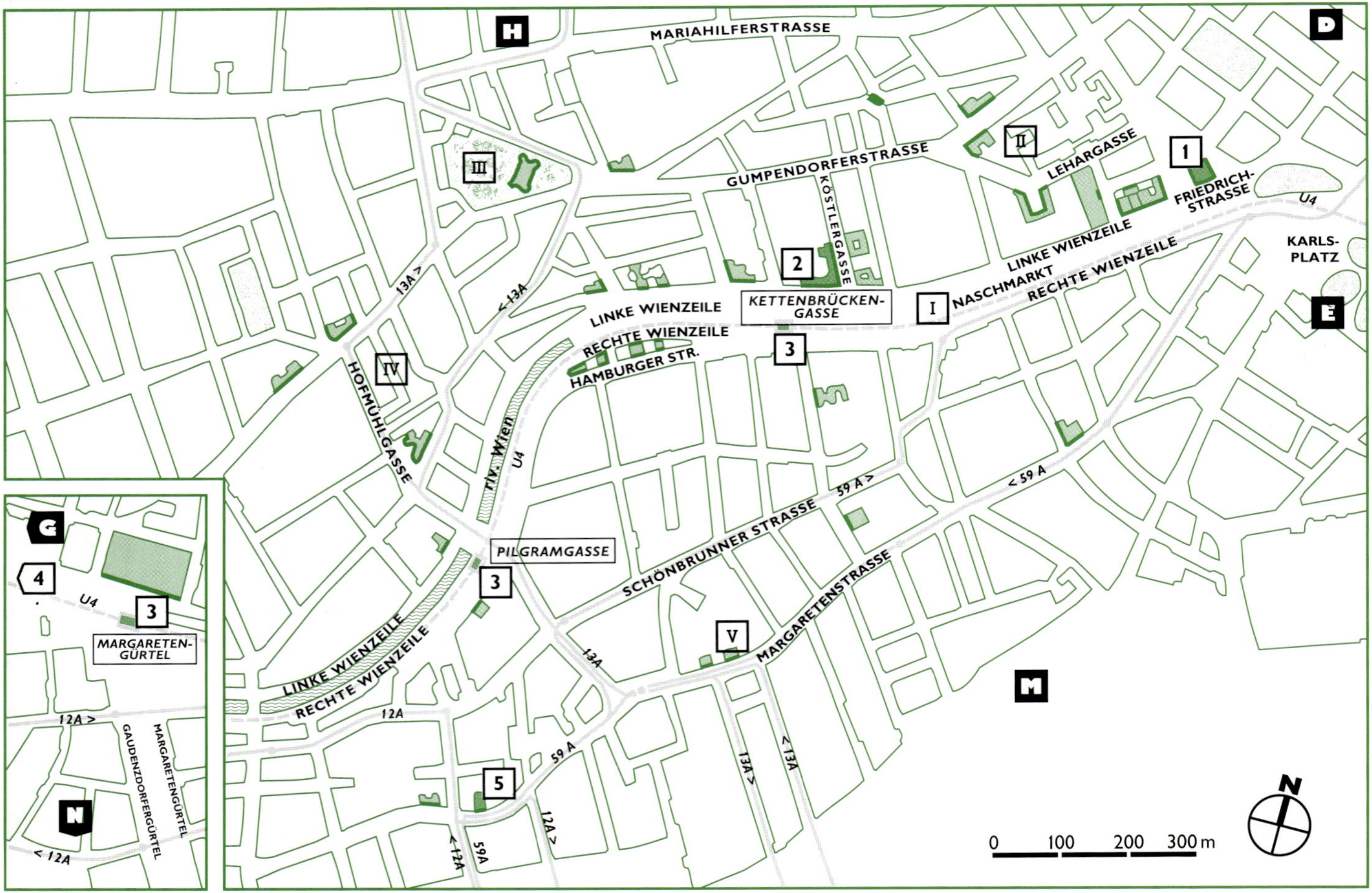

H
D
E
G
N
M
MARIAHILFERSTRASSE
GUMPENDORFERSTRASSE
KÖSTLERGASSE
LEHARGASSE
FRIEDRICH-
STRASSE
U4
KARLS-
PLATZ
LINKE WIENZEILE
NASCHMARKT
RECHTE WIENZEILE
KETTENBRÜCKEN-
GASSE
HAMBURGER STR.
HOFMÜHLGASSE
riv. Wien
13A
59 A
SCHÖNBRUNNER STRASSE
MARGARETENSTRASSE
PILGRAMGASSE
12A
MARGARETEN-
GÜRTEL
GAUDENZDORFERGÜRTEL
MARGARETENGÜRTEL
I
II
III
IV
V
1
2
3
4
5
0
100
200
300 m

Promenade F
Linke Wienzeile - Rechte Wienzeile

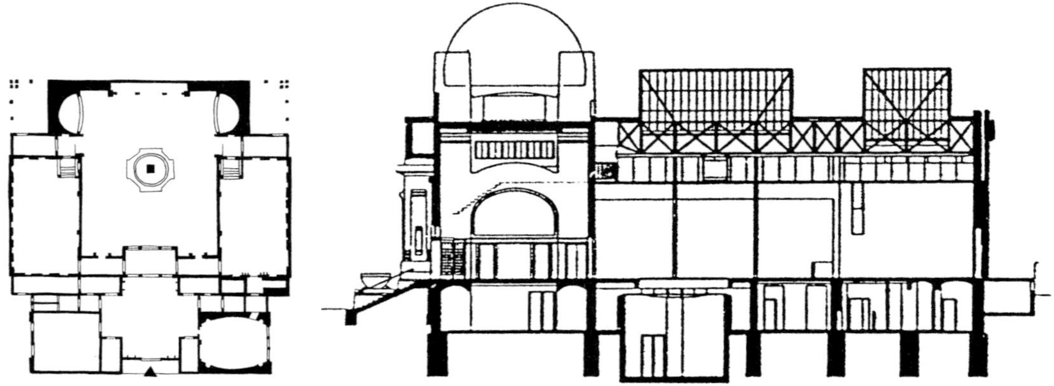

F.1 Pavillon de la Sécession
• Plan et coupe longitudinale

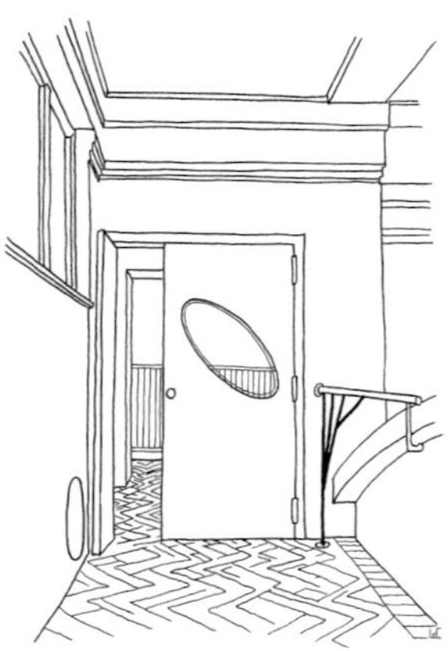

F.1 Pavillon de la Sécession
• Détail de l'étage

F.1 Pavillon de la Sécession
• Détail d'un pilastre

F.1 Pavillon de la Sécession

Linke Wienzeile - Rechte Wienzeile

Du pavillon de la Sécession au Gürtel, le long de la Wien

Le pavillon de Joseph Olbrich, temple de la Sécession viennoise, marque le point de départ de la promenade F, principalement consacrée au Jugendstil. C'est, en effet, le long des rives de la rivière Wien et en bordure d'un pittoresque marché, le *Naschmarkt*, qu'à la fin du XIXe siècle se développèrent des quartiers empreints d'"Art Nouveau" et desservis par une ligne de métro nouvellement installée. Outre le chef-d'œuvre d'Olbrich, la *Majolikahaus* et son immeuble voisin, construits par Otto Wagner, constituent les deux points forts de cette promenade.

1 Pavillon de la Sécession *(Wiener Secession)*

★★★★ ■ ★★

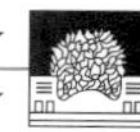

I., Friedrichstrasse, 12

Joseph Maria OLBRICH • 1897-98

restauration: Adolf KRISCHANITZ • 1981-86

Ma-Ve : 10.00-18.00
Sa, Di : 10.00-16.00

Adversaire de tout académisme, Joseph Maria Olbrich fonde, avec quelques amis, le mouvement de la Sécession viennoise et construit un impertinent pavillon qui en est le manifeste. Cet édifice, destiné à des expositions de l'avant-garde anti-académique, est conçu comme un temple aux formes délibérément insolites dont l'écriture architecturale n'est pas dépourvue d'ironie à l'égard des "Géants" de style néo de la *Ringstrasse* toute proche. Œuvre davantage intuitive que savante, elle procède d'une nécessité intérieure, celle de trouver "la clé énigmatique des registres de l'émotion", celle d'ouvrir les portes d'un temple intemporel voué au spectacle éphémère des arts réunis.

Le plan symétrique est géré par la grande salle d'exposition éclairée zénithalment par une toiture en verre que cachent presque entièrement les ailes du corps d'entrée et la façade arrière dotée ironiquement d'un tympan classique. Les matériaux sont modestes et revêtus d'un enduit blanc où s'inscrivent avec parcimonie des motifs floraux dus à Moser, une famille de hiboux malicieux et trois têtes hiératiques de Méduse enrubannées de serpents. L'inscription au-dessus de la porte : "A chaque temps, son art ; à l'art sa liberté" *(Der Zeit Ihre Kunst; Der Kunst, Ihre Freiheit)* ne laisse aucun doute sur la destination du lieu et les intentions de la Sécession. La blancheur des façades, la monumentalité de l'escalier et de l'entrée, la proportion des masses et la géométrie des quatre piles de la coupole évoquent les architectures méditerranéennes qui, en 1893,

F.1 Pavillon de la Sécession
• Détail extérieur : la famille de hiboux

F.1 *Linke und rechte Wienzeile, Naschmarkt* • Vue vers la ville • A gauche, la *Majolikahaus*; à droite, la station de métro *Kettenbrückengasse*

F.1 Pavillon de la Sécession
(dessin de J. Olbrich)

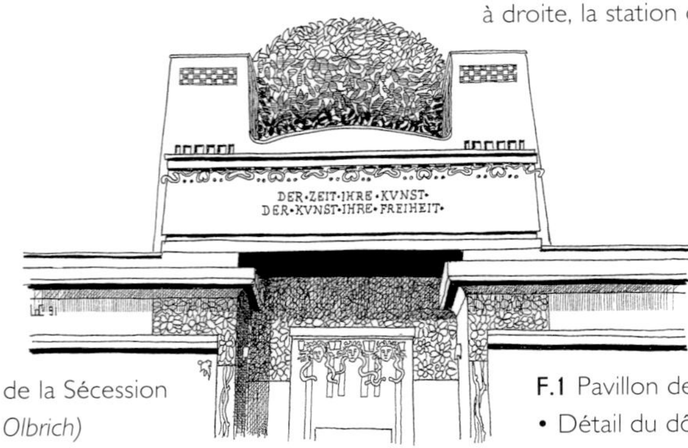

F.1 Pavillon de la Sécession
• Détail du dôme en feuilles de laurier

frappèrent Olbrich alors qu'il parcourait l'Italie et le nord de l'Afrique. Il consigna d'ailleurs ses impressions dans un article paru en 1899 : "Cette pure dignité qui m'a subjugué et bouleversé quand je me suis trouvé seul devant le temple inachevé de Ségeste". Le dôme ajouré qui surplombe l'édifice représente une boule composée de feuilles de lauriers tressées à la gloire de l'Art. Il est à lui seul tout un programme, significatif de la Sécession, car il parodie les stéréotypes de l'Historicisme.

m En sous-sol : fresque de Beethoven (☆☆) ; brillante interprétation graphique de la 9e Symphonie, exécutée par Gustav Klimt pour l'exposition de 1902. Au rez-de-chaussée : expositions temporaires et boutique.

A côté du pavillon : monument de Marc Antoine, œuvre de A. Strasser (1899).

5-6., RIVES GAUCHE ET DROITE DE LA WIEN *(LINKE UND RECHTE WIENZEILEN)*, NASCHMARKT ★★

I

Cette importante artère, une des plus populaires de Vienne, est établie partiellement sur le lit couvert de la rivière Wien que longe la ligne de métro U4. Longue de 4 km et demi, elle relie *Karlsplatz* au château de Schönbrunn, mais la partie la plus intéressante se situe entre *Karlsplatz* et la station de métro *Pilgramgasse*. C'est en effet le long de ce tronçon que se trouvent de nombreux immeubles de la fin du XIXe siècle et plusieurs beaux exemples de Jugendstil. Le voûtement de la Wien et l'aménagement de ses rives furent réalisés en 1912 sur base des projets dessinés en 1905 par Otto WAGNER.
Le **Naschmarkt,** marché aux fruits et légumes, s'étend du *Getreidemarkt* à la *Kettenbrückengasse.*
C'est un lieu typique de Vienne, à l'ambiance populaire et colorée, rendez-vous des amateurs de denrées fines (*naschen* signifiant "manger par gourmandise"). L'ensemble des pavillons et édicules qui meublent le marché illustre bien l'influence des marchés orientaux, apportée à Vienne au moment des invasions turques.
En bordure du *Naschmarkt* a lieu, chaque samedi, le marché aux puces *(Flohmarkt)*.
2 • Immeuble d'habitation Jugendstil • Arch. Karl STEPHANN (1907) • Tour d'angle et couronnement des façades recouverts de plomb.

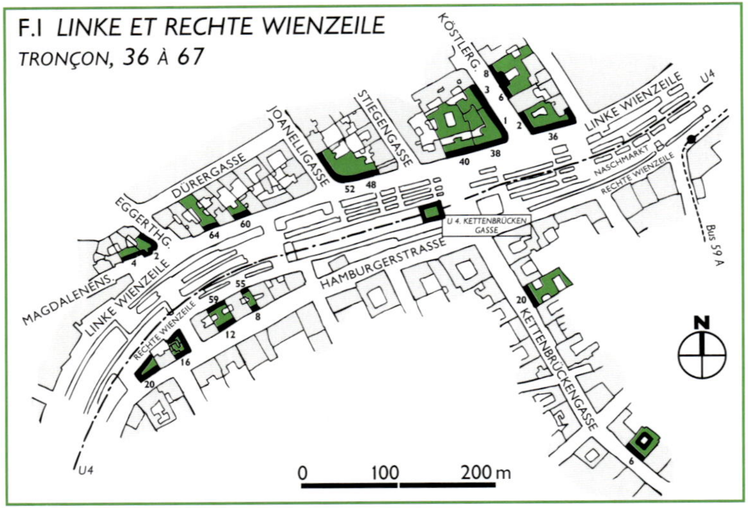

F.I: 4 Immeuble Jugendstil

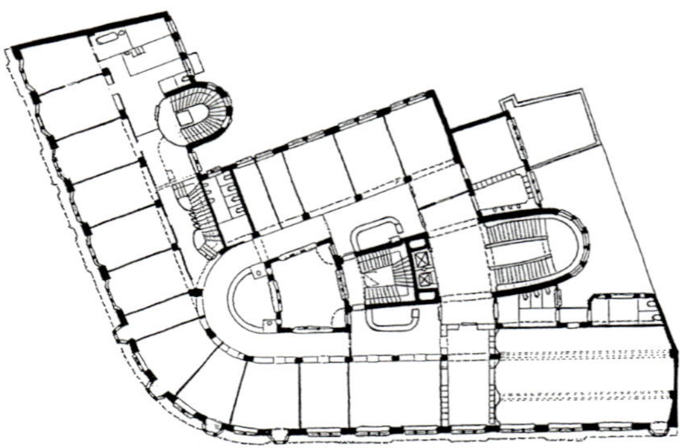

F.I: 48-52
Ancien Institut de prévoyance • Plan

F.I: 6 et F.II. [a] Théâtre *An der Wien*
• Façade *Millöckergasse*

4 # *Millöckergasse*, 2 • Ensemble d'immeubles Jugendstil • Arch. Leopold FUCHS (1909) • Balcons au décor sécessionniste et lucarnes d'angle avec décorations de vases appliqués sur la façade.

Ici se greffe la *Millöckergasse* qui conduit à un quartier environnant le tronçon nord-est de la *Gumpendorferstrasse* qui fait l'objet d'un commentaire en F.II.

6 • **Théâtre *An der Wien*** (cf.: F.IIa).

36 # *Köstlergasse*, 2 • Immeuble à appartements • Arch. Franz NEUMANN (1897) • Bon exemple d'immeuble à appartements locatifs construit dans le style emphatique de l'Historicisme tardif.

38 et 40 • **Maison aux médaillons et *Majolikahaus*** d'Otto WAGNER (commentaire en F.2).

Ici se greffe la *Köstlergasse* :

a 3 • Immeuble d'habitation • Arch. Otto WAGNER (1898-99) • Cet immeuble, qui fait suite à la maison d'angle aux médaillons, possède un beau hall d'entrée avec une remarquable cage d'escalier.

b 6/8 • Immeuble à appartements • Arch. C. BITTMANN (1910) • Loggias aux décors monumentaux.

Station de métro *Kettenbrückengasse* de la ligne U4 • Arch. Otto WAGNER (commentaire en F.3).

Ici se greffe la *Kettenbrückengasse* :

c 20 • Maison d'habitation • Arch. Hubert et Franz GESSNER (1912) • Très beau hall d'entrée traité dans le style néo-classique.

d 6 • Maison de la fin du XVIIIe siècle, où vécut Franz Schubert.

m Petit musée Schubert.

Ma-Di : 09.00-12.15 • 13.00-16.30

Au bout de la *Kettenbrückengasse* se trouve la *Margaretenstrasse* qui fait l'objet d'un commentaire en F.V.

F.I: 48-52 Ancien Institut de la prévoyance

F.I: 63 Maison d'habitation • Détail de la façade

F.I: 64 Immeuble "les quatre saisons"

F.I: 63 Maison d'habitation

F.I Linke Wienzeile • Immeuble à l'angle de *Magdalenenstrasse* et *Eggerthgasse*

F.I: 67 et Hamburgerstrasse 20 • *Rüdigerhof (dessin O. Marmorek)*

■ 48-52 # *Joanelligasse*, 2 • Immeuble de bureaux, ancien Institut de prévoyance (★) • Arch. Hubert GESSNER (1913) • La composition de style néo-classique est basée sur une succession de pilastres verticaux. L'étage supérieur est précédé d'un balcon orné de sculptures d'Anton Hanak. Il comprend plusieurs bow-windows à deux niveaux, flanqués de colonnes selon un dispositif qui rappelle celui utilisé par LOOS au *Michaelerplatz* (cf.: C.12).

■ 60 • Immeuble Jugendstil avec œils-de-bœuf en attique et curieuse corniche à voûtains en porte à faux. Façade par Ely WASSERSTROM (1902).

■ 64 • Immeuble Jugendstil "les quatre saisons" • Arch. Julius HECHT (1913).

■ # *Magdalenenstrasse* et *Eggerthgasse* • Immeuble d'angle avec oriel supporté par une tête de femme au sourire énigmatique.

Ici se greffe la *Eggerthgasse* qui conduit à un quartier environnant le parc Esterházy qui fait l'objet d'un commentaire en F.III.

■ 55 et *Hamburgerstrasse*, 8 • Maison d'habitation Jugendstil • Arch. Hermann STIERLIN (1902) • Façade inspirée par l'Art Nouveau d'Europe occidentale.

■ 59 et *Hamburgerstrasse*, 12 • Maison d'habitation • Arch. Josef DREXLER (1899) • Monumental immeuble locatif au décor sécessionniste de la première manière encore teintée de Wagnerisme.

■ 63 et *Hamburgerstrasse*, 16 • Maison d'habitation (★★) • Arch. Jože PLEČNIK (1901) • Grand immeuble de trois façades au décor sécessionniste composé de figures géométriques. On remarquera particulièrement les allèges de fenêtres, l'élégance des balcons, les motifs de perles et de rouleaux, les frises et la corniche.

■ 67 # *Hamburgerstrasse*, 20 • Immeuble d'angle *Rüdigerhof* • Arch. Oskar MARMOREK (1902) • Façades décorées d'ondulations grattées dans l'enduit.

■ **Station de métro *Pilgramgasse*** de la ligne U4 • Arch. Otto WAGNER (commentaire en F.3).

Ici se greffe la *Hofmühlgasse* qui conduit à un quartier environnant le tronçon central de la *Gumpendorferstrasse* qui fait l'objet d'un commentaire en F.IV.

F.I: 108 Entrée d'immeuble avec décoration sécessionniste

F.I: 97 Imprimerie et maison d'édition

F.2 Maison d'angle aux médaillons

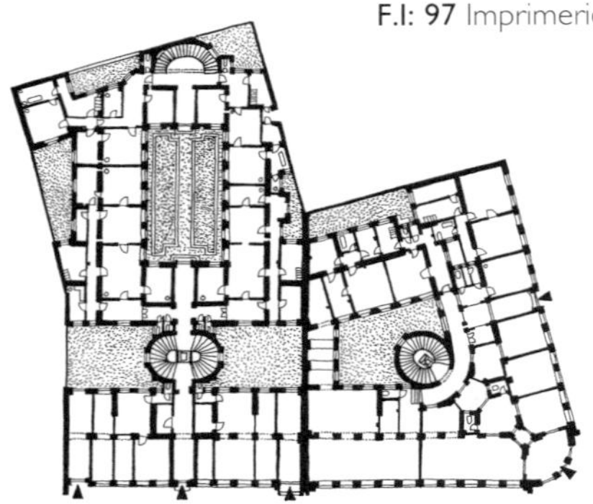

F.2 *Majolikahaus* et maison aux médaillons • Plan

■ 97 • Imprimerie et maison d'édition (★★) • Arch. Hubert et Franz GESSNER (1909) • Façade de caractère sécessionniste remarquable pour son pignon en escalier, ses fers forgés, sa grande horloge, ses statues et les vitrages de part et d'autre du portail d'entrée.

■ 108 • Maison d'habitation • Arch. Norbert WORELL (1912) • Au-dessus de l'entrée, décoration sécessionniste avec hiboux.

■ 180 • Ecole professionnelle centrale (1908). Imposant bâtiment d'un style propre à la décadence de l'Empire.

■ **Station de métro *Margaretengürtel*** de la ligne U4 • Arch. Otto WAGNER (commentaire en F.3).

Maison aux médaillons et *Majolikahaus*

★★★ 2

6., Linke Wienzeile, 38 et 40

Otto WAGNER • **1898-99**

Par le langage architectonique des façades, la systématique du plan, la sobriété des baies et le décor exubérant des parements, ces deux immeubles apparaissent comme un manifeste social de l'habitat collectif en cette fin de XIXe siècle. La composition des façades à front de la *Linke Wienzeile* est basée sur le jeu d'un contrepoint sensible entre le décor, en stucs dorés pour l'un, en majoliques pour l'autre, et la partition rythmée des fenêtres soulignée par l'horizontalité des balcons et des corniches qui donnent la mesure globale des immeubles.

Maison d'angle aux médaillons

L'immeuble d'angle, avec son coin arrondi, son socle à deux niveaux, ses stucs dorés et son couronnement monumental constitue un des plus beaux exemples d'architecture domestique du Jugendstil et une œuvre maîtresse de Wagner. A l'angle des deux rues, l'articulation entre les façades s'opère d'abord par le plan coupé du socle à deux niveaux; ensuite par la rotonde légèrement en retrait dont la convexité s'oppose à la concavité de la superstructure traitée d'une manière baroque; enfin par les pilastres, annelés de lauriers, dont la verticalité assure le cadrage de la composition. Ces derniers servent, en outre, de supports aux acrotères qui reçoivent les quatre "crieuses" d'Othmar Schimkowitz.

F.2 *Majolikahaus*

F.4 Métro aérien • Station de *Gurmpendorferstrasse* *(dessin de Otto Wagner)*

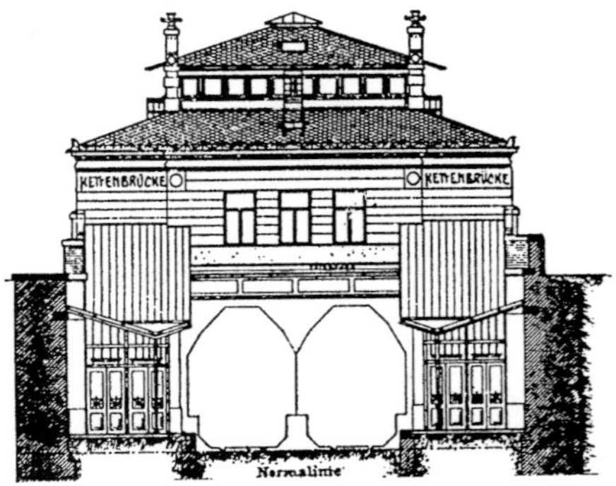

F.3 Station de métro *Kettenbrückengasse* *(dessin de Otto Wagner)*

F.3 Station de métro *Margaretengürtel*
• Détail d'un renfort d'angle

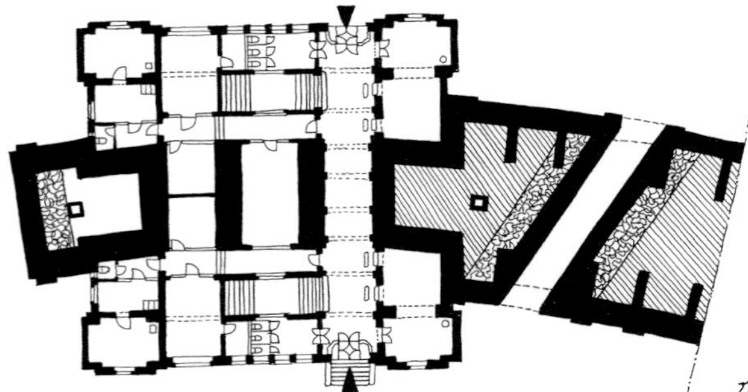

F.4 Métro aérien• Station de *Gurmpendorferstrasse*
• Plan et viaduc

Les médaillons et les guirlandes en stucs dorés qui ornent la façade sont de K. Moser.

Maison aux majoliques

Une structure métallique invisible, une façade aux fenêtres régulières, un décor floral en contradiction avec les baies, telles sont les caractéristiques de la *Majolikahaus*. Cette grande demeure en Jugendstil s'oppose au mouvement naissant de la Sécession, principalement par sa façade-spectacle qui se refuse à commenter la structure. Cet immeuble est l'unique exemple où Wagner a pu concrétiser son désir de construire une façade polychrome en matériaux durables. On remarquera également les fers forgés des balcons, les colonnettes soutenant la coursive du premier étage, la décoration polychrome de la corniche et, à l'intérieur, la remarquable cage d'escalier et d'ascenseur en fer découpé, au pur décor Jugendstil.

Stations de métro de la ligne U4 ★ 3

5-6., Rechte und Linke Wienzeilen

Otto WAGNER • 1895-99

Kettenbrückengasse, *Pilgramgasse* et *Margaretengürtel* sont de beaux exemples d'édifices purement utilitaires proposés par Wagner pour les stations de métro. Aucun détail n'échappe à l'esprit unitaire qui règne dans ces œuvres, véritables manifestes d'esthétique industrielle où garde-corps, rosaces, mains courantes, ancrages, pieds de colonnes, portes et luminaires sont traités avec le souci de la "forme nécessaire".

Viaduc et métro aérien ★ 4

Gürtel

Otto WAGNER • 1894-98

Cet imposant ouvrage de génie civil en pierre et en fer fut créé par Wagner pour le métro aérien qui circule dans l'axe du grand boulevard de ceinture appelé *Gürtel*. Ce dernier, long de 8 km, est actuellement emprunté par la ligne de métro U6 et comprend, outre le viaduc et ses ponts, 8 stations entre *Meidlinger Hauptstrasse* et Heiligenstadt. Chaque station, tout en étant conçue sur le même schéma, possède des caractéristiques propres en fonction de la topologie du carrefour où elle s'inscrit.

6., QUARTIER AUTOUR DU TRONÇON NORD-EST DE LA *GUMPENDORFERSTRASSE* II

a *Millöckergasse* • Théâtre *An der Wien* (1801). Le portail est surmonté d'un "Papageno", joueur de flûte, qui n'est autre qu'Emmanuel Schikaneder, le librettiste

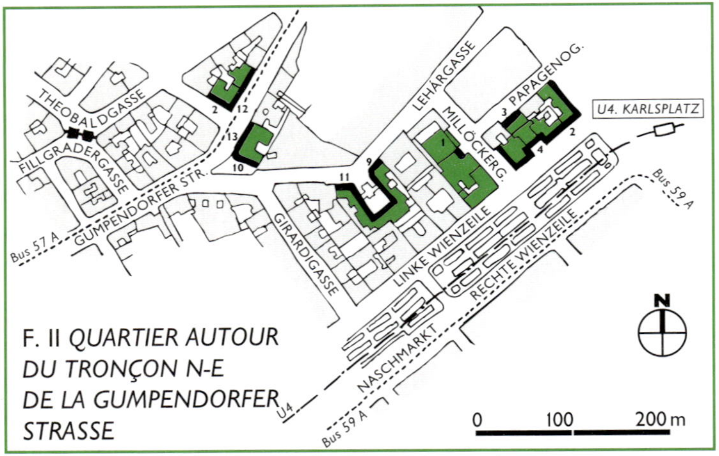

F. II *QUARTIER AUTOUR DU TRONÇON N-E DE LA GUMPENDORFER STRASSE*

F.III. b Parc Esterházy • *Flakturm*

F.II. f Escalier "Fillgrader Stiege"

F.II. d Café Sperl

F.II. c Siège de la firme Reithofer • Détail

de la "Flûte enchantée" de Mozart. C'est ici, en effet, que fut créé, avec succès, le célèbre opéra du Maître de Salzbourg.

b *Papagenogasse*, 3 • Maison d'habitation • Arch. Anton FUCHS (1909).

c *Lehargasse*, 9/11 • Siège de la firme Reithofer • Arch. Max FABIANI (1912) • Ensemble de trois bâtiments de style classique aux décorations inspirées de la *Wiener Werkstätte*. Au-dessus des deux portes d'entrée, on remarquera le bas-relief représentant un homme dans un pneu, emblème de la firme Reithofer.

d *Gumpendorferstrasse*, 13 # *Leharstrasse*, 10 • **Café Sperl** (★). Fondé en 1880, ce célèbre café viennois a conservé son cadre d'origine et sa salle de billard. Ce lieu, créé pour héberger les artistes, possède un charme indéniable qui opère encore aujourd'hui sur celui qui s'y arrête.

e *Gumpendorferstrasse*, 10/12 # *Königsklostergasse*, 2 • *Königsklosterhof* • Arch. Carl STEPHAN (1900) • Grande façade d'angle avec tour, lucarnes curvilignes et décorations de masques inspirées par la Sécession.

f **Escalier *Fillgrader Stiege*** (★). Lors de la campagne d'assainissement de ce quartier, au début du XXe siècle, et après la démolition de plusieurs immeubles, la municipalité construisit cet escalier, en 1905, pour rattraper la forte dénivellation entre la *Theobaldgasse* et la *Fillgradergasse*.

6., QUARTIER AUTOUR DU PARC ESTERHAZY

a *Windmühlgasse*, 32 # *Barnabitengasse*, 2 • Immeuble à appartements • Arch. Oskar MARMOREK (1902).

b Parc Esterházy • *Flakturm* • Arch. Friedrich TAMMS (1942-44) • Une des six tours de défense antiaérienne construite par la Wehrmacht, gigantesque masse de béton surmontée de plates-formes pour canons et mitrailleuses lourdes. Divers projets ont été proposés à la ville de Vienne pour reconvertir ces blockhaus indestructibles. Celui-ci a été transformé en aquarium et est devenu la "Maison de la mer".

ts l. j. : 09.00-18.00

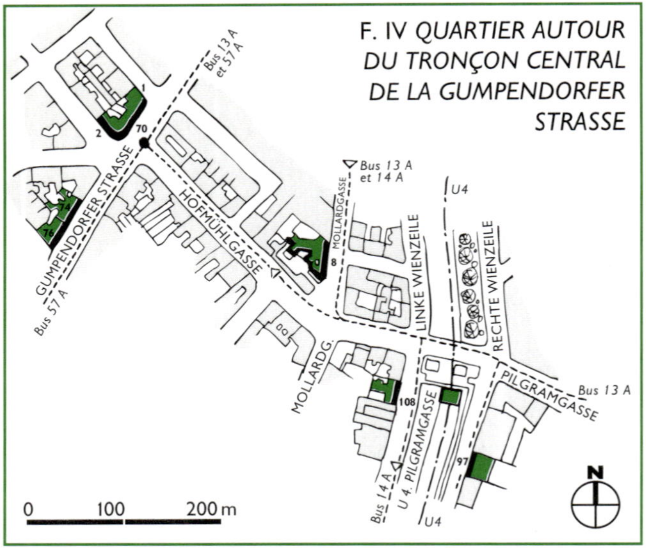

F.V: **82** Immeuble d'habitation • Détail du fronton

F.V: **24** Maison Jugendstil

6., QUARTIER AUTOUR DU TRONÇON CENTRAL DE LA *GUMPENDORFERSTRASSE*

IV

a *Mollardgasse*, 8 • Immeuble de la sécurité sociale • Arch. Johann ROTHMÜLLER (1914) • Façade dans le style de la Sécession tardive traitée d'une manière classique.
b *Gumpendorferstrasse*, 70 • Immeuble d'angle Jugendstil • Arch. C. CAUFAL (1909).
c *Gumpendorferstrasse*, 74 • Immeuble à appartements • Arch. Hermann STIERLIN et Hans PRUTSCHER (1903) • Façade chargée d'ornements d'inspiration baroque. Dans le vestibule, vases en forme de hiboux.

4-5., *MARGARETENSTRASSE*

V

Les immeubles qui bordent cette longue artère sont, pour la plupart, des constructions édifiées à la fin du XIXe et au début du XXe siècle. Leur aspect reflète tour à tour le style emphatique de l'Empire décadent, les balbutiements du Jugendstil et les innovations de la Sécession. Ces tendances se confondent parfois dans un même immeuble.

La Margaretenstrasse *est desservie partiellement par les bus 59A, 12A et 13A selon les tronçons et dans des sens uniques.*

22 • Immeuble d'habitation et de commerce Jugendstil • Arch. Arthur BARON (1912) • La façade, réalisée avec des matériaux modestes, est une composition sévère, basée sur un jeu de lignes perpendiculaires animé par les bow-windows renfoncés de l'entresol et le balcon qui les surplombe.
24 # *Schikanedergasse* • Maison Jugendstil • Arch. Oskar NEUMANN et Arthur BARON (1903) • Cet immeuble, qui contraste avec son voisin par l'exubérance de son décor, est surtout remarquable pour sa tour d'angle, son balcon de fer et de verre, et ses deux grandes lucarnes aux formes arrondies.
78 • Immeuble locatif • Arch. Karl VON KELY (1913-14) • Façade composée selon une ordonnance classique.
82 • Immeuble d'habitation • Arch. Adolf AMBOR (1911) • Façade Jugendstil décorée de motifs Empire et néo-classiques. Grande fenêtre ovale au centre de l'attique.
100 • **Maison d'habitation** (commentaire en F.5).

F.V: 134 Immeuble locatif

F.5 Maison d'habitation
(dessin de Schimitzek)

F.5 Maison d'habitation

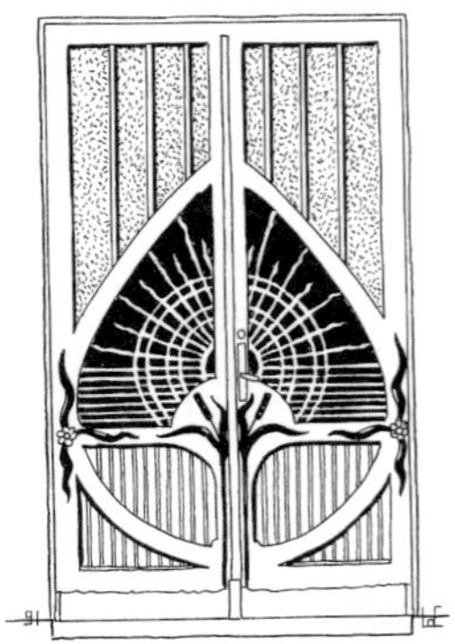

F.5 Maison d'habitation
• Porte d'entrée

106 • Immeuble locatif • Arch. Karl BENIRSCHKE et Rudolf WIBHART (1905) • Œuvre de tendance wagnérienne avec des motifs décoratifs influencés par la Sécession.

134 • Immeuble locatif • Arch. Otto WYTRLIK (1903) • Construction réalisée dans des matériaux modestes et décorée selon les principes de l'Ecole de Wagner.

Maison d'habitation

★★ 5

5., Margaretenstrasse, 100

Hans SCHIMITZEK • 1902

Cette maison Jugendstil compte parmi les plus originales de Vienne. L'ordonnance de sa façade est réglée par une rigoureuse symétrie établie de part et d'autre d'un axe vertical. Celui-ci sert en outre de support à une savante composition où les éléments se combinent entre eux en une stimulante dialectique formelle. Par exemple: la porte d'entrée, qui, par sa forme, appartient aux arches du soubassement est volontairement étroite pour mieux s'inscrire sous le bow-window du premier étage; la tête de femme au-dessus de l'entrée répond à celle du deuxième étage et fixe avec elle les limites de l'axe; les pieds-droits de la fenêtre d'entresol sont ornés de feuillages pour introduire le mouvement des consoles qui soutiennent le bow-window. Le volume saillant de celui-ci porte un balcon terminé par deux puissantes bornes dont la géométrie rectiligne s'oppose à l'ample courbure de la fenêtre centrale. On remarquera en outre: le raffinement des vantaux de la porte d'entrée; l'élégance des seuils triangulaires qui, en se succédant, forment une frise; les serliennes aux frontons stylisés; et, surtout, les grands arcs outrepassés du rez-de-chaussée et du deuxième étage qui s'inspirent fortement de l'Art Nouveau d'Europe occidentale et plus particulièrement des œuvres du belge Paul Hankar.

De cette maison, l'on peut rejoindre à pied la station Pilgramgasse *pour reprendre le métro U4 en direction de Hütteldorf et s'arrêter à* Margaretengürtel. *C'est là que se termine la promenade F à laquelle peuvent s'enchaîner les promenades G et N.*

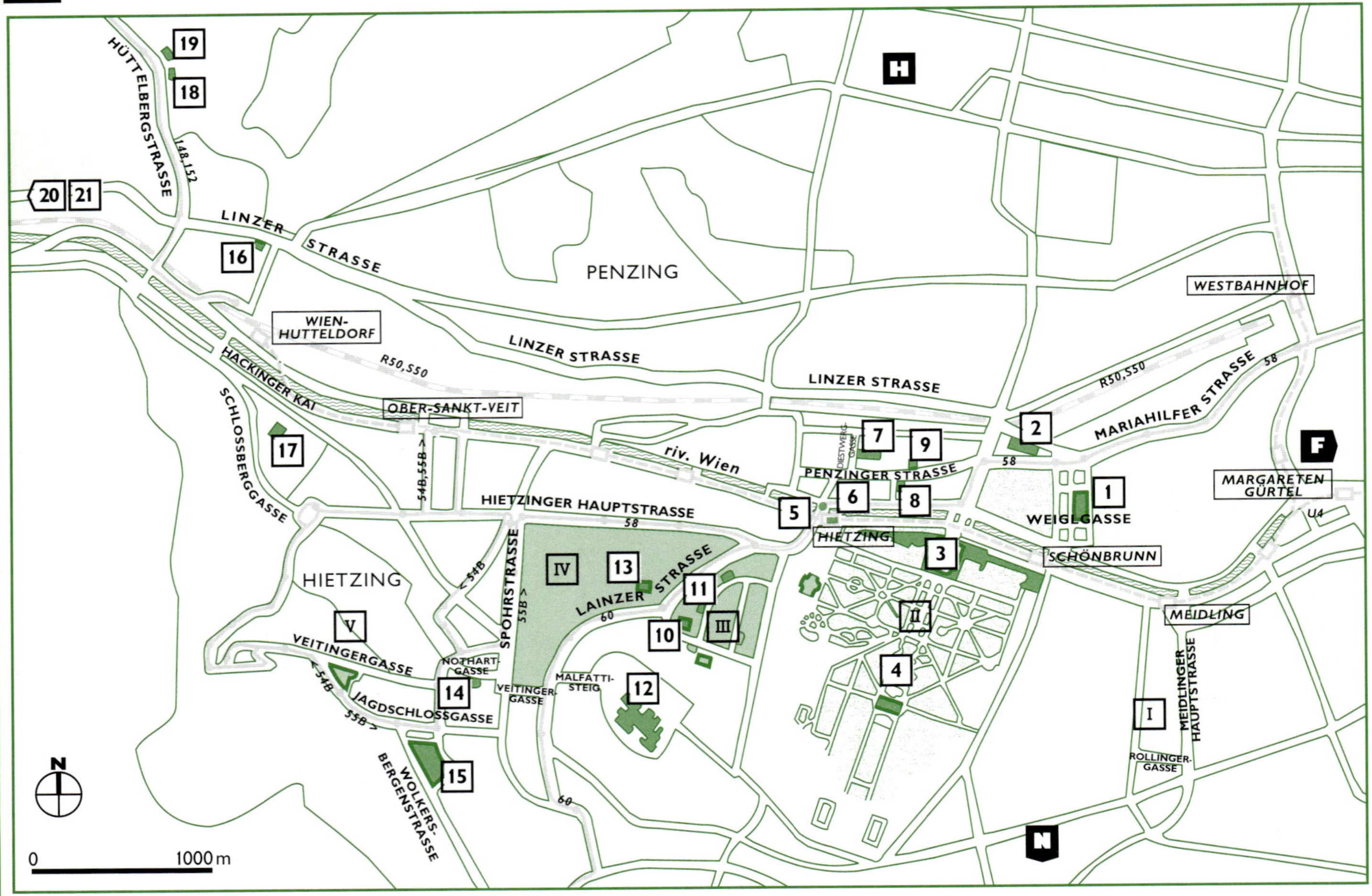

H
F
N
19
18
20
21
HÜTTELBERGSTRASSE
148,152
LINZER STRASSE
16
PENZING
WESTBAHNHOF
WIEN-HUTTELDORF
R50,S50
LINZER STRASSE
LINZER STRASSE
R50,S50
MARIAHILFER STRASSE
58
HACKINGER KAI
OBER-SANKT-VEIT
SCHLOSSBERGGASSE
17
54B,55B
riv. Wien
7
9
2
DIESTWERG-GASSE
PENZINGER STRASSE
58
6
8
1
MARGARETEN GÜRTEL
5
HIETZINGER HAUPTSTRASSE
58
WEIGLGASSE
U4
HIETZING
3
SCHÖNBRUNN
IV
13
LAINZER STRASSE
11
54B
SPOHRSTRASSE
55B
HIETZING
60
II
MEIDLING
V
10
III
VEITINGERGASSE
NOTHART-GASSE
MALFATTI-STEIG
4
54B
14
VEITINGER-GASSE
12
JAGDSCHLOSSGASSE
55B
I
MEIDLINGER HAUPTSTRASSE
ROLLINGER-GASSE
WOLKERSBERGENSTRASSE
15
N
60
0
1000 m

Promenade G
Schönbrunn, Hietzing et Penzing

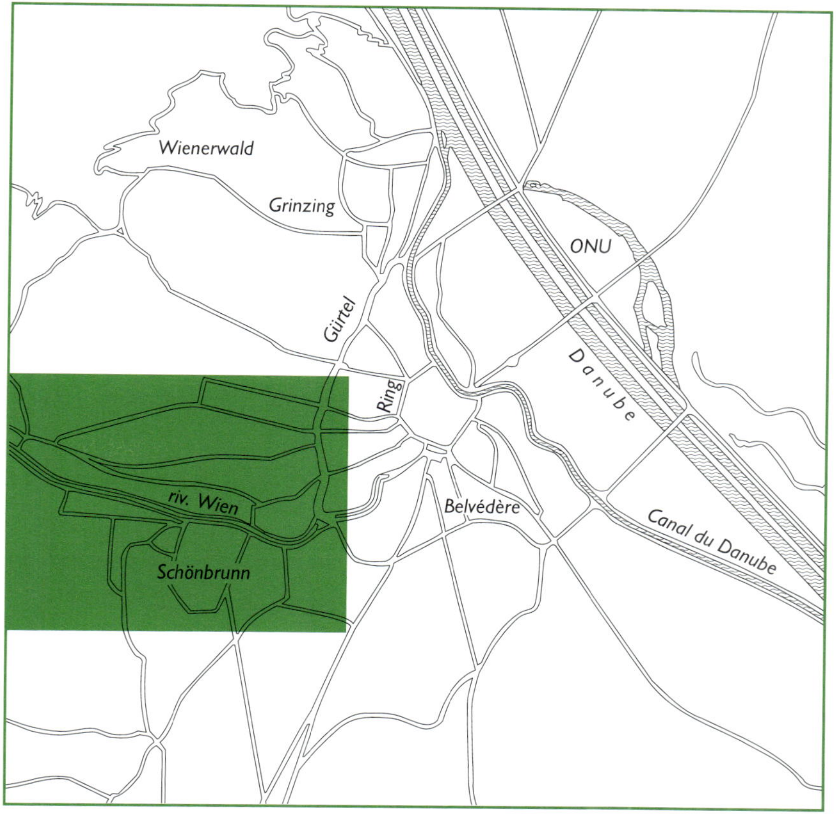

I *MEIDLINGER HAUPTSTRASSE*
1 Complexe de logements "Wohnen Morgen" ★
2 Musée technique de l'Industrie et des Arts et Métiers
II *DOMAINE DE SCHÖNBRUNN* ★★★
3 Château de Schönbrunn ★★
4 Parc de Schönbrunn ★★
5 Pont Kennedy
6 Station de métro "Hofpavillon" ★
7 Ecole primaire
8 Complexe d'habitations
9 Immeuble d'habitations ★
III *QUARTIER HIETZING-GLORIETTE*
10 Villa Primavesi-Skywa ★★
11 Immeuble "Fürstenhof" ★★
12 O.R.F. - Zentrum
IV *QUARTIER UNTER SANKT VEIT* ★
13 Maison Scheu ★★
14 Maison Horner ★
15 Cité-jardin de Lockerwiese
V *QUARTIER DU WIENER WERKBUND* ★★★
16 Villa Vojcsik ★★★
17 Couvent des Dominicaines
18 Villa Wagner I ★★
19 Villa Wagner II ★★★
20 La Ville des enfants
21 Sanatorium de Purkersdorf ★

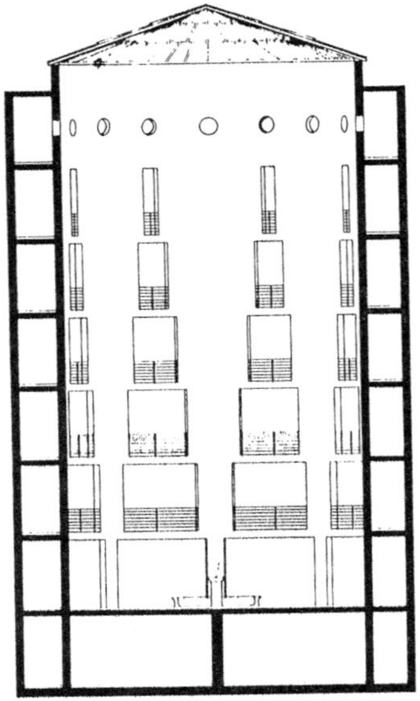

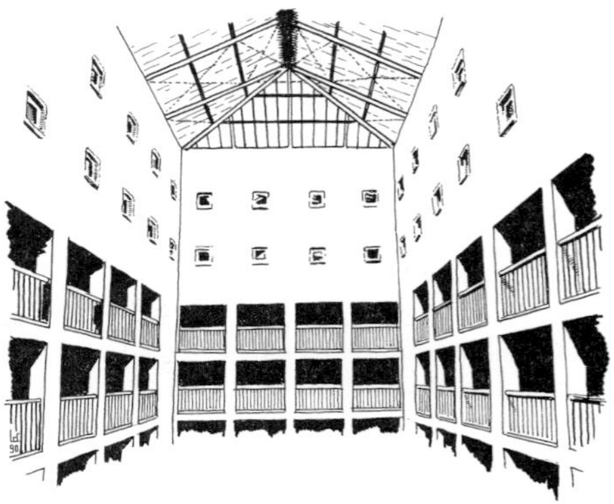

G.I. [a] Unité d'habitations
• Coupe et vue intérieure

G.1 Complexe
de logements
Wohnen Morgen

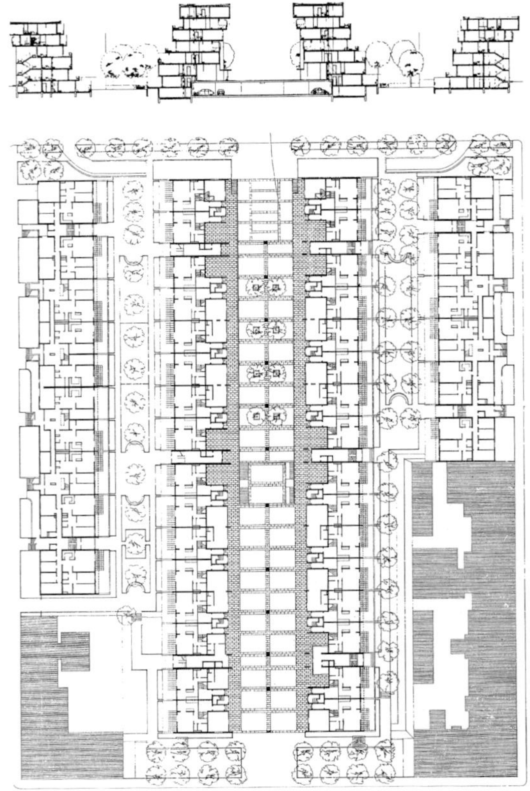

G.1 *Wohnen Morgen* • Plan et coupe

Schönbrunn, Hietzing et Penzing

G

Le point culminant de la promenade G est le domaine de Schönbrunn, résidence impériale des Habsbourg. Cependant, tout le long de la ligne de métro U4 se trouvent d'autres centres d'intérêt comme les quartiers Jugendstil de Hietzing-Gloriette et d'Unter Sankt Veit, ou encore celui de la *Wiener Werkbund* des années 1930. L'on découvrira également quelques œuvres d'architectes prestigieux du XXe siècle parmi lesquels Hoffmann, Loos, Schönthal, Dvořák, Peichl et Holzbauer.

La promenade G qui s'étend sur près de 18 km se situe en grande partie le long de la ligne de métro U4. Elle prend son départ à la station Margaretengürtel *et fait suite à la promenade F. A partir des différentes stations du métro, des lignes de trams et d'autobus desservent les quartiers décrits.*

Station de métro Meidling-Philadelphiabrücke.

12., *MEIDLINGER HAUPTSTRASSE* — I

Afin de lutter contre l'expansion de grandes surfaces commerciales aux abords de la ville, la commune de Vienne a entrepris une série d'opérations urbaines visant à revitaliser d'anciens quartiers. C'est le cas de Meidling avec sa rue piétonnière bordée de commerces indépendants mais dépourvus d'identité locale.

a *Rollingergasse*, 16-20 • Unité d'habitations de 180 logements (★) • Arch. Josef Paul KLEIHUES, Norbert HENSEL, Werner HÖFER, Klaus BECKER (1985-89) • Traitée dans un style dépouillé, cette intéressante variation sur le thème du *Hof* marque une étape nouvelle dans l'évolution du logement collectif à Vienne.

Reprendre le métro jusqu'à la station Schönbrunn.

Complexe de logements *Wohnen Morgen* ★ — 1

15., Anschützgasse; Jhering; Siebeneichen; Weiglgasse

Wilhelm HOLZBAUER • 1974-79

Devant satisfaire aux exigences d'un programme social imposé par la commune, cette cité est conçue pour fonctionner comme les ensembles de la Vienne Rouge des années 20, avec piétonniers plantés d'arbres, espaces de jeu, magasins et ateliers divers. Quasi unique à Vienne, la solution adoptée par l'architecte conduit à une très grande

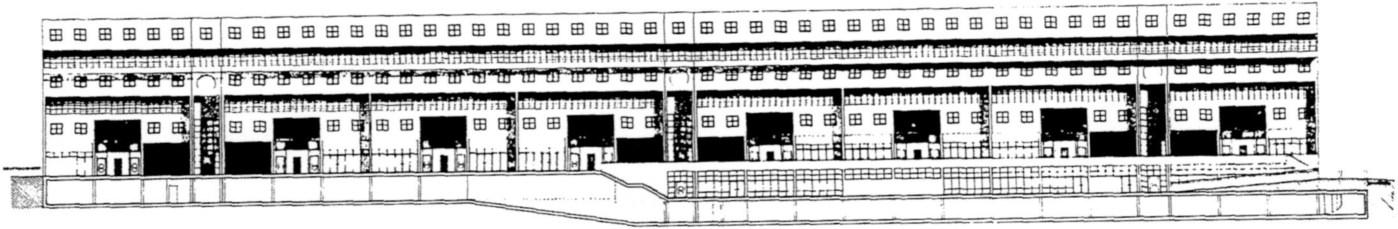

G.1 *Wohnen Morgen* • Façade *(dessin de W. Holzbauer)*

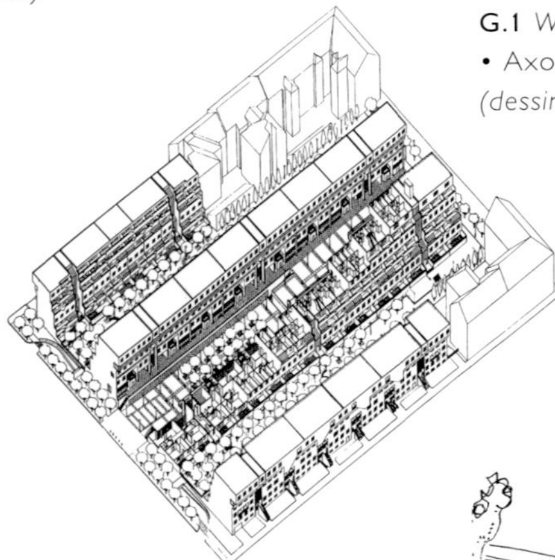

G.1 *Wohnen Morgen*
• Axonométrie
(dessin de W. Holzbauer)

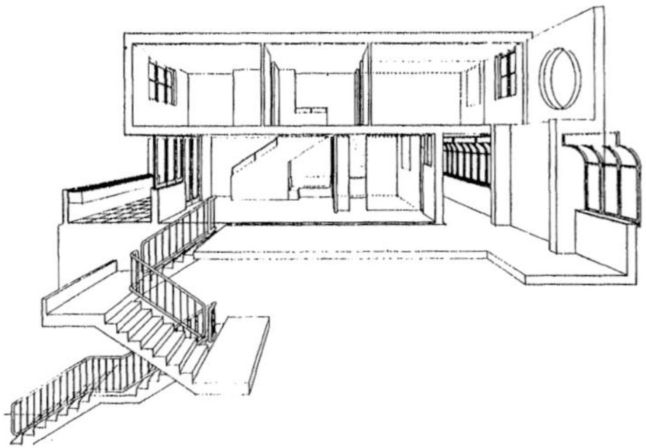

G.2
Annexe du musée
de l'Industrie et
des Arts et Métiers

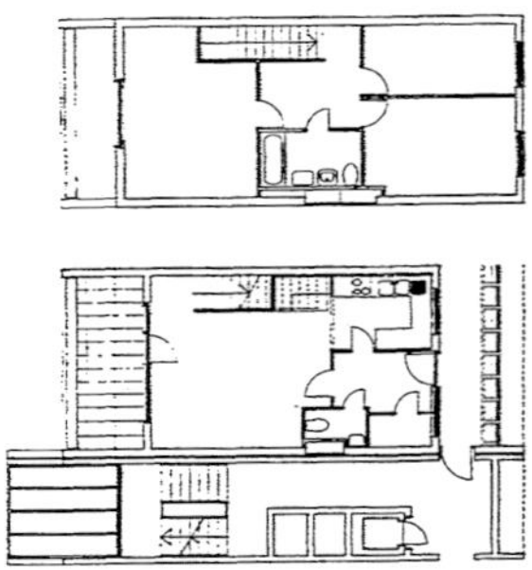

G.1 *Wohnen Morgen*
• Plans et coupe
d'une "maisonnette"
(dessin de W. Holzbauer)

souplesse d'agencement des 292 appartements dont un grand nombre possèdent une terrasse-jardin. La diversité des types de logement, allant du studio à la "maisonnette intégrée", s'inscrit dans des structures rigoureuses établies en encorbellements le long d'une rue intérieure centrale et en gradins le long de deux autres rues.

Musée technique de l'Industrie et des Arts et Métiers

2

14., Mariahilfer Strasse, 212

1914-17

Ma-Di : 09.00-16.30

Imposant bâtiment dont le style emprunte à l'Historicisme la majeure partie de son vocabulaire architectonique.

m Musée qui illustre le développement des inventions techniques et leur exploitation dans l'industrie.

■ Annexe du musée • Arch. Boris Podrecca (1989) • Ce pavillon, entièrement en bois et couvert d'une toiture en berceau, fut construit pour l'exposition "Fantaisie et Technique". Il contraste étrangement avec le grand édifice du musée, par le jeu de ses coloris et de ses matériaux.

13., DOMAINE DE SCHÖNBRUNN ★★★

II

Le domaine de Schönbrunn, qui tire son nom de la source que l'empereur Mathias y découvrit et qu'il baptisa "belle fontaine" (*Schöner Brunnen*), avec son château et son parc orné de parterres et de fontaines, avec la Gloriette qui le domine, est souvent comparé à Versailles.
Ayant acquis sa forme actuelle au XVIIe siècle, moment où l'Autriche des Habsbourg accède au rang de grande puissance européenne, ce domaine a en effet une signification politique précise. Mais il suggère aussi, par son caractère plus aimable et distingué que grandiose et écrasant, l'humanité des empereurs qui y séjournèrent et qui ne cherchèrent guère à asseoir leur autorité sur une divinisation de leur propre personne, contrairement à l'absolutisme français.
Moins beau que le Belvédère de von Hildebrandt (cf.: E.10, E.12), le château de Schönbrunn, œuvre de Johann Bernhard Fischer von Erlach maladroitement remaniée après lui, se présente comme un amalgame d'éléments baroques, rococo et néo-classiques

G.3 Château de Schönbrunn
• Détail de la façade arrière

G.3 Château de Schönbrunn • Entrée de la cour d'honneur

G.3 Château de Schönbrunn • Façade arrière

parfois superposés, en particulier dans la décoration intérieure à laquelle se mêle encore le goût du XVIIIe siècle pour l'exotisme et les chinoiseries.
Refuge de Marie-Thérèse, de son mari l'empereur François-Etienne de Lorraine et de leurs seize enfants, Schönbrunn évoque de nombreux souvenirs historiques. Mozart, âgé de six ans, y joua pour l'impératrice avant, rapporte-t-on, de l'embrasser et de s'asseoir sur ses genoux. Napoléon séjourna à deux reprises au château : en 1805 après sa victoire d'Austerlitz, et en 1809 après celle de Wagram. Son fils, le roi de Rome, duc de Reichstadt, y mourut en 1832 à l'âge de 21 ans. François-Joseph, l'avant-dernier empereur d'Autriche, en fit sa résidence permanente. Le petit-neveu de François-Joseph, Charles Ier (ironiquement surnommé "Charles dernier") y signa en novembre 1918 son abdication : c'était la fin de la monarchie des Habsbourg, l'une des plus illustres d'Europe, à laquelle la république autrichienne allait succéder. En 1961, Kennedy et Khrouchtchev se rencontrèrent à Schönbrunn.

■ **Château** (commentaire en G.3).

■ **Parc** (commentaire en G.4).

Château de Schönbrunn
(Schloss Schönbrunn) ★★

3

13., Schönbrunner Schloss-Strasse ■ ★★

Johann Bernhard FISCHER VON ERLACH • 1696-1713

Joseph Emanuel FISCHER VON ERLACH • 1737

Nikolaus PACASSI • 1744-49

Ferdinand VON HOHENBERG • 1766-67

Johann AMAN • 1817-20

Chronologie

• 1569 : L'empereur Maximilien II achète aux moines de Klosterneuburg les terrains sur lesquels naîtra plus tard le château actuel. Il en fait une réserve de chasse et rénove le vieux château de Katterburg situé sur le site.

• 1605 : L'empereur Mathias rénove à son tour les bâtiments, entre-temps agrandis par Rodolphe II.

• 1625 : Eleonora Gonzaga, épouse de Ferdinand II, choisit Schönbrunn comme résidence d'été. Elle fait construire un nouvel édifice à côté de l'ancien bâtiment.

• 1683 : Durant le siège de Vienne par les Turcs, le domaine est totalement dévasté.

• 1690 : A la demande de Léopold Ier, Johann Bernhard Fischer von Erlach présente un premier projet de château, à construire au sommet de la colline, à l'endroit où se dresse aujourd'hui la Gloriette. Ce premier projet, grandiose, n'est pas retenu.

G.3 Château de Schönbrunn
• Détail de la façade arrière

G.3 Château de Schönbrunn • Projet de J.B. Fischer von Erlach

G.3
Château de Schönbrunn
• Fontaine de la cour d'honneur

- 1693 : Le deuxième projet de Fischer est accepté.
- 1696 : Début des travaux de construction du deuxième projet de Fischer.
- 1737 : Intervention de Joseph Emanuel Fischer von Erlach, fils de Johann Bernhard.
- années 1740 : A la demande de Marie-Thérèse, Nikolaus Pacassi transforme le château; il en restructure l'intérieur dans le goût rococo.
- ca 1745 : Construction du petit théâtre, de style rococo tardif, par Pacassi.
- 1766-1767 : Transformation du petit théâtre par Ferdinand von Hohenberg.
- 1814 : Avant l'ouverture du Congrès de Vienne au cours duquel plusieurs réceptions seront organisées à Schönbrunn, François II fait restaurer plusieurs pièces dans le goût Empire.
- 1817-1820 : Johann Aman transforme le château, notamment en ajoutant une nouvelle corniche au corps central du bâtiment, côté parc. Dans le prolongement de celles des ailes latérales, elle contribue à donner au château cet aspect sec, rigide, qu'il ne présentait pas au XVIIIe siècle.
- Fin du XIXe siècle : Transformations d'appartements privés.
- 1918 : Le château devient propriété de la nouvelle République. Peu après transformé en musée, il est ouvert au public.
- 1979-1980 : Restauration du théâtre.

Extérieur

Le château est un édifice assez bas, d'une couleur jaune dite "jaune Schönbrunn" ou "jaune Marie-Thérèse". Il est précédé d'une grande cour d'honneur dont la belle grille est ponctuée par deux obélisques ; cour bordée de constructions et ornée de deux bassins circulaires prévus par Johann Bernhard Fischer von Erlach, au centre desquels furent placées sous Marie-Thérèse deux sculptures de Johann Baptist Hagenauer. Au fond de cette cour, la façade se déploie sur quatre plans en un dispositif scénographique typiquement baroque. Les deux étages principaux du château sont reliés et rythmés par des pilastres colossaux qui reposent sur un socle massif. Une balustrade couronne les façades et cache les pieds des toitures. L'avant-corps central, plus haut, est articulé par six colonnes engagées, et percé au niveau de la cour d'honneur par

G.3 [7] Château de Schönbrunn
• Chambre chinoise

G.3 [11] Château de Schönbrunn
• Salle du Million

G.3 [4]
Château de Schönbrunn
• Salle des glaces

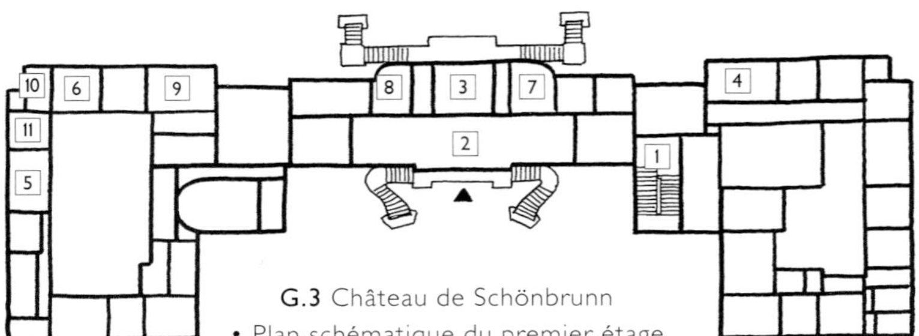

G.3 Château de Schönbrunn
• Plan schématique du premier étage

des passages donnant directement accès au parc. Ces passages matérialisent l'axe de symétrie de l'ensemble du domaine qui relie le château à la Gloriette, perpendiculairement auquel se déploient les façades principales. La façade donnant sur le parc, d'un relief moins marqué, est abîmée par la retouche néo-classique qui, au début du XIXe siècle, a totalement dénaturé les proportions de l'avant-corps central.

Intérieur

Sur les 1400 pièces environ du château, 45 sont ouvertes au public. Elles furent aménagées par une importante colonie d'artistes italiens. On y verra surtout :

■ 1 Le **grand escalier** orné de l'"Allégorie des vertus des princes", fresque de Sebastiano Ricci (1701-1702).

■ 2 La **grande galerie** rythmée par des pilastres à chapiteaux corinthiens entre lesquels s'incorporent, d'un côté, les baies de fenêtres, de l'autre, leurs répliques en miroir, avec plafond peint à fresque par Gregorio Guglielmi.

■ 3 La **petite galerie**, qui était réservée aux fêtes pour enfants et aux petits banquets.

■ 4 La **salle des glaces** où se produisit Mozart, âgé de six ans.

■ 5 La **salle des tapisseries**, ornée de tapisseries de Bruxelles, figurant des scènes de genre de David Teniers le jeune.

■ 6 La **chambre dite de Napoléon** où mourut le roi de Rome.

■ 7 La **chambre chinoise ronde**, cabinet secret de Marie-Thérèse.

■ 8 La **chambre chinoise ovale**.

■ 9 Le **salon chinois** (du début du XIXe siècle).

■ 10 La **chambre des porcelaines**.

■ 11 La **salle du Million**, aux murs ornés de 260 miniatures indiennes ou persanes dans des cartouches insérés dans des lambris en bois de rose.

■ 12 La **petite salle de théâtre** de Pacassi, encore utilisée de nos jours. (Salle accessible par la cour d'honneur, à droite de l'entrée).

Une partie importante des pièces non aménagées en musée sont transformées en appartements loués par des Viennois.

avr., juin et oct. : 08.30-17.00
juil.-sept. : 08.30-17.30
nov.-mar. : 09.00-16.00

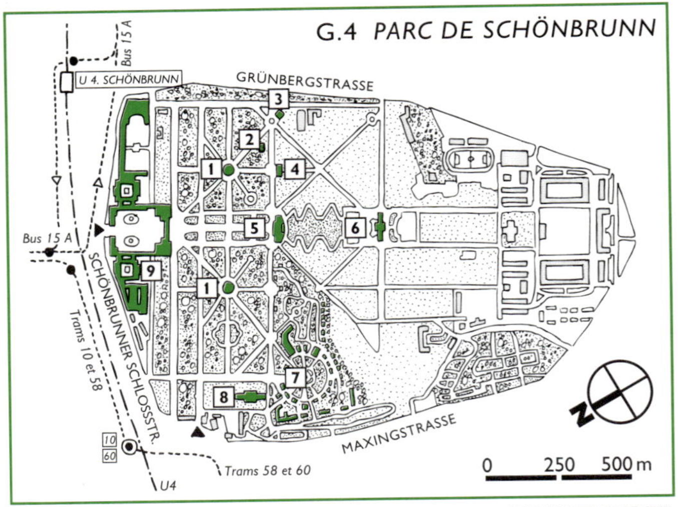

G.4 6 Parc de Schönbrunn • Gloriette

G.4 8 Parc de Schönbrunn • Palmenhaus

G.4 4 Parc de Schönbrunn • Ruine romaine

G.4 Parc de Schönbrunn • Grande volière

Parc de Schönbrunn ★★

Jean TREHET • 1705-1706
Adrian VAN STECKHOVEN,
Ferdinand VON HOHENBERG • 1750-1775

ts l.j. : 06.00-tombée de la nuit

L'empereur Maximilien II avait aménagé sa réserve de chasse en y adjoignant des bassins de pisciculture, des plantations et des élevages. Eleonora Gonzaga avait dessiné un jardin et fait décorer la "belle fontaine". Tout fut saccagé en 1683. Le dessin du parc actuel provient d'un projet de Jean Trehet (1705-1706), remanié ensuite par Adrian van Steckhoven et Ferdinand von Hohenberg entre 1750 et 1775. Une géométrie inspirée des modèles français s'y allie à un goût préromantique pour une nature moins contrainte.

1 **Fontaines des Naïades**, de Johann Baptist Hagenauer.

2 La **"belle Fontaine"** qui a donné son nom au domaine.

3 **Cascade de l'obélisque**, de von Hohenberg (1777).

4 **Ruine romaine**, de von Hohenberg (1778), "aussi fausse que possible... elle est belle dans la nuit qui la poétise" (Edmond Rostand).

5 **Fontaine de Neptune** (1780), placée au pied de la colline, au centre du parc.

6 **Gloriette**, belvédère d'où l'on jouit d'une vue superbe sur le château, et, au-delà, vers le centre de Vienne et le *Wienerwald*. Cet édifice déjà néo-classique fut construit par von Hohenberg en 1775, avec des colonnes provenant du château impérial de *Neugebäude* détruit en 1704. Il est décoré de trophées sculptés par Hagenauer et commémore la victoire de Kolin (1757).

mai-oct., ts l.j. : 08.00-18.00

7 **Jardin zoologique**, créé en 1752 par François-Etienne de Lorraine, époux de Marie-Thérèse. C'est dans ce zoo que, sous Joseph II, les Viennois virent pour la première fois une girafe.

8 ***Palmenhaus*** (★★). Une des plus grandes serres du monde. Avec sa structure en profilés d'acier, elle reste un des plus beaux produits de l'alliance de l'architecture et de l'ingénierie du XIXe siècle. C'est un chef-d'œuvre d'élégance et de légèreté, de parfaite adaptation de la forme à la fonction. A l'intérieur, où est installé un café-concert, la sensation d'espace et la lumière sont étonnantes.

ts l.j. : 09.00-16.30

9 *m* Du parc, on peut accéder à la **"salle des voitures"**, qui abrite une collection de carrosses du XVIIe au XIXe siècle.

mai-sept., Ma-Di : 10.00-17.00
oct.-avr., Ma-Di : 10.00-16.00

G.6 Station
de métro
Hofpavillon

G.7 Ecole primaire

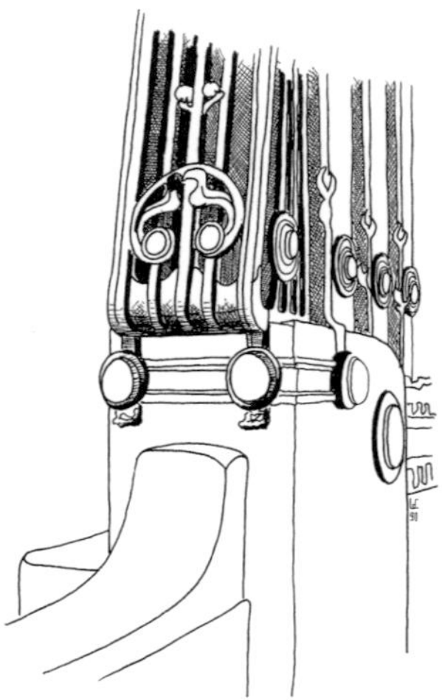

G.6 Station
de métro *Hofpavillon*
• Détail de la ferronnerie

G.7 Ecole primaire
• Axonométrie
du bloc sanitaire

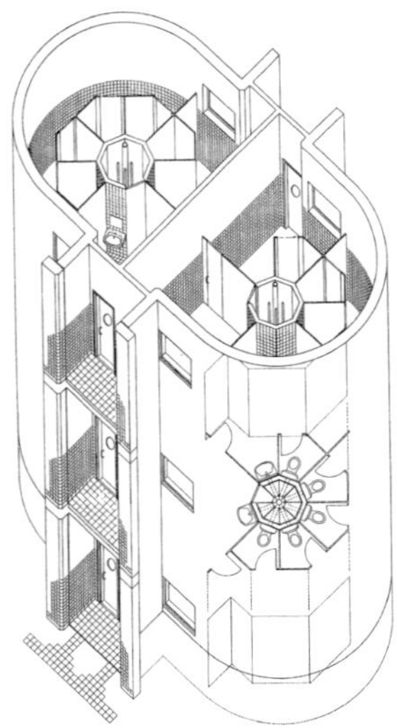

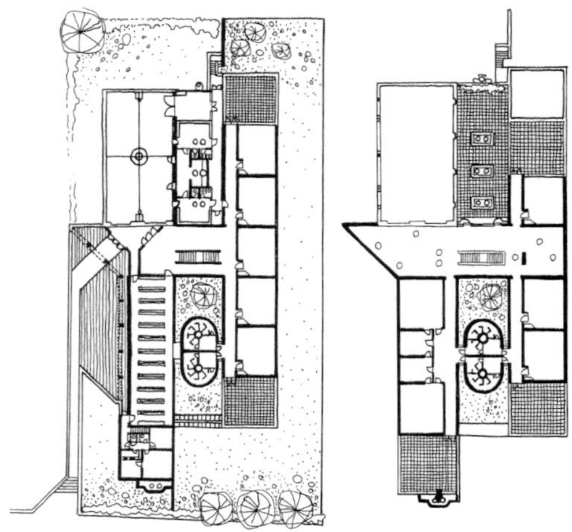

G.7 Ecole primaire
• Plans du rez-de-chaussée et de l'étage

Station de métro Hietzing. *A cette station l'on trouvera l'arrêt des trams 58 et 60 qui conduisent au quartier Unter Sankt Veit (cf.: G.IV) et à celui d'Hietzing-Gloriette (cf.: G.III). A partir du parc de Schönbrunn, il est également possible de joindre, à pied, le quartier d'Hietzing-Gloriette.*

Pont Kennedy 5

13., sur la Wien

Friedrich OHMANN, Josef HACKHOFER • 1898-1900

Ancien pont François-Joseph construit en Jugendstil à l'époque de l'aménagement de la Wien. Les piles sont couronnées d'aigles en bronze, œuvres d'Arthur Strasser.

Station de métro *Hofpavillon (Hietzing)* ★ 6

13., Schönbrunner Schloss-Strasse ■ ★

Otto WAGNER • 1894-98

Ma-Di : 09.00-12.15 • 13.00-16.30

Au moment de sa mise en service, la station *Hofpavillon*, qui desservait le domaine de Schönbrunn, était exclusivement réservée à la Cour impériale. L'espace central de forme polygonale servait de salle d'attente. Il est couvert d'une coupole posée sur un tambour richement décoré qui reprend la forme de la salle et est percé de huit hublots ovales. L'ensemble du dispositif d'inspiration néo-baroque évoque manifestement la coupole de la *Karlskirche* (cf.: E.1). La façade à rue est flanquée d'une entrée solennelle constituée d'une structure de fer et de verre fortement ouvragée.
Le pavillon est actuellement désaffecté.

Ecole primaire 7

14., Diesterweggasse

Gustav PEICHL • 1969-78

A la suite d'une longue réflexion sur l'objet architectural, Peichl propose, pour la construction d'écoles, la mise en œuvre d'éléments modulaires interchangeables qui peuvent satisfaire des programmes différents, comme ce fut le cas à Linz et à Salzbourg. L'un de ces programmes aboutit au plan de l'école de la *Diesterweggasse* où les volumes s'articulent librement autour des circulations et des zones de services. Le bloc sanitaire, traité en forme de tour, s'inscrit entre les bâtiments qu'il dessert. La polychromie rouge et bleue joue un rôle important dans la perception de la volumétrie de l'ensemble.

Complexe d'habitations 8

14., Phillipsgasse, 8-12 # Penzingerstrasse, 33-37

Siegfried THEISS, Hans JAKSCH • 1924-25

Le plan du long bâtiment à front de la *Phillipsgasse* présente une alternance de façades aux fenêtres régulières et de parties plus sombres, quasi aveugles. La décoration en relief, les harpes de pierre, les bow-windows et le jeu des corniches sont autant d'élé-

G.III *QUARTIER HIETZING-GLORIETTE*

G.8
Complexe d'habitations

G.9 Immeuble d'habitation

G.9 Immeuble d'habitation • Détail de la console de l'oriel

ments qui témoignent d'une volonté de rompre la monotonie de l'immeuble en lui donnant un rythme à l'échelle de la rue. Quant à la façade à front de la *Penzingerstrasse*, elle est curieusement décorée de grands entrelacs circulaires.

Immeuble d'habitation ★

9

14., Penzingerstrasse, 40

Karl FISCHL • 1904-05(?)

La très belle façade de cet immeuble de style sécessionniste est décorée de motifs géométriques dont certains s'inspirent du mouvement cubiste tchèque. Au centre de la façade, l'oriel, qui fixe l'axe de la composition, est supporté par une belle console métallique et couronné d'une profonde niche. A partir de cet oriel toute la composition s'organise sous la forme d'une dialectique entre les différents éléments : la grande ligne brisée séparant le rez-de-chaussée des étages reprend le thème polygonal de l'oriel ; la frise en céramique sous la ligne brisée répond à celle de la corniche ; le contrepoint des allèges de fenêtres fait écho à celui de la frise sous corniche ; quant aux fenêtres des deux étages, elles sont reliées entre elles par un admirable travail de partition géométrique.

De retour à la station de métro Hietzing, *l'on trouve le tram 60 qui dessert les quartiers Hietzing-Gloriette et Unter Sankt-Veit, ainsi que le tram 58 qui permet la correspondance entre les bus 54B et 55B conduisant au quartier du* Wiener Werkbund.

13., QUARTIER HIETZING-GLORIETTE

III

Ce quartier compris entre le parc de Schönbrunn et la *Lainzerstrasse* a été urbanisé au début du XXe siècle. Il contient quelques propriétés de prestige dont la célèbre villa Skywa d'HOFFMANN.

a *Gloriettegasse*, 14/16 • **Villa Skywa** (commentaire en G.10).

b *Gloriettegasse*, 21/23 • **Villa Schopp** • Arch. Friedrich OHMANN et Josef HACKHOFER (1901) • On remarquera surtout la maison du portier à front de rue pour le détail de sa fenêtre d'observation.

c *Trauttmannsdorffgasse*, 50 • *Fürstenhof* (commentaire en G.11).

d *Trauttmannsdorffgasse*, 34/36 et *Lainzerstrasse*, 31 • Maison locative • Arch. F. BIBERHOFER (1904) • Façades décorées de motifs floraux en stuc.

e *Wattmanngasse*, 29 • Maison d'habitation • Arch. Ernst LICHTBLAU (1914) •

G.11 *Fürstenhof*

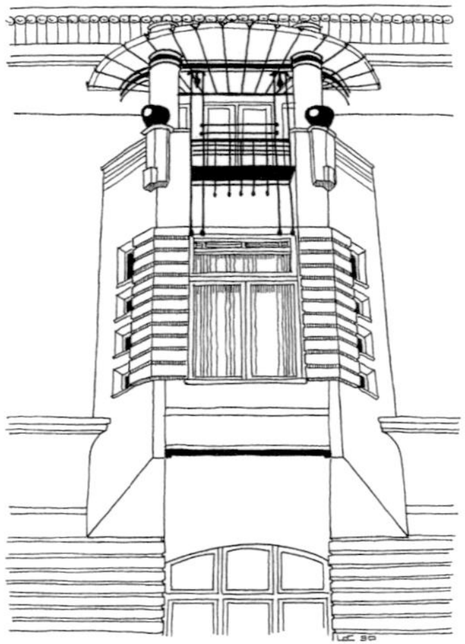

G.11 *Fürstenhof* • Détail

G.10 Villa Primavesi-Skywa

G.10

Villa Primavesi-Skywa
• Plan du premier niveau

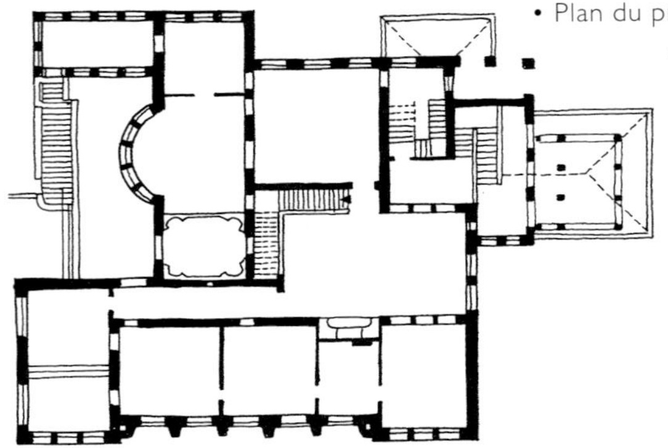

Façade rythmée par de larges bandeaux horizontaux recouverts d'enduit blanc. Trumeaux entre fenêtres et encadrements de porte décorés de motifs végétaux stylisés en céramique brun foncé qui s'inspirent des traditions rurales de Basse-Autriche.

Villa Primavesi-Skywa ★★ 10

13., Gloriettegasse, 14-16

Josef HOFFMANN • 1913-15

Implantée dans un somptueux jardin, la villa Primavesi témoigne de la maîtrise de Hoffmann qui s'engage ici dans un style totalement affranchi du Jugendstil, où les principes de la Sécession sont traités dans un classicisme raffiné et très personnel.
La façade principale, flanquée de deux avant-corps, est dominée par le rythme puissant de six pilastres cannelés qui s'élèvent sur toute la hauteur du rez-de-chaussée surélevé, les chambres de l'étage étant discrètement incorporées dans la toiture. Tous les détails sont étudiés dans un même esprit stylistique : les cannelures dilatées des larges trumeaux des avant-corps, les lourdes corniches richement décorées "à la florentine", les tympans ornés chacun d'une sculpture en haut-relief et les statues qui ponctuent les pilastres sont, entre autres, autant d'éléments architectoniques qui contribuent à renforcer le caractère unitaire de l'œuvre.

Immeuble d'habitation *Fürstenhof* ★★ 11

13., Trauttmannsdorffgasse, 50

Hans DVOŘÁK • 1905

La façade de cet immeuble à front de rue s'organise à partir de deux oriels identiques dont la composition raffinée confine au chef-d'œuvre. Chaque oriel (★★★), de forme prismatique, prend naissance sur l'arc d'une fenêtre pour s'encastrer directement dans la corniche proéminente du rez-de-chaussée. Vient alors la grande baie du premier étage qui contraste avec les petites fenêtres des pans coupés latéraux. La fenêtre frontale introduit ensuite le balcon supérieur au moyen d'un plan incliné sur lequel repose la ferronnerie du garde-corps. Celle-ci, encastrée dans le massif du balcon, se prolonge verticalement pour rejoindre une poutre ajourée qui enserre deux grosses colonnes cylindriques. Enfin, le balcon du deuxième étage est coiffé d'une élégante marquise vitrée dont le pourtour curviligne forme l'aboutissement d'une géométrie qui s'adoucit au fur et à mesure de sa progression vers le haut.

G.12 *ORF-Zentrum*

G.IV.
QUARTIER UNTER SANKT VEIT

G.IV. h
Maison d'habitation
à trois façades

G.IV. k Maison entre mitoyens

G.IV. a
Villa

Ce vaste ensemble qui abrite la radio-télévision autrichienne se présente sous la forme d'un jeu volumétrique de plusieurs bâtiments de formes géométriques diverses.

ORF-Zentrum

13., Würzburggasse et Küniglberg

Roland RAINER • 1969-75

13., QUARTIER UNTER SANKT VEIT ★

L'urbanisation de ce quartier résidentiel date du début du XXe siècle. Le plan de secteur, établi sur une trame quadrillée à mailles régulières, donne à chaque îlot la possibilité d'un parcellaire de 10 à 12 propriétés en moyenne. Les constructions établies sur celles-ci sont pour la plupart luxueuses et construites par des architectes de renom.

a *Wenzgasse*, 12 • Villa (★) • Arch. Josef FRANCK et Oskar WLACH (1929-30) • Bel exemple d'architecture fonctionnaliste.

b *Wenzgasse*, 7 • Haute Ecole germanique • Arch. Siegfried THEISS et Hans JAKSCH (1930-31) • Compromis entre le constructivisme et le style international, l'esthétique de ce bâtiment fut totalement incomprise à l'époque de sa réalisation.

c *Larochegasse*, 3 • **Maison Scheu** (commentaire en G.13).

d *Elsslergasse*, 10 # *Larochegasse*, 12 • Villa • Belle entrée Jugendstil surmontée de sculptures.

e *Elsslergasse*, 16 # *Kupelwiesergasse*, 15 • Villa de type cottage des années 1910.

f *Elsslergasse*, 8 # *Larochegasse*, 11 • Maison Kosmak • Arch. Carl WITZMANN (1912-13) • Façade du rez-de-chaussée rythmée de cadres et de cannelures à la manière d'Hoffmann (cf.: villa Primavesi G.10).

g *Elsslergasse*, 11/11a • Double villa à appartements • Arch. C. WITZMANN (1911).

h *Beckgasse*, 30 • Maison d'habitation à trois façades (★) • Arch. Jože PLEČNIK et Karl LANGER (1901-02) • Toute la surface de la façade principale est décorée d'une multitude de motifs floraux grattés à même l'enduit.

i *Beckgasse*, 32 • Villa • Arch. Carl WITZMANN (1911).

j *Beckgasse*, 38 • Villa flanquée de deux tourelles • Arch. C. WITZMANN (1911).

k *Stoesslgasse*, 2 • Maison entre mitoyens (★) • Anonyme • Audacieuse composition asymétrique basée sur le désaxement du bow-window du rez-de-chaussée par rapport à celui de l'étage, ce qui entraîne une série de conséquences formelles à

G.IV. l Villa Strasser
• Aspect après remaniement

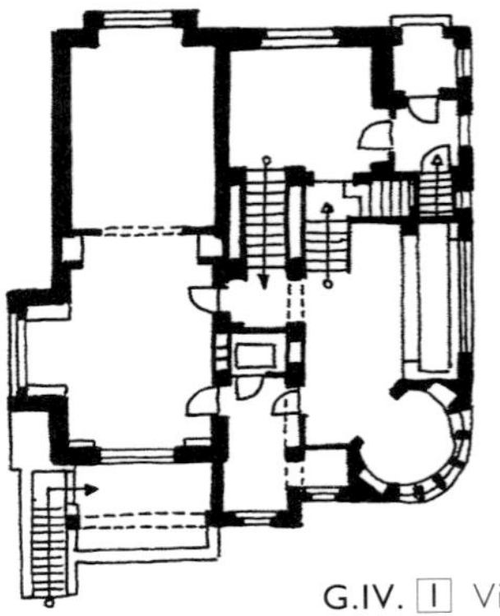

G.IV. l Villa Strasser • Plan originel

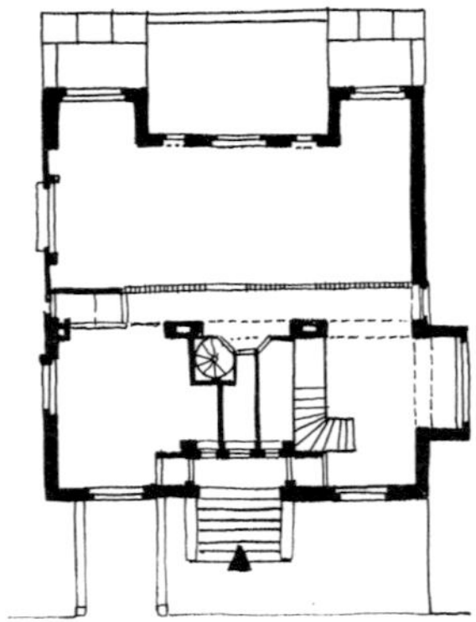

G.IV. r
Maison Steiner
• Plan, façade et coupe

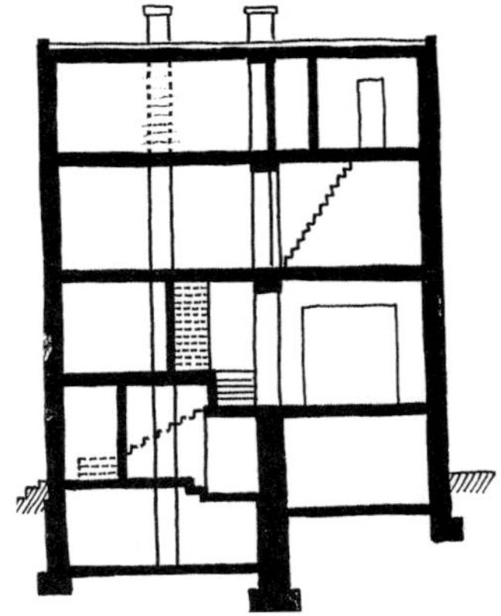

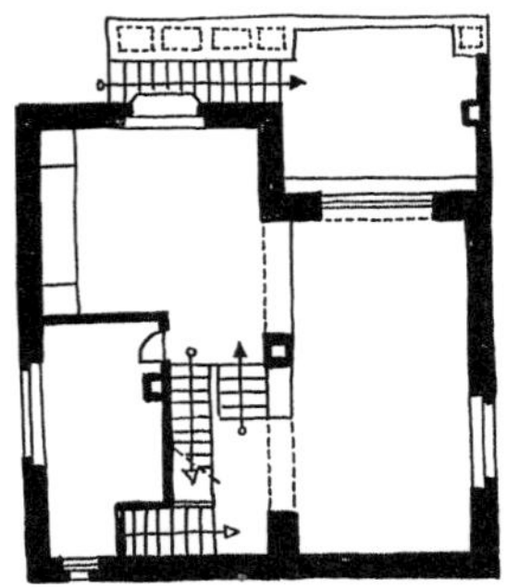

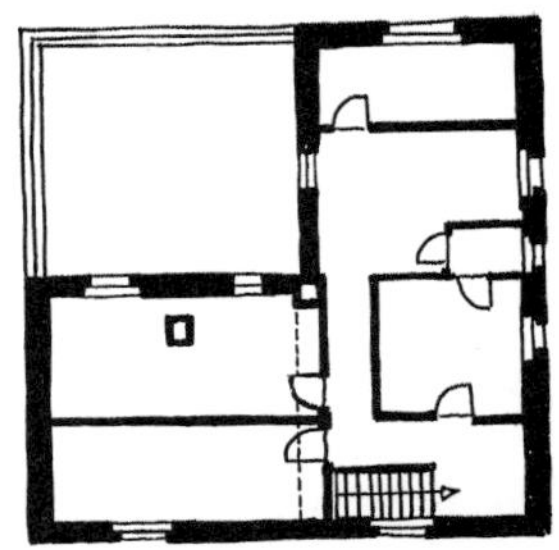

G. IV. s
Maison Rufer
• Plans des niveaux
2 et 4 • Coupe

tous les niveaux de la façade. Pour peu que l'on puisse se fier à la mosaïque au-dessus de la porte d'entrée, l'œuvre daterait de 1906.

l *Kupelwiesergasse*, 28 • Villa Strasser • Arch. Adolf Loos (1918-19) • La villa est couverte d'une toiture en tôles cintrées selon le procédé cher à l'architecte et également utilisé à la maison Horner (cf.: G.14).

m *Münichreiterstrasse*, 32 • Villa • Arch. Carl Witzmann (1912) • Construction Jugendstil décorée de motifs turcs, de reliefs évoquant le règne végétal et d'un tondo en majoliques.

n *Münichreiterstrasse*, 37 # *Beckgasse*, 36 • Villa d'angle • Arch. Frans Krasny (1907). Construction Jugendstil décorée d'une large frise florale et flanquée d'une tour polygonale.

o *Münichreiterstrasse*, 33 • Villa • Arch. Franz Zeller (1908) • Construction Jugendstil avec mosaïques dorées.

P *Münichreiterstrasse*, 18/20 • Double villa • Arch. Franz Zeller (1910) • Construction dans le style des cottages anglais.

q *Münichreiterstrasse*, 19 # *Stadlergasse*, 11 • Maison Kreycy • Arch. Hans Prutscher (1908) • Œuvre inspirée des principes de la Sécession.

r *Sankt-Veit-Gasse*, 10 • Maison Steiner • Arch. Adolf Loos (1910) • Cette œuvre, fortement altérée par des transformations, est surtout intéressante pour son organisation intérieure et sa façade arrière. En façade avant, la grande toiture en tôles cintrées a été enlevée et remplacée par une toiture traditionnelle à versants.

s *Schliessmanngasse*, 11 • Maison Rufer (★) • Arch. Adolf Loos (1922) • Cette maison, classée monument historique, est un bon exemple de dispositif en *Raumplan*, appliqué également à la villa Moller (explication en O.12).

Maison Scheu ★★ 13

13., Larochegasse, 3

Adolf Loos • **1912-13**

La principale caractéristique de cette maison à appartements locatifs réside dans l'agencement audacieux de volumes géométriques élémentaires engendrés par : le toit plat, le profil en gradins, la planimétrie de la façade et les terrasses en cascade. Face à la violence de cette nouvelle esthétique, l'autorisation de bâtir ne fut accordée qu'à la condition, pour l'architecte, de dresser les plans d'une villa attenante "normale" qui

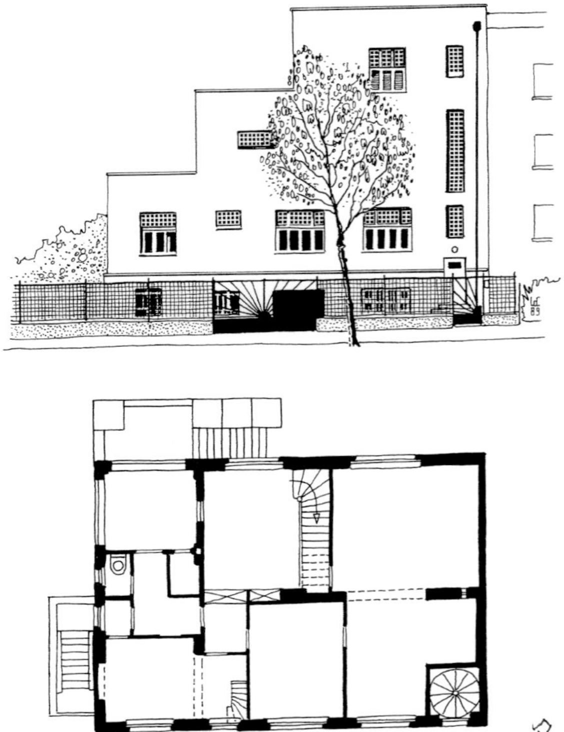

G.13 Maison Scheu

• Plan du rez-de-chaussée et façade

G.14 Maison Horner

• Plan et coupe

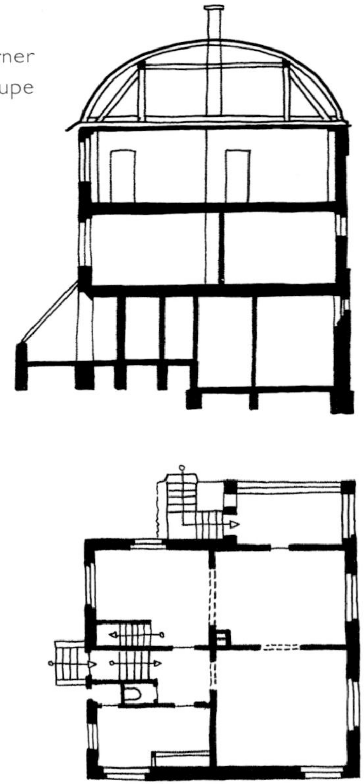

G.14 Maison Horner

• Aspect après remaniement

serait en harmonie non seulement avec son œuvre mais aussi avec l'ensemble du quartier, ce qui, aux yeux de l'administration, était impossible. Loos s'exécuta cependant en composant un projet "satisfaisant" mais empreint d'ironie et d'allusions satiriques. Une fois construit, le bâtiment fit scandale ; à tel point que l'administration exigea du propriétaire de faire pousser un lierre le long de la façade pour mieux en dissimuler l'"indécente nudité".
Au point de vue de la construction, l'œuvre est également révolutionnaire par l'emploi de matériaux économiques dont certains sont préfabriqués. C'est ainsi, par exemple, que toutes les fenêtres sont de tailles différentes mais composées du même élément de base avec imposte à croisillons modulés sur une même proportion.
La villa est classée monument historique depuis 1971.

A l'est du quartier Unter Sankt Veit, et à proximité du terminus du tram 58, l'on trouvera les bus 54B et 55B qui desservent la cité-jardin de Lockerwiese et le quartier du Wiener Werkbund.

Maison Horner ★ 14

13., Nothartgasse, 7

Adolf LOOS • 1912-13

Construite avec des matériaux économiques, cette modeste maison unifamiliale est considérée comme un manifeste de Loos en matière de logements sociaux.
La voûte en berceau de la toiture en tôles de cuivre cintrées permettrait une exploitation optimale du volume de l'étage, ce qui n'est pas le cas lorsque le toit est à versants traditionnels.
Malgré d'importantes mutilations au cours des années, cette œuvre majeure de Loos est classée monument historique depuis 1972.

Cité-jardin de Lockerwiese 15

13., Wolkersbergenstrasse, Engelhartgasse,...

Karl SCHARTELMÜLLER • 1927-31

La cité compte 643 habitations. L'aménagement des espaces libres et des jardins, ainsi que les chemins qui relient les unités architecturales, s'articulent autour de nœuds de rencontres. Un de ces nœuds constitue une place publique introduite par un grand portail que jouxtent les équipements d'infrastructure du quartier. Les accès à la cité sont signalés par des immeubles dont la volumétrie est traitée de façon particulière.

G.V. c
Maison de Loos

G.V. f
Maison de Hoffmann

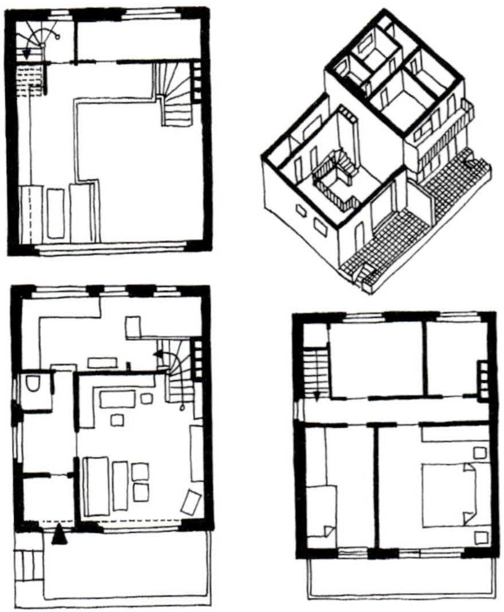

G.V. c
Maison de Loos
• Plans et axonométrie

G.V
WIENER WERKBUND

QUARTIER DU *WIENER WERKBUND* ★★★

Ce quartier résidentiel est une véritable exposition d'architecture internationale réalisée dans le cadre du *Werkbund* de 1930 à 1932, et qui rassemble 70 maisons, isolées ou groupées en ligne. Le *Werkbund*, créé à Munich en 1907, était une association destinée à promouvoir la qualité du travail artisanal, par une mise en œuvre de matériaux modestes, sous une forme architecturale répondant à de nouvelles exigences de vie. Son programme, basé sur l'économie des moyens, visait à procurer aux classes laborieuses un habitat imprégné de "culture bourgeoise". Une douzaine d'architectes autrichiens, sous la direction de Josef FRANCK, œuvrèrent aux côtés d'une importante participation étrangère où l'on trouve, entre autres, les noms de LURÇAT pour la France, HÄRING pour l'Allemagne, GRÜNBERGER et NEUTRA pour les E.-U. d'Amérique et RIETVELD pour les Pays-Bas.

Les maisons les plus remarquables sont celles de :

a Richard NEUTRA • *Woinovichgasse*, 9 • Une des premières maisons à toiture-terrasse accessible.

b (★) Gerrit RIETVELD • *Woinovichgasse*, 14, 16, 18 et 20 • Maisons groupées, aux façades représentatives du mouvement hollandais *De Stijl*.

c (★) Adolf LOOS • *Woinovichgasse*, 13, 15, 17 et 19 • Application du *Raumplan*.

d Adolf LOOS • *Woinovichgasse*, 24 et 26 • Maisons entre mitoyens, traitées avec une grande modestie.

e Josef FRANCK • *Woinovichgasse*, 32 • *m* Petite exposition permanente de photos, planches et maquettes explicatives où l'on peut voir l'agencement intérieur des pièces d'une maison et le style fonctionnaliste des architectures.

f (★) Josef HOFFMANN • *Veitingergasse*, 79, 81 et 83, 85 • Remarquable traitement des entrées et du volume vitré qui les surplombe. Aménagement d'une petite douche en toiture-terrasse arrière.

g (★★) André LURÇAT • *Veitingergasse*, 87 à 93 • Façade quasi aveugle du côté nord et ponctuée de tours qui renferment les cages d'escaliers. Façade côté jardin traitée au moyen de fenêtres en longues bandes horizontales.

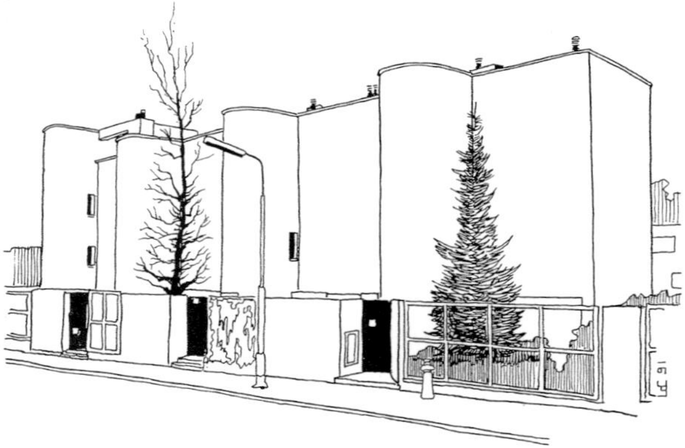

G.V g
Maison de Lurçat

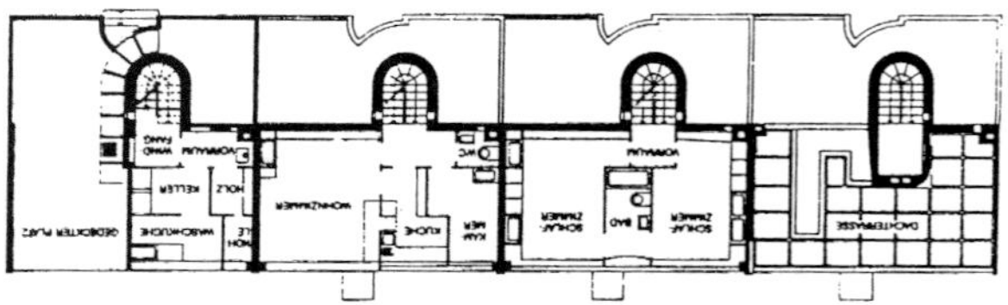

G.V g
Maison de Lurçat
• Plan

G.16
Villa Vojcsik
• Détail de la porte d'entrée

G.16 Villa Vojcsik

G.17 Couvent des Dominicaines

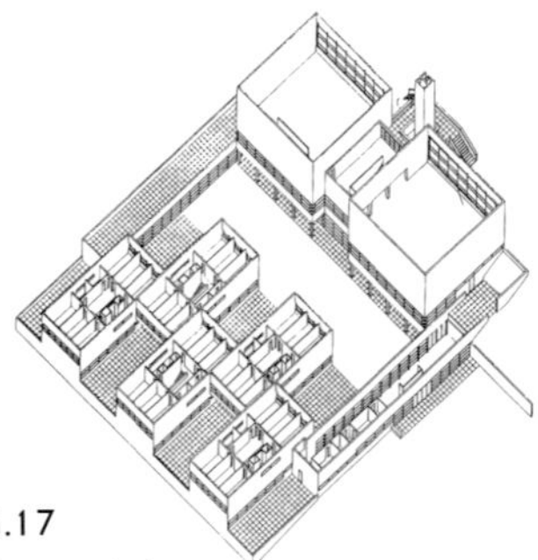

G.17
Couvent des Dominicaines • Axonométrie

En prenant les bus 54B ou 55B on arrive à leur terminus aux abords de la station de métro Ober Sankt-Veit. *De là, le métro U4 conduit à son terminus d'Hütteldorf. Là se trouve la gare d'Hütteldorf-Hacking où passent les trains R50 et S50 qui conduisent à la Ville des enfants et au sanatorium de Purkersdorf. A proximité de la gare d'Hütteldorf-Hacking se trouve aussi le terminus des bus 148 et 152 qui empruntent la* Hüttelbergstrasse *le long de laquelle sont situées les deux villas de Wagner.*

Villa Vojcsik ★★★ 16

14., Linzer Strasse, 375

Otto SCHÖNTHAL • 1900-01

La façade de cette grande demeure bourgeoise est incontestablement le chef-d'œuvre du jeune Schönthal, lequel, âgé de 22 ans seulement, venait d'être diplômé de la *Wagnerschule*. Considéré comme un des exemples les plus élégants de la nouvelle tendance Jugendstil, ce "morceau" d'architecture est le résultat d'un savant dosage de canons formels empruntés au classicisme, d'éléments constructifs d'une rare efficacité utilisés avec la plus grande économie des moyens, et d'ornements variés où le raffinement du dessin va de pair avec la texture des matériaux mis en œuvre. Afin de maintenir la symétrie des ailes latérales, la porte d'entrée et le balcon de la mezzanine qui lui fait pendant s'intègrent dans un même dispositif : un arc en plein cintre coupé par deux montants qui encadrent la fenêtre de l'étage.
Tous les détails ont fait l'objet d'un soin particulier ; par exemple, les consoles de la toiture en baldaquin, la grille et la porte d'entrée, les petits balcons en fer forgé, les gargouilles en cuivre, les seuils de fenêtres incurvés, la division des châssis, les motifs en terre cuite colorée et vernissée...

Couvent des Dominicaines 17

13., Schlossberggasse, 17 et Seuttergasse, 1

Gustav PEICHL • 1963-65

visite sur demande

Dans ce complexe conventuel, comme dans l'école *In der Krim* (cf.: O.9), la leçon de Loos est interprétée de façon personnelle par des volumes géométriques simples et des baies parcimonieusement réparties. Le plan symétrique est axé sur les deux grands volumes de béton des salles de sport et son organisation répond aux fonctions bien spécifiques d'un couvent ouvert sur la vie contemporaine.

G.18 Villa Wagner I
• Coupe *(Dessin d'Otto Wagner)*

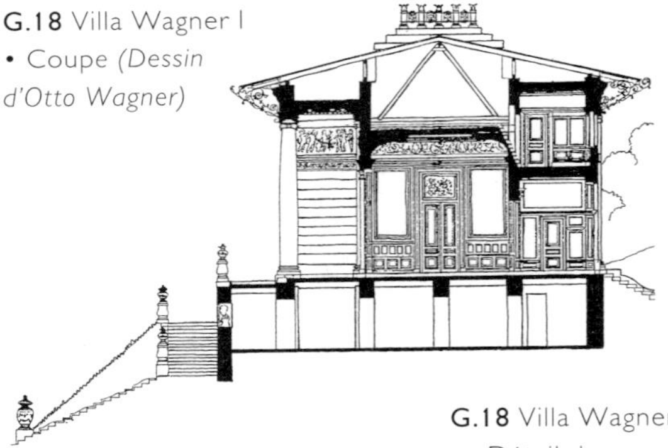

G.18 Villa Wagner I
• Détail du perron

G.18 Villa Wagner I *(Dessin d'Otto Wagner)*

G.19 Villa Wagner II
• Plan *(Dessin d'Otto Wagner)*

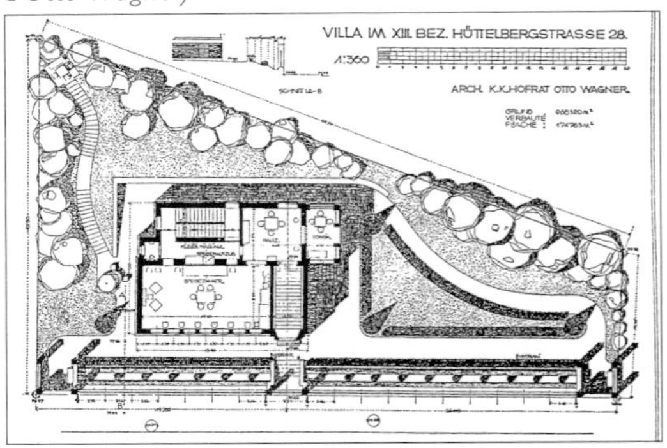

G.19 Villa Wagner II
• Porte d'entrée
(Dessin d'O. Wagner)

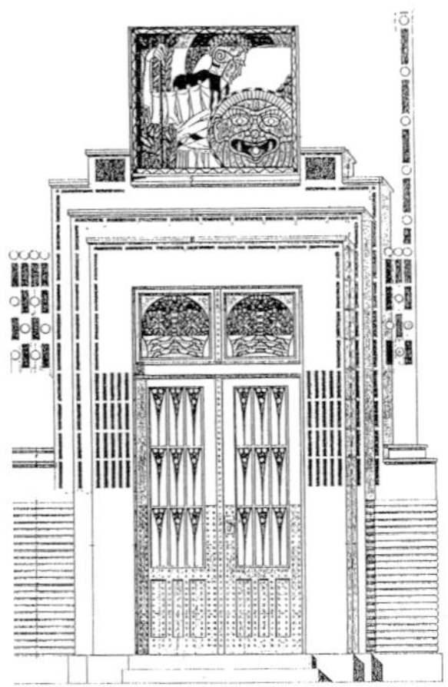

G.19 Villa Wagner II

Villa Wagner I

★★ 18

14., Hüttelbergstrasse, 26

Otto WAGNER • 1886-88 • 1895 • 1900

mars-oct. : seulement sur rendez-vous

Construits sur un plan symétrique, les volumes clairement articulés de cette villa sont implantés dans une position dominante, sur la pente d'une colline du *Wienerwald*. Ces caractéristiques d'inspiration palladienne s'allient à un répertoire décoratif éclectique dans lequel niches, guirlandes sculptées, ferronneries, pots-à-feu se combinent en un ensemble rehaussé par une polychromie de tons pastels.

A son achèvement, le volume central percé d'un grand portique aux quatre colonnes ioniques, surmonté d'un toit fortement proéminent, était flanqué de deux pergolas. Celle de droite fut transformée en salon en 1895, et celle de gauche devint un atelier en 1900 : elles furent ainsi couvertes et de grandes fenêtres furent placées entre leurs colonnes. Le contraste initial entre la masse centrale de l'édifice et ses ailes, que Wagner avait voulu très violent, en est altéré.

Cet exemple de la période éclectique de l'architecte doit être comparé avec la Villa Wagner II voisine (cf.:G.19), une œuvre d'une nouveauté accomplie, construite un quart de siècle plus tard.

Villa Wagner II

★★★ 19

14., Hüttelbergstrasse, 28

Otto WAGNER • 1912-13

Œuvre typique de la dernière période de son concepteur, cette villa s'oppose par son esthétique à sa voisine plus ancienne (cf.: G.18). La symétrie un peu guindée de l'œuvre palladienne est abandonnée au profit d'un équilibre dynamique de droites verticales et horizontales, de plans et de volumes, combinés avec une maîtrise étourdissante pour obtenir une harmonie savamment balancée.

La porte d'entrée, rejetée à l'extrémité droite de la façade, donne sur une volée d'escalier qui mène au bel étage abritant une salle à manger derrière la façade principale, ainsi qu'un hall et une loggia latérale en retrait par rapport à la rue. De ce niveau principal, un escalier privé conduit aux niveaux inférieur et supérieur.

Posée sur un socle massif, cette villa se caractérise par sa rigueur géométrique qu'accentue la répétition de fenêtres aux proportions très élancées, adaptées à la technique de construction du gros œuvre en béton armé. La masse du volume principal, au toit plat, est adoucie par la corniche fortement saillante ainsi que par la décoration dans laquelle éléments rectangulaires de verre bleu et cabochons en aluminium

G.20 La Ville des enfants

G.20 La Ville des enfants

G.21 Sanatorium de Purkersdorf
(dessin de J. Hoffmann)

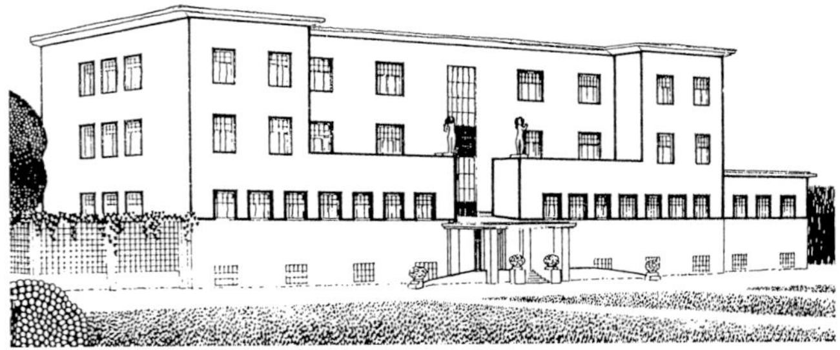

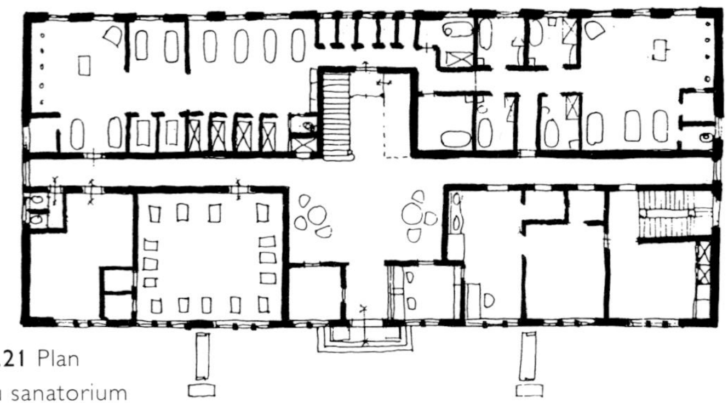

G.21 Plan
du sanatorium

alternent élégamment. Dans cet ensemble sobre, la porte d'entrée est soulignée par trois encadrements emboîtés, d'une grande rigueur plastique, surmontés d'une mosaïque représentant Persée avec la tête de Méduse, œuvre exécutée d'après un dessin de Koloman Moser. Celui-ci est également l'auteur des vitraux qui décorent l'imposte de la porte d'entrée.

La Ville des enfants *(Stadt des Kindes)* ★ 20

14., Weidlingau, Mühlbergstrasse et Hofjägerstrasse

Anton SCHWEIGHOFER • 1970-74

L'implantation de la "Ville des enfants" dans un ancien quartier est une opération riche de signification humaine: une colonie de 260 enfants de 3 à 19 ans organisée en mini-société, en contact permanent avec la population adulte environnante, et dotée d'équipements sportifs et culturels pour tous les âges.

Sur le plan technique, l'emploi poussé d'éléments préfabriqués a permis de réduire le coût de la construction, sans rien enlever à l'aspect ludique de la composition.

Sanatorium de Purkersdorf ★ 21

Purkersdorf: Wienerstrasse, 74

Josef HOFFMANN • 1903-1904

Ce sanatorium, un des rares édifices publics construits par Hoffmann, est une œuvre claire et rationnelle, d'une géométrie élémentaire, aux murs revêtus de stuc blanc. Tous les éléments architectoniques tels que corniches, encadrements de fenêtres, frises et moulures d'angles sont réduits à leur plus simple expression dans un esprit caractéristique de la Sécession. Le seul élément qui anime la planimétrie de la façade est l'auvent vitré suspendu à deux tirants en forme de fuseau. Disposées selon un rythme régulier, les fenêtres avec leurs parties supérieures à croisillons sont typiques de l'art d'Hoffmann.

Nous renseignons ce bâtiment pour son importance historique dans la production de Hoffmann ; cependant, les altérations et l'état de délabrement sont tels qu'il n'est plus possible d'apprécier aujourd'hui la valeur architecturale de cette œuvre qui précède d'un an le célèbre palais Stoclet de Bruxelles.

H

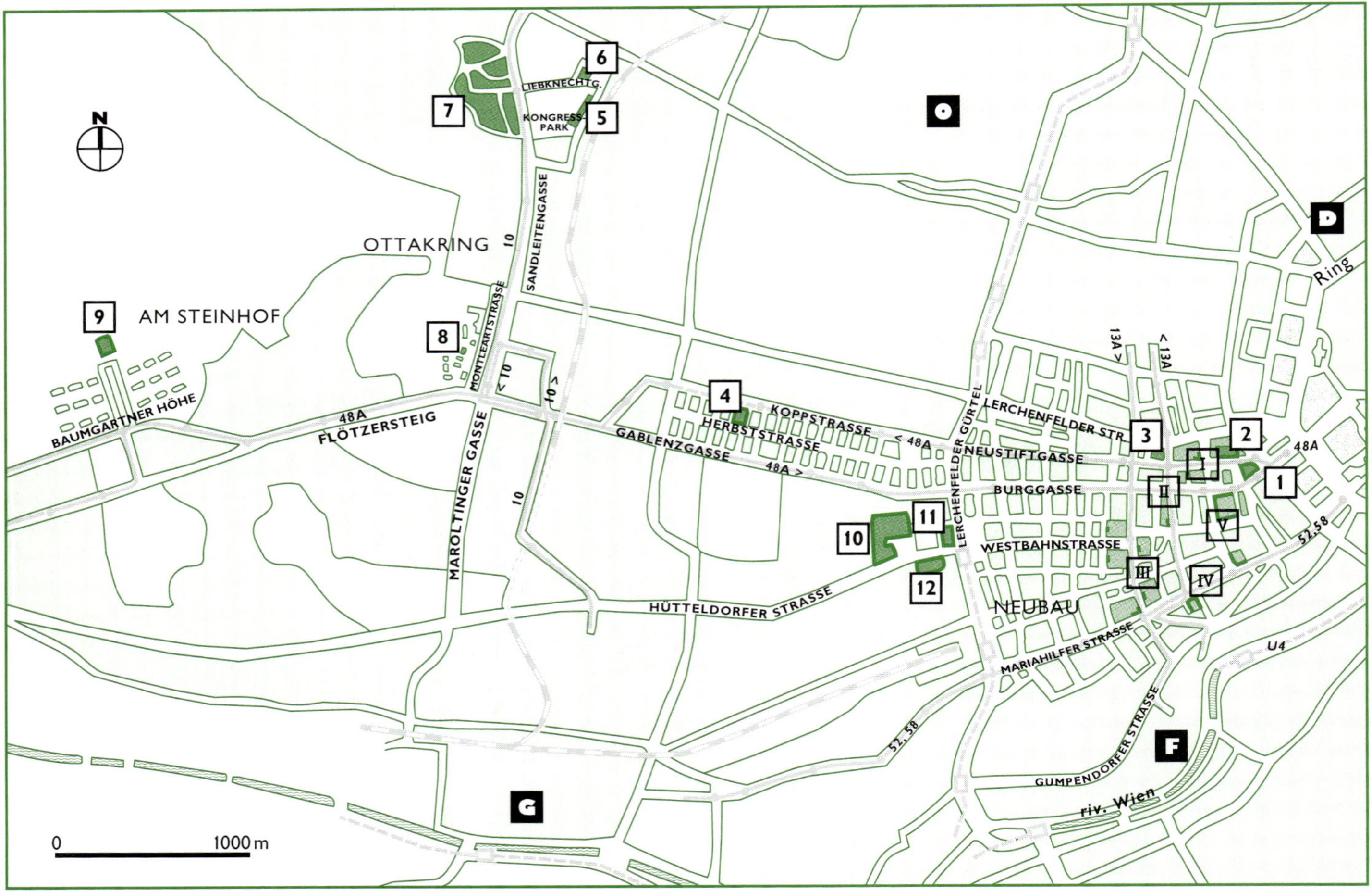
N
6
7
LIEBKNECHTG.
KONGRESS-PARK
5
O
D
Ring
OTTAKRING
10
SANDLEITENGASSE
9
AM STEINHOF
8
MONTLEARTSTRASSE
< 10
10 >
BAUMGARTNER HÖHE
48A
FLÖTZERSTEIG
MAROLTINGER GASSE
4
KOPPSTRASSE
HERBSTSTRASSE
GABLENZGASSE
48A >
< 48A
LERCHENFELDER GÜRTEL
LERCHENFELDER STR.
13A >
< 13A
3
2
1
I
II
V
III
IV
NEUSTIFTGASSE
BURGGASSE
WESTBAHNSTRASSE
10
11
12
HÜTTELDORFER STRASSE
NEUBAU
MARIAHILFER STRASSE
52,58
U4
GUMPENDORFER STRASSE
F
riv. Wien
G
0
1000 m

Promenade H
Neubau et Ottakring

1 Volkstheater
2 Palais Trautson ★
I *NEUSTIFTGASSE*
II *ST ULRICHS-PLATZ* ★
3 Immeuble à appartements ★
4 Eglise du Saint-Esprit ★★
5 Kongress-Bad ★
6 Wiedenhofer-Hof
7 Sandleiten-Hof
8 Hôpital pour le traitement du lupus ★
9 Eglise Saint-Léopold ★★★
10 Stadthalle ★
11 Vogelweid-Hof
12 Fortbildungsschule
III *QUARTIER AUTOUR DE WESTBANHSTRASSE ET SIEBENSTERNGASSE* ★
IV *MARIAHILFERSTRASSE*
V *QUARTIER DU SPITTELBERG* ★★★

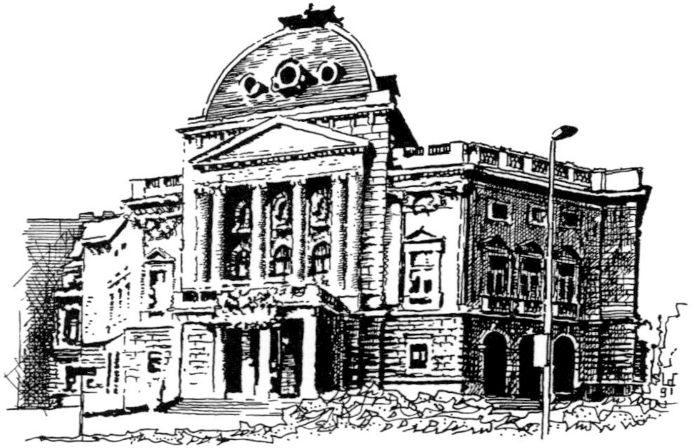

H.1 *Volkstheater*

H.2 Palais Trautson *(dessin de J.-E. Fischer von Erlach, gravé par C. Engelbrecht et I.A. Pfeffel)*

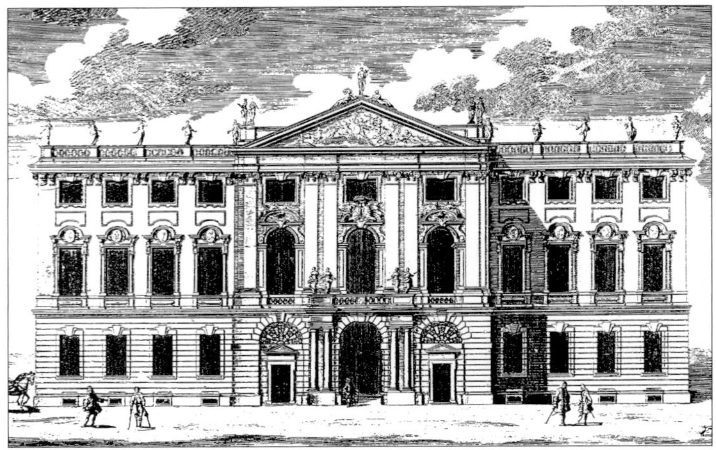

H.2 Palais Trautson

Neubau et Ottakring

Le Spittelberg et l'église Saint-Léopold, Am Steinhof

H

La promenade H s'effectue le long de cinq grandes artères: *Neustiftgasse, Burggasse, Westbahnstrasse, Siebensterngasse* et *Mariahilfer Strasse*. Elles distribuent les quartiers ouest de la ville. Le Spittelberg, l'une des plus remarquables réhabilitations de quartier de Vienne, et la petite place baroque de Saint-Ulrich en sont les points culminants. Au terme de la promenade, au lieu dit *Am Steinhof* se trouve la célèbre église Saint-Léopold d'Otto Wagner.

La promenade H débute entre le musée d'Histoire naturelle et le palais de Justice. C'est là que se trouve le terminus du bus 48A.

1 Théâtre populaire *(Volkstheater)*

7., Neustiftgasse, 1 # Burggasse

Ferdinand Fellner, Hermann Helmer • 1887-89

Fellner et Hellmer furent parmi les plus fameux architectes de théâtre de leur temps. Leur *Volkstheater* est un édifice d'un éclectisme tardif à la claire organisation fonctionnelle interne. Au centre de la façade, un volume coiffé d'une coupole à pans accentue l'axe de symétrie de la composition.

2 Palais Trautson ★

7., Museumstrasse, 7

actuellement ministère de la Justice

Johann Bernhard Fischer von Erlach

Christian Alexander Oedtl • 1710-12

Oedtl a construit ce palais sur les plans de Fischer. Il illustre le style du maître caractérisé par une claire articulation des masses: on peut comparer le mouvement du corps central du palais Trautson, surélevé et proéminent, à celui qui organise certaines œuvres de Palladio en un brillant "staccato". Ce corps coiffé d'un fronton est articulé par des pilastres jumelés et précédé d'un portail à colonnes, jumelées elles aussi; ces colonnes se répètent à l'intérieur du vestibule pour ménager une transition harmonieuse de l'extérieur à l'intérieur du palais. Par sa typologie, le palais Trautson peut être rapproché de la Chancellerie de Bohème (cf.: A.17), mais aussi de l'hôtel de ville d'Amsterdam (1661).

Prendre le bus 48A qui emprunte la Neustiftgasse

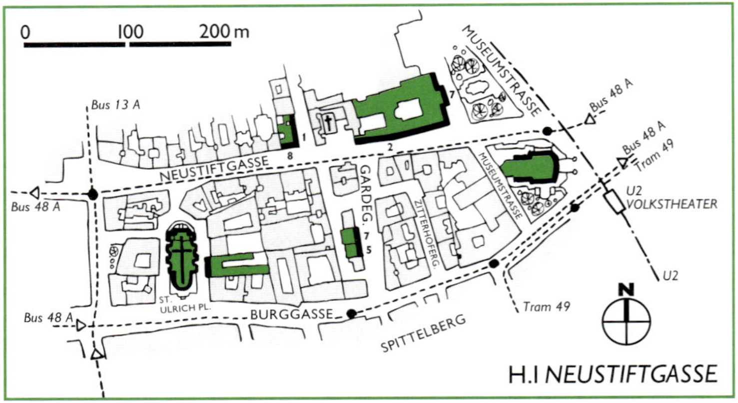

H.I *NEUSTIFTGASSE*

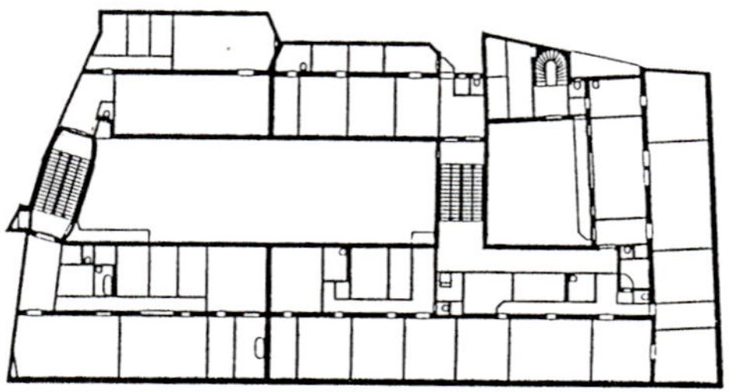

H.I : 40 Immeuble à appartements • Plan et détail

H.I : 40

Immeuble à appartements

(dessin d'O Wagner)

Volkstheater (commentaire en H.1)

Ici se greffe la *Gardegasse* où se trouvent, aux n°s 5 et 7, deux charmantes maisons baroques rénovées en 1989-90.

6/8 # *Mechitaristengasse*, 1 • *Dreifaltigkeits-Hof* • Arch. Hans DVOŘÁK (1901) • Une des premières œuvres de l'architecte, encore marquée par le vocabulaire décoratif du Jugendstil.

Ici se greffe le quartier de Saint-Ulrich (commentaire en H.II).

40 # *Döblergasse*, 2 et 4 • **Immeubles à appartements** (★) • Arch. Otto WAGNER (1909-12) • Entre les maisons aux médaillons et aux majoliques de la *Linke Wienzeile* (cf.: F.2) et ces deux immeubles, on notera une évolution similaire à celle qui s'est opérée entre les villas Wagner I et II (cf.: G.18 et G.19): dans les œuvres de la deuxième période de l'architecte dominent l'angle droit et une géométrie décorative presque austère. L'articulation des niveaux supérieurs des façades, sous une corniche saillante, se réduit ici à une juxtaposition de baies de fenêtres et de panneaux rectangulaires dont les joints dessinent une grille orthogonale. Le traitement de l'angle de l'édifice, avec sa grande surface aveugle percée d'une seule fenêtre et sur laquelle est inscrite l'adresse *Neustiftgasse 40*, est d'une puissance plastique remarquable. Les niveaux inférieurs sont individualisés par l'utilisation de carreaux de verre: en bandes horizontales sur la façade du premier étage, ils apparaissent comme une stylisation géométrique de bossages rustiques. La *Wiener Werkstätte* occupa en partie ces immeubles. Otto Wagner lui-même y posséda un appartement, où il mourut le 11 avril 1918. Depuis 1985, ces immeubles abritent les archives Otto Wagner de l'Académie des Beaux-Arts.

Lu-Ve : 09.00-12.00
juil.-sept.: sur rendez-vous

Ici se greffe la *Döblergasse* qui conduit à la *Lerchenfelder Strasse* où au n°35 se trouve un immeuble à appartements, avec un ancien cinéma au rez-de-chaussée (commentaire en H.3).

H.3 Immeuble à appartements et cinéma

H.II Maison baroque
• Détail de fenêtre

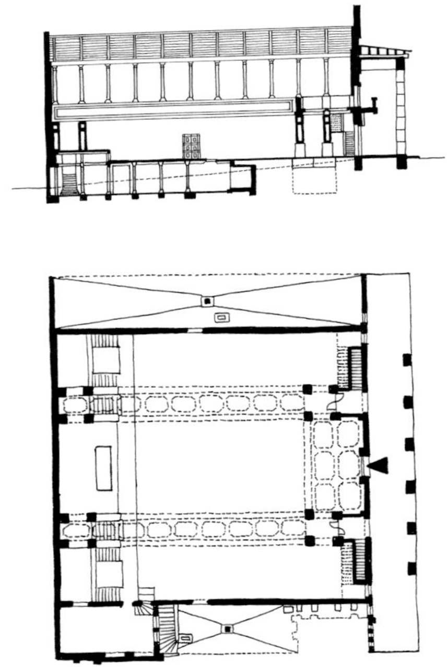

H.4 Coupe et plan

H.4 Eglise du Saint-Esprit

67/69 • Maison d'habitation • Arch. Oskar LASKE • Décoration originale de céramiques et de masques grotesques.

87 • Maison d'habitation • Arch. Aloïs et Joseph LUDWIG (1912) • Forte accentuation des lignes verticales par l'utilisation de pilastres en partie cannelés.

7., ST. ULRICHS-PLATZ ★ II

L'église Saint-Ulrich (1721-24) se dresse à l'emplacement de deux chapelles du XIIIe siècle. Elle est entourée par un bel ensemble de maisons bourgeoises baroques du XVIIIe siècle qui composent un tableau plein de charme. La plus belle de ces maisons, au numéro 2, possède en outre une remarquable cour intérieure sur laquelle donnent des balcons reliant les différents appartements.

Immeuble à appartements et cinéma

★ 3

7., Lerchenfelder Strasse, 35

Hans PRUTSCHER • 1912

Façade étonnante par la manière, typique de l'architecte, dont les subdivisions des fenêtres des deuxième et troisième niveaux sont reliées par des bandeaux décoratifs en un ensemble continu. Les formes ornementales de cet immeuble évoquent celles des constructions en bois; Prutscher était d'ailleurs un menuisier de talent.

Reprendre le bus 48A qui, au-delà du Gürtel, *emprunte la* Koppstrasse. *Descendre au carrefour de la* Panikengasse.

Eglise du Saint-Esprit *(Heilig-Geist-Kirche)*

■ ★★ 4

16., Herbststrasse, 82

Jože PLEČNIK • 1910-13

Eglise en béton armé, précédée d'une façade classique en forme de péristyle surmonté d'un fronton. C'est surtout pour son intérieur que cet édifice mérite une particulière attention. En effet, Plečnik, curieux des progrès techniques de son temps, réalise pour la première fois, à Vienne, une église libérée de toute colonne au sol grâce à un système de deux poutres-caissons en béton armé dont la portée franchit toute la longueur du vaisseau. L'espace qui résulte de cette prouesse technique est d'une ampleur exceptionnelle que valorisent les prises de lumière pratiquées dans le haut des deux tribunes.

H.4 Eglise du Saint-Esprit • Crypte

H.5 *Kongress-Bad*

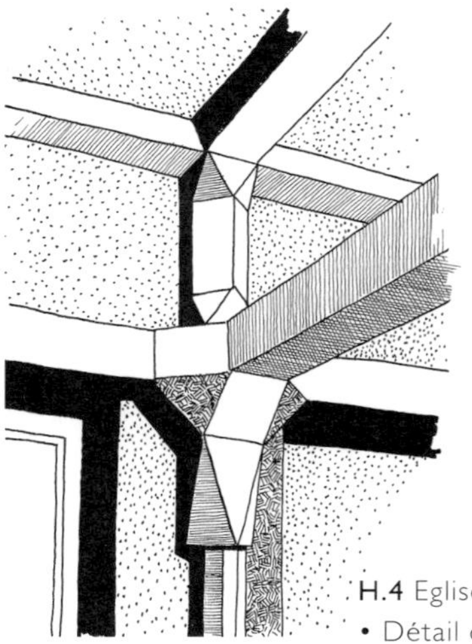

H.4 Eglise du Saint-Esprit
• Détail de la crypte

H.6 *Wiedenhofer Hof*

H.5 *Kongress-Bad*

■ La **petite crypte,** dont l'entrée se trouve à gauche du maître-autel, est également de Plečnik. Sa structure, laissée en tous points apparente, est un squelette en béton armé. Les bases des colonnes prismatiques, les poutres aériennes et les chapiteaux polyédriques sont dessinés dans des formes inédites dont la géométrie exprime avec vigueur le chemin des forces à travers le matériau. En traitant le béton soit par un bouchardage, soit en le laissant brut de décoffrage, soit encore en l'ornant de motifs en creux issus du coffrage, l'architecte insuffle au matériau une vie dont l'esprit évoque quelque lieu souterrain de l'Eglise primitive. Ce petit chef-d'œuvre de sobriété et de justesse, impressionnant de puissance expressive, impose d'emblée Plečnik comme un précurseur du brutalisme et comme un apôtre silencieux de la Sécession.

*Reprendre le bus 48A jusqu'à la gare d'Ottakring pour les transports urbains (*Maroltingergasse*) où se trouve un arrêt du tram 10. Prendre le tram 10 jusqu'à* Kongressplatz.

Kongress-Bad ★ 5

16., Kongressplatz
Erich LEISCHNER • 1928-30

Temple dédié aux loisirs sportifs et à la santé physique, c'est un ensemble représentatif de la politique sociale de la "Vienne Rouge" , implanté à proximité des *Wiedenhofer* et *Sandleiten-Hof*. La bichromie de ses façades rouge et crème confère à l'ensemble articulé autour d'un portail monumental une grande puissance plastique. Les poteaux d'éclairage extérieur sont traités comme des sculptures monumentales qui ennoblissent cette architecture sobre et élégante à la fois.

Wiedenhofer-Hof 6

17., Zeillergasse, Pretschgogasse, Liebknechtgasse, Beringgasse
Josef FRANK • 1924-25

C'est un *Hof* singulier, dont la simplicité s'explique par l'attitude critique de son architecte vis-à-vis de la politique de construction de grands ensembles résidentiels. Frank fait cependant preuve d'une grande maîtrise dans la distribution des masses et des vides, par la manière dont il utilise les loggias aux angles et à l'entrée principale de cet ensemble articulé autour de deux cours intérieures de niveaux différents. Le *Wiedenhofer-Hof* compte 246 logements.

H.7 *Sandleiten Hof*
• Plan d'ensemble

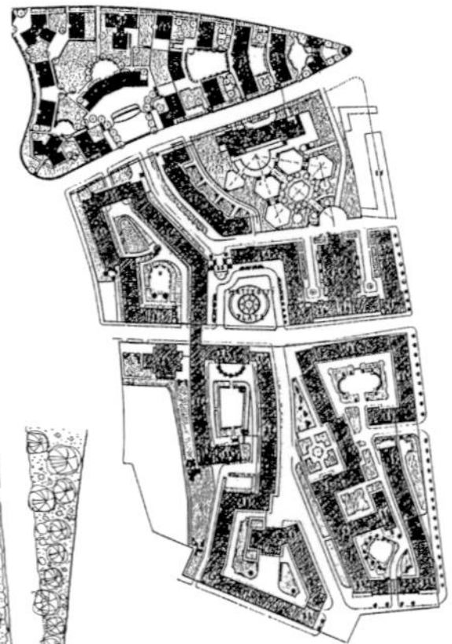

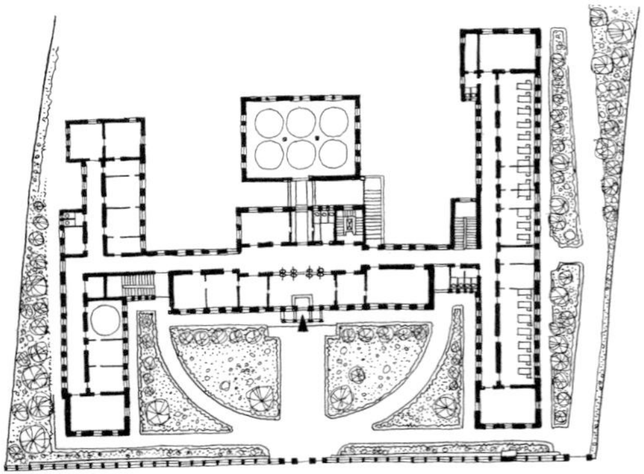

H.8 Hôpital pour le traitement du lupus • Plan

H.9 Eglise Saint-Léopold

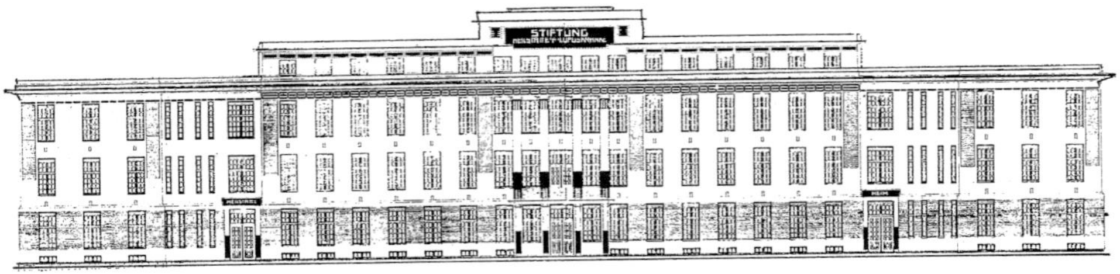

H.8 Hôpital pour
le traitement du lupus
• Façade principale
(dessin d'Otto Wagner)

Sandleiten-Hof

7

16., Sandleitengasse, Steinmüllergasse, Metschlgasse, Baumeistergasse

Emil HOPPE, Otto SCHÖNTHAL, Franz MATUSCHEK, Siegfried THEISS, Hans JAKSCH, Franz KRAUSS, Josef TÖLK • 1924-28

Le *Sandleiten-Hof* avec ses 1587 logements est un des plus grands ensembles résidentiels de la "Vienne Rouge". Abritant commerces, magasins, bains publics, laveries, écoles, crèches, poste, dispensaire, salle de spectacles... il est conçu comme une ville dans la ville, qui recherche la qualité et la diversité des espaces et des échelles plutôt que l'éloquence monumentale. Cet ensemble, grâce à sa variété pittoresque, s'adapte également en une géométrie souple au tracé des rues et des jardins. Son plan tient à la fois du *Hof* et de la *Siedlung*. Le secteur sud est construit sur les plans de Hoppe, Schönthal et Matuschek : il se compose de cinq unités différemment articulées, aux appartements distribués de part et d'autre d'un mur porteur longitudinal central dans lequel sont intégrées les canalisations. Le secteur nord est l'œuvre de Theiss, Jaksch, Krauss et Tölk, et se compose d'unités très différentes, qui s'adaptent notamment aux angles du terrain triangulaire.

Reprendre le tram 10 et revenir à la gare d'Ottakring où l'on reprend le bus 48A.

Hôpital pour le traitement du lupus

★

8

16., Montléartstrasse, 37 ; Steinlegasse
Wilhelminenspital
Pavillon 24

Otto WAGNER • 1910-13

C'est une des dernières œuvres de Wagner à Vienne, aujourd'hui intégrée dans l'hôpital Wilhelminen. On peut en comparer le style à celui de la villa Wagner II (cf.: G.19) et des immeubles de la *Neustiftgasse* (cf.: H.1) qui, eux aussi, se caractérisent par une composition géométrique rigoureuse et l'emploi de plaques de verre décoratives utilisées comme éléments d'articulation des surfaces. Une symétrie rigoureuse est en outre introduite dans cette composition soulignée par une variation du rythme des travées de façade, un porche et un attique de hauteur variable. Le plan s'articule autour de deux cages d'escalier.

Eglise Saint-Léopold *(Kirche Am Steinhof)*

★★★
★★★

9

14., Baumgartner Höhe, 1

Otto WAGNER • 1905-07

Un concours fut organisé en 1902 en vue de la construction d'une église pour l'asile d'aliénés du *Land* de Basse-Autriche. De sa propre initiative, Wagner présenta non seulement un projet pour cette église Saint-Léopold, mais aussi un plan d'aménagement

H.9 Asile d'aliénés
• Plan d'ensemble avec coupe longitudinale *(dessin d'O. Wagner)*

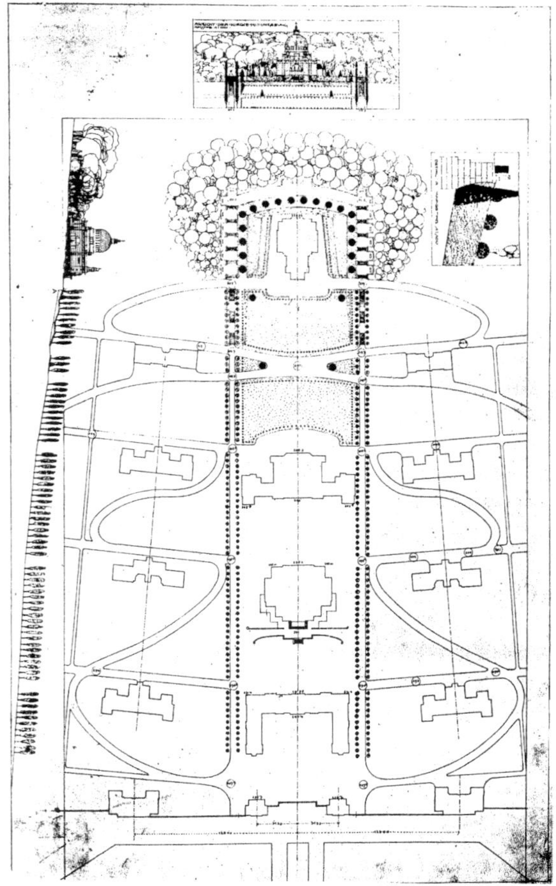

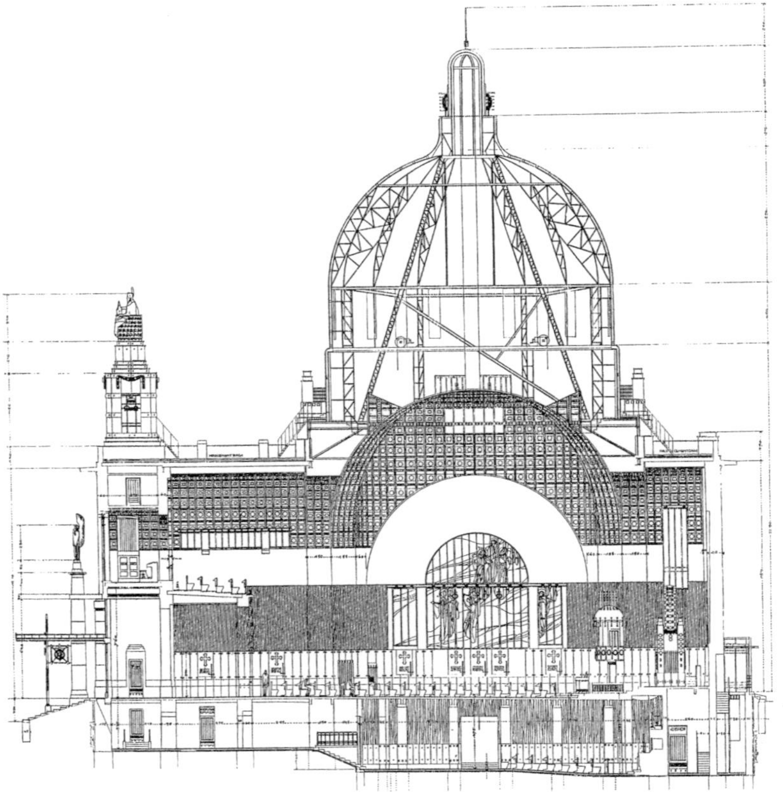

H.9 Eglise Saint-Léopold • Coupe longitudinale *(dessin d'Otto Wagner)*

de l'ensemble de l'asile. L'un et l'autre furent retenus; les pavillons des aliénés, implantés de part et d'autre de l'axe principal de la composition afin de séparer hommes et femmes, furent cependant construits par d'autres architectes. L'ensemble est étagé sur la pente d'une colline et dominé par l'église.

Extérieur

Conçue comme signal dominant un paysage, l'église se présente sous la forme d'une croix latine surmontée d'une coupole. Sur un soubassement de moellons, sa structure en béton est recouverte de plaques de marbre dont les fixations sont utilisées comme éléments décoratifs et d'articulation des surfaces. La coupole, une structure métallique recouverte de cuivre, à l'origine doré, est exhaussée sur deux tambours superposés, de forme respectivement octogonale et cylindrique. Le portail monumental où la pierre et le métal sont articulés avec la maîtrise qui caractérise l'architecte (voir le portail de la *Postsparkasse* D.17), compte quatre colonnes surmontées d'anges, œuvres de Othmar Schimkowitz. Les sculptures au sommet des deux tours sont de Richard Luksch.
Par sa forme globale, cette église que l'on comparera à celle du cimetière central (cf.: K.12) et même à Saint-Charles Borromée de Fischer von Erlach (cf.: E.1) atteste la manière dont Wagner était à la fois moderne et fidèle à la tradition. Il ne tenta jamais (contrairement à plusieurs de ses contemporains) de formuler un concept nouveau pour une église moderne. A Saint-Léopold, comme, par exemple, dans son projet de 1891 pour la cathédrale de Berlin, c'est l'écho des modèles baroques, berniniens en particulier, qui résonne.

Intérieur

L'intérieur est lui aussi tout à la fois étrangement moderne et nourri de réminiscences historiques. La coupole intérieure est en fait une enveloppe légère, une fine pellicule suspendue à la structure de la coupole externe et conçue seulement comme instrument de limitation d'un espace. Ce caractère de membrane est souligné par Wagner qui dissipe toute équivoque: le dessin des grilles métalliques qui supportent les plaques de ce plafond leur dénie clairement tout rôle de structure, en particulier aux inter-

visite sur demande
visite guidée, Sa : 15.00

H.10 Hall sportif de la ville

H.9 Eglise Saint-Léopold am Steinhof • Maître-autel, plan et principe de construction de la coupole

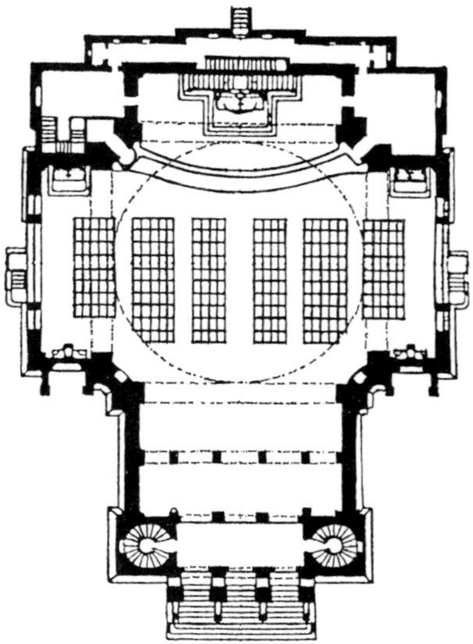

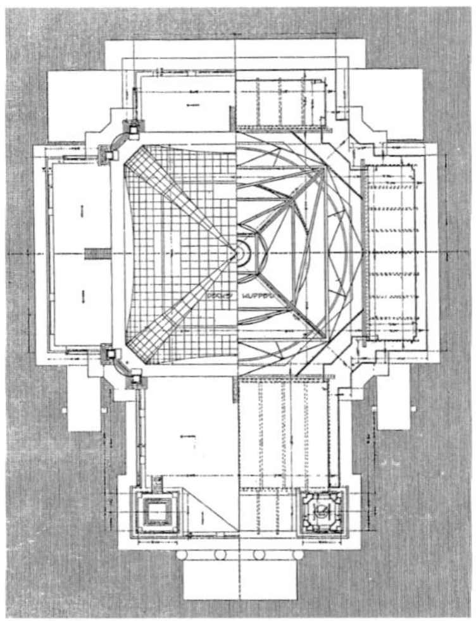

H.10 Stadthalle • Piscine couverte

sections des arêtes, ces grilles sont de plus interrompues par des fenêtres de verre teinté. Quant à la décoration de cet intérieur très lumineux, bien qu'elle corresponde à la volonté de l'architecte qui l'a conçue ou esquissée, elle apparaît plus comme un ensemble d'éléments coordonnés que comme le résultat d'une fusion, entre les interventions de l'architecte et celles d'artisans. Sur ce point aussi, Wagner se situe un peu à l'écart de ses contemporains en quête d'une œuvre d'art totale.
Le caractère hiératique de la décoration et du mobilier, allié à la préciosité et à la sensualité des matériaux et de leurs couleurs, évoque Byzance. Le maître-autel et son baldaquin, dessinés par l'architecte, incorporent des éléments décoratifs d'Othmar Schimkowitz. La mosaïque derrière l'autel est de Remigius Geyling. Les vitraux sont de Koloman Moser et composent un ensemble thématiquement organisé. Le paradis terrestre qui a été perdu par le péché originel est le thème du vitrail de l'entrée: Dieu le Père y est entouré d'anges et d'Adam et Eve agenouillés. Ce paradis peut être regagné par la charité, thème des vitraux latéraux dans lesquels deux groupes de sept saints marchent vers l'autel, menés à droite par saint Jean-Baptiste et à gauche par saint Tobie. On remarquera encore les luminaires conçus par Wagner, et quelques dispositions fonctionnelles comme la légère pente du sol en direction de l'autel, ou les formes des bancs dépourvus d'arêtes vives pour éviter que des malades agités ne s'y blessent.

Reprendre le bus 48A pour retourner vers la ville. Descendre avant d'arriver au Gürtel.

Hall sportif de la ville *(Stadthalle)*

10

■ ★

15., Vogelweidplatz, Märzstrasse, Gablenzgasse

Roland RAINER • 1952-58

Le Hall sportif de Vienne peut accueillir 15 000 personnes dans son grand espace polyvalent couvert d'une toiture métallique que soutiennent des poutres d'une portée de 100 mètres. C'est un des premiers halls sportifs couverts d'une telle ampleur.

Vogelweid-Hof

11

15., Hütteldorfer Strasse, 2A, Sorbaitgasse, Wurzbachgasse

Leopold BAUER • 1926

Un des plus petits *Hof* de Vienne (127 appartements). Sous une puissante corniche et posées sur des galeries couvertes aux arcs en plein cintre, ses façades évoquent l'Italie. L'impression est renforcée par le répertoire décoratif, le dessin des pavements et

H.11 *Vogelweid Hof*

H.12 *Fortbildungsschule*

H.III Neubaugasse, 2

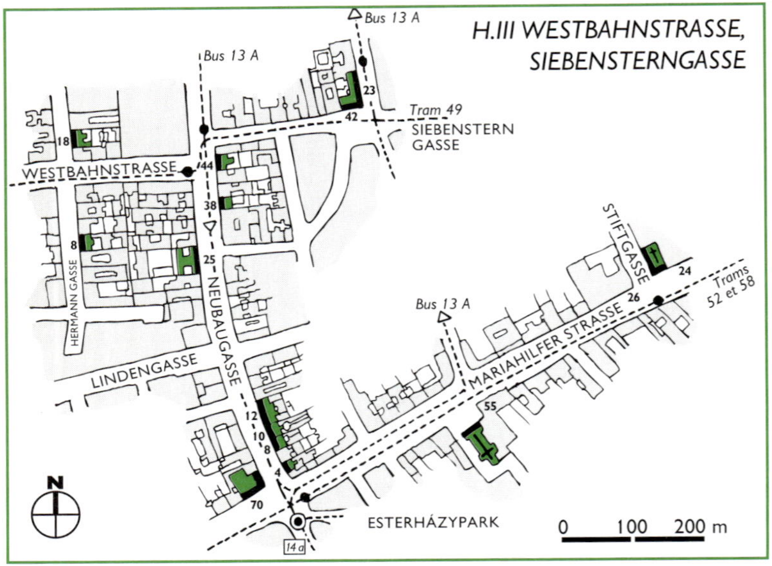

H.III WESTBAHNSTRASSE, SIEBENSTERNGASSE

H.III. d Immeuble d'habitation

la présence d'une fontaine intérieure. Le dessin des arcades dont les cannelures prolongent celles des colonnes est une invention étonnamment expressive.

Fortbildungsschule

15., Hütteldorfer Strasse, 7-17

1926

12

Comme *Amalienbad* (cf.: M.6), ce vaste bâtiment, affecté à une école de perfectionnement professionnel, est conçu dans l'esprit architectural des grands ensembles de logements sociaux de la "Vienne Rouge" des années 20. La cour intérieure, qui revêt le caractère d'un *Hof* est particulièrement réussie par l'ampleur de ses proportions.

Reprendre le bus 48A qui passe le Gürtel *puis emprunte la* Burggasse.

a *Burggasse*, 110 # *Halbgasse*, 18 • Immeuble d'habitations. Savante articulation des masses.

b *Burggasse*, 104 • Maison d'habitation • Arch. Adolf LANGER (1903) • Réalisation caractéristique de la première phase de la Sécession.

S'arrêter au carrefour Neubaugasse *et prendre le bus 13A.*

AUTOUR DE *WESTBAHNSTRASSE* ET *SIEBENSTERNGASSE* ★

III

a *Hermanngasse*, 18 • Maison d'habitation et atelier • Arch. K. STEPHANN (1911) • Elégante façade symétrique ornée de bas-reliefs en métal.

b *Hermanngasse*, 8 • Immeuble commercial Junghans • Arch. Ernst EPSTEIN (1912) • Façade rythmée par des pilastres colossaux encadrant des bow-windows superposés.

c *Siebensterngasse*, 42/44 # *Kirchengasse* 23 • Immeuble d'habitations et de commerces • Arch. Oskar GEPA et Arnold WIESBAUER (1913-14) • Puissante architecture incorporant des détails ornementaux dans le style de la *Wiener Werkstätte*.

d *Neubaugasse*, 44 • Maison d'habitation • Arch. Karl STEPHANN (1904) • Remarquable édifice à l'articulation soulignée par sa bichromie. Avant-corps central couronné de deux petits volumes encadrant une vaste fenêtre d'atelier.

e *Neubaugasse*, 38 • Maison d'habitation et de commerce (1913). Intéressante façade à la décoration sculptée d'inspiration traditionnelle.

f *Neubaugasse*, 25 • *Elsahof* • Arch. Hans PRUTSCHER (1911) • Façade au relief

H.IV: 55 Eglise Notre-Dame du Bon Secours

H.IV. 24 Eglise de l'Abbaye

H.IV: 70 Ancienne banque anglo-autrichienne • Façade et plan

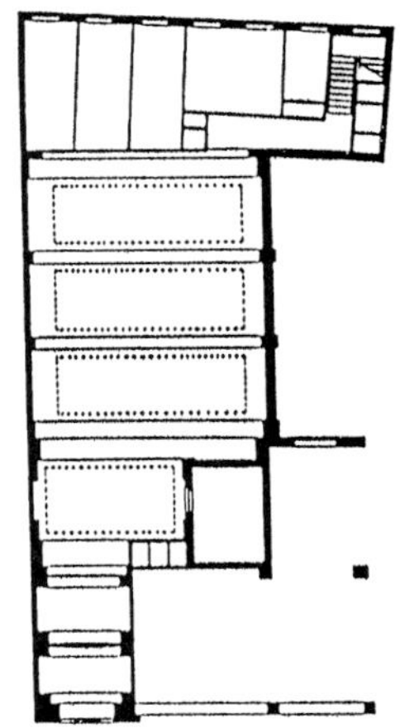

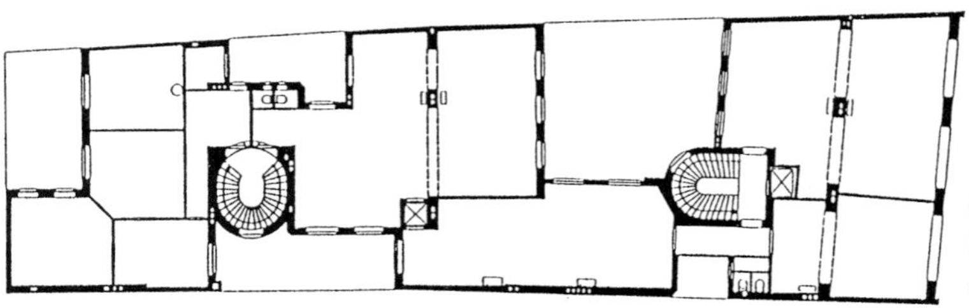

H.III. j
Maison d'habitation et de commerce • Plan

accusé par des balcons dans la partie centrale. Baies de fenêtres subdivisées par des colonnettes annelées.

g *Neubaugasse*, 12/14 • Maison d'habitation et de commerce • Arch. Leopold FUCHS (1908-12) • Façade animée par plusieurs éléments convexes et deux colonnes ioniques engagées colossales.

h *Neubaugasse*, 10 • Maison d'habitation et de commerce • Arch. Leopold FUCHS (1908-12) • Puissant contraste entre l'élan vertical du corps central convexe de la façade et la corniche rectiligne.

i *Neubaugasse*, 8 • Maison d'habitation et de commerce • Arch. Leopold FUCHS (1908-12) • Façade d'une force étonnante, subdivisée en deux fois deux niveaux que relient quatre piliers élancés surmontés de statues dans des niches.

j *Neubaugasse*, 4 • Maison d'habitation et de commerce • Arch. E. SPIELMANN et A. TELLER (1907) • Façade tripartite aux éléments polyédriques coiffés par une toiture très lourde, composition à la brutalité voulue.

Les trams 52 et 58 parcourent la Mariahilfer Strasse.

MARIAHILFER STRASSE

70 • Ancienne banque anglo-autrichienne • Arch. anonyme et Adolf LOOS (1914) • Le portail haut et étroit, habillé de granit noir, fut dessiné par Loos, de même que l'aménagement de la salle des guichets reconstitué en grande partie en 1973.

55 • Eglise Notre-Dame du Bon Secours *(Mariahilferkirche)*. Une église plus ancienne qui se dressait à cet endroit fut détruite en 1683. Elle fut reconstruite par Sebastiano CARLONE (?) entre 1686 et 1689 et transformée à plusieurs reprises. Façade à deux tours, aux éléments habilement reliés par des pilastres multiples emboîtés.

24 • Eglise de l'abbaye *(Stiftskirche)* • Arch. Joseph Emanuel FISCHER VON ERLACH (1739) • Remaniée à la fin du XVIIIe siècle. Beau clocher aux formes chantournées (★). Cette église est accolée à une importante caserne *(Stiftskaserne)* dans la cour de laquelle se dresse une des tours de la D.C.A. *(Flakturm)* construites entre 1942 et 1944.

H.V Maison baroque au Spittelberg

H.V Quartier du Spittelberg • Une cour intérieure

H.V *SPITTELBERG*

H.V Quartier du Spittelberg

7. QUARTIER DU SPITTELBERG ★★★

A proximité de la *Maria Teresienplatz*, le vieux quartier du Spittelberg est implanté sur une colline peu élevée d'où nombre d'armées ennemies bombardèrent Vienne. A partir du XVIIIe siècle, les terrains furent lotis et des maisons construites. Le quartier, mal famé, se dégrada progressivement jusqu'au moment où, à la fin des années 1970, la réhabilitation radicale du Spittelberg fut décidée sous la pression de l'opinion publique.

C'est aujourd'hui une rénovation exemplaire, menée à bien par la ville de Vienne, qui s'articule autour des *Kirchberggasse, Gutenberggasse, Spittelberggasse, Schrankgasse* et *Stiftgasse*. Elle est limitée au nord par la *Burggasse* et au sud par la *Siebensterngasse*. Vaste zone piétonnière agrémentée de placettes, de plantations et de passages couverts, l'ensemble séduit autant par ses qualités urbanistiques que par la valeur de son architecture. Les gabarits des constructions sont variés, de même que les teintes de leurs enduits qui vont du bleu au rouge en passant par une grande variété de tons pastel. Le Spittelberg offre au flâneur une succession de tableaux aussi charmants que pittoresques. Des cafés, des restaurants et des magasins animent le quartier. De nombreuses maisons possèdent des cours intérieures entourées de coursives et de balcons en bois et en fer forgé permettant de passer d'une pièce à l'autre: c'est là une typologie caractéristique des maisons viennoises des XVIIIe et XIXe siècles. Dans la cour de l'*Amerlinghaus*, aujourd'hui centre culturel (*Stiftgasse*, 8), est installée une taverne.

Vers le Nord, on découvre aussi bien quelques-unes des réalisations les plus remarquables de l'urbanisme socialiste de la "Vienne rouge" que de charmants villages entourés de vignes et la forêt du Wienerwald. Les promenades I, J, L, offrent de tels contrastes.

Le Winarsky-Hof *et le* Karl-Seitz-Hof *sont sans doute les étapes essentielles de la promenade L, tandis que le gigantesque* Karl-Marx-Hof *(promenade I) est voisin du village de Heiligenstadt. Celui-ci est proche de Grinzing (promenade J), au pied du Kahlenberg qui vit en 1683 la victoire sur les Turcs de Jean Sobieski, roi de Pologne.*

Pendant plus de deux siècles, Vienne vécut sous la menace ottomane : le quartier de Landstrasse que parcourt la promenade K n'était-il pas, pour Metternich, la porte de l'Orient ?

I

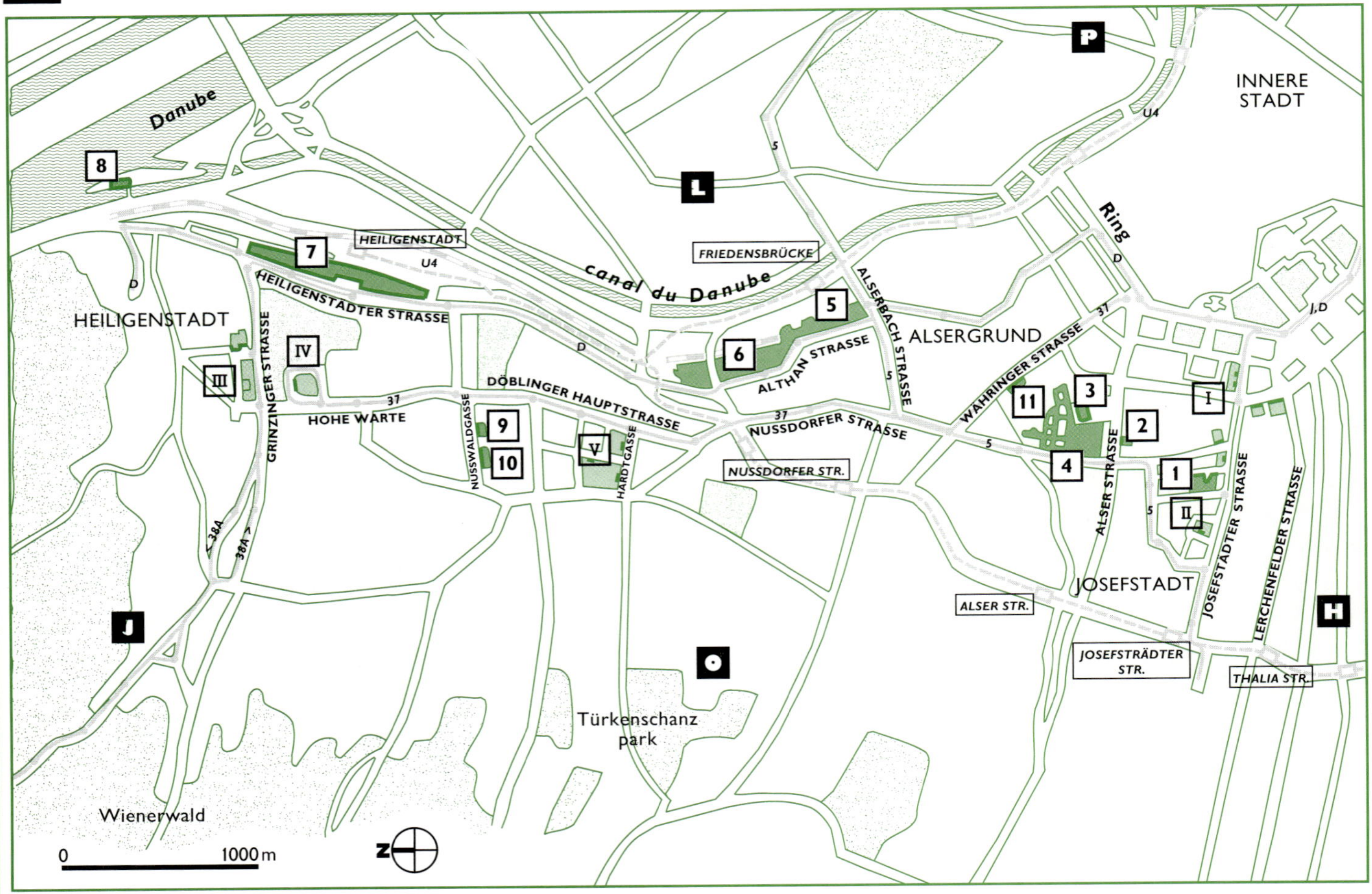

INNERE STADT
Danube
8
P
U4
L
Ring
5
HEILIGENSTADT
FRIEDENSBRÜCKE
7
U4
D
canal du Danube
5
HEILIGENSTÄDTER STRASSE
ALSERBACH STRASSE
HEILIGENSTADT
6
ALTHAN STRASSE
ALSERGRUND
WÄHRINGER STRASSE
37
J,D
IV
D
III
GRINZINGER STRASSE
37
HOHE WARTE
DÖBLINGER HAUPTSTRASSE
NUSSWALDGASSE
9
10
V
HARDTGASSE
37
NUSSDORFER STRASSE
NUSSDORFER STR.
11
3
2
I
4
ALSER STRASSE
1
II
JOSEFSTÄDTER STRASSE
LERCHENFELDER STRASSE
38A
38A
JOSEFSTADT
J
ALSER STR.
H
JOSEFSTRÄDTER STR.
THALIA STR.
O
Türkenschanz park
Wienerwald
0
1000 m
N

Promenade I
Josefstadt, Alsergrund et Heiligenstadt

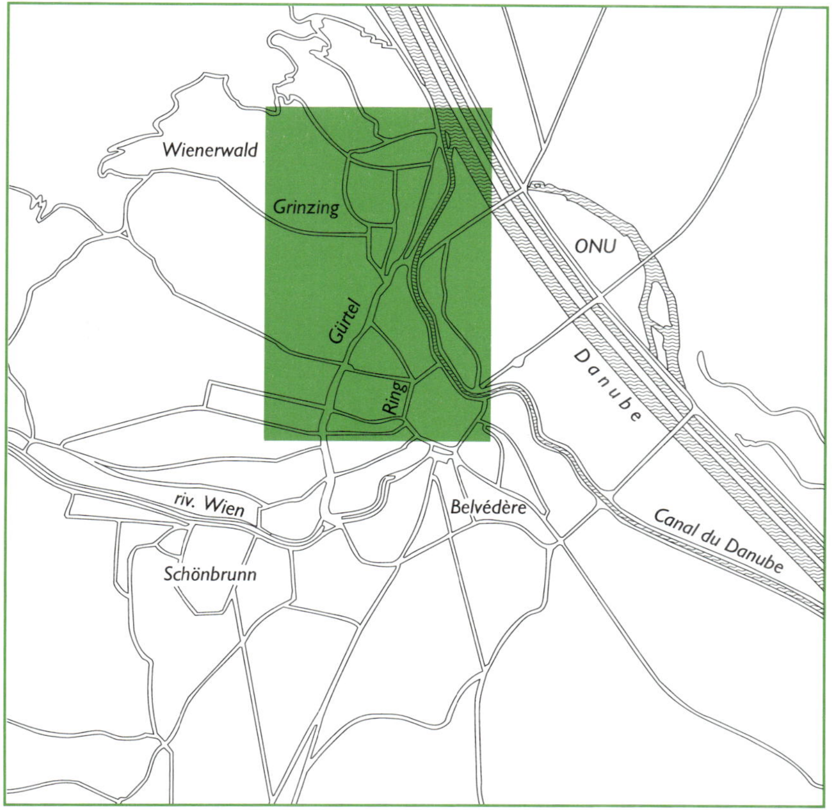

I *QUARTIER DERRIERE LE PARLEMENT*
II *QUARTIER JOUXTANT LA JOSEFSTÄDTER STRASSE*
1 Eglise des Piaristes ★★
2 Dreifaltigkeitskirche
3 Banque nationale d'Autriche
4 Hôpital général ★
5 Gare François-Joseph
6 Nouveau complexe universitaire
7 Karl-Marx-Hof ★★★★
8 Ecluse de Nussdorf ★★
III *HEILIGENSTADT* ★
IV *HOHE WARTE*
9 Maison Knips ★
10 Zacherl Fabrik
V *QUARTIER JOUXTANT LA HARDTGASSE*
11 Josephinum

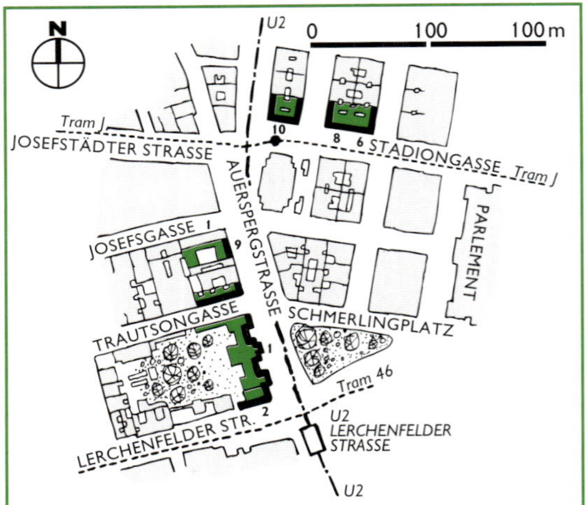

I.1 *QUARTIER DERRIERE LE PARLEMENT*

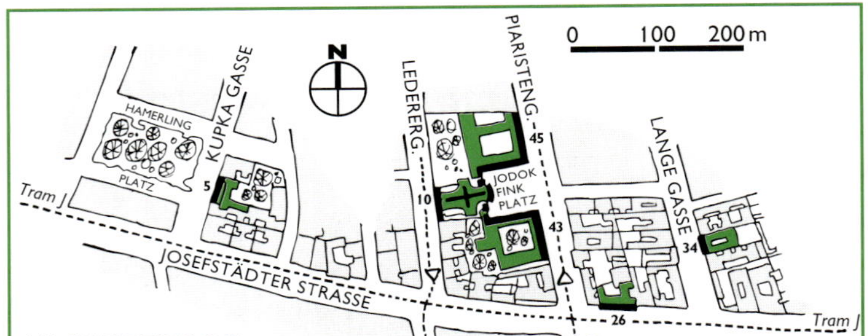

I.II *QUARTIER DE JOSEFSTÄDTER STRASSE*

I.II. b Théâtre *in der Josefstadt*

I.I. d Palais Auersperg

I.II. c Académie de commerce

Josefstadt, Alsergrund et Heiligenstadt

Trois réalisations gigantesques, de genres bien différents, donnent le ton de la promenade I: les hôpitaux généraux créés au XVIIIe siècle par Marie-Thérèse, le *Karl-Marx-Hof*, l'une des plus imposantes constructions de la Vienne socialiste des années 20, ainsi que le complexe très contesté du centre de calcul et de la nouvelle université. Mais la promenade est aussi jalonnée de lieux à échelle plus humaine comme l'église des Piaristes, les villas de la *Hohe Warte* ou le charmant village de Heiligenstadt.

Départ à proximité du Parlement où se trouve un arrêt du tram J sur le ring. *Prendre le tram J qui emprunte la* Josefstädter Strasse.

8., QUARTIER DERRIÈRE LE PARLEMENT

I

a *Stadiongasse*, 6, 8 et 10 • Trois immeubles de rapport aux angles • Arch. Otto WAGNER (1880-85) • Composition éclectique harmonieuse, représentative de la première manière de Wagner, suffisamment solide pour s'accommoder du voisinage de l'hôtel de ville (cf.: D.3).

b *Auerspergstrasse*, 9 • Ancien sanatorium du Dr Luithlen • Arch. Robert OERLEY (1907-08) • Construction altérée. La partie inférieure de la façade, massive, est percée d'étroites et hautes fenêtres, tandis que les baies des niveaux supérieurs sont calées entre des bandeaux horizontaux très marqués. Bel exemple de Jugendstil géométrique.

c *Auerspergstrasse*, 3 # *Trautsongasse*, 2 • C'est dans cette maison que Beethoven composa le credo de sa *Missa Solemnis* en 1819-20.

d *Lerchenfelder Strasse*, 1 • Palais Auersperg • Arch. anonyme (1706) • Transformé en 1721 par Johann Christian NEUPAUER, modifié au XIXe siècle, il se présente sous la forme d'un ensemble plus pittoresque qu'harmonieux.

8., QUARTIER JOUXTANT LA *JOSEFSTÄDTER STRASSE*

II

a *Langegasse*, 34 • Charmante maison baroque "à la Sainte Trinité" (1697).

b *Josefstädter Strasse*, 24/26 • Théâtre *in der Josefstadt*. • Arch. Joseph KORNHAÜSEL (1822) •. Remanié en 1841. Façade néo-classique teintée d'intimisme Biedermeier.

c *Hamerlingplatz*, 5 # *Kupkagasse* • Académie de commerce *(Handelsakademie)* (★)

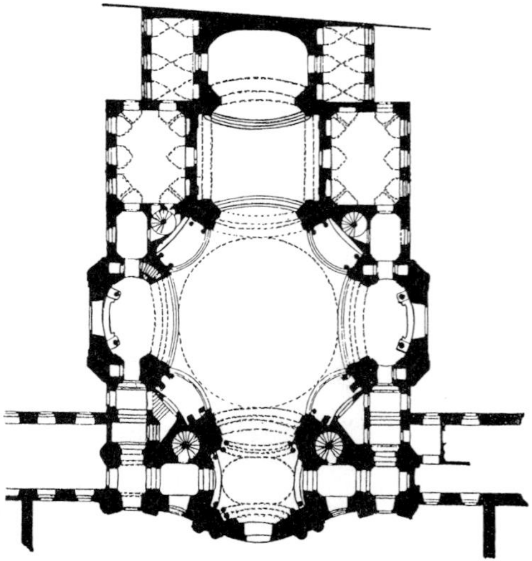

I.1 Eglise des Piaristes • Plan

I.1 Eglise des Piaristes

I.2 Eglise de la Trinité
(gravure de J. Aug. Corvinus)

I.1 Eglise des Piaristes
• Intérieur

• Arch. Julius et Wunibald DEININGER (1905-08) • Somptueuse façade, d'une monumentalité expressive, remarquable et richement décorée (hauts-reliefs des loggias surmontées de bow-windows). C'est un des joyaux de la Sécession viennoise.

1 Eglise des Piaristes ★★ ■★

8., Jodok-Fink-Platz

Johann Lucas VON HILDEBRANDT • 1716
Kilian Ignaz DIENZENHOFER (?)
Mathias GERL (?)
Franz SITTE 1858-60

Remarquablement mise en valeur par l'échelle de la place sur laquelle elle est située, l'église des Piaristes, encadrée par d'anciennes maisons, fut construite sur un projet de von Hildebrandt dessiné à la fin du XVIIe siècle. Dienzenhofer aurait remanié le projet initial et Gerl, semble-t-il, achevé le chantier. Des modifications furent apportées à l'édifice au milieu du XIXe siècle par Sitte. La belle façade, typique du baroque d'Europe centrale, est animée par le mouvement convexe de son corps central et flanquée de deux tours, que deux murs concaves en léger retrait rattachent à l'ensemble. Des colonnes engagées rythment le corps central, des pilastres articulent les tours, tandis que les divisions horizontales unifient l'ensemble. A l'intérieur, les fresques de la voûte et de la coupole sont de Franz Anton Maulbertsch.

A proximité de la Hamerlingplatz, *au carrefour de* Josefstädter Strasse *et d'*Albertgasse *passe le tram 5. Celui-ci se dirige vers les hôpitaux généraux, le palais Liechtenstein et la gare François-Joseph.*

2 Eglise de la Trinité *(Dreifaltigkeitskirche)*

8., Alser Strasse, 17

1685-1727

Suivant un type architectural répandu en Europe centrale, c'est une église à la façade encadrée par deux tours et dont le corps central est ici concave. C'est dans cette église que furent célébrées les funérailles de Beethoven, le 29 mars 1827.

3 Banque nationale d'Autriche

9., Otto Wagner Platz, 3

Leopold BAUER • 1915-19

Construction massive aux réminiscences néo-classiques, bâtie sur les plans d'un élève de Wagner pour abriter l'imprimerie de la Banque nationale. Portail principal orné de reliefs de Othmar Schimkowitz.

I.4 Hôpital général "Tour des fous"

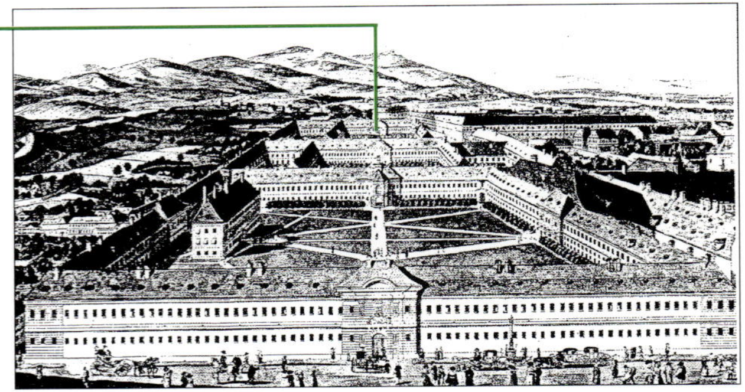

I.4 Hôpital Général

I.5 Gare François-Joseph • Patio supérieur

I.6 Nouveau complexe universitaire
• Incinérateur "décoré" par F. Hundertwasser

I.6 Nouveau complexe universitaire • Détail

4 Hôpital général (*Allgemeines Krankenhaus*)

9., Alser Strasse, 4
Isidor CANEVALE (?)
Josef GERL • 1783-84

A l'emplacement du Grand Hospice des pauvres, Joseph II fit construire à la fin du XVIIIe siècle l'Hôpital général de Vienne en prenant pour modèle l'hôpital central de Paris. Le complexe fut agrandi au cours du XIXe siècle: ici travaillèrent les médecins qui firent la renommée de l'Ecole de médecine de Vienne.
L'Hôpital compte treize cours aux confins desquelles se trouve le cylindre massif de la "Tour des fous" (★). Canevale s'est inspiré, pour cette dernière, des idéaux de géométrie pure de l'architecture française de la fin du XVIIIe siècle.

*Dans l'*Alserbachstrasse*, le tram 5 longe la propriété Liechtenstein (cf.: 0.4)*

5 Gare François-Joseph

9., Julius-Tandler-Platz
ca 1870

A la fin du XIXe siècle, la gare François-Joseph était devenue non seulement une des plus importantes de la ville mais aussi une gare de triage et de formation couvrant un terrain de plus d'un hectare. Entièrement modernisée, elle est actuellement reliée au nouveau centre informatique à front de l'*Althanstrasse* et ses voies sont couvertes d'une gigantesque dalle de béton sur laquelle est édifiée la nouvelle université.

Prendre le Tram D en direction de Heiligenstadt.

6 Nouveau complexe universitaire

9., Althanstrasse, Heiligenstädter Strasse
Kurt HLAWENICKA et associés • 1972-90

Couvrant l'ensemble des voies ferroviaires de la gare François-Joseph, le vaste complexe de la nouvelle université de Vienne groupe la faculté des sciences économiques ainsi que les instituts de zoologie, de biologie et de physiologie végétale. Un restaurant, plusieurs bibliothèques, un centre informatique et une maison des étudiants complètent l'ensemble. L'ampleur et l'échelle démesurées du programme ainsi que le caractère architectural des bâtiments implantés aux abords d'un vieux quartier en font une réalisation fort contestée des Viennois eux-mêmes. Néanmoins l'ensemble est remarquable par le soin apporté à la réalisation des détails de construction et par la qualité des équipements techniques.

II.6. [a] Professor Jodl-Hof

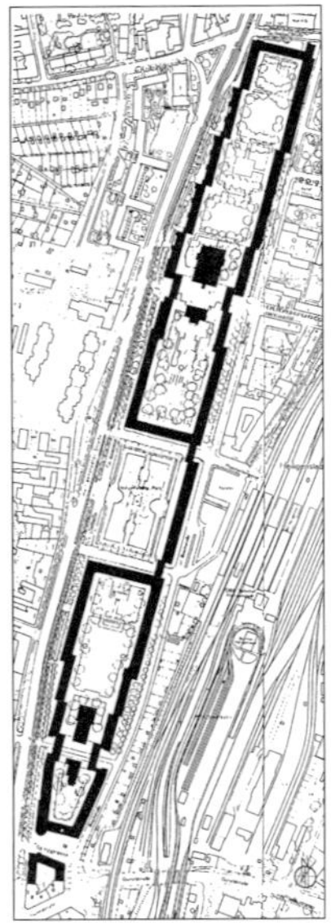

I.7 Karl-Marx-Hof
• Plan d'ensemble

I.7 Karl-Marx-Hof
• Statue monumentale

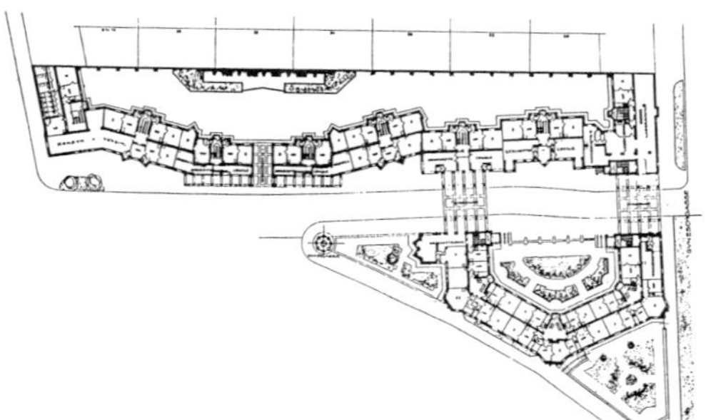

I.6. [a] Professor Jodl-Hof • Plan d'ensemble

I.7 Karl-Marx-Hof

6

a *Döblinger Gürtel, Sommergasse, Guneschgasse* • *Professor Jodl-Hof* (★)• Arch. Rudolf PERCO (1925) • Une des réalisations les plus intéressantes de la Vienne Rouge pour la grande habileté de son plan et la souplesse des volumes bâtis.

Complexe d'habitations sociales *Karl-Marx-Hof* ★★★★

7

19., Heiligenstädtler Strasse, 82-92

Karl EHN • 1927-30

Le gigantesque *Karl-Marx-Hof*, long de plus d'un kilomètre, contient 1600 logements. Construit par Karl Ehn entre une route et le chemin de fer, il est incontestablement l'ensemble collectif le plus célèbre de la Vienne socialiste des années 20. Monument grandiose du prolétariat, cette réalisation reflète bien l'idéal de la nouvelle humanité ouvrière. Véritable forteresse, le *Karl-Marx-Hof* fut l'un des foyers de la résistance des sociaux-démocrates contre les fascistes autrichiens durant la guerre civile de 1934. Pour venir à bout de cette insurrection, le gouvernement ordonna à l'armée de détruire par des tirs d'artillerie ces immeubles qui symbolisaient le triomphe insolent de la classe ouvrière.

Occupant seulement 18% de la surface du terrain, le complexe s'étire et se déboîte de part et d'autre de l'axe longitudinal de l'étroite parcelle, en s'articulant autour de trois grandes cours. A l'endroit de l'important nœud urbain et ferroviaire, où le quartier s'ouvre sur la *Heiligenstädter Strasse*, se trouve une vaste place verte dont la dimension (180 x 90 m) est bien à l'échelle du contexte bâti. La toile de fond qui ferme la perspective de la place est constituée d'un immeuble majestueux plus haut que les autres et traité comme un décor de théâtre. Il est rythmé de façon triomphale par six tours dont chacune est flanquée de six terrasses sous lesquelles s'ouvre une arche de 6 m de haut et de 13 m de portée. La succession des tours et les grandes enjambées des arches donnent à cet immeuble la dimension d'une immense machine philosophique et sociale en marche vers un avenir que seul peut garantir l'idéal de ses quelque cinq mille habitants.

La mise en scène de ce vaste ensemble est typique de la propension qu'ont les Viennois au geste architectural ample et théâtral, accentué ici par le contraste des couleurs rouge et ocre du crépi, l'incorporation de sculptures monumentales et l'accrochage sur les tours de hampes dressées vers le ciel.

7

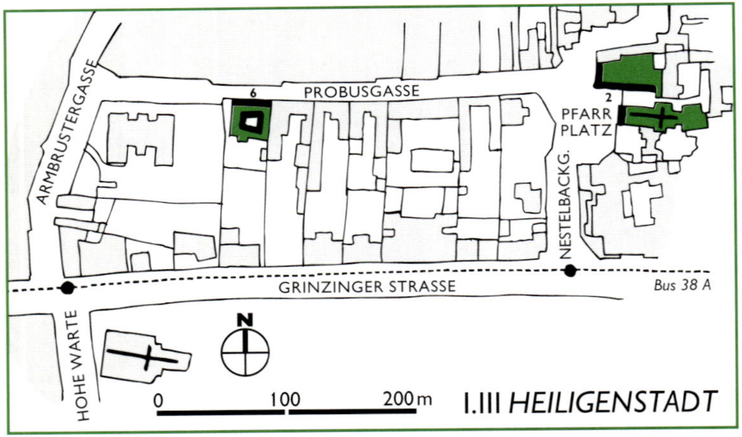

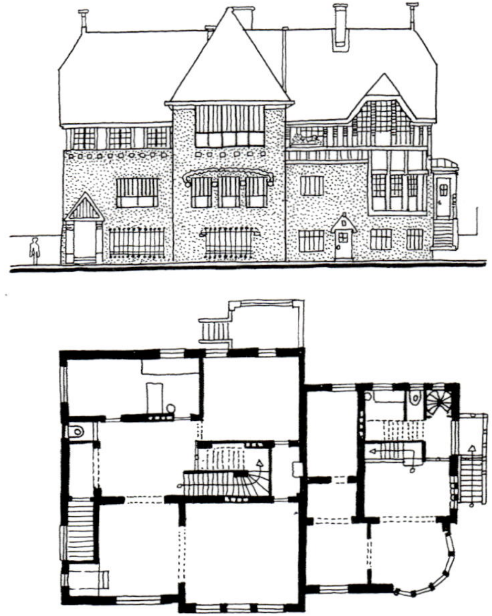

I.IV. a Maison Moser-Moll I • Façade avant et plan du bel étage

I.8 Ecluse de Nussdorf *(dessin d'O. Wagner)*

I.III. c Heiligenstadt • Maison de Beethoven

I.III. b Heiligenstadt • Maison de Beethoven

Prendre le tram D jusqu'à son terminus si l'on veut se rendre à Nussdorf.

Ecluse et bâtiment administratif de Nussdorf ★★

8

19-20, sur le canal du Danube

Otto WAGNER • 1894-98

Cette installation de régulation du canal du Danube est peut-être l'illustration la plus remarquable du *Nutzstil* (style utile) prôné par Otto Wagner. L'écluse, encadrée par deux lions en bronze de Rudolf Weyr campés sur de hauts socles, est conçue comme l'entrée triomphale du canal. Le bâtiment administratif voisin est plus conventionnel, mais l'ensemble de l'aménagement du site est une exceptionnelle synthèse d'architecture et d'ingénierie, empreinte d'une force et d'une grandeur originales.

A la 12 Februar Platz, *au centre du* Karl-Marx-Hof *où s'arrête le tram D, prendre au même arrêt le bus 38A jusqu'au village de Heiligenstadt.*

19., *HEILIGENSTADT*

III

a *Pfarrplatz*, 3 • Eglise paroissiale Saint-Jacques. Déjà mentionnée dans des documents du XIIIe siècle, elle fut érigée sur des fondations romaines et plusieurs fois détruite, reconstruite et modifiée.

b *Pfarrplatz*, 2 • Maison de Beethoven. Belle maison rurale du XVIIe siècle avec une grande cour, où le compositeur vécut en 1817.

c *Probusgasse*, 6 • Maison de Beethoven. C'est la maison du "Testament de Heiligenstadt" où le compositeur écrivit en 1802 une lettre de désespoir adressée à l'humanité toute entière.

Ici se greffe le parcours J vers Grinzing, Kahlenberg et Leopoldsberg.

Rejoindre à pied le quartier Hohe Warte *où l'on trouve le terminus du tram 37.*

19., *HOHE WARTE*

IV

Ce quartier abrite quatre maisons de Josef Hoffmann:

a *Steinfeldgasse*, 6/8 # *Geweygasse*, 13 • Maison Moser-Moll I • Arch. Josef HOFFMANN (1900-01) • Maison double construite pour les artistes Koloman Moser et Carl Moll. Composition de volumes très libre et influences anglaises caractérisent cette architecture.

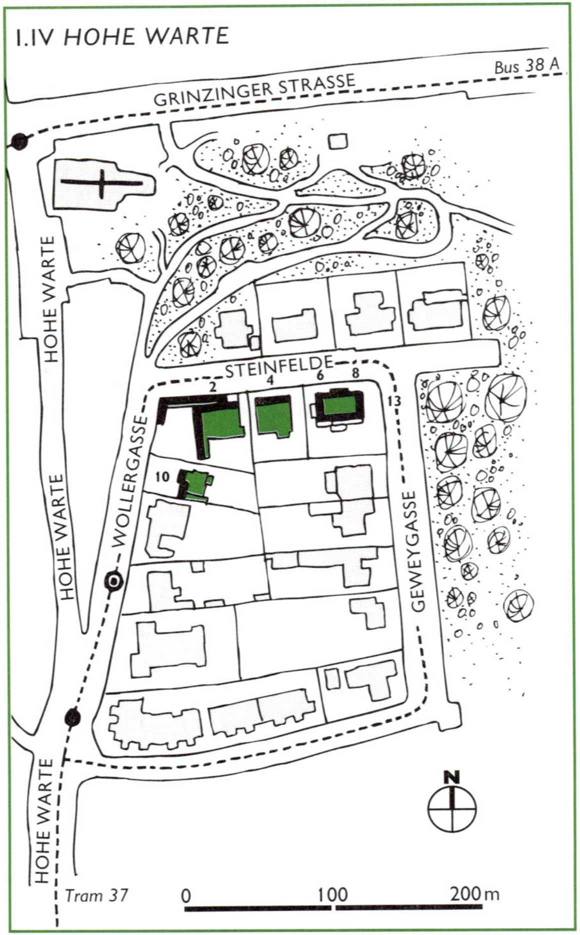

I.IV. d Maison Moll II
• Façade et détail de l'entrée

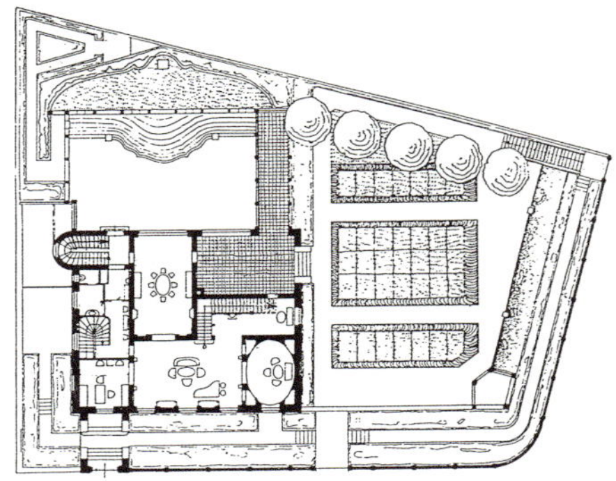

I.IV. c Maison Ast • Plan
(dessin de J. Hoffmann)

I.9 Maison Knips II

b *Steinfeldgasse*, 4 • Maison Spitzer • Arch. Josef HOFFMANN (1901-02) • Semblable à la précédente par son style, avec les colombages de ses niveaux supérieurs évoquant aussi bien le mouvement *Arts-and-Crafts* anglais que la tradition locale. Cette maison avait été meublée par Olbrich, mais il ne reste que peu de choses des intérieurs originaux.

c *Steinfeldgasse*, 2 # *Wollergasse*, 12 • Maison Ast • Arch. Josef HOFFMANN (1909-11) • Intéressante maison de la phase classique de l'architecte, à comparer avec la villa Primavesi-Skywa (cf.: G.10). Les cadres moulurés reliant les fenêtres superposées impriment aux façades de la maison Ast un rythme évoquant celui des travées classiques.

d *Wollergasse*, 10 • Maison Moll II • Arch. Josef HOFFMANN (1906-07) • De la rue, la deuxième maison Moll se présente sous la forme d'une imbrication d'un volume sous toiture à versants et d'une tour plus élevée sous toit plat. Les encadrements des fenêtres et les corniches sont soulignés par un motif décoratif en damier. La porte d'entrée du porche (★) encadrée de fenêtres à croisillons, forme une composition unitaire où le motif en damier et la découpe du vantail jouent un rôle essentiel.

Prendre le tram 37, qui emprunte la Hohe Warte. *Descendre au carrefour de la* Barawitzkagasse.

Maison Knips ★ 9

19., Nusswaldgasse, 22

Josef HOFFMANN • 1924-25

C'est la dernière grande villa viennoise de Hoffmann, dans laquelle il semble s'être imprégné de l'esprit Biedermeier. Belles proportions du corps principal de la villa, rythmé par des fenêtres à croisillons.

Zacherl Fabrik 10

19., Nusswaldgasse, 14

Karl MAYREDER • 1888-92

Façade symétrique ordonnée autour d'un porche monumental surmonté de deux tourelles et d'une coupole, dans un style où des éléments gothiques et persans se mêlent étrangement.

Reprendre le tram 37 qui emprunte la Döblinger Hauptstrasse *jusqu'au carrefour de* Hardtgasse *et* Guneschgasse.

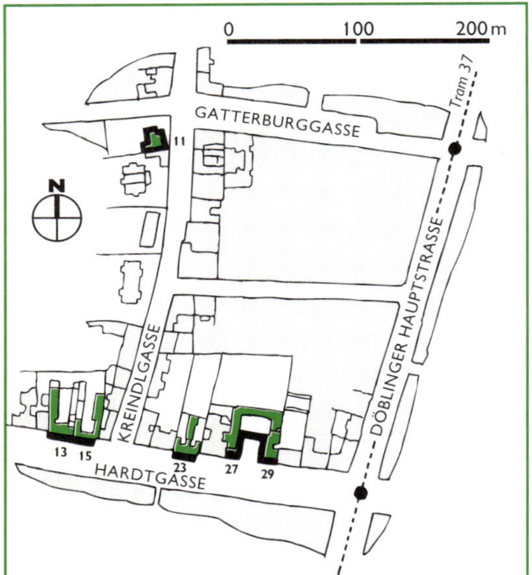

I.V *QUARTIER HARDTGASSE*

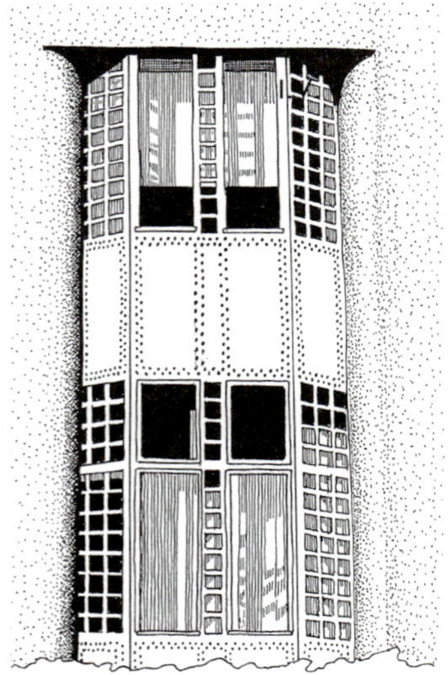

I.V. c Villa Höllerl

• Détail d'un bow-window

I.V. c Villa Höllerl

I.11 Josephinum

19., QUARTIER *HARDTGASSE*

a *Hardtgasse*, 23 • Cette maison hors alignement montre quel était le gabarit de la rue avant son élargissement au XIXe siècle.

b *Hardtgasse*, 27/29 • Immeuble Léopold Goldmann • Arch. Adolf LOOS (1909-11) • En forme de U autour d'une cour orientée vers la rue, cet immeuble est une composition plus conventionnelle que la maison de la *Michaelerplatz* (cf.: C.12), qui lui est contemporaine.

c *Kreindlgasse*, 11 # *Gatterburggasse* • Villa (★) • Arch. Rudolf HÖLLERL (1907) • Un volume simple ennobli par trois bow-windows d'un raffinement extraordinaire. Fenêtres ouvrantes et parties fixes à petits carreaux y alternent, tandis que les rivets d'assemblage des panneaux opaques s'associent à la modulation des bow-windows pour en exalter l'élégance.

Reprendre ensuite le tram 37 en direction du Währinger Gürtel *qu'il coupe pour rejoindre les abords du* Ring.

Josephinum 11

9., Währinger Strasse, 25

Isidor CANEVALE • 1783-85

Lu-Ve (sauf jours fériés) : 09.00-15.00

L'Académie militaire de chirurgie et de médecine, dite *Josephinum*, fut fondée par Joseph II. C'est une œuvre de l'extrême fin du baroque.

m Musée de l'Institut de l'histoire de la médecine. Il documente notamment l'évolution de l'Ecole de médecine de Vienne, de Gérard van Swieten jusqu'à Freud.

Le terminus du tram 37 se trouve à Schottentor *le long du* Ring *entre l'université et la* Votivkirche.

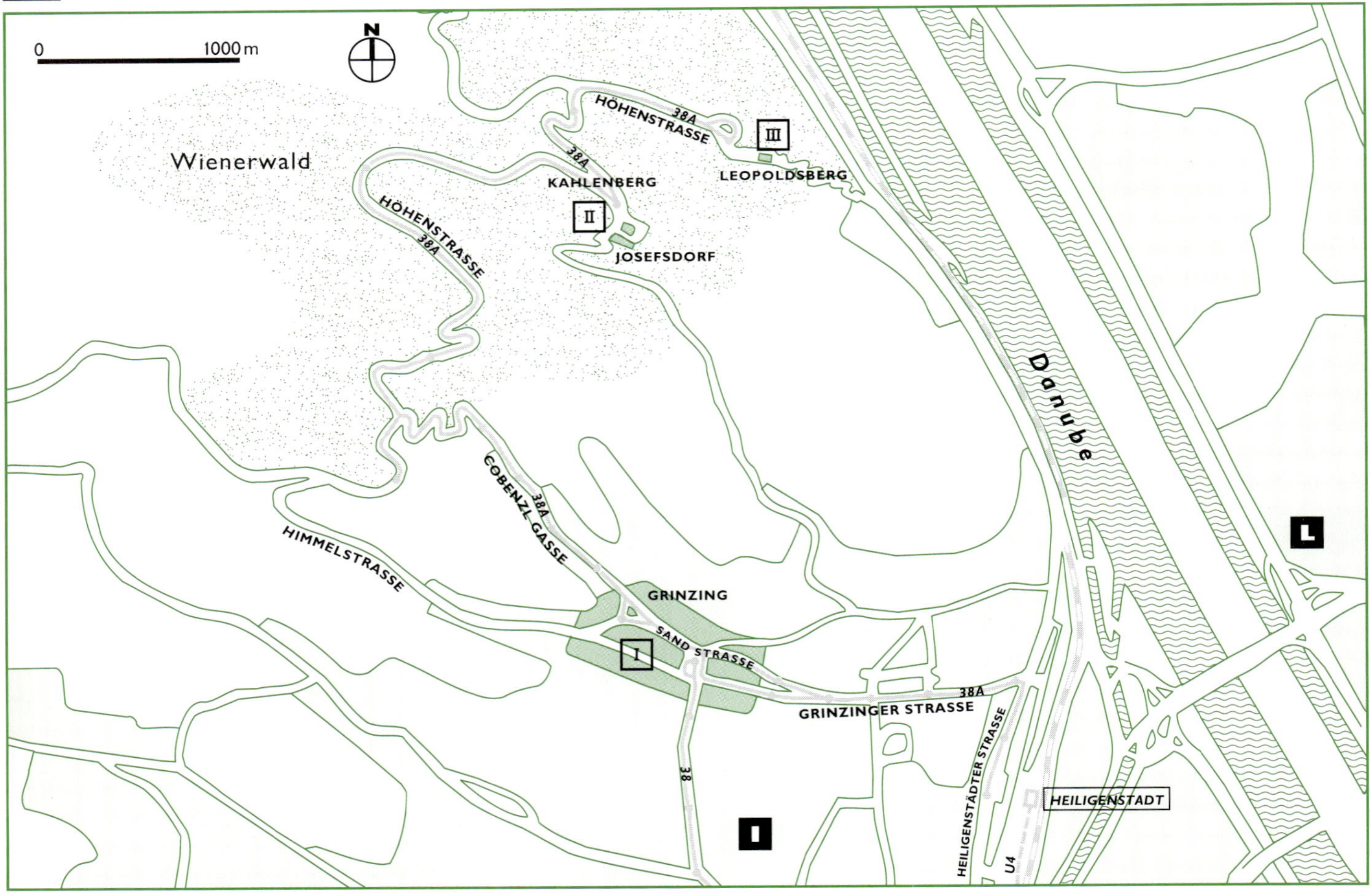
0
1000 m
N
Wienerwald
HÖHENSTRASSE
38A
KAHLENBERG
LEOPOLDSBERG
III
II
JOSEFSDORF
Danube
COBENZLGASSE
HIMMELSTRASSE
GRINZING
SAND STRASSE
I
GRINZINGER STRASSE
HEILIGENSTÄDTER STRASSE
38
U4
HEILIGENSTADT
L
I

Promenade J
Grinzing et les pentes du Wienerwald

J.I Village de Grinzing

Grinzing et les pentes du Wienerwald

Installé en bordure de la ville et sur les pentes du *Wienerwald*, le village de Grinzing est, avec ses rues pittoresques et ses guinguettes, un des lieux touristiques les plus connus de Vienne. La promenade J lui est principalement consacrée.

⊙ *Cette excursion sur les contreforts sud du* Wienerwald *débute au village de Heiligenstadt au milieu de la promenade I à laquelle elle apporte un contrepoint champêtre des plus agréables. Mais on peut également l'entreprendre depuis le centre ville : soit en prenant le métro U4 jusqu'à son terminus de Heiligenstadt, d'où le bus 38A conduit jusqu'à* Leopoldsberg, *soit par le tram 38 depuis* Schottentor *près de la* Votivkirche *(cf. : D.1) jusqu'à Grinzing où l'on retrouve le bus 38A. Afin de profiter d'un bon ensoleillement du panorama et aussi de l'ambiance de Grinzing, il est souhaitable de faire cette excursion en fin de journée.*

19., VILLAGE DE GRINZING ★★

I

Situé au pied des pentes du Wienerwald couvertes de vignobles, cet ancien village de vignerons était déjà connu en 1114 sous le nom de Grinzingan. Une vingtaine de *Heurigen* (tavernes) y sont signalées par des perches auxquelles pendent bouquets ou couronnes de sapin. C'est là que l'on sert le vin nouveau nommé *Heuriger*, un blanc sec, commenté par les tenanciers sur un accompagnement de *Schrammeln-Musik*, forme particulière de musique populaire viennoise, inventée au XIXe siècle par les frères Johann et Josef Schrammel. C'est un lieu pittoresque où les Viennois aiment se retrouver en fin de journée.

■ Eglise Sainte-Croix, édifice gothique flanqué d'un clocher baroque.

■ *Himmelstrasse, Sandgasse* et *Cobenzlgasse*, cette dernière jalonnée d'anciennes maisons et de guinguettes pittoresques (la n°9 possède une belle cour intérieure).

Ce village fort fréquenté par les touristes n'est pas toujours dans la vieille tradition viennoise. Si l'on désire s'attarder dans un *Heurigen* authentique fréquenté par les Viennois, à l'écart des hordes de touristes, on se rendra par exemple chez Hengl-Haselbrunner, au n°10 de l'*Iglaseegasse*, tout au sud du village de Grinzing.

J.I Village de Grinzing

J.II *Kahlenberg* • Eglise Saint-Joseph

J.III *Leopoldsberg* • Eglise Saint-Léopold

19., *KAHLENBERG* ET LE VILLAGE DE JOSEFSDORF

II

Ce lieu historique, appelé "Mont Chauve", est lié à la défaite des Turcs lors du siège de Vienne en 1683 ; il commémore la victoire de Jean Sobieski, roi de Pologne.

■ Eglise polonaise Saint-Joseph : édifice de 1629 qui appartenait à l'ermitage des Camaldules. Sanctuaire national des Polonais, chapelle Sobieski et copie de la Vierge noire de Czestochowa.

■ Terrasse de l'hôtel-restaurant *Kahlenberg*, point culminant de Vienne (483 m).

◀ Vue panoramique sur toute la ville (★★).

19., *LEOPOLDSBERG*

III

Site d'un ancien château édifié au XIIe siècle par les ducs de Babenberg.

■ Eglise Saint-Léopold ; construite en 1679 par Léopold Ier et agrandie de 1718 à 1730 dans le style baroque par l'architecte Antonio BEDUZZI.

■ Terrasse du restaurant Leopoldsberg, situé à 423m d'altitude.

◀ Vue panoramique exceptionnelle (★★★) sur toute la ville, la plaine de Wagram, le Leithagebirge et la forêt viennoise. C'est un des plus beaux panoramas, qui embrasse Vienne depuis l'outre-Danube jusqu'à Schönbrunn et, si le temps est clair, jusqu'en Tchécoslovaquie.

K

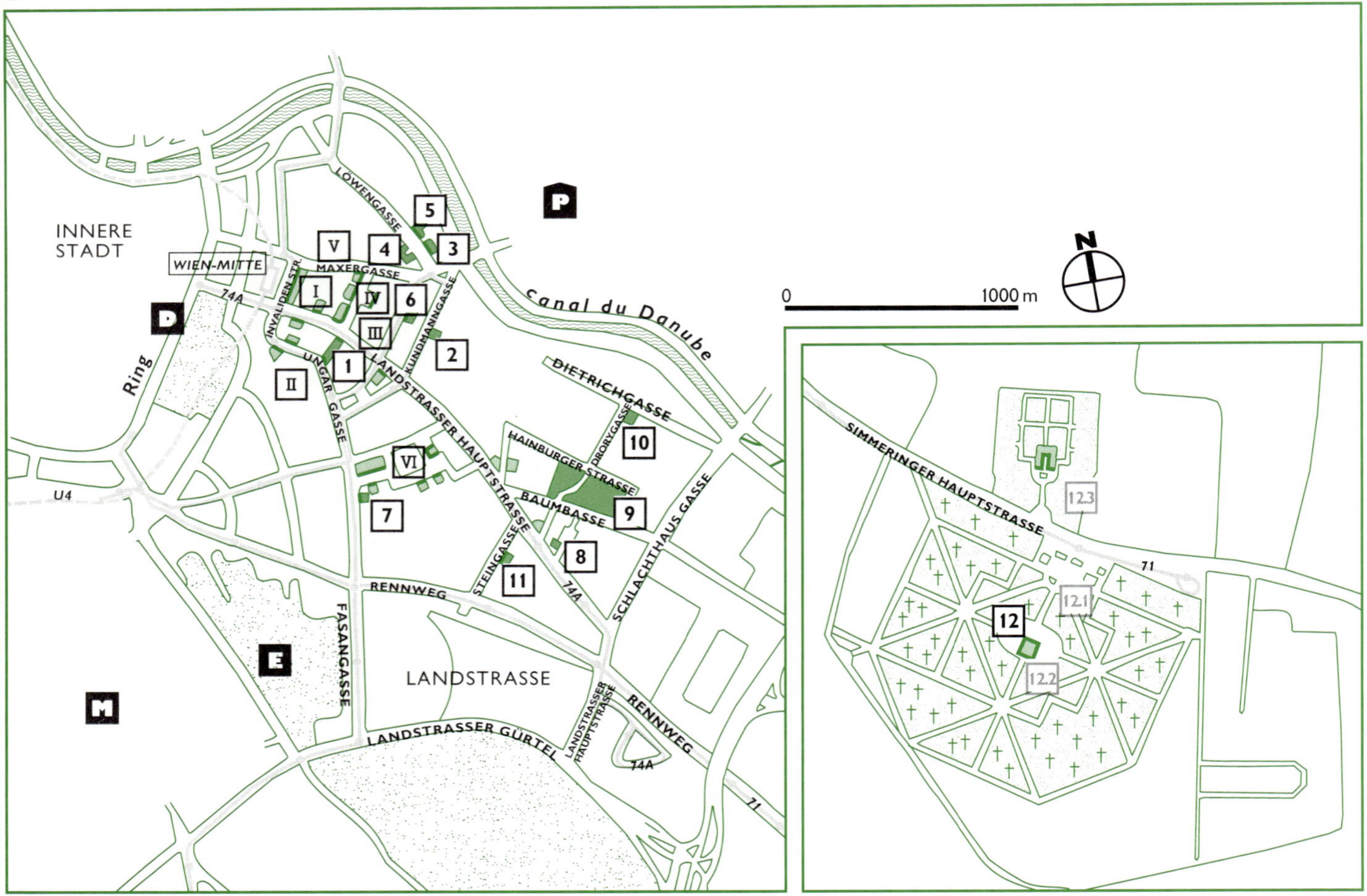
INNERE STADT
WIEN-MITTE
Ring
U4
74A
INVALIDEN STR.
MAXERGASSE
LÖWENGASSE
KUNDMANNGASSE
UNGAR GASSE
LANDSTRASSER HAUPTSTRASSE
Canal du Danube
DIETRICHGASSE
DRORYGASSE
HAINBURGER STRASSE
BAUMGASSE
SCHLACHTHAUS GASSE
STEINGASSE
RENNWEG
FASANGASSE
LANDSTRASSE
LANDSTRASSER GÜRTEL
LANDSTRASSER HAUPTSTRASSE
71
P
D
E
M
1
2
3
4
5
6
7
8
9
10
11
I
II
III
IV
V
VI
0
1000 m
N
SIMMERINGER HAUPTSTRASSE
12
12.1
12.2
12.3

Promenade K
Ungargasse et Landstrasser Hauptstrasse

K.I : 5/7 Immeuble de logements

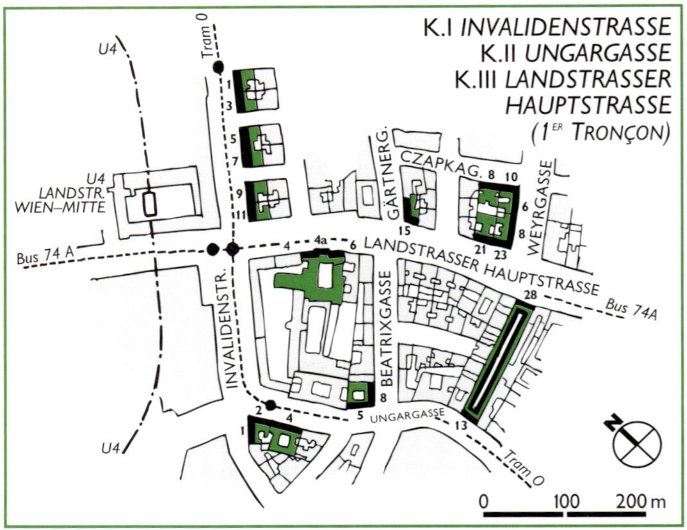

K.II : 2 et 4
Deux immeubles
de commerces
et de logements

Ungargasse et Landstrasser Hauptstrasse

Deux axes à travers le quartier de Landstrasse

K

Les quartiers situés entre le Belvédère et le canal du Danube sont traversés par l'axe principal de la *Landstrasser Hauptstrasse* que Metternich avait surnommée "la porte de l'Orient". En fait on y trouvera surtout d'importants immeubles de rapport construits en Jugendstil au début du XXᵉ siècle, mais aussi des édifices isolés qui évoquent quelques personnalités attachantes telles le philosophe Wittgenstein, le mécène Rasumofsky, les marchands Portois et Fix, le peintre Hundertwasser... et pour les rassembler tous, le "cimetière central" situé à l'extrémité sud de la ville.

La promenade débute au carrefour proche de la station U4 Wien-Mitte *et de l'hôtel Hilton qui est aussi l'Air-Terminus de Vienne. De là, le bus 74A dessert la* Landstrasser Hauptstrasse *et le tram O suit l'*Invalidenstrasse *pour emprunter ensuite l'*Ungargasse.

3., *INVALIDENSTRASSE* — I

Cette rue offre l'occasion de découvrir, entre les numéros 1 et 11, un bon exemple de grandes maisons à appartements, construites vers les années 1910 dans le style de la Sécession tardive.

5/7 • Maison d'habitation • Arch. Arthur BARON (1911) • Imposante bâtisse dont la façade est articulée sur deux tours engagées, couvertes de coupoles. Les bow-windows peu saillants, la lourde décoration inspirée de la Sécession, les balcons de pierre et la grande toiture en tuiles renforcent le caractère massif de la composition.

3., *UNGARGASSE* — II

2 # *Invalidenstrasse* • Immeuble de commerces et de logements • Arch. Hans DVOŘAK (1909) • Grande rotonde d'angle avec colonnes d'ordre colossal.

4 • Immeuble à appartements • Arch. Isidor GIESSKANN (1910) • Par sa modernité, cet immeuble, composé dans le style de la Sécession tardive, contraste de manière intéressante avec son voisin (n°2) qui le précède d'un an seulement.

5 • Maison où Beethoven composa une partie de sa 9e symphonie (1823-24).

13 • **Passage *Sünnhof*** (commentaire en K.1).

K.II. a Fontaine Charles Borromée

K.III
LANDSTRASSER
HAUPTSTRASSE
(2^E^ TRONÇON)

K.II. b
Immeuble à appartements
• Portail et balcon

K.II. c Immeuble à appartements
• Détail d'un balcon

La *Rochusgasse* qui se greffe sur la *Ungargasse* conduit à la *Karl-Borromäusplatz* où se trouve la

a **Fontaine Charles Borromée** (★) (appelée aussi *Lueger-Brunnen*, en souvenir du maire de Vienne à la fin du XIXe siècle) • Arch. Jože PLEČNIK (1904-09) • Composé sur le modèle des fontaines de Rome et dans le goût de la Sécession, ce monument se compose d'une pièce d'eau ovale et d'un obélisque posé sur un socle à trois branches qu'agrémente un groupe de putti, œuvre de Josef Engelhart.

Un peu plus loin, la *Ungargasse* est coupée par la *Neulinggasse* qui conduit à la *Reisnerstrasse* où se trouvent deux beaux immeubles influencés par la *Wiener Werkstätte*.

b 27/29 • Immeuble double à appartements (★) • Arch. Coop. LEHRMANN et WALTER (1913) • Sous l'influence de la *Wiener Werkstätte* et de la Sécession, sa composition est régie par un jeu d'encadrements de fenêtres qui fixe la proportion des pilastres et des entablements. On remarquera tout particulièrement l'usage de colonnes jumelées dans la loggia "à l'italienne" de l'attique et dans le portail d'entrée. Est également digne d'intérêt le balcon central à volutes posé sur des chapiteaux formés de putti qui jouent le rôle d'atlantes.

c 13 • Arch. Karl STEPHANN (1904) • Façade axée sur deux couples de colonnes d'ordre colossal entre lesquelles s'insèrent des balcons en fer forgé dont le dessin est inspiré par la *Wiener Werkstätte*.

59/61 • **Maison d'habitation et de commerce "Portois et Fix"** (commentaire en K.7).

3., *LANDSTRASSER HAUPTSTRASSE* III

Cette artère principale du quartier de Landstrasse prend naissance au *Stubenbrücke* sur la Wien. Les quartiers qui l'environnent sont surtout constitués de grands ensembles résidentiels construits autour de 1900.

Le bus 74A permet de parcourir l'essentiel de cette promenade.

4a • *Elisabethenkirche* (église conventuelle des sœurs de Sainte-Elisabeth) • Arch. Mathias GERL l'ancien (1710-11) • Construction baroque reconstruite et restructurée par Franz-Anton PILGRAM (1743-49).

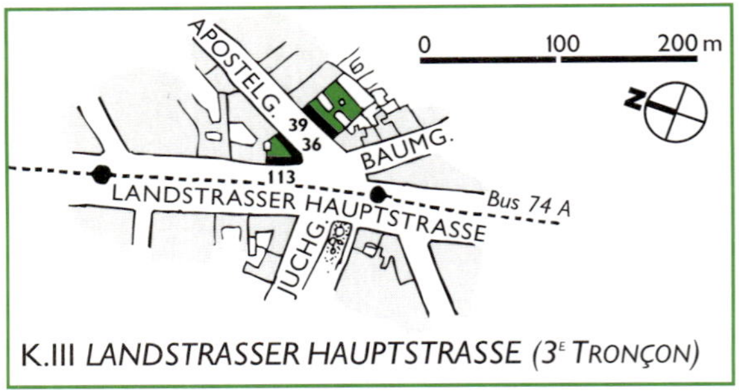

K.III : 23-25 Immeuble à appartements • Détail

K.III : 56 *Rochuskirche*

K.III : 137a Cinéma Eos

K.III : 113 Immeuble à appartements • Plan

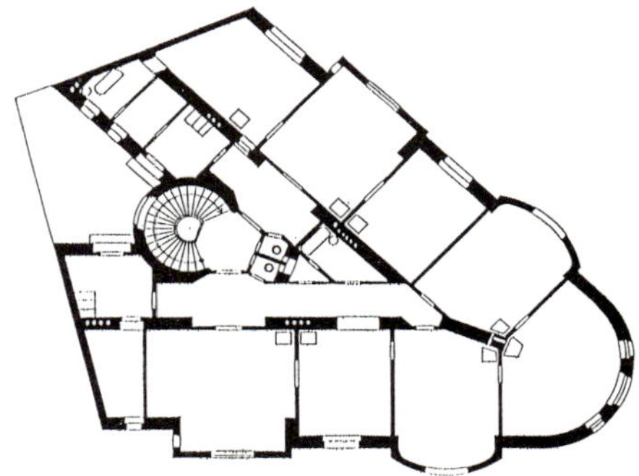

15 # *Gärtnergasse*, 17 • Immeuble à appartements • Arch. Groupe KUPKA et ORGLMEISTER (1899-1900) • Immeuble d'angle décoré de motifs végétaux Jugendstil et de sculptures inspirées du Biedermeier.
21 et *Czapkagasse*, 8 • Immeuble à appartements • Arch. Karl HAYBÄCK (1912) • Façade recouverte d'un enduit de ton ocre décorée de quatre pilastres composés d'anneaux métalliques imitant la pierre.
23/25 # *Weyrgasse*, 6/8 et *Czapkagasse*, 10 • Groupe d'immeubles à appartements • Arch. Léopold FUCHS (1912) • Le corps central de chacune des façades est rythmé par des pilastres cannelés d'ordre colossal. Il est surmonté d'un attique à fronton curviligne soutenu par des atlantes monumentaux aux formes trapues.

Ici se greffe la *Weyrgasse* qui conduit à un quartier environnant la *Esteplatz* (commentaire en K.IV).

28 et Ungargasse, 13 • **Passage *Sünnhof*** (commentaire en K.1).
56 • *Rochuskirche* (église paroissiale Saint-Roch et Saint-Léopold). Façade d'Anton OSPEL (1721) sur un édifice plusieurs fois reconstruit (partie d'un ancien couvent).

Ici se greffe la *Kundmanngasse* qui conduit à un quartier dominé par les *Rasumofskygasse* et *Löwengasse* (commentaire en K.V).

Poursuivre dans la Landstrasser Hauptstrasse *par le bus 74A la jusqu'à la* Neulinggasse.

Cette artère conduit au parc d'Arenberg et au quartier qui l'environne (commentaire en K.VI).

113 # *Apostelgasse*, 36 • Immeuble à appartements • Arch. Hans DVOŘÁK (1912) • Construction Jugendstil, avec rotonde d'angle et décorations inspirées par la Sécession.

Ici se greffe l'*Apostelgasse*.
a 39 • Immeuble à appartements • Arch. Léo HIRSCH (1911) • Belle façade avec deux frontons curvilignes ornés de pinacles avec perles.

137a # *Rabengasse* • Cinéma Eos (★) • Arch. Félix Angelo POLLAK (1930-31) •

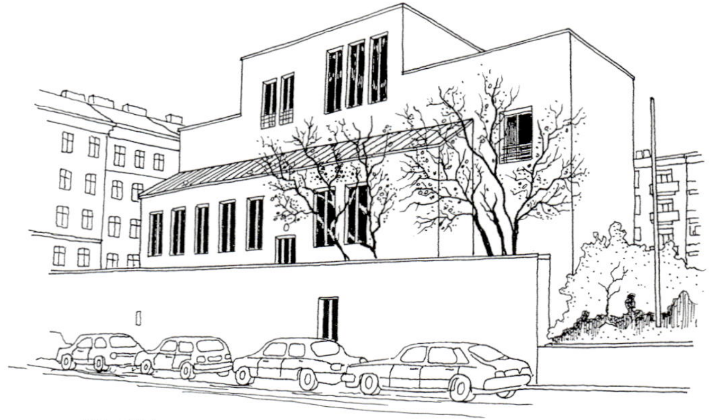

K.2 Maison Wittgenstein

K.1 Passage *Sünnhof*

K.1 Passage *Sünnhof* • Façade à front
de la Landstrasser Hauptstrasse

Intéressante résolution de l'angle aigu entre les deux rues au moyen de grands pans de façades qui se juxtaposent par un jeu subtil de décrochements.

3., *ESTEPLATZ* ET SES ABORDS

IV

L'étroite et longue place d'Este se trouve dans un quartier urbanisé entre 1910 et 1914. Elle est bordée d'immeubles monumentaux Jugendstil fortement influencés par le néo-classicisme.

a *Esteplatz*, 3/4, 5/6 et 7/8 • Ensemble monumental d'immeubles à appartements • Arch. Emil REITMANN et Josef HACKHOFER (1912-13).

b *Czapkagasse*, 7 • Immeuble à appartements • Arch. Karl HAYBÄCK (1911).

c *Gärtnergasse*, 7 • Maison "Au mouton blanc" • Arch. Robert HAUSER (1911) • Loggia avec mouton en cartouche. On remarquera surtout le très beau fronton curviligne décoré de figurines féminines et de motifs floraux.

d *Uchatiusgasse*, 5 • Immeuble à appartements • Arch. Karl HAYBÄCK (1909) • Composition axée sur deux bow-windows de 3 étages et sur un fronton composite central. Mélange de décorations sécessionnistes et de motifs floraux Jugendstil.

Passage *Sünnhof* ★

1

3., Landstrasser Hauptstrasse, 28 et Ungargasse, 13 ■ ★★

anonyme • XVIIIe s.

remaniement : **Peter GERL • 1823**

aile principale : **Josef DALLBERG • 1837**

Exemple quasi unique à Vienne d'un *Hof* du XVIIIe siècle, qui revêt la forme d'une étroite et pittoresque ruelle de 150 m de long traversant tout un îlot, dernier vestige du vieux quartier de Landstrasse. La façade de l'immeuble à front de la *Hauptstrasse* est une architecture typiquement Biedermeier.

Derrière les façades ocrées du *Sünnhof*, l'on trouve, aujourd'hui, un hôtel de luxe mais aussi des boutiques, des cafés et des ateliers d'artisans.

3., QUARTIER AUTOUR DE LA *MAXERGASSE*

V

Ce quartier, construit aux abords de la rive droite du canal du Danube, a été urbanisé au début du XXe siècle. Il se dispose de part et d'autre de la *Maxergasse*, troisième grande artère de Landstrasse, qui relie le centre-ville au pont de la Rotonde d'où part une rue sinueuse qui conduit au Prater (cf.: P.III).

De Landstrasser Hauptstrasse, *le bus 4A conduit aux différents édifices de ce quartier.*

K.2 Maison Wittgenstein
• Vue d'ensemble, coupe et plan du rez-de-chaussée

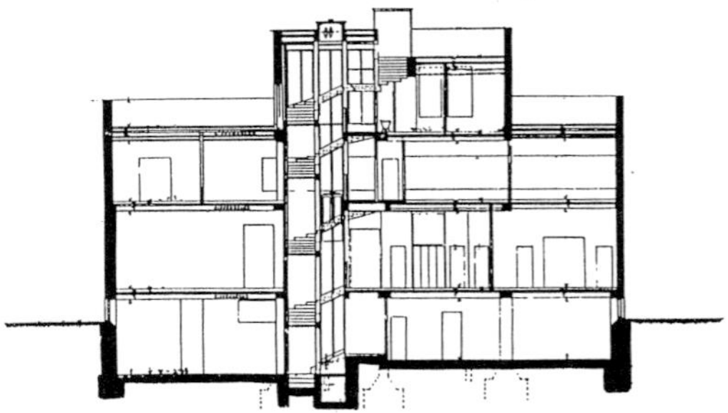

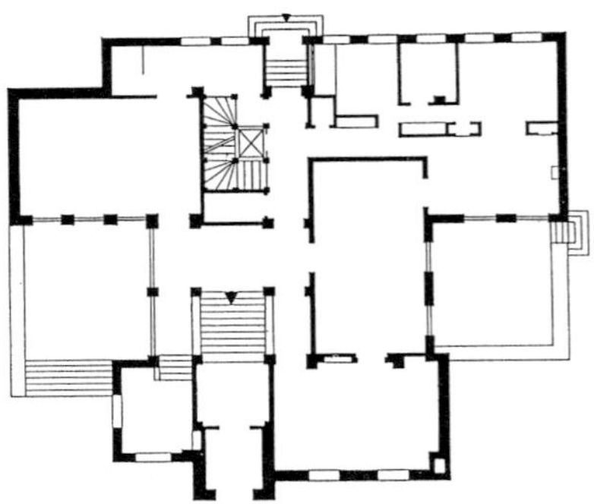

K.3 Ancien palais des Beaux-arts
• Tour d'angle

K.5 Maison Hundertwasser
• Coupe *(dessin de Hundertwasser)*

K.5 Maison Hundertwasser
• Situation et plan

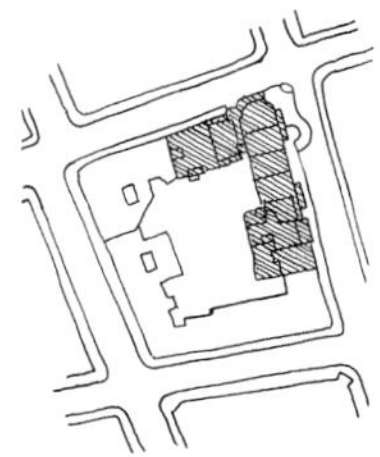

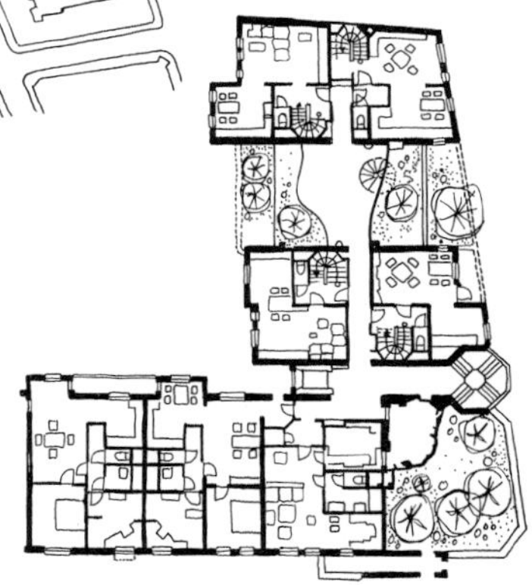

Maison Wittgenstein ★ ■ ★★ 2

3., Kundmanngasse, 19

Ludwig WITTGENSTEIN,
Paul ENGELMANN • 1926-28

Wittgenstein, le philosophe, a construit cette demeure pour sa sœur Gretl. Composée selon les principes de dépouillement prônés par Loos, cette maison est remarquable par ses échappées intérieures et la lumière qu'elles diffusent. Celle-ci joue d'une façon sensible sur les profondeurs et les dimensions des espaces où se déroulent de subtiles perspectives. Dessiné avec un soin méticuleux, cet exercice de style, qui manque peut-être de vie, est un manifeste intellectuel pour lequel l'architecte et le philosophe ont œuvré en parfaite complicité.

m Maison de la culture bulgare.

Ancien "Palais des Beaux-Arts" ★ 3

3., Löwengasse 47/47a, # Paracelsusgasse

Anton et Josef DREXLER • 1908-09

Avant de devenir palais des Beaux-Arts, ce monumental immeuble d'angle était affecté à un centre de haute couture appelé "Chic Parisien". Le caractère des façades Jugendstil est fortement teinté d'Historicisme tardif typiquement viennois, avec motifs floraux empruntés à l'Art Nouveau d'Europe occidentale. La tour d'angle, traitée comme un clocher de section polygonale, est flanquée de figures féminines portant deux globes terrestres.

Immeubles à appartements 4

3., Rudolf-von-Alt-Platz, 4/5

Anton et Josef DREXLER • 1910-11

L'îlot, situé dans l'axe de la *Paracelsusgasse*, urbanisé en 1906, comprend plusieurs immeubles. Cet ensemble, construit par les frères Drexler sur un plan symétrique, ferme la perspective de la place. Le rejet de l'escalier à l'arrière permet aux appartements de bénéficier pleinement des façades donnant sur ce *hof* semi-ouvert.

Maison Hundertwasser ★ 5

3., Löwengasse, 41-42 # Kegelgasse, 34-36

conception et polychromie :
Friedensreich HUNDERTWASSER • 1983-85
réalisation : Peter PELIKAN • 1983-85

Ensemble délirant de maisons occupées par des gens de tous âges qui ont accepté de vivre dans des logements expérimentaux où architecture, peinture et sculpture se mêlent en une expression nouvelle dictée par les principes écologiques de l'artiste. Les formes sculpturales "non agressives" et les couleurs débridées de cette œuvre triomphante et sensuelle donnent à l'art d'habiter une dimension anticonventionnelle et ludique qui permet à chacun de revivre les fantasmes de son enfance. En parrainant ce projet, la municipalité favorise une nouvelle forme de créativité urbaine.

K.6 Palais Rasumoffsky

K.6 Palais Rasumoffsky • Intérieur

K.VI [a] Parc d'Arenberg
• Tour de défense anti-aérienne

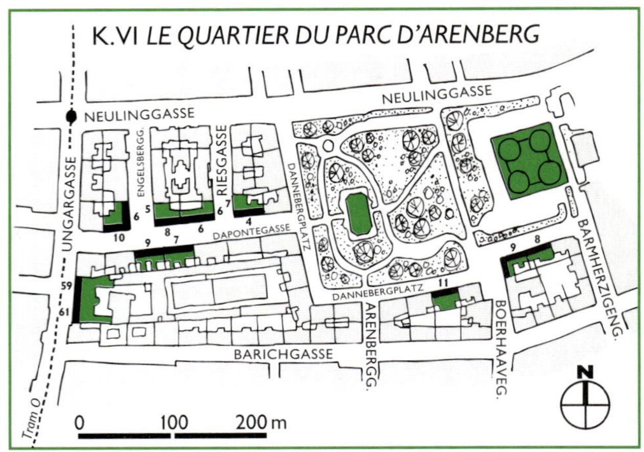

K.VI *LE QUARTIER DU PARC D'ARENBERG*

Palais Rasumofsky

3., Rasumofskygasse, 23/25

Louis MONTOYER • 1803-07

Palais du comte Rasumofsky, ambassadeur de Russie à Vienne, mécène et grand amateur de musique. C'est pour lui que Beethoven composa trois remarquables quatuors à cordes et la symphonie pastorale. L'édifice, entièrement détruit par un incendie en 1814, fut reconstruit dans sa forme originelle et abrite aujourd'hui l'Institut de géologie où l'on peut voir une intéressante collection de cartes.

m Musée de l'Institut de géologie.

3., LE QUARTIER DU PARC D'ARENBERG ★

VI

Ce quartier résidentiel, habité par la bourgeoisie au tournant du siècle, s'organise autour du parc d'Arenberg. La place qui entoure le parc constitue un ensemble fermé, urbanisé entre 1900 et 1914 selon les principes de Camillo Sitte. Elle s'apparente à une promenade bordée d'immeubles prestigieux traités dans les styles historiques et sécessionnistes.

a **Parc d'Arenberg** : un des plus beaux espaces verts de Vienne irrémédiablement dénaturé par la présence de deux "monstres" de béton, le plus grand ayant un volume de plus de 100 000 m^3.
Flaktürme • Arch. Friedrich TAMMS (1943-44) • Deux des six tours de défense anti-aérienne en béton armé construites par la Wehrmacht pendant la dernière guerre (voir également F.III.b, H.IV et L.I.b).

b *Dannebergplatz*
8 • Immeuble à appartements • Arch. Georg BERGER (1908) • Façade composée d'un jeu de terrasses couvertes, de balcons et de bow-windows.
9 • Immeuble d'angle • Arch. Friedrich SCHLÄFRIG (1908) • Les façades à double attique et à grands frontons décorés de guirlandes rappellent le style local de l'architecture viennoise de la fin du XIXe siècle.
11 • Immeuble à appartements (★) • Arch. Georg BERGER (1906-07) • Le plan parfaitement symétrique est articulé sur l'escalier arrière permettant aux pièces de

K.VI. c : 7
Maison d'habitation
• Porte Jugendstil

K.VI. b : 11

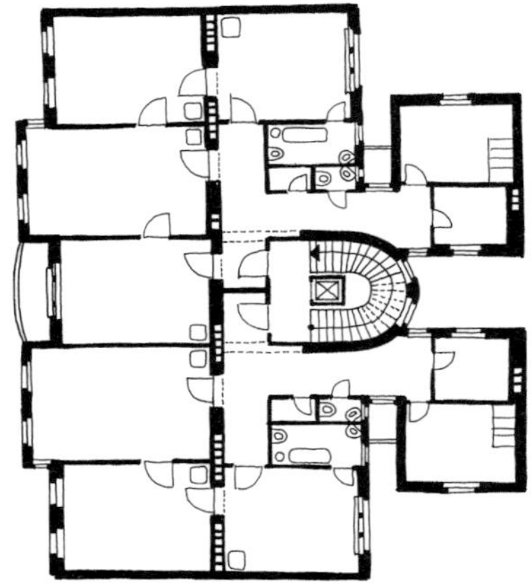

K.VI. b : 11
Immeuble à appartements
• Plan d'étage

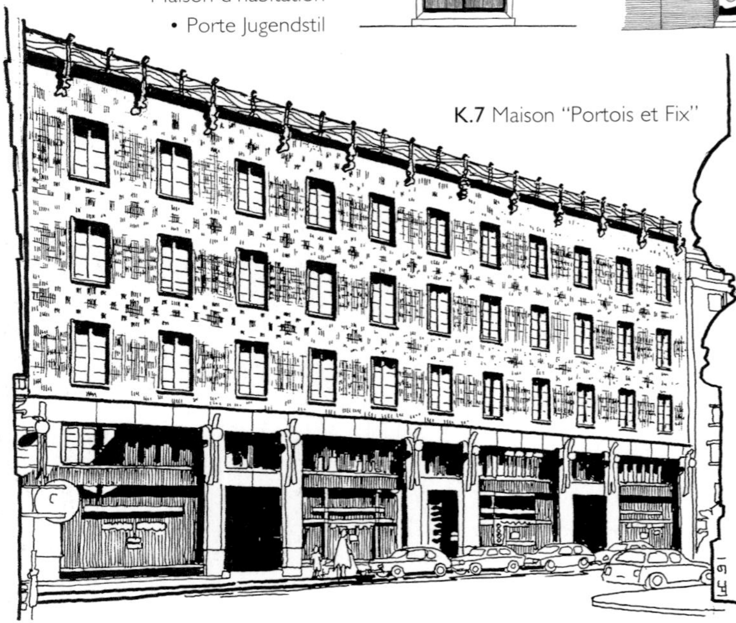

K.7 Maison "Portois et Fix"

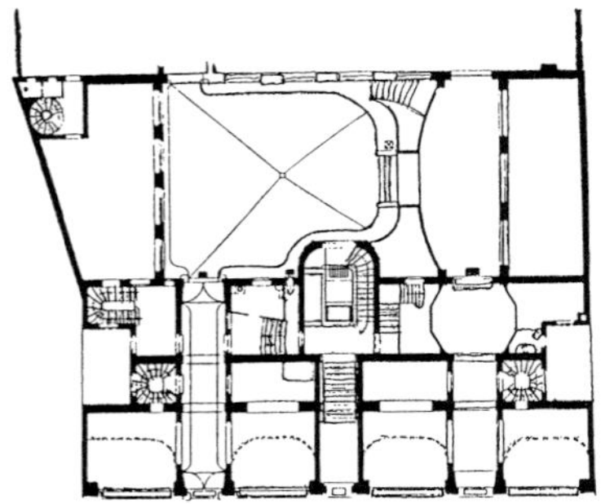

K.7 Plan du rez-de-chaussée
à front de la Ungargasse

K.7 Détail de fenêtre
et du couronnement

séjour de profiter pleinement de la façade et de la vue sur le parc. La façade, de style sécessionniste, est régie par les deux encorbellements qui engendrent le jeu des ferronneries des balcons et fixent les proportions du grand auvent vitré qui surplombe une importante frise en céramique. On remarquera particulièrement la belle entrée (★) tout en lignes courbes et flanquée de deux stèles à figures féminines.

c ***Da Pontegasse***: Cette rue, dont les immeubles ont été construits entre 1906 et 1908, rassemble quelques belles entrées monumentales marquées par des visages de femmes aux regards énigmatiques.

■ 4 • Immeuble à appartements • Arch. Jakob GARTNER (1906) • Porte surmontée d'un tympan Jugendstil dont l'arc à double courbure repose sur deux têtes de femmes.

■ 6/8 • Immeuble à appartements • Arch. Leopold FUCHS (1907) • Grand immeuble d'angle Jugendstil chargé de décorations néo-baroques.

■ 7 • Maison d'habitation • Arch. J. REISNER (1907) • Belle porte Jugendstil avec tympan monumental en forme de niche où une tête de femme sert de clef de voûte.

■ 9 • Immeuble locatif • Arch. J. REISNER (1908) • Façade couronnée d'un fronton curviligne posé sur deux têtes de femmes.

■ 10 • Immeuble à appartements • Façade décorée de motifs sécessionnistes inspirés de l'Historicisme.

Maison d'habitation et de commerce "Portois et Fix" ★★

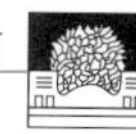

7

3., Ungargasse, 59-61

Max FABIANI • 1898-1900

Le bâtiment à rue de cette ancienne fabrique de meubles comprend trois registres: un rez-de-chaussée à mezzanine formé de portiques et de grandes vitrines, trois étages de bureaux et de logements, et, en recul, un attique précédé d'une balustrade. La grande façade est revêtue d'un damier de carreaux vitrifiés et colorés dans les tons vert et jaune moutarde à partir d'une poudre de pyrogranite. Elle peut être comparée à celle de la *Majolika Haus* (cf.: F.2) de Wagner qui lui est contemporaine mais de laquelle elle se distingue toutefois par le caractère géométrique de sa décoration. La belle balustrade en fer forgé qui couronne la façade est le seul élément qui apporte une note Jugendstil à la composition abstraite du parement.

K.11 Maison d'habitation
• Détail du tympan et du balcon

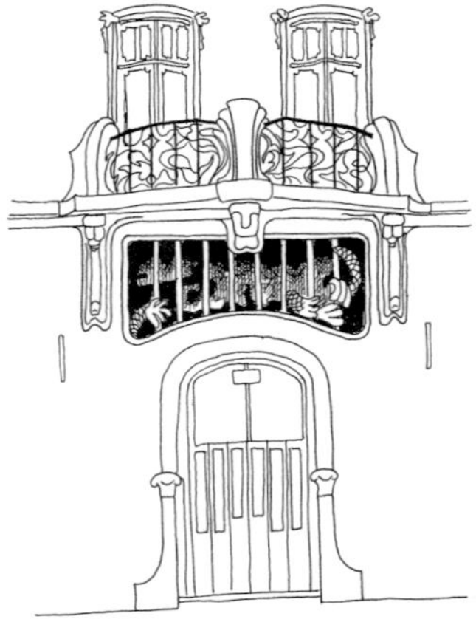

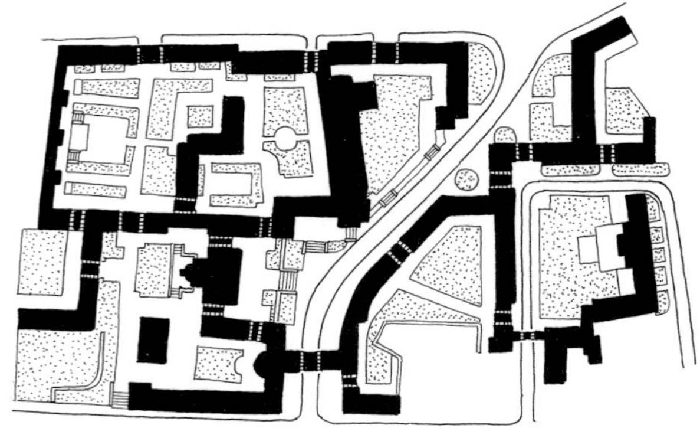

K.9 *Rabenhof* • Plan d'ensemble

K.10 Immeuble locatif
Landstrasserhof

K.9 *Rabenhof*

Le tram O permet de parcourir la Ungargasse *jusqu'au* Rennweg *où passe le tram 71 qui conduit au cimetière central (cf.: K.12). Par contre, si l'on revient sur ses pas jusqu'à la* Landstrasser Hauptstrasse, *le bus 74A conduit aux architectures décrites de K.8 à K.11.*

Complexe de logements — 8

3., Klopsteinplatz, 6 et Schrottgasse, 10/12

Walter SOBOTKA • 1927-28

Bien que construit dans le cadre de la Vienne Rouge, cet ensemble de 66 appartements apparaît comme une œuvre novatrice par le fonctionnalisme de ses volumes qui s'écarte délibérément des règles stylistiques édictées par la municipalité.

Rabenhof ★ — 9

3., Baumgasse, 29-41

et Rabengasse, Lustgasse, Hainburger Strasse

Heinrich SCHMID,

Hermann AICHINGER • 1925-28

Implanté sur le terrain d'une ancienne caserne, le *Rabenhof* est une des réalisations les plus articulées de la Vienne Rouge. Pour cet ensemble qui abrite plus de 1100 logements, les architectes ont adopté la solution d'un plan-masse semi-ouvert dans lequel cours et jardins se succèdent librement entre des bâtiments imbriqués les uns dans les autres.

Immeuble locatif (a) et *Landstrasserhof* (b) — 10

3., Dietrichgasse, 32/34 et Drorygasse, 8

(a) Bruno RICHTER

(b) Karl BADSTIEBER • 1924-26

Les façades de ces deux immeubles, réalisés dans le cadre de la Vienne Rouge, contiennent des éléments empruntés au vocabulaire de l'architecture cubiste tchèque comme l'emploi de formes triangulaires de volumes prismatiques et de lignes brisées. On notera également l'étrange manière dont les gâbles de la cathédrale Saint-Etienne sont ici interprétés pour relier les fenêtres entre bow-windows de la façade sur la *Dietrichgasse*.

Maison d'habitation ★ — 11

3., Steingasse, 15

Ferdinand FELLNER • 1901

Bien que l'on puisse rattacher cette maison bourgeoise au Jugendstil, elle présente maints détails architectoniques inspirés directement de l'œuvre de Victor Horta à Bruxelles, comme les pieds-droits de la porte, l'encadrement et la croisée des fenêtres et, surtout, le dessin du balcon. Mais la partie la plus étonnante de la façade c'est le tympan de l'entrée, unique en son genre, sorte de prison munie de barreaux derrière lesquels se tord un horrible dragon, œuvre du sculpteur Rudolf Bacher.

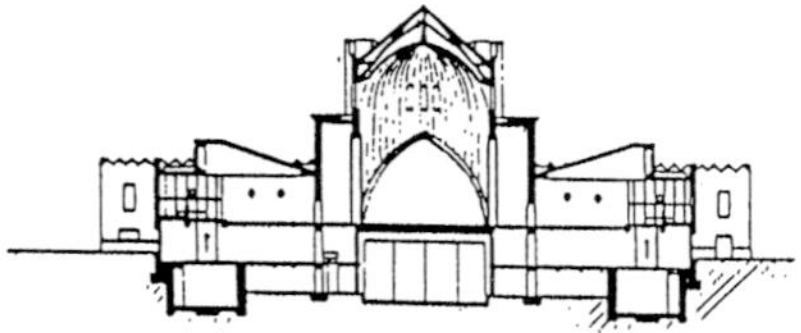

K.12. 3
Cimetière central
• Crématoire
• Plan et coupe

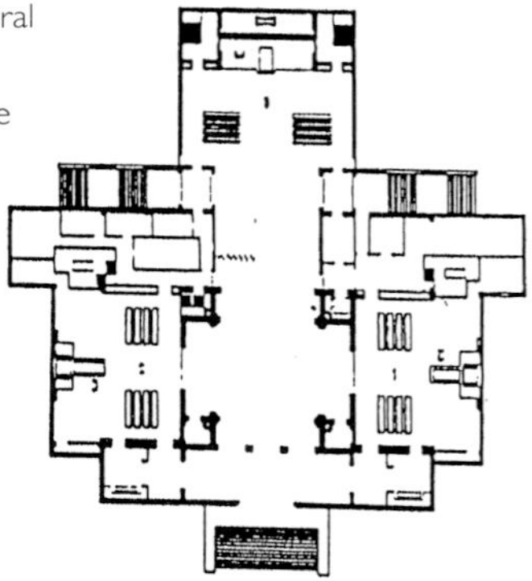

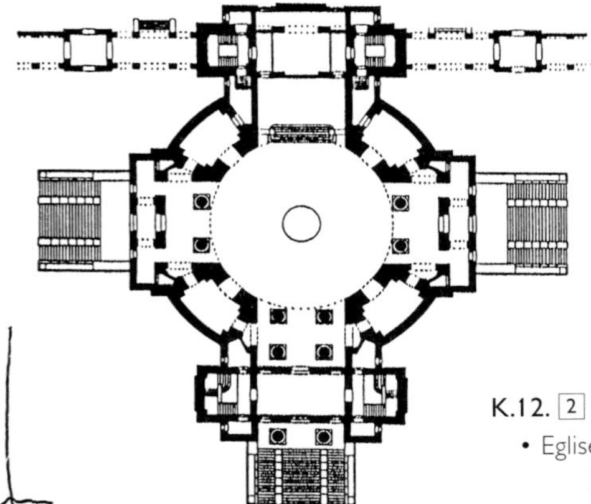

K.12. 2 Cimetière central
• Eglise commémorative
Karl Lueger • Plan

K.12 Cimetière central
• Esquisse d'Adolf Loos pour sa tombe

K.12 3 Cimetière central • Crématoire

K.12 2 Cimetière central • Eglise commémorative Karl Lueger

Au bout de la Steingasse *se trouve le* Rennweg *où passe le tram 71 qui conduit directement au cimetière central situé au sud de la ville.*

Cimetière Central *(Zentral Friedhof)*

★

11., Simmeringer Hauptstrasse, 230, 244 et 337

Max HEGELE • 1905 • 1908-10

Clemens HOLZMEISTER • 1921-22

nov.-fév. : 08.00-17.00
mar., avr., sep., oct. : 07.00-18.00
mai-août : 07.00-19.00
(entrée 30 min. avant fermeture)

Lors de la croissance urbaine du XIXe siècle, les anciens cimetières de la ville s'avérèrent insuffisants, ce qui décida la municipalité à centraliser les inhumations à Simmering, dans un terrain de 2000 m^2, d'une contenance de plus d'un million de sépultures. Le nouveau cimetière, un des plus célèbres d'Europe, fut inauguré en 1874. C'est là que reposent bon nombre de savants, philosophes et artistes qui ont fait la gloire de l'Autriche, mais aussi d'illustres compositeurs parmi lesquels Beethoven, Schubert, Brahms, Gluck, Schönberg, Lanner, les Strauss…

1 **Portail principal** • Arch. Max Hegele (1905).

2 **Eglise commémorative de Karl Lueger** • Arch. Max Hegele (1908-10) • Cet édifice, sur plan en croix grecque avec grande coupole centrale, peut être comparé à l'église *St Leopold am Steinhof* de Wagner (cf.: H.9), achevée un an plus tôt. A côté de celle de Wagner, l'œuvre de Hegele paraît cependant froide et figée dans un académisme suranné.

3 **Crématoire** (★) • Arch. Clemens Holzmeister (1921-22).

Le tram 71, dont le terminus se trouve au cimetière central, retourne directement vers le centre de la ville, à la place Schwarzenberg, *le long du* Ring.

L

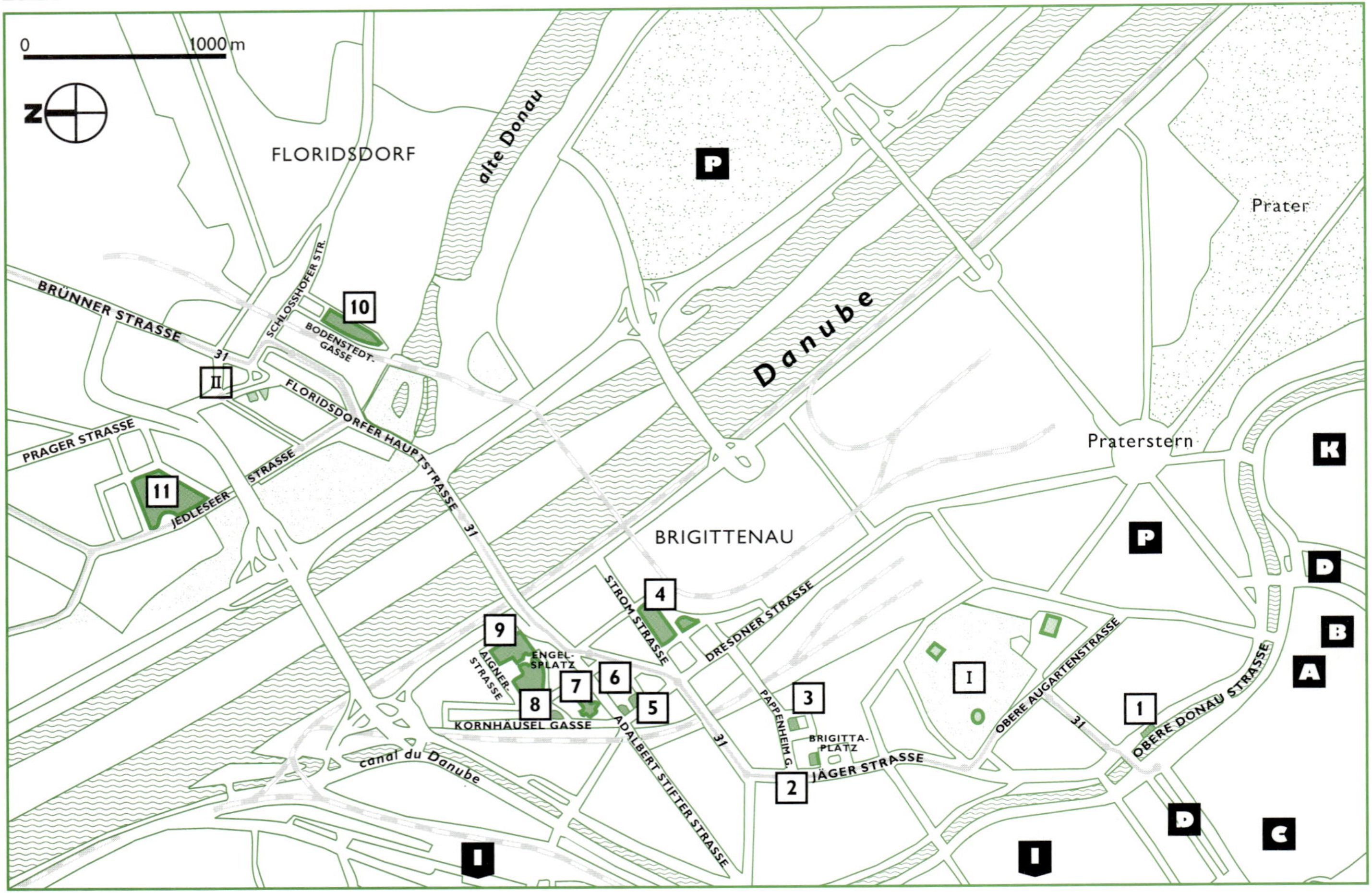

0
1000 m
N
FLORIDSDORF
alte Donau
Prater
Danube
Praterstern
BRIGITTENAU
BRÜNNER STRASSE
SCHLOSSHOFER STR.
BODENSTEDT-GASSE
FLORIDSDORFER HAUPTSTRASSE
PRAGER STRASSE
JEDLESEER STRASSE
STROM STRASSE
DRESDNER STRASSE
ENGELSPLATZ
AIGNER-STRASSE
KORNHÄUSEL GASSE
ADALBERT STIFTER STRASSE
PAPPENHEIM G.
BRIGITTA-PLATZ
JÄGER STRASSE
OBERE AUGARTENSTRASSE
OBERE DONAU STRASSE
canal du Danube
31
1
2
3
4
5
6
7
8
9
10
11
I
II
P
K
D
B
A
C

Promenade L
Brigittenau et Floridsdorf

1 Schützenhaus ★★★
I AUGARTEN ★
2 Immeuble administratif
3 Ensemble de logements
4 Winarsky et Otto Haas-Hof ★★★
5 Immeuble à appartements
6 Immeuble d'habitation
7 Immeuble de bureaux ★
8 Chapelle Sainte-Brigitte
9 Complexe de logements sociaux d'Engelplatz ★
10 Paul-Speiser-Hof
II AM SPITZ
11 Karl-Seitz-Hof ★★★

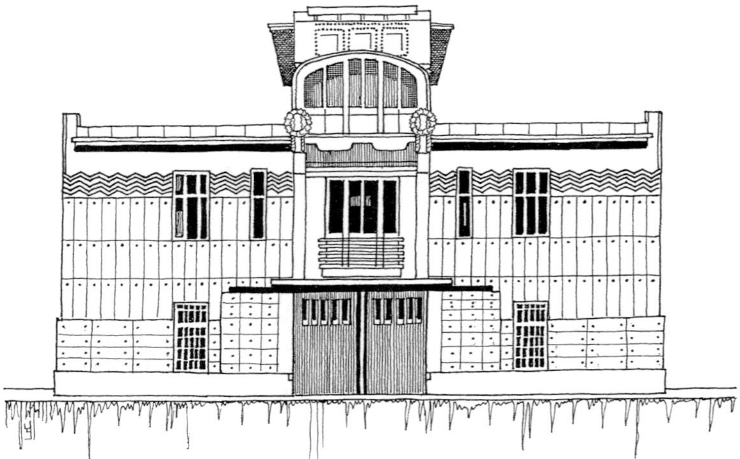

L.1 Bâtiment de contrôle de Kaiserbad *(Schützenhaus)*

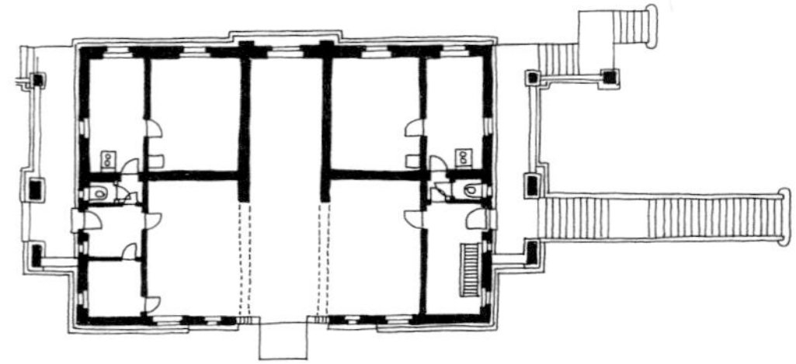

L.1 Plan au niveau de la rue

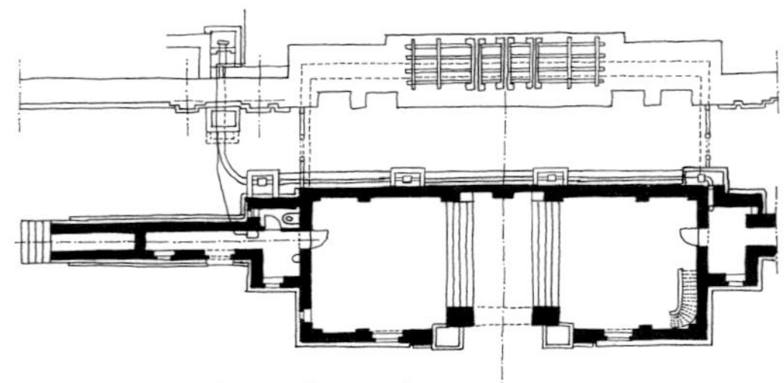

L.1 Plan au niveau des quais

L.1 Elévation frontale *(dessin d'O. Wagner)*

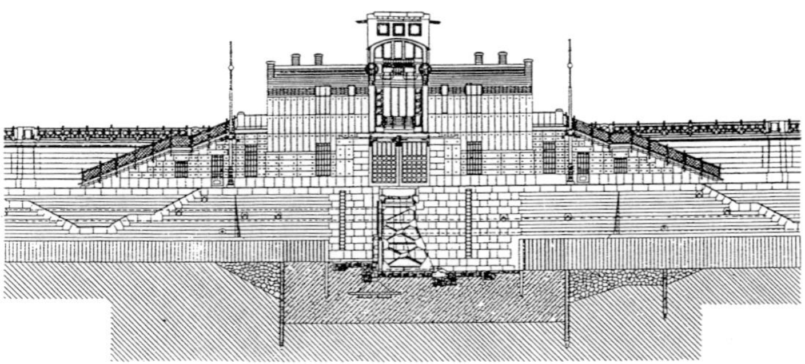

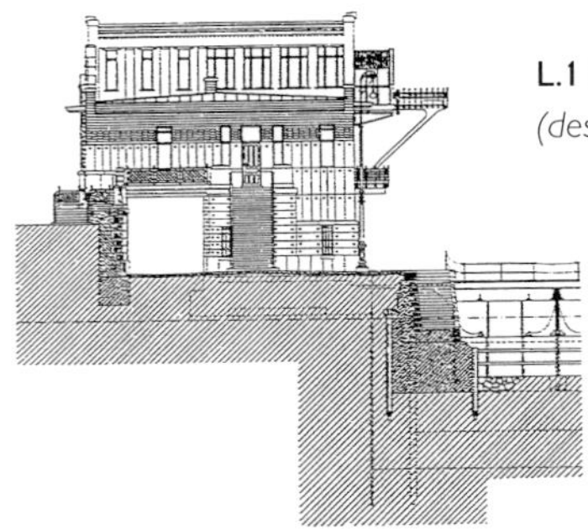

L.1 Elévation latérale *(dessin d'O. Wagner)*

Brigittenau et Floridsdorf

Si la promenade L débute par un remarquable chef-d'œuvre d'architecture industrielle, le *Schützenhaus*, construit en bordure du canal du Danube par Otto Wagner en 1906, elle se poursuit à travers les quartiers de Brigittenau et Floridsdorf qui n'ont rien de bien particulier, si ce n'est la présence de deux réalisations exemplaires de la Vienne Rouge des années 20: le *Winarsky-Hof*, non loin du parc d'*Augarten*, et le *Karl-Seitz-Hof*, situé de l'autre côté du Danube.

Longue de 7 km, cette promenade nécessite l'usage des transports en commun. Son point de départ se situe à Augartenbrücke, *pont sur le canal du Danube à proximité de la station de métro* Schottenring. *De là, l'on peut joindre rapidement à pied le* Schützenhaus *de Wagner (L.1). De retour au pont, on trouve le tram 31 qui conduit à Am Spitz (L.II). Le long du parcours de ce tram, 10 arrêts permettent de se rendre rapidement à pied aux sites et objets architecturaux proposés (L.I et L.2 à L.9).*

Bâtiment de contrôle de Kaiserbad *(Schützenhaus)* ★★★

1

2., Obere Donaustrasse, 26

Otto Wagner • 1906-07

Le barrage de Kaiserbad, actuellement désaffecté, comprenait à l'origine, une écluse semblable à celle de Nussdorf, une île (aujourd'hui disparue) qui abritait l'installation électrique et un bâtiment destiné au contrôle et aux manœuvres d'une grue et d'un pont roulant. Le *Schützenhaus*, seul vestige des installations de Kaiserbad, est un bâtiment industriel, strictement fonctionnel, formé de deux structures distinctes assemblées en une composition unitaire où chaque élément exprime néanmoins la fonction qui lui est propre. Le corps central comprenait cinq parties: le **garage** du pont roulant fermé par deux portes coulissantes, le **balcon** qui recevait les étais de la grue, la **grue** elle-même avec sa flèche et son palan, la **cabine** de contrôle et de pilotage entièrement vitrée, et enfin l'**étage technique** qui s'étend sur toute la profondeur du bâtiment. Chaque partie a un design différent qui répond à la fonction pour laquelle elle a été conçue, et cependant s'intègre parfaitement au reste du bâtiment. Quant aux matériaux, ils sont eux aussi différenciés selon la place qu'ils occupent: le mur du quai et le socle du bâtiment sont en blocs de granit, les façades en plaques de marbre

L.I Parc d'Augarten • Plan

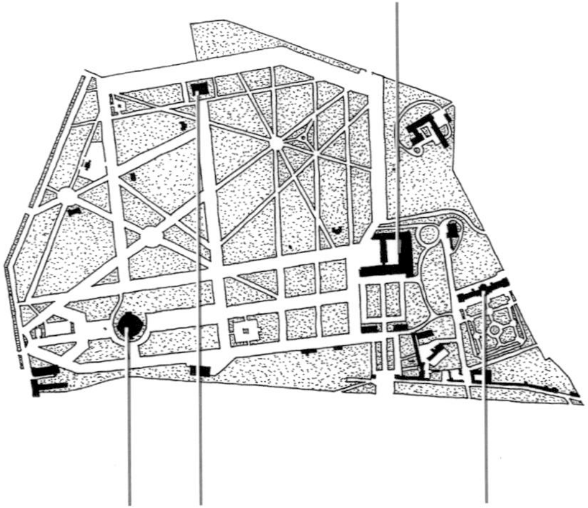

L.I. [a] Manufacture de porcelaine

L.I. [a] Palais de l'Augarten

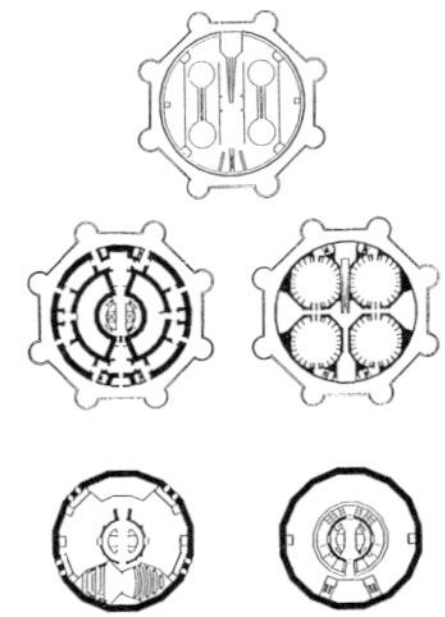

L.I. [b] *Flakturm* • Plans

L.2 Immeuble administratif *(Dessin de Karl Badstieber)*

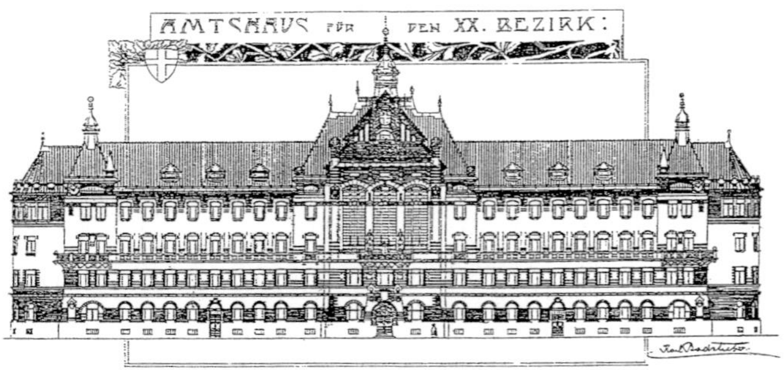

L.3
Ensemble de logements *(Dessin de Hilmer et Sattler)*

boulonnées aux murs porteurs, le toit en tôles de cuivre ondulées. La frise en carreaux de céramiques bleu cobalt sert de support à un motif qui évoque les vagues du canal. L'utilisation de nouveaux matériaux et la mise en œuvre de méthodes structurelles inédites étaient pour Wagner une contrainte technique enrichissante dans laquelle il puisait l'essence même de son art qu'il portait à un haut niveau de perfection. C'est en cela que le *Schützenhaus* est une réalisation exemplaire dont la modernité dépasse de loin les préoccupations du Jugendstil et le purisme formel des Sécessionnistes.

2., *AUGARTEN* ★ I

Ce parc, planté en 1650 sous Ferdinand II, est un des plus variés de Vienne. Rénové par Jean Trehet en 1712, il fut ouvert au public en 1755 par l'empereur Joseph II.

a **Palais de l'Augarten**, construit à la fin du XVIIe siècle dans le style de Johann Bernhard Fischer von Erlach. Une partie du palais est occupée par les célèbres manufactures de porcelaines d'Augarten marquées du monogramme "A la Ruche". C'est également dans ce palais qu'est installé l'internat des Petits Chanteurs de Vienne, les célèbres *Wiener Sängerknaben*.

b ***Flaktürme*** • Arch. Friedrich TAMMS (1943-44) • Tours de défense anti aérienne en béton armé avec installations autonomes d'eau, d'électricité et d'air filtré. La plus grande des deux, de section circulaire, était même équipée d'un petit hôpital. Ces tours, au nombre de 6 pour l'ensemble de la ville, furent construites comme des bunkers indestructibles pouvant éventuellement héberger plus de 40 000 personnes derrière leurs parois de 5 m d'épaisseur.

Immeuble administratif 2

20., Brigittaplatz, 10

Karl BADSTIEBER • 1904-06

Par son allure générale et malgré quelques détails Jugendstil, ce grand bâtiment se rattache aux styles monumentaux de la fin du XIXe siècle. L'originalité de cette vaste composition réside dans le traitement très personnel du pavillon central.

Ensemble de logements 3

20., Hartlgasse, Dammstrasse, Pappenheimgasse

Wilhelm HOLZBAUER, Heinz HILMER et Chr. SATTLER • 1987-89

Projet de trois bâtiments dont deux sur plan centré. Quant au projet "en ligne" de Holzbauer, il s'établit de part et d'autre d'un espace intérieur traité comme un forum sur toute la hauteur de la construction.

L.4 *Winarsky-Hof*

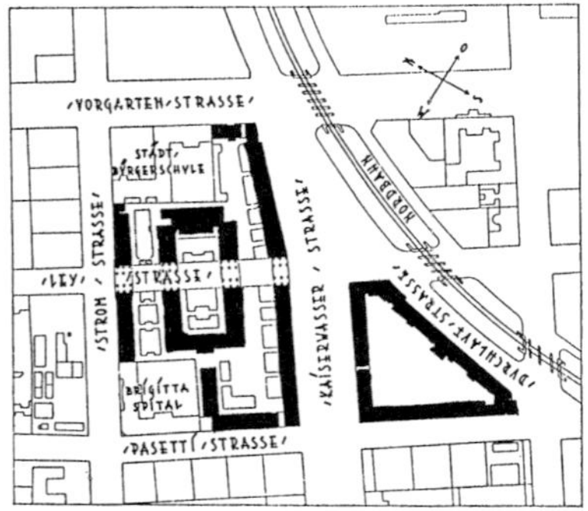

L.4 *Winarsky-Hof* et *Otto Haas-Hof*

• Plan d'ensemble

L.4 *Otto Haas-Hof*

L.4 *Winarsky-Hof*

• Détail d'une entrée

a **Winarsky-Hof** et
b **Otto Haas-Hof** ★★★

20., Stromstrasse, 36/38
Winarskystrasse, Durchlaufstrasse, Pasettistrasse, Kaiserwasserstrasse.

a **Josef HOFFMANN, Peter BEHRENS, Oskar STRNAD, Josef FRANK et Oskar WLACH • 1924-25**

b **Adolf LOOS, Karl DIRNHUBER, Franz SCHUSTER et Margarethe SCHÜTTE-LIHOTZKY • 1924-25**

a Le ***Winarsky-Hof*** est le témoin silencieux d'une aventure collective où cinq architectes unirent leurs sensibilités pour créer un ensemble de logements d'une grande majesté qui allie force et simplicité. Il s'agit d'une des réalisations immobilières les plus réussies de la Vienne Rouge. Cet ensemble qui comprend 534 appartements est formé de quatre corps de bâtiments implantés selon une composition semi-ouverte axée sur une rue intérieure, la *Leystrasse*. Celle-ci traverse l'îlot en passant par les trois cours du *Hof* sous quatre portiques monumentaux creusés dans la masse des blocs. La longue façade sur la *Kaiserwasserstrasse*, signée Oskar Strnad et Oskar Wlach, est particulièrement intéressante; les architectes y ont inscrit des moulures horizontales qui se déploient et s'interrompent pour relier les fenêtres entre elles et adoucir la sévérité des masses dont le caractère expressionniste n'est pas étranger au style de Behrens. Mais c'est assurément aux entrées des immeubles, à l'intérieur des cours, que le jeu des retraits et des saillies est exprimé avec un art exceptionnel du clair-obscur par Hoffmann et Behrens. En effet, l'agencement des moulures horizontales autour de la porte et des fenêtres des étages se fait selon un rythme souple qui s'allège vers le haut pour créer un effet plastique vertical à la fois unificateur et diversifié.

b L'***Otto Haas-Hof*** se distingue de son voisin par sa forme de superbloc en ligne où la profondeur des immeubles suit le périmètre extérieur du terrain triangulaire. S'articulant autour d'une grande cour fermée, les trois immeubles, qui comptent 237 appartements, sont dotés de longues façades d'une géométrie pure et systématique, typique du langage de Loos. Par contre, la solution volumétrique apportée aux immeubles de coin par Karl Dirnhuber résout admirablement le problème du passage d'une façade à l'autre au moyen d'un jeu subtil d'horizontales et d'angles qui opèrent sur différents registres. Par exemple: l'arrondi du mur attique est le contrepoint de l'angle obtus du soubassement; les fenêtres en bandeaux sont reliées aux terrasses en creux; l'angle obtus que forment les garde-corps sur les façades s'oppose à l'angle droit des moulures qui pénètrent dans le volume des terrasses.

L.8 Chapelle Sainte-Brigitte

L.9 Complexe d'habitations sociales *Engelsplatz*

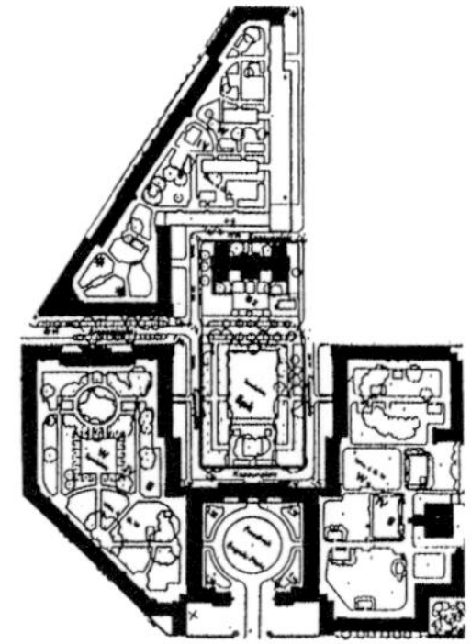

L.9 Plan d'ensemble

L.7 Immeuble de bureaux

L.6 Immeuble de 73 logements

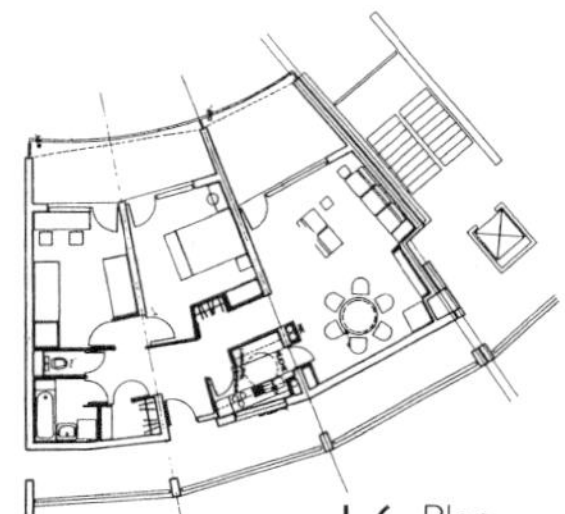

L.6 Plan d'un appartement

Immeuble à appartements 5

21., Dresdner Strasse # Schottenaustrasse
1985

Grand complexe aux façades enduites d'un crépi de ton ocre et rythmées par des tours dans lesquelles se trouvent les escaliers. Les percées à travers l'immeuble permettent l'accès au jardin intérieur.

Immeuble d'habitation de 73 logements 6

20., Dresdner Strasse # Adalbert Stifter Strasse
Arthur Duniecki, Hubert Schober et Hans Bichler • 1976-80

Situé à l'angle de deux artères, cet immeuble à appartements développe sa façade sur un quart de cylindre marqué par l'horizontalité des châssis et ponctué de hublots dans sa partie supérieure.

Immeuble de bureaux ★ 7

20., Adalbert Stifter Strasse, 66/67
Kurt Hlawenicka

Cet important complexe groupe l'administration et le centre de recherches de l'Institut pour l'étude des assurances contre les accidents. L'esthétique des immeubles implantés entre les grandes tours de béton est uniquement dictée par le procédé de construction des façades. Celles-ci, en effet, largement vitrées, sont suspendues par des câbles de grosse section à des potences de béton qui prennent appui sur la structure intérieure, au niveau de la toiture.

Chapelle Sainte-Brigitte 8

20., Forsthausgasse
Philiberto Lucchesi • 1645-51

D'après la légende, cette chapelle aurait été construite pour célébrer la fin de la menace exercée par les armées suédoises sur Vienne en 1645. Elle fut rénovée en 1695 et restaurée au début du XXe siècle.

Complexe d'habitations sociales *Engelsplatz* ★ 9

20., Engelsplatz, Kapaunplatz
Rudolf Perco • 1930-33

Cet ensemble de 1467 logements, répartis dans de grands blocs de sept étages, est organisé autour d'un système de cours dont la place Engels constitue le pivot. La perspective monumentale de cette place est cadrée par deux tours d'entrée, flanquées chacune d'une structure répétitive en béton armé qui sert de support aux terrasses. L'immeuble du fond, rythmé par quatre tours massives, ferme la perspective de la place et en donne l'échelle.

L.II : 11 Caisse d'épargne • Agence de Floridsdorf

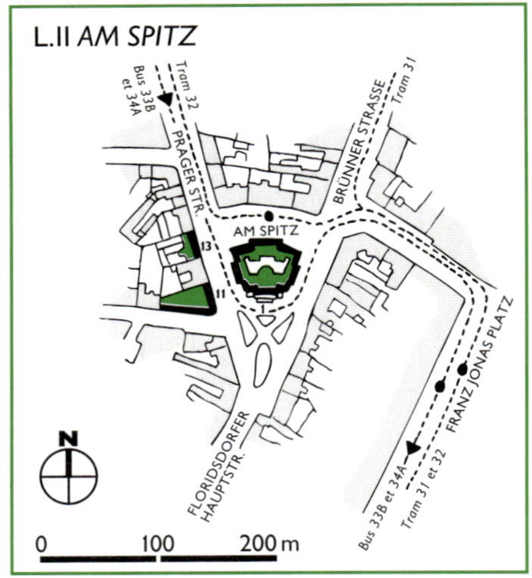

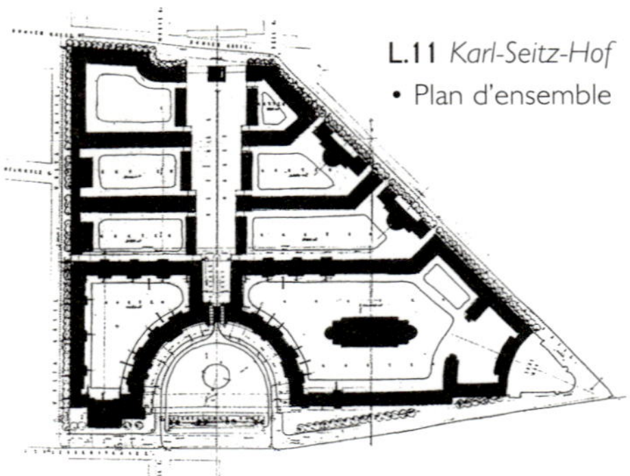

L.11 *Karl-Seitz-Hof*
• Plan d'ensemble

L.11 *Karl-Seitz-Hof*

En descendant à l'arrêt de la Franz-Jonas-Platz, *et en traversant la gare de Floridsdorf on atteint rapidement à pied le* Paul-Speiser-Hof *(L.10). D'autre part, un passage commercial, situé en face de la gare, conduit directement à la place* Am Spitz *(L.II).*

Paul-Speiser-Hof

10

21., Franklin Strasse, Bodenstedtgasse, Grossmannplatz

Hans GLASER, Karl SCHEFFEL, Ernst LICHTBLAU et Leopold BAUER • 1929-32

Ce complexe de 765 logements, construit en trois phases successives, comprend 2 parties bien distinctes: un ensemble de bâtiments qui se raccordent en passant au-dessus des rues et un bloc isolé qui occupe tout un îlot.

21., *AM SPITZ*

II

Carrefour important au centre du vieux quartier de Floridsdorf.

1 • Maison communale • Arch. Anton et Josef DREXLER • Construction monumentale de style historicisant dont certains détails sont influencés par la Sécession.

11 • Caisse d'épargne, agence de Floridsdorf • Arch. Friedrich KURRENT et Johannes SPALT (1971-74) • Aménagée dans un ancien immeuble d'angle, cette réalisation est surtout remarquable pour son **hall intérieur** (★) traité comme un espace unitaire paysager, réglé par une structure en béton sur une hauteur de trois niveaux.

13 • Maison de commerce • Arch. Conrad SILD (1908) • Attique spécialement dessiné pour la firme Fa.

Le bus 33B, qui conduit au Karl-Seitz-Hof *(L.11), part de la* Franz-Jonas-Platz, *important parking d'autobus en face de la gare de Floridsdorf.*

Karl-Seitz-Hof ★★★

11

21., Jedleseer Strasse, 66-94 Voltagasse, Bunsengasse, Dunantgasse

Hubert GESSNER • 1926-27

Cette cité qui porte le nom d'un bourgmestre de Vienne est, avec le *Winarsky-Hof* (cf.: L.4a), l'exemple le plus raffiné des grandes réalisations de la Vienne Rouge. Le plan-masse, de forme trapézoïdale, s'articule autour d'un grand hémicycle et d'un axe diamétral de largeur variable sur lequel se branchent les six blocs intérieurs de l'îlot. La courbure du théâtre à l'angle aigu du terrain, la multiplication des cours et jardins, la variété des gabarits et le grand nombre d'équipements contribuent à humaniser ce vaste complexe de 1170 logements. Mais c'est surtout le grand hémicycle qui attire

L.11 *Karl-Seitz-Hof*
• La grande arcade de l'hémicycle

L.11 *Karl-Seitz-Hof*
• Entrée d'immeuble

L.11 *Karl-Seitz-Hof*
• Tour de l'horloge

d'abord l'attention. Celui-ci, d'un effet théâtral, ramène au niveau du prolétariat la magnificence du Royal Crescent de John Wood à Bath. A lui seul, il chante l'organisation de l'ensemble, absorbe l'espace et le condense pour le rayonner ensuite vers les îlots intérieurs. On remarquera particulièrement la tour de l'horloge avec ses cheminées "architecturées", le portail triomphal qui donne accès à la "grande rue intérieure", les hautes loggias, le balcon aux trois portes-fenêtres et les entrées décorées de terres cuites peintes et vernissées.

Vers le Sud, la promenade M traverse Wieden et Favoriten, et la promenade N s'éloigne du Gürtel *et de ses "cités rouges" en direction de Liesing. Les centres d'intérêt sont ici assez dispersés et variés.*

La promenade O, par contre, est centrée sur le beau Türkenschanz Park *et ses abords, riches en villas de qualité.*

L'immense domaine du Prater *et les rives du Danube, voués aux loisirs, aux sports et aux divertissements, font l'objet de la dernière promenade. Ils témoignent avec éclat de la qualité des aménagements du territoire viennois, d'une ville admirablement gérée où il fait bon vivre. C'est également dans la dernière promenade (P) que s'affichent les bâtiments de l'ONU qui présentent la facette internationale de la ville.*

M

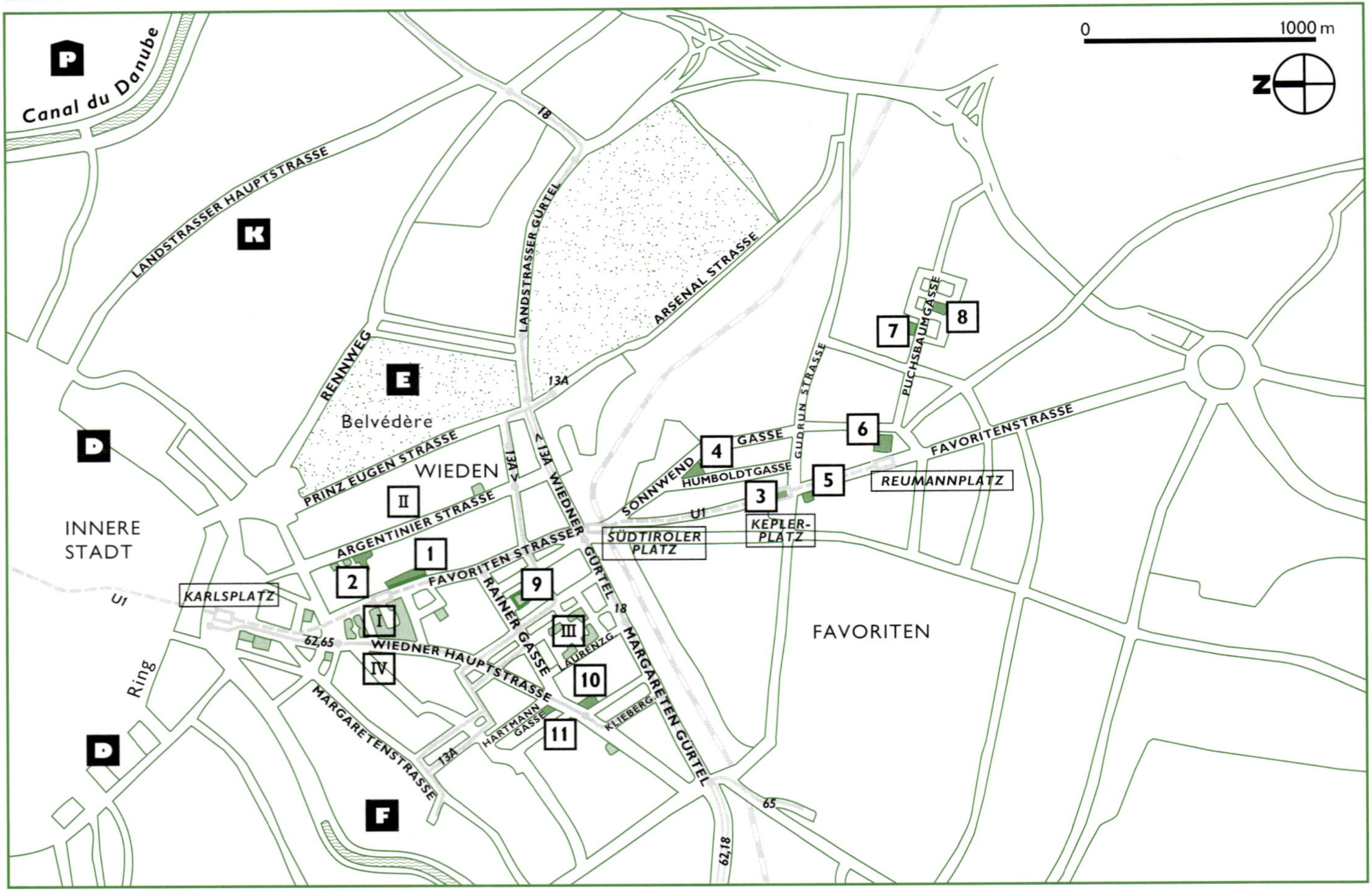
0
1000 m
Z
P
Canal du Danube
LANDSTRASSER HAUPTSTRASSE
K
18
LANDSTRASSER GÜRTEL
ARSENAL STRASSE
RENNWEG
E
Belvédère
13A
D
PRINZ EUGEN STRASSE
WIEDEN
13A
13A
WIEDNER
II
ARGENTINIER STRASSE
INNERE
STADT
1
FAVORITEN STRASSE
2
U1
KARLSPLATZ
I
9
RAINER GASSE
III
62,65
WIEDNER HAUPTSTRASSE
IV
LAURENZG.
10
Ring
D
MARGARETENSTRASSE
13A
HARTMANN GASSE
11
KLIEBERG.
F
GÜRTEL
18
MARGARETEN GÜRTEL
62,18
65
SÜDTIROLER PLATZ
U1
SONNWEND
4
GASSE
HUMBOLDTGASSE
3
KEPLER-PLATZ
5
GUDRUN STRASSE
6
REUMANNPLATZ
FAVORITENSTRASSE
7
8
PUCHSBAUMGASSE
FAVORITEN

Promenade M
Wieden et Favoriten

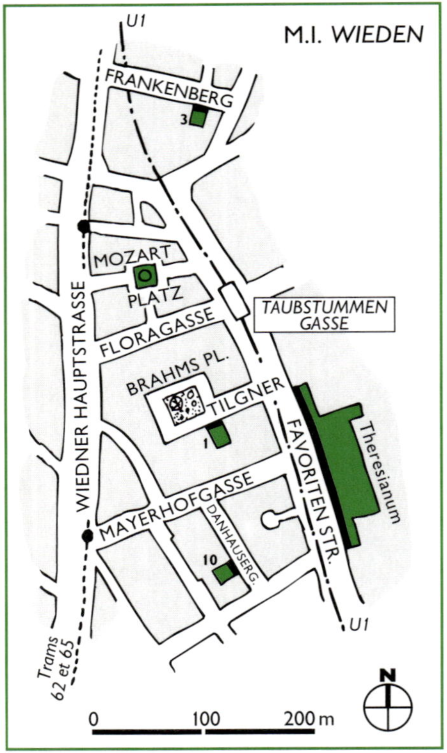

M.I. b Fontaine Mozart

M.I. c Immeuble à appartements • Détail

Wieden et Favoriten

Axée sur deux artères importantes du sud de la ville, la promenade M est consacrée d'une part au quartier de Wieden, qui s'étend de part et d'autre de la *Wiedner Hauptstrasse*, et d'autre part au faubourg de Favoriten, situé au-delà du *Gürtel*. Au fil de cet itinéraire l'on découvrira, d'un côté, des architectures baroques et Jugendstil et de l'autre des œuvres marquantes du XXe siècle dont un centre sportif, une banque et des immeubles à appartements, signés respectivement par Nadel, Domenig et Krier.

La première partie de la promenade M s'organise principalement le long de la ligne de métro U1 qui passe à la station Karlsplatz *et que l'on prend en direction de* Reumannplatz. *Le quartier de Wieden qui est traversé par la* Favoritenstrasse *peut se visiter à partir de la station* Taubstummengasse.

4., WIEDEN

En 1830, ce faubourg, situé entre *Karlskirche* et les fortifications périphériques de la ville, était principalement affecté à de l'habitat et à des jardins qui complétaient ceux tout proches de Schwarzenberg et du Belvédère. L'urbanisation réalisée dans la deuxième moitié du XIXe siècle lui confère son visage actuel.

a *Frankenberggasse*, 3 • Maison d'habitation • Arch. Otto SCHÖNTHAL, Emil HOPPE et Marcel KAMMERER (1910) • Immeuble Jugendstil dont la porte est surmontée d'une belle mosaïque de Leopold Forstner.

b *Mozartplatz* • Fontaine Mozart (★) • Arch. Otto SCHÖNTHAL (1905) • La fontaine est surmontée d'une élégante sculpture de Carl Wollek qui représente Tamino et Pamina, les héros de la "Flûte enchantée" , le dernier opéra de Mozart.

c *Brahmsplatz* (★) • Place en cul-de-sac bordée d'immeubles à appartements prestigieux construits dans le style Biedermeier entre 1897 et 1902. Le n° 1 est richement décoré de motifs allégoriques.

d *Danhausergasse*, 10 • Immeuble locatif "Aux deux tilleuls" • Arch. Hans PRUTSCHER (1913) • Façade sévère adoucie par le mouvement ondulatoire qu'engendre le jeu des bow-windows et des balcons convexes.

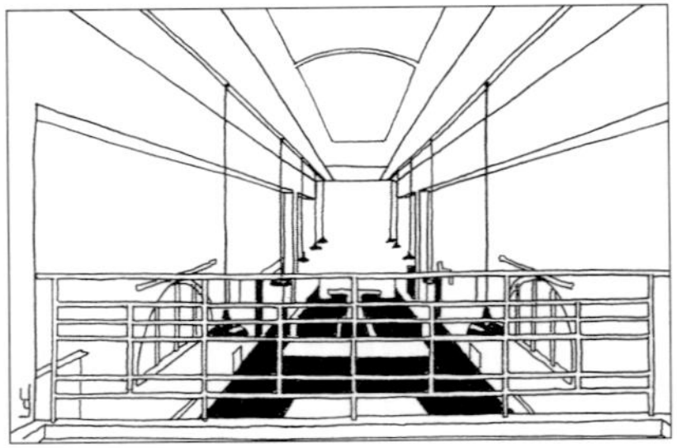

M.2 Maison de la radio ORF

M.2 Maison de la radio ORF
• Agrandissement
• Vue extérieure

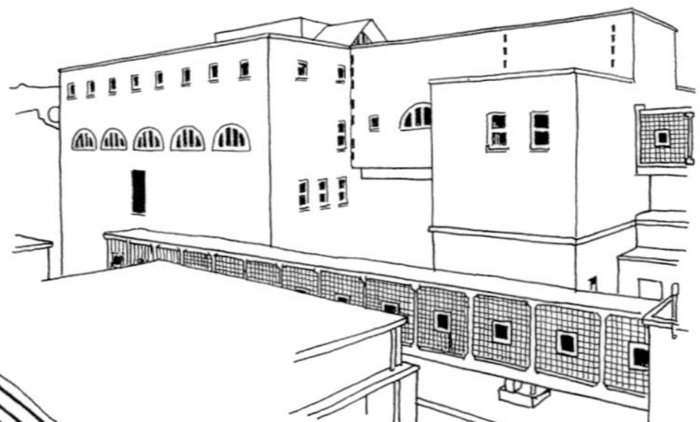

M.2 Maison de la radio ORF

M.1 *Theresianum*

M.II : 20-20A • Détail du décor des entablements

M.II : 20-20A • Détail de l'imposte et du fronton de la porte d'entrée

Theresianum 1

4., Favoritenstrasse, 15
anonyme • 1616-25
Ludovico BURNACINI • 1687-90

Le château primitif, détruit pendant le siège de 1683 et reconstruit peu après par Burnacini, fut encore plusieurs fois transformé depuis. Sa très longue façade, aux nombreuses travées rigoureusement identiques, est un peu monotone. Résidence d'été de Léopold Ier de Joseph Ier et de Charles VI, le château abrite aujourd'hui un lycée et une académie diplomatique fondée par Marie-Thérèse.

4., *ARGENTINIERSTRASSE* II

■ 20/20A • Immeuble à appartements Jugendstil décoré de masques ricanants. Bel exemple d'imposte et de fronton de porte d'entrée dont le style s'inspire de l'historicisme tardif.
■ 26 • Immeuble d'habitation • Arch. Ernst EPSTEIN (1911) • Construction monumentale de style hybride où se mêlent Empire et classicisme.
■ 30/30A • **Maison de la Radio ORF** (commentaire en M.2).
■ 49 • Café Goldegg. Construction néo-empire de 1910.

Maison de la radio ORF ★ 2

4., Argentinierstrasse, 30/30A
Clemens HOLZMEISTER, Heinrich SCHMID
et Hermann AICHINGER • 1935-37
Gustav PEICHL • 1983

Afin de satisfaire à un programme complexe inhérent à un nouveau mode de communication (la radio), l'architecte réalise un bâtiment homogène qui regroupe toutes les fonctions. De style international, la façade monumentale se caractérise par le rythme régulier des fenêtres et l'attique traité comme une frise vitrée.

L'agrandissement de la maison réalisé par Gustav Peichl est une réussite d'adaptation qui introduit de nouvelles fonctions dans un langage personnel tout en respectant le style de Holzmeister.

La Station Kepler *de la ligne de métro U1 est au centre du quartier de Favoriten et dans l'axe de la* Favoritenstrasse, *rue piétonnière et commerçante.*

Station de métro Kepler 3

10., Keplerplatz et Favoritenstrasse
Wilhelm HOLZBAUER, Heinz MARSCHALEK,
Georg LADSTÄTTER et Norbert GANTAR • 1973-78

Cette station typique, de la ligne U1, fait partie du programme d'extension du métro. Comme toutes les autres stations réalisées par les mêmes architectes, elle est construite à partir de modules préfabriqués d'une esthétique nouvelle qui se répand un peu partout dans les nouveaux quartiers de la ville.

M.4 Station de transformateur électrique

M.5 Caisse d'épargne "Z"
• Plan
(dessin de G. Domenig)

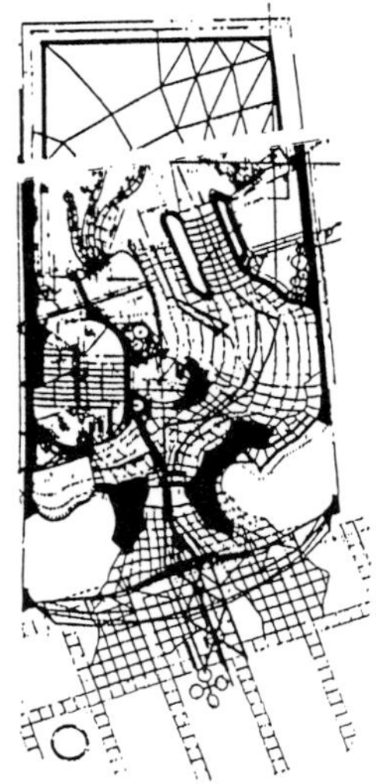

M.5 Caisse d'épargne "Z"

M.5 Caisse d'épargne "Z"
• Coupe *(esquisse de G. Domenig)*

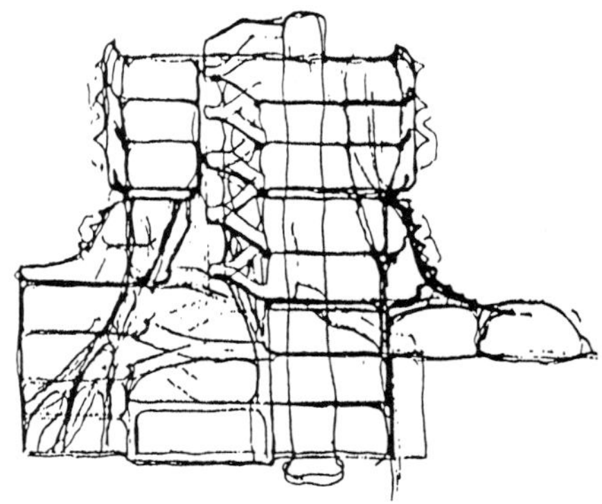

Station de transformateur électrique ★

4

10., Humboldgasse, 1-5 # Sonnwendgasse

Eugen KASTNER et Fritz WAAGE • 1928-31

Implanté sur une parcelle triangulaire et installé sur un socle qui en épouse la forme, le complexe se développe en plusieurs ailes imbriquées perpendiculairement les unes aux autres dans une composition unitaire. Le style fonctionnaliste nettement affirmé par les décrochements de façades, les volumes arrondis et les fenêtres en bandes se mêle à celui, plus constructiviste, des vitrages cloisonnés.

Caisse d'épargne "Z" *(Zentralsparkasse Favoriten)* ★★

5

10., Favoritenstrasse, 18 ■ ★★

Günther DOMENIG • 1975-79

Avec sa banque viennoise, Günther Domenig explore les voies métaphoriques d'un contrepoint architectural où le métal se combine spontanément à lui-même pour engendrer un organisme articulé dont les formes se situent à la limite du concevable. Cette œuvre, unique à Vienne, produite par un des plus éminents représentants de l'Ecole de Graz, est le témoin inspiré de l'insurrection d'un artiste face à l'ennui des architectures répétitives qui poussent un peu partout dans les villes.

L'immeuble, entre mitoyens, sort du gabarit et de l'alignement d'une façon ondoyante. La façade, toute de métal et percée de hublots, se recroqueville au rez-de-chaussée pour permettre l'accès à l'immeuble, tandis qu'à l'arrière, une verrière s'écoule dans le jardin, telle une cascade vagabonde. Si, extérieurement, une main invisible semble avoir chiffonné la façade, à l'intérieur, c'est une main bien réelle, celle de l'architecte, qui soutient un bloc de béton. L'intérieur est un enchevêtrement biomorphe de poutrelles, entretoises, tuyaux et conduites d'équipement de toutes sortes qui envahit l'espace autour des escaliers et des masses de béton de la structure.
Malgré la précision des plans et des épures, ce "morceau" d'architecture n'a pu être réalisé que grâce aux contacts permanents entre l'architecte et les ouvriers sur le chantier même.

⦿ *Reprendre le métro jusqu'à son terminus de* Reumannplatz.

M.6 *Amalienbad* • Vue intérieure de la piscine

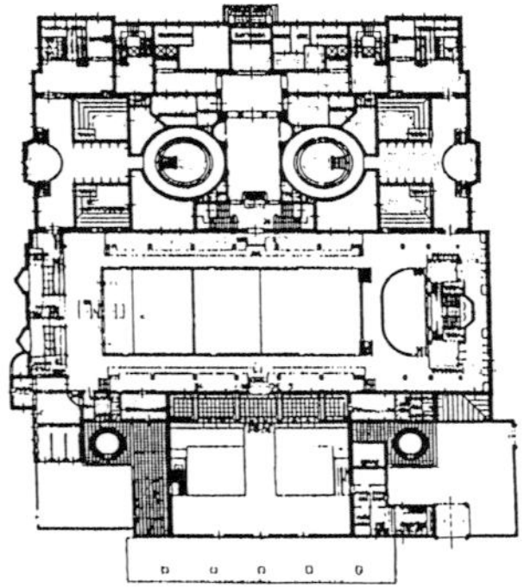

M.6 *Amalienbad* • Plan

M.6 *Amalienbad*

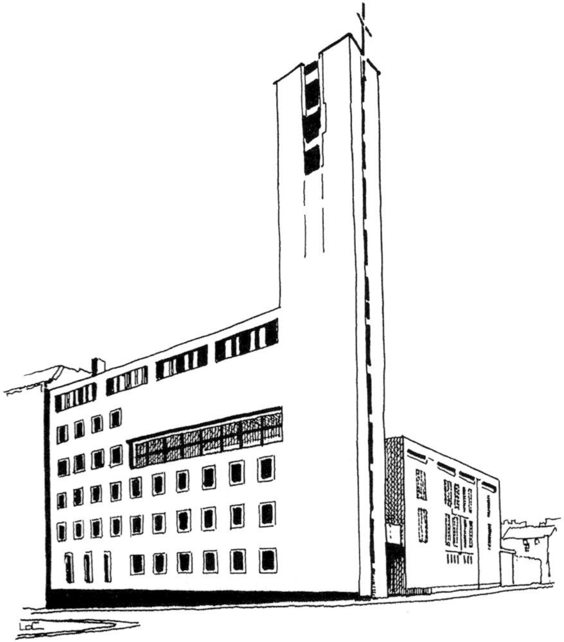

M.7 Eglise paroissiale de la Sainte-Famille

Amalienbad

6

10., Reumannplatz, 9 ■ ★★

Otto NADEL et Karl SCHMALHOFER • 1923-26
Emil MILLBACHER et Erich SCHLÖSS • 1980-86

Ce complexe sportif qui peut recevoir 1300 visiteurs a été construit dans le cadre des réalisations immobilières de la Vienne Rouge. Il comprend une piscine couverte avec plongeoir de 10 m, des tribunes, des bains de vapeur et un ensemble d'équipements parmi les plus modernes d'Europe au moment de sa construction.
Le toit vitré de 30 m de long peut, par beau temps, s'ouvrir en moins de quatre minutes. Endommagé pendant la guerre, l'établissement a été restauré en 1945.
La rénovation et l'agrandissement exécutés entre 1980 et 1986 sont dus aux architectes Emil Millbacher et Erich Schlöss qui ajoutèrent également un deuxième bassin.

Eglise paroissiale de la Sainte-Famille

7

★
10., Puchsbaumplatz, 9 # Hausergasse ■ ★

Clemens HOLZMEISTER • 1964-66

Le complexe se compose d'une église et d'un centre paroissial dont les bâtiments s'articulent de part et d'autre d'une tour d'angle qui se dresse en un geste théâtral d'une grande efficacité plastique. Le long de la *Hausergasse*, la grande façade plane de six niveaux, percée de fenêtres régulières et de vitrages de style constructiviste, contraste avec le corps moins élevé de l'église proprement dite. Cette œuvre est un bel exemple du style épuré de Holzmeister qui, tout au long de sa carrière, est resté fidèle à la tradition fonctionnaliste dans laquelle il puise l'essentiel de son inspiration.

Deux immeubles à appartements

8

★★

10., Schrankenberggasse, 18-20
 # Puchsbaumgasse

Rob KRIER • 1983-86

L'agencement astucieux des appartements de l'immeuble d'angle est une composition symétrique axée sur la diagonale du terrain et articulée autour d'une grande cage d'escalier de plan elliptique. Celle-ci distribue 4 appartements à chaque niveau. Elle groupe également autour d'elle un maximum de locaux sanitaires; les pièces d'habitation, même celles qui sont centrales, bénéficient ainsi de l'éclairage naturel apporté par les façades. Le plan de l'immeuble entre mitoyens est, par contre, plus traditionnel: une cage d'escalier, installée en façade et éclairée par des hublots, distribue deux appartements seulement à chaque niveau. A cette différence de parti correspond une différence de volumétrie: l'immeuble d'angle est, en effet, d'un gabarit imposant qui rappelle celui des grands collectifs sociaux si typiques de Vienne, tandis que l'autre,

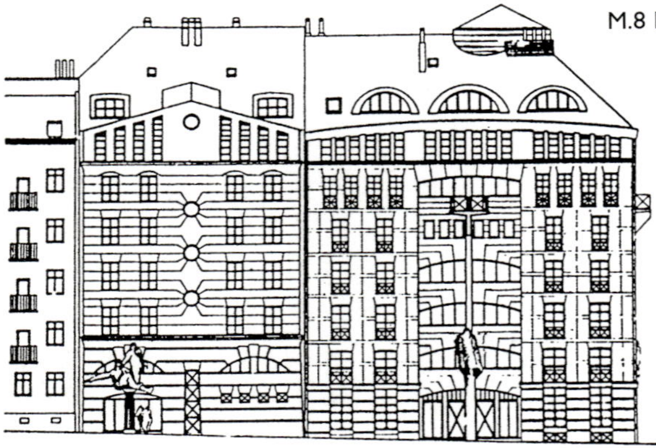

M.8 Deux immeubles à appartements • Façade

M.8 Plan

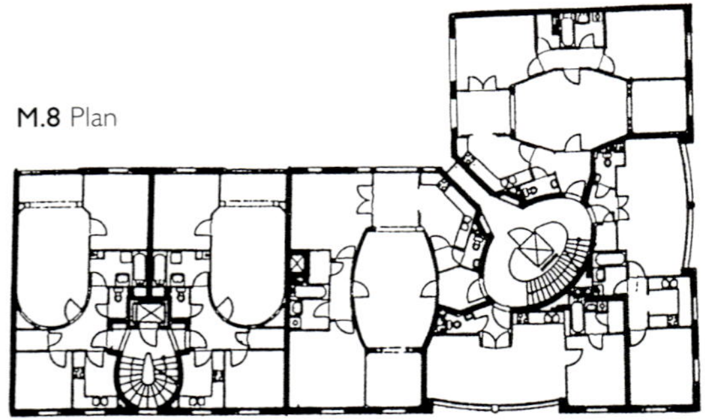

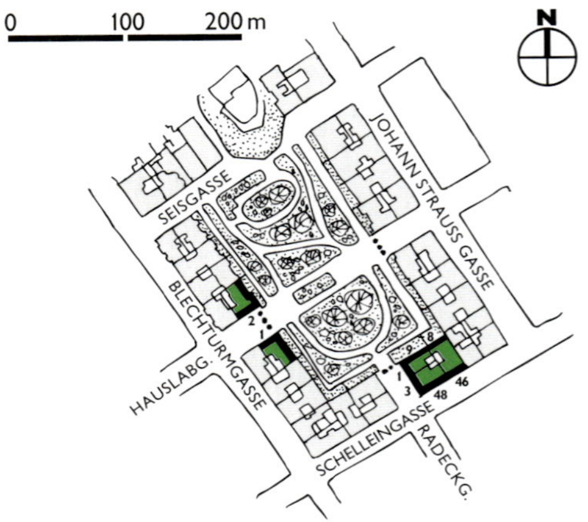

M.III *ALOIS DRASCHE PARK*

M.III : 9 Immeuble à appartements

plus modeste, amorce le rythme des maisons de la rue adjacente. Les façades, elles aussi, expriment bien la distinction de parti entre les deux immeubles: les deux colonnes jaunes, surplombées d'un balcon en guise de chapiteau, imposent à chaque façade de l'immeuble d'angle un ordre colossal qui règle non seulement la proportion des allèges cintrées peintes en couleurs vives, mais aussi celle de l'attique et des fenêtres qui le rythment; par contre, la partition de la façade voisine est réglée d'une manière plus conventionnelle par les hublots de la cage d'escalier, un entresol compris dans un socle surélevé et une corniche saillante sous le fronton habité de l'attique. Cette œuvre marquante de Krier à Vienne se distingue par son esthétique moderne et personnelle au service d'une tradition immobilière que la commune continue à perpétuer pour le plus grand bien de ses habitants.

Revenir à la station Reumannplatz *et prendre le métro U1 jusqu'à la station* Südtirolerplatz *où passe le tram 18 qui conduit au quartier qui environne le parc Aloïs Drasche.*

4., *ALOIS-DRASCHE-PARK* ★★ III

Unique exemple à Vienne d'un parc public qui non seulement s'étend jusqu'au pied des façades arrière des immeubles qui le bordent mais qui n'est, de plus, desservi que par quatre rues en cul-de-sac qui le mettent à l'abri de toute circulation automobile. Urbanisée en 1900, cette oasis de calme et de verdure sert de jardin aux 18 immeubles à appartements qui l'entourent.

8 et *Schelleingasse*, 46 • Immeuble à appartements • Arch. Otto WAGNER (1902) • Façade lisse et sévère avec décor Jugendstil en mosaïques polychromes entre les fenêtres des balcons.

9 # *Radeckgasse*, 1 • Immeuble à appartements • Arch. Otto WAGNER (1902) • Beaux garde-corps en fer forgé.

14 # *Hauslabgasse*, 1 • Immeuble à appartements Jugendstil • Arch. KUPKA et ORGELMEISTER (1906-10).

15 # *Hauslabgasse*, 2 • Immeuble Jugendstil • Arch. Carl HAUSCHULZ (1907).

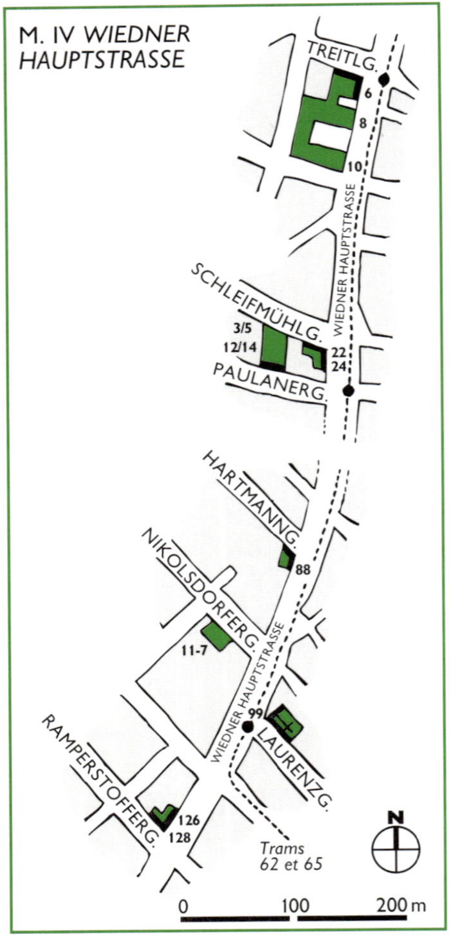

M.9 Palais d'été Starhemberg-Schönburg

M.IV : 126-128 Immeuble d'angle

Palais d'été Starhemberg-Schönburg ★ 9

4., Rainergasse, 11

Johann Lucas VON HILDEBRANDT • 1705-06

Plus petit que le palais Schwarzenberg (cf.: E.8), le palais Starhemberg-Schönburg peut lui être comparé: ses corps de logis s'organisent en effet autour d'un vestibule ovale et d'un salon octogonal, tandis que ses différents volumes sont intégrés, en façade, par un ordre continu de pilastres colossaux. Comme le Schwarzenberg, ce palais est un chef-d'œuvre d'équilibre entre deux jeux simultanés de différenciation et d'unification des masses.

Au carrefour de la Rainergasse *et de la* Schönburggasse, *se trouve l'arrêt du bus 13A qui coupe la* Wiedner Hauptstrasse *en son milieu. D'autre part, si l'on reprend le tram 18 à* Wiedner Gürtel, *celui-ci conduit à la* Kliebergasse *où l'on trouve les trams 62 et 65 qui empruntent la* Wiedner Hauptstrasse *sur toute sa longueur jusqu'à* Karlsplatz *et aux abords du* Ring.

4-5., *WIEDNER HAUPTSTRASSE* IV

126/128 # *Ramperstorffergasse*, 2 • Immeuble d'angle • Arch. Emil HOPPE, Otto SCHÖNTAL et Marcel KAMMERER (1912-13) • Les bandeaux de l'angle arrondi, l'alternance de fenêtres et de bow-windows à croisillons et la présence du penthouse font de cet immeuble une œuvre de plus de 20 ans en avance sur son temps.

97/99 # *Laurenzgasse* • **Eglise paroissiale St Florian** (commentaire en M.10).

Ici se greffe la *Nikolsdorfer Gasse* :

a 7-11 • Immeuble de commerce et de bureaux • Arch. Hans PRUTSCHER (1911) • Grande façade aux formes ondulantes. Portails monumentaux avec portes et grillages de bronze de style Sécession.

88 # *Hartmanngasse* • ***Flora-Hof*** (commentaire en M.11)

Ici se greffe la *Paulaner Gasse* :

b 12/14 et *Schleifmühlgasse*, 3/5 • *Paulaner-Hof* et immeuble locatif • Arch. Ernst EPSTEIN (1910-11) • Deux immeubles de caractère fonctionnel. La façade du n°12 est rythmée par des pilastres à cannelures d'ordre colossal.

M.10 Eglise paroissiale Saint-Florian
• Vue intérieure

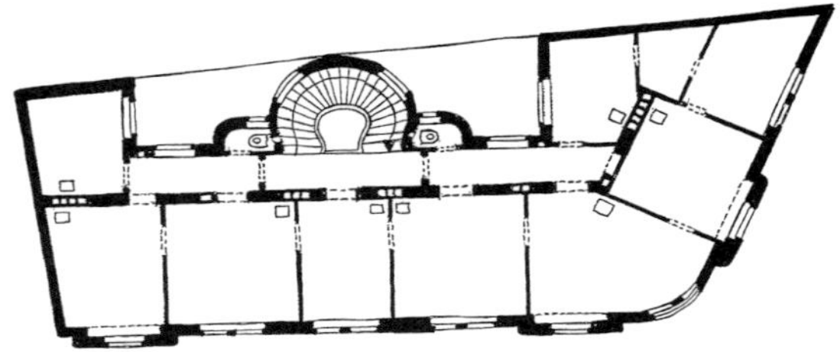

M.11 *Flora-Hof* • Plan et vue perspective

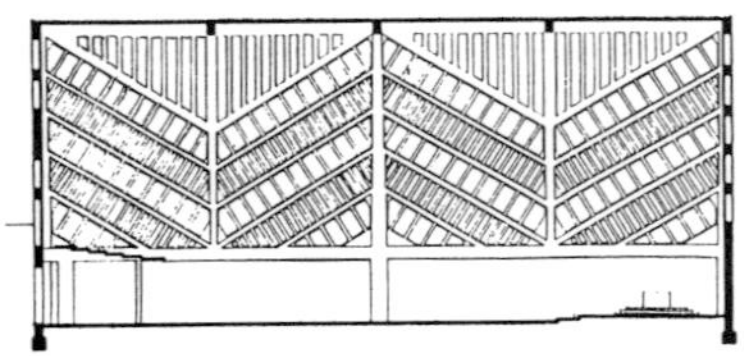

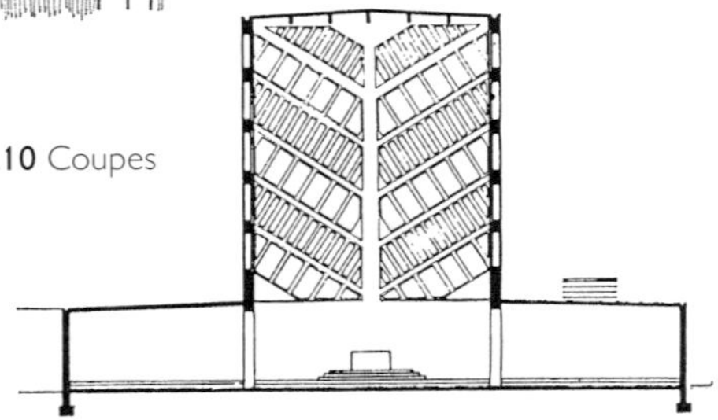

M.10 Coupes

M.10 Eglise paroissiale Saint-Florian

c 22/24 # *Schleifmühlgasse*, 1 • *Wiedner-Hof* • Arch. Franz von NEUMANN (1900) • Façade richement décorée de stucs et de motifs; les thèmes chers à l'Historicisme tardif sont ici traités dans un style sécessionniste.

d 8/10 • Extension de l'université technique • Arch. MARCHAT, MOEBIUS et associés (1971-87).

e 6 # *Treilgasse*, 1 • Bibliothèque de l'université technique • Arch. Justus DAHINDEN, Reinhard GIESELMANN, MARCHAT, MOEBIUS et associés (1977-87) • Construit en pierre et en verre, ce bâtiment massif, aux proportions lourdes, est traité dans un style théâtral où la sculpture joue un rôle prédominant.

10 Eglise paroissiale Saint-Florian ★

5., Wiedner Hauptstrasse, 97-99 ■ ★
 # Laurenzgasse
conception : **Rudolf SCHWARZ • 1961**
construction : **1961-63**

Cette église remplace un sanctuaire baroque de 1702 qui se trouvait dans l'axe de la rue et qui a été démoli en 1956 pour permettre le passage souterrain des trams. L'édifice en béton, entièrement cloisonné de vitraux, a la forme d'un parallélépipède posé sur un socle uniformément cadencé de poteaux.

A l'intérieur, la nef unitaire baigne dans une atmosphère lourde qui émane des couleurs profondes et violentes des vitraux du maître verrier Giselbert Hoke. Pris dans le jeu des branchages en béton, ils contribuent à créer une impression d'épaisse forêt. L'aspect brutal de cette "grande boîte" et le motif "en chevrons" des façades ont provoqué de vives protestations de la part des riverains.

11 Immeuble à appartements *Flora-Hof* ★

5., Wiedner Hauptstrasse, 88
Oskar LASKE,
Wunibald DEININGER • 1901-02

Situé sur un angle bien dégagé, le *Flora-Hof* est une œuvre marquante de la Sécession où l'influence de Wagner ne se fait plus sentir qu'à travers le parti général de la composition. Par contre, la forme des balcons et de leurs garde-corps en fer, le décrochement des corniches, l'apport de céramiques aux tons vert et bleu et les motifs curvilignes façonnés dans l'enduit confèrent aux façades un aspect dynamique propre au Jugendstil par la fluidité de ses lignes et à la Sécession par le caractère abstrait de son vocabulaire architectonique.

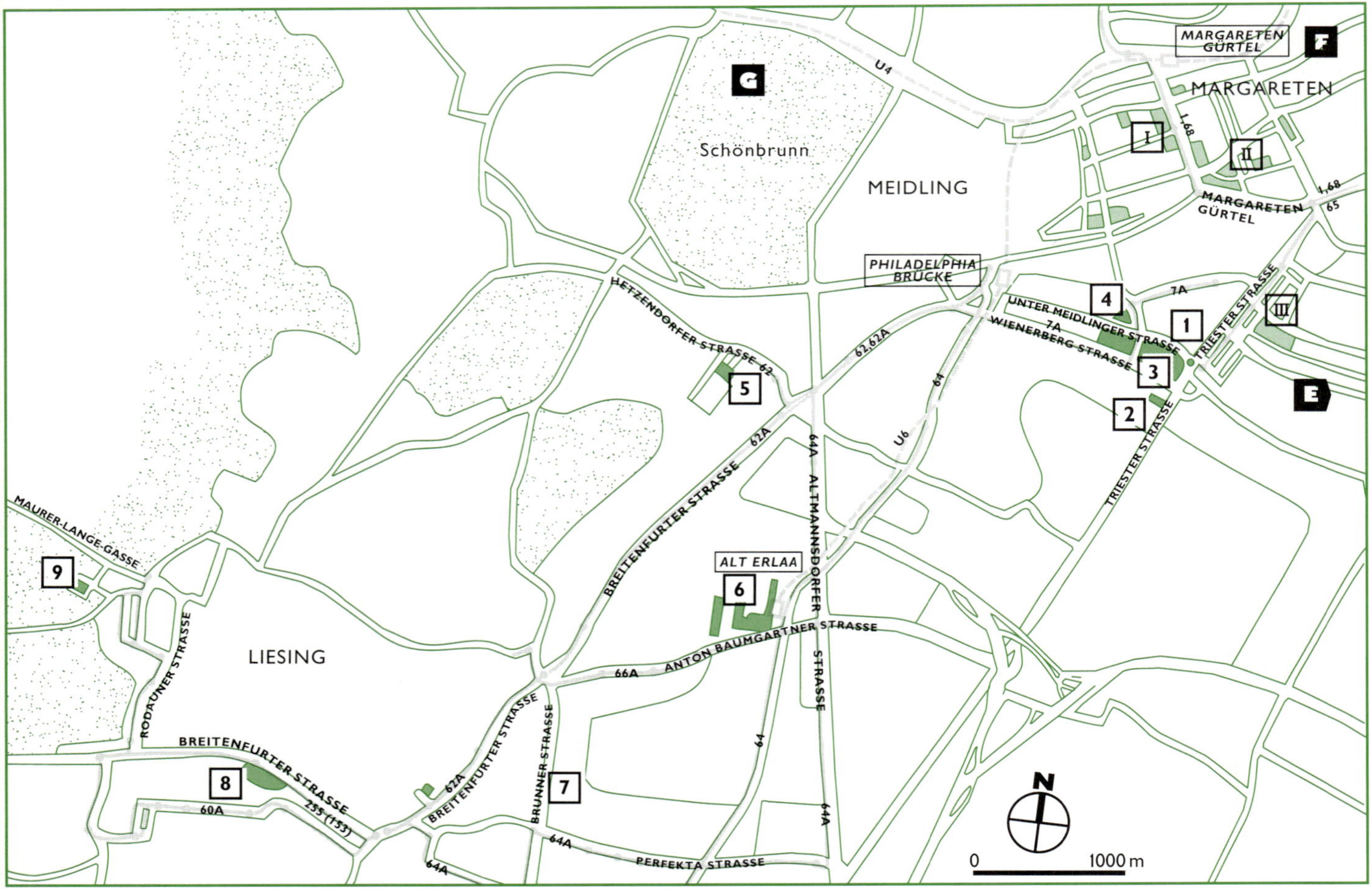
MARGARETEN GÜRTEL
F
MARGARETEN
G
U4
Schönbrunn
MEIDLING
I
1,68
II
MARGARETEN GÜRTEL
1,68
65
PHILADELPHIA BRÜCKE
HETZENDORFER STRASSE
62
5
4
7A
UNTER MEIDLINGER STRASSE
7A
WIENERBERG STRASSE
1
TRIESTER STRASSE
III
3
E
2
62,62A
64
U6
TRIESTER STRASSE
62A
BREITENFURTER STRASSE
64A
ALTMANNSDORFER STRASSE
MAURER-LANGE-GASSE
9
ALT ERLAA
6
ANTON BAUMGARTNER STRASSE
66A
RODAUNER STRASSE
LIESING
BREITENFURTER STRASSE
BREITENFURTER STRASSE
62A
BRUNNER-STRASSE
7
8
60A
255 (153)
64
64A
64A
PERFEKTA STRASSE
64A
N
0
1000 m

Promenade N
Margareten, Meidling et Liesing

N.I : 138
Maison des cheminots

N.I. [a] Ensemble de 200 logements

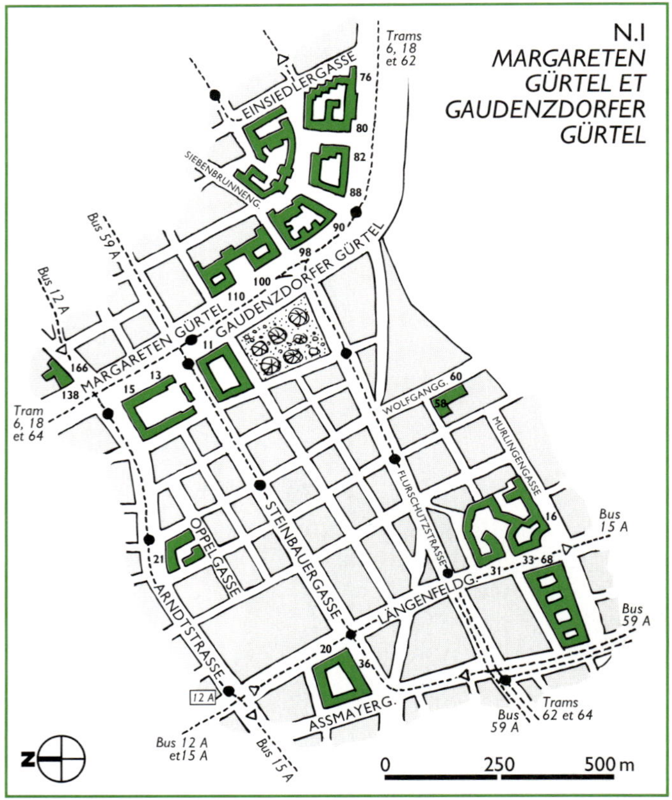

Margareten, Meidling et Liesing

N

Le *Gürtel* qui forme la limite entre *Margareten* et *Meidling* rassemble autour de lui quelques-unes des "cités rouges" les plus remarquables construites entre 1919 et 1926 par la commune de Vienne. Elles portent les noms de personnages illustres parmi lesquels les leaders socialistes Matteotti et Bebel, le poète Heine, le pédagogue Pestalozzi et le compositeur Haydn. La promenade N offre également au visiteur l'occasion de découvrir deux des grandes tendances actuelles en matière de logements sociaux: les immeubles à gradins verdoyants de Glück et la cité-jardin de Krier que l'on peut comparer à l'expérience sociologique de Krist et Oerley au *Washington-Hof* de 1927.

La promenade N débute à la station de métro Margareten Gürtel *de la ligne U4, et fait suite à la promenade F. Les trams 6 et 18 qui passent à cette station empruntent le* Margareten Gürtel.

5-12., *MARGARETEN GÜRTEL* ET *GAUDENZDORFER GÜRTEL* ★

I

La double ceinture qui forme la limite entre les 5e et 12e arrondissements est bordée d'importants ensembles résidentiels, construits pendant la Vienne Rouge des années 1920. Les quartiers plus anciens qui la jouxtent ont été urbanisés à la fin du XIXe siècle.

138 # *Margaretenstrasse*, 166 • Maison des cheminots • Arch. Hubert GESSNER (1912-13) • Par le caractère puissant de sa volumétrie et l'esthétique de ses façades, cet important bâtiment d'angle annonce, avec dix ans d'avance, l'esprit qui animera la politique socialiste de la Vienne Rouge.

Ici se greffe la *Arndtstrasse* desservie par le bus 12A :

a *Arndtstrasse*, 21 et *Oppelgasse*, 12 • Ensemble de 200 logements • Arch. Harry GLÜCK, W. HÖFER, R. NEYER et T. SPYCHALA (1979-81) • Rompant avec le traditionnel immeuble-bloc, cette cité qui cerne un espace semi-fermé est une nouvelle interprétation du *Hof*. Les appartements qui donnent sur l'espace intérieur bénéficient, à chaque niveau, de terrasses établies en gradins, où pousse une abondante végétation qui prolonge celle des jardins.

N.I. b *Bebel-Hof*

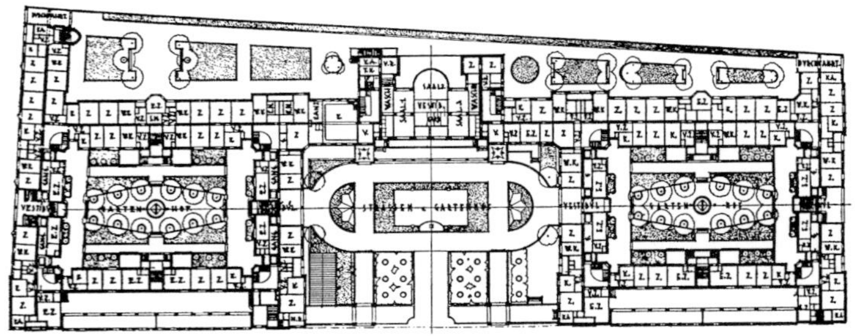

N.I: 110-100 *Reumann-Hof* • Plan

N.I. c *Am Fuchsenfeld-Hof*

N.I: 110-100 *Reumann-Hof*

■ 15/13 (*Gaudenzdorfer G.*) • *Haydn-Hof* • Arch. August HAUSER (1928-29) • Complexe de 304 logements répartis dans quatre immeubles qui bordent un îlot à l'intérieur duquel se trouve un grand espace aménagé en jardin collectif. Les façades se caractérisent par un jeu systématique de décrochements réguliers.

Ici se greffe la *Steinbauergasse*, desservie par le bus 59A, qui mène au :
b 36 # *Längenfeldgasse*, 20 et *Assmayergasse*, 13-21 • *Bebel-Hof* • Arch. Karl EHN (1925-27) • Les quatre immeubles qui contiennent 300 appartements occupent le périmètre d'un îlot de forme trapézoïdale. La façade principale, sur la *Steinbauergasse*, est flanquée de deux tours massives et de volumineux balcons, dispositif qui annonce le *Karl-Marx-Hof*, du même architecte, réalisé deux ans plus tard (cf.: I.7).

■ 11 (*Gaudenzdorfer G.*) # *Steinbauergasse*, 1-7 • *Leopoldine Glöckel-Hof* • Arch. Josef FRANK (1931-32) • Œuvre rigoureuse où les 318 appartements se succèdent de façon systématique le long des quatre façades de l'îlot.
■ 110-100 • *Reumann-Hof* (★★) • Arch. Hubert GESSNER (1924-26) • Le vaste complexe, un des plus représentatifs de la Vienne Rouge, s'ouvre en son centre sur une sorte de place en forme de jardin agrémenté de portiques et de pergolas. Les sept corps de bâtiments, qui comprennent 478 appartements, s'organisent de façon symétrique autour de deux cours intérieures fermées. Les arcs en plein cintre des portiques, la série de bow-windows "en accordéon", les oriels cylindriques, les décrochements de façade et la tour centrale surmontée d'une loggia monumentale sont autant d'éléments traités avec virtuosité au service d'une volumétrie d'ensemble d'une grande richesse d'expression.

Ici se greffe la *Flurschützstrasse* où passent les trams 62 et 64 qui desservent un quartier où se trouvent :
c *Langenfeldgasse*, 31-33 # *Murlingengasse*, 16 • *Am Fuchsenfeld-Hof*, actuellement *Reismann-Hof* (★) • Arch. Heinrich SCHMID et Hermann AICHINGER (1924-25) • Le plan-masse de cet îlot, articulé autour d'une place semi-privée, montre la complexité du parti adopté par les architectes. Ceux-ci ont privilégié l'usage de bâtiments aux tra-

N.I: 98-90 *Metzleinstaler-Hof*

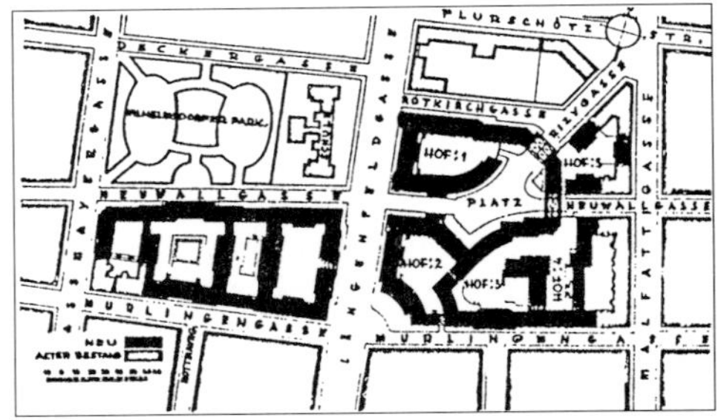

N.I. c *Am Fuchsenfeld-Hof* • Plan d'ensemble

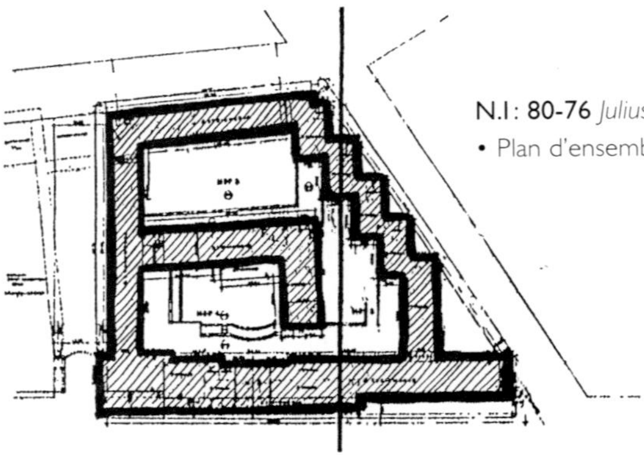

N.I: 80-76 *Julius Popp-Hof*
• Plan d'ensemble

N.I. e *Matteotti-Hof*

cés courbes implantés librement sur le terrain et se raccordant astucieusement aux immeubles à front des voiries extérieures. L'ensemble, ponctué de tours aux allures de forteresse, revêt un caractère de fluidité grâce à un jeu de chicanes où cours intérieures, passages sous immeubles et jardins semi-privés se relient les uns aux autres en une série de séquences urbaines d'une grande qualité scénographique.
d *Langenfeldgasse*, 68 # *Murlingengasse* • *Fuchsenfeld-Hof* • Arch. Heinrich SCHMID et Hermann AICHINGER (1924-25) • Ce complexe, qui jouxte une école et un parc agréablement aménagé, est une cité semi-fermée, implantée sur une partie seulement de l'îlot.

98-90 • *Metzleinstaler-Hof* (★) • Arch. Robert KALESA (1919) et Hubert GESSNER (1922-23) • Les deux immeubles de ce *Hof* comptent parmi les premières expériences réussies de la commune de Vienne en matière de logements sociaux. Si l'immeuble imposant de Kalesa, situé à front du *Gürtel*, emprunte son vocabulaire au style Biedermeier de Basse-Autriche, celui de Gessner, situé le long de la *Johannagasse*, se rattache au contraire à la tradition wagnérienne. Les deux réalisations ont pourtant en commun le parti général d'un bloc refermé sur une grande cour intérieure. Le bloc de Kalesa, articulé par un jeu de toitures et de lucarnes, se développe le long du *Gürtel* légèrement incurvé; celui de Gessner, au contraire, plus complexe, est traité en lignes comme une série de maisons mitoyennes.
88-82 • *Herwegh-Hof* • Arch. Heinrich SCHMID et Herman AICHINGER (1926-27).
80-76 • *Julius Popp-Hof* • Arch. Heinrich SCHMID et Herman AICHINGER (1925) • L'originalité de cet immeuble réside dans sa façade latérale qui présente une succession de cinq décrochements sur l'alignement de la *Einsiedlergasse*.

Ici se greffe la *Einsiedlergasse* où passe le bus 12A qui dessert un quartier faisant l'objet d'un commentaire en N.II.
e *Einsiedlergasse* # *Siebenbrunnenfeldgasse* et *Fendigasse* • *Matteotti-Hof* (★) • Arch. Heinrich SCHMID et Hermann AICHINGER (1926) • Œuvre symbolique par excellence, ce complexe s'impose comme le point final de la vaste opération sociale du quartier de *Margaretengürtel*. Le parti général, d'une grande souplesse de composition, est

N.II *MARGARETEN SUD*

N.II. a
Laboratoires pour le traitement industriel du bois et du métal

N.II. f *Heine-Hof*

N.II. a Laboratoires • Plan

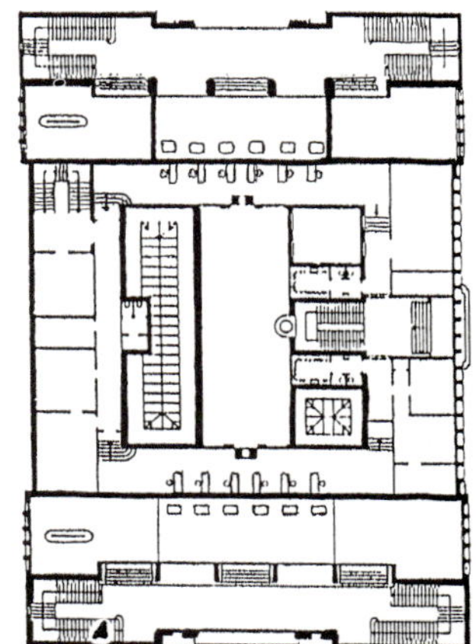

N.II. f *Heine-Hof* • Détail

axé sur la bissectrice du terrain triangulaire, ce qui permet à la cour intérieure de se dilater vers le centre de l'îlot pour former une place majestueuse.

[a] *Siebenbrunnenfeldgasse*, 20 # *Embelgasse*, 2/4 • Laboratoires pour le traitement industriel du bois et du métal • Arch. Hermann STIEGHOLZER et Herbert KASTINGER (1928-30) • Construction monumentale de style fonctionnaliste rythmée par d'importants vitrages verticaux.

[b] *Siebenbrunnenfeldgasse*, 12-18 • Ensemble d'immeubles locatifs • Arch. Ernst EPSTEIN (1911) • Quatre immeubles décorés dans le style de la *Wiener Werkstätte*.

[c] *Jahngasse*, 30 • Maison d'habitation • Arch. Anton SCHWERTMANN et Hermann STIERLIN (1911) • Porte d'entrée dans une composition dissymétrique équilibrée par une allégorie de l'Abondance.

[d] *Högelmüllergasse*, 1a # *Reinprechtsdorfer Strasse*, 30 • Immeuble locatif • Arch. Leopold FUCHS (1905) • Construction de style sécessionniste avec évocation des thèmes floraux du Jugendstil.

[e] *Högelmüllergasse*, 1b et 2b • Immeubles à appartements • Arch. Wilhelm NOWACK (1905-06) • Deux immeubles jumeaux qui se font face. Beau décor sécessionniste des façades, rythmées horizontalement par des corniches et des bandeaux à motifs floraux.

[f] *Stöbergasse*, 4-20 • *Heine-Hof* (★) • Arch. Otto PRUTSCHER (1925-26) • Cet immeuble de logements s'écarte sensiblement de la notion de *Hof* ; implanté sur un terrain étroit à front de rue, il ne possède pas de véritable cour. La façade, traitée avec une grande sobriété, est d'une part partagée en trois par deux zones de recul formant jardin et d'autre part rythmée par d'étroites niches qui s'élèvent sur près de quatre niveaux.

⊙ *Dans la* Reinprechtsdorfer Strasse *l'on trouvera le bus 14A qui conduit à* Matzleinsdorfer Platz *où se trouve un arrêt du tram 65. Celui-ci emprunte la* Knollgasse *qui jouxte un quartier faisant l'objet d'un commentaire en N.III.*

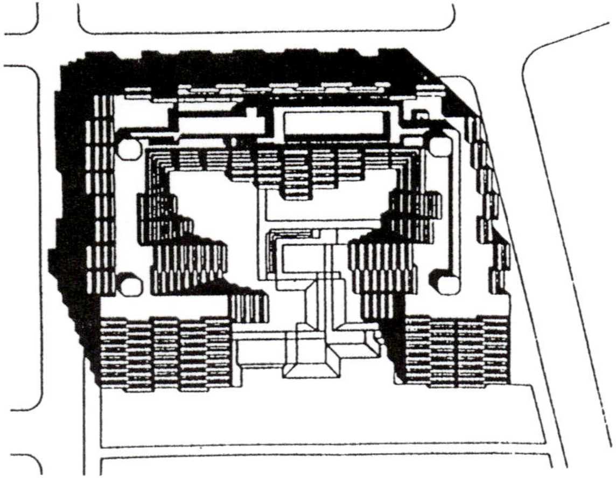

N.III. b Complexe d'habitations
• Plan d'ensemble

N.III. a Sainte-Marie-Reine-de-la-Paix

N.1 *Spinnerin am Kreuz*

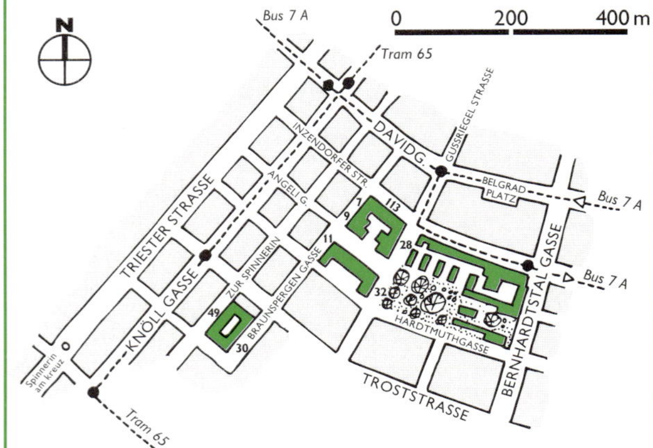

N.III *QUARTIER AUX ABORDS DE LA TRIESTER STRASSE*

a *Quellenstrasse*, 195/197 • Eglise paroissiale Sainte-Marie-Reine-de-la-Paix (★) • Arch. Leo SCHMOLL et Robert KRAMREITER (1935-36) • Le traitement géométrique des masses extérieures et le dépouillement de la nef unique, éclairée unilatéralement, font de cet édifice une œuvre d'une grande sobriété d'expression qui rappelle l'esthétique des églises de Dominikus Böhm ou de Peter Behrens.

b *Inzersdorfer Strasse*, 113 ; *Hardtmuthgasse*, 104 ; *Braunspergengasse*, 7-11 et *Gussriegelstrasse*, 28-32 • Complexe d'habitations (★) • Arch. Harry GLÜCK, W. HÖFER, R. NEYER et T. SPYCHALA (1971-74) • Les immeubles sont conçus en gradins avec terrasses arborées, qui, comme de véritables cascades de verdure, prolongent les espaces intérieurs vers le jardin collectif. Les appartements "duplex" sont distribués par un corridor selon le principe expérimenté par Le Corbusier dans ses cités radieuses.

c *Quaringasse*, 10/12 ; *Braunspergengasse*, 30 et *Zur Spinnerin*, 49 • *Quarin-Hof* • Arch. Siegfried THEISS et Hans JAKSCH (1923-26) • Ce complexe de 131 logements, fermé sur lui-même, se compose de deux grands blocs verticaux entre lesquels s'insère le portail d'entrée. A l'entrée, on trouve une crèche et un jardin d'enfants. La caractéristique principale de cet ensemble réside dans le graphisme des appareillages et des frises, pourtant réalisés dans des matériaux fort modestes.

Spinnerin am Kreuz ★ 1

10., Triester Strasse (à hauteur du n°54)

Hans PUCHSBAUM • 1451-52

Située au départ de la route de Trieste, cette colonne gothique fut élevée par la commune de Vienne à la place d'un monument plus ancien. Elle fut appelée "colonne de la fileuse à la croix" car, selon la légende, c'est à cet endroit qu'une femme fidèle, assise à son rouet, aurait attendu le retour de son époux parti aux Croisades. De 1311 à 1747 et de 1805 à 1868, cet endroit, situé aux confins de la ville, était réservé aux exécutions capitales.

Le monument, en gothique tardif, est formé d'un tabernacle surmonté d'un baldaquin finement sculpté. Il signalait aux passants la limite du territoire placé sous la protection de la commune de Vienne.

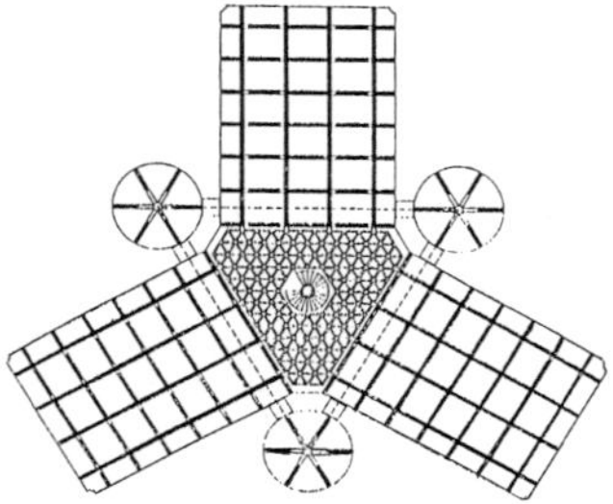

N.4 Schéma du principe de construction

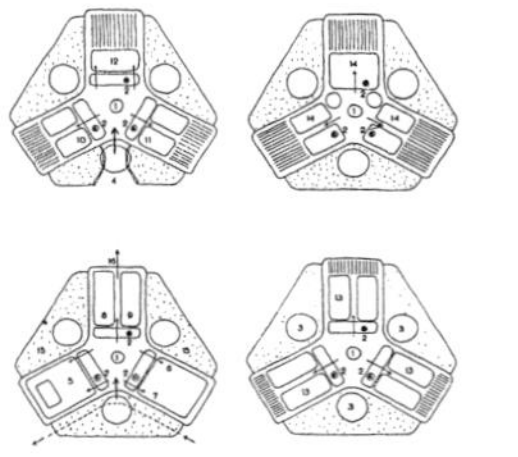

N.4 Schéma du noyau central

N.2 Immeuble Philips

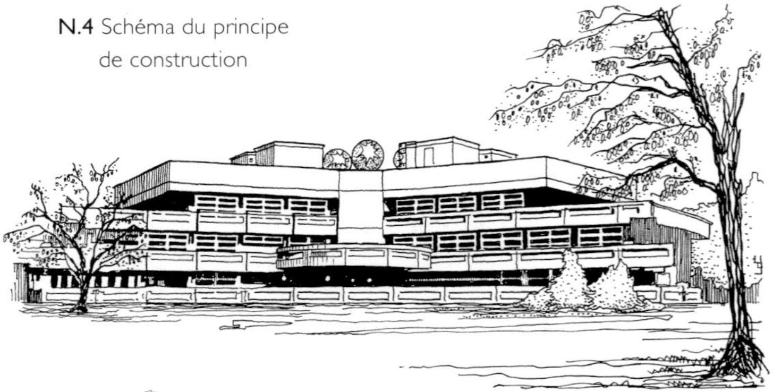

N.4 Centre de rééducation hospitalière de Meidling

N.3 *Washington-Hof* • Plan d'ensemble

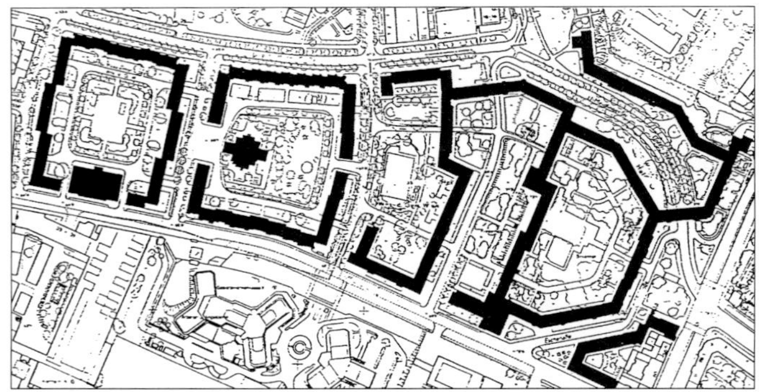

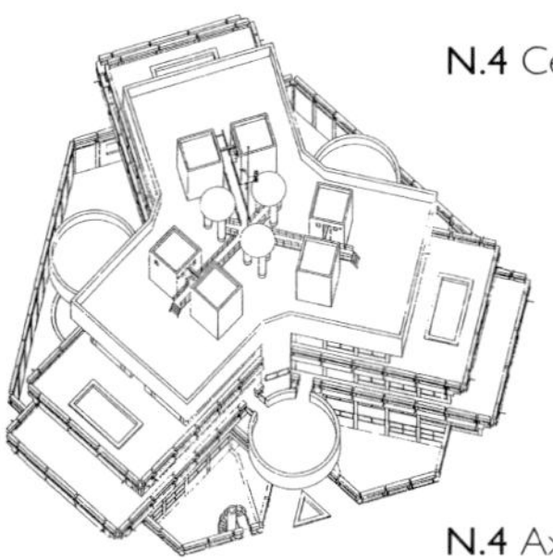

N.4 Axonométrie

2

"Philips", immeuble de bureaux

10., Triester Strasse, 64

Karl SCHWANZER • 1962-64

Ing. Robert KRAPFENBAUER, DYCKERHOFF *et* WIDMANN

Construction hardie de 9 étages reposant uniquement sur quatre grands pylônes de béton armé, d'où partent les deux ailes latérales pendues dans le vide en un audacieux porte-à-faux.

3

Complexe de logements *George Washington-Hof* ★

10., Unter-Meidlinger Strasse, 1-12

Karl KRIST,

Robert OERLEY • 1927-30

Par sa taille, ce "superbloc" est un des complexes les plus originaux de la Vienne Rouge en banlieue. Il comprend 1085 logements répartis en cinq groupes d'immeubles qui n'occupent qu'un quart du terrain, laissant le reste à des cours-jardins qui ont chacune leur originalité. Ces espaces semi-ouverts suivent la pente naturelle du terrain et communiquent entre eux par des portails. Les façades, agrémentées de balcons et de bow-windows, présentent en outre un motif de crépi en diagonales. Le *Washington-Hof*, devenu un organisme indépendant, une ville dans la ville, fut à l'époque de sa construction la première expérience d'"unité de voisinage" dans le sens moderne du terme.

4

Centre de rééducation hospitalière ★

12., Unter-Meidlinger Strasse, 26-28 ;
Kundratstrasse

Gustav PEICHL • 1965-68

Bâtiment centré sur un plan hexagonal semi-régulier d'où partent, en forme de Y, trois ailes avec terrasses qui jouissent d'un ensoleillement maximum à tous moments. La construction est faite d'éléments semi-préfabriqués en béton armé. Elle s'appuie sur une ossature composée de supports en forme de H sur lesquels reposent des poutres jumelées agencées en treillis. La trame ainsi établie détermine toute la distribution intérieure.
Ce centre d'une capacité de 52 lits pour grands accidentés crâniens possède une infrastructure hospitalière modèle dont un service complet de rééducation avec salles d'hydrothérapie et de culture physique.

⊙ *Prendre le bus 7A en direction de la gare de Meidling* (Bahnhof Meidling) *à proximité de laquelle se trouve* Philadelphia-Brücke. *Là, trois possibilités s'offrent au visiteur : se rendre directement au domaine d'Hetzendorf (cf. : N.5), aller à Alt-Erlaa pour découvrir*

N.5 Domaine d'Hetzendorf

N.6 Parc résidentiel d'Alt-Erlaa • Plan de situation

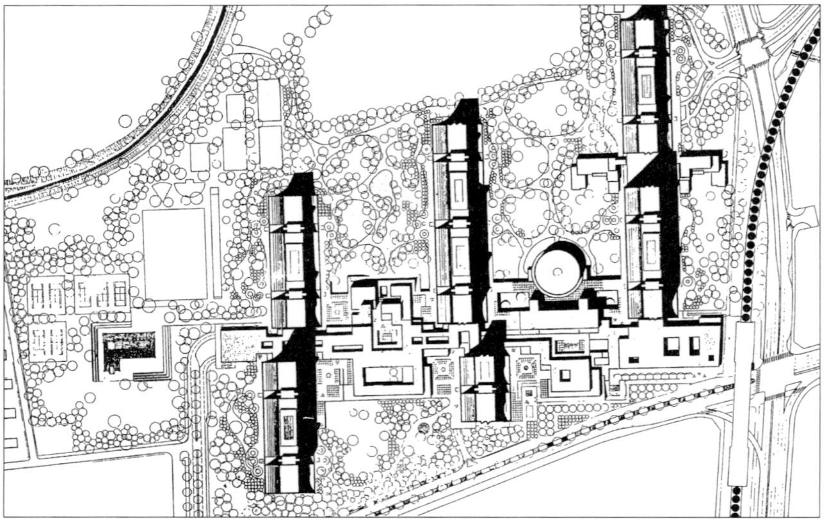

N.6 Parc résidentiel d'Alt-Erlaa

son parc résidentiel (cf.: N.6), ou encore à Liesing où se trouvent la cité-jardin de Krier (cf.: N.8) et l'église de Wotruba (cf.: N.9).
Le tram 62 qui passe au pont de Philadelphia conduit directement au domaine d'Hetzendorf. On peut aussi le prendre en cours de route le long de la Breitenfurter Strasse.
Le tram 64 ainsi que le métro aérien de banlieue U6 (mise en circulation prévue pour 1991-92) mènent au parc résidentiel d'Alt-Erlaa. De là, on peut ensuite rejoindre Liesing au moyen du bus 64A.
Le bus 62A emprunte la Breitenfurter Strasse *sur toute sa longueur jusqu'à la gare de Liesing d'où part le bus 255 (153) pour la cité-jardin de Krier et le bus 60A pour l'église de Wotruba.*

Domaine d'Hetzendorf

5

12., Hetzendorfer Strasse
auj. Ecole de mode
Anonyme • 1694
Johann Lucas VON HILDEBRANDT • 1717
Nikolaus PACASSI • 1743

Construit vers 1694 pour Sigismund de Thun, l'édifice – à l'origine un chalet de chasse – fut transformé et agrandi au XVIIIe siècle, successivement par von Hildebrandt et Pacassi. Seules les transformations de ce dernier sont encore visibles aujourd'hui.
A l'intérieur : fresques d'après des ébauches de Daniel Gran.

Parc résidentiel d'Alt-Erlaa ★

6

23., Anton-Baumgartner Strasse
Harry GLÜCK, Kurt HLAWENICKA,
Franz REQUAT et Thomas REINTHALLER • *ca* 1980

Ensemble de 3 000 logements répartis en plusieurs immeubles de 65 à 75 m de long sur 22 à 26 niveaux, avec, en partie inférieure, un vaste équipement d'infrastructure commerciale, scolaire, sportive, médicale et culturelle. Les immeubles, au profil parabolique, s'élargissent vers le bas, ce qui permet aux terrasses d'être de plus en plus profondes au fur et à mesure que l'on se rapproche du sol. Les appartements avec terrasses et plantations privées sont disposées en gradins jusqu'au troisième étage; viennent ensuite les "duplex" et les appartements sans terrasses. Le traitement architectonique des immeubles fait apparaître cette différence. Les façades sont faites d'éléments préfabriqués composés d'une tôle d'acier nervurée, enrobée d'une masse isolante de béton armé.
Cet ensemble spectaculaire est l'antithèse même des unités de logements de petite et moyenne densité que l'on voit surgir en ville.

N.8 Cité-jardin de Liesing

• Plan d'ensemble

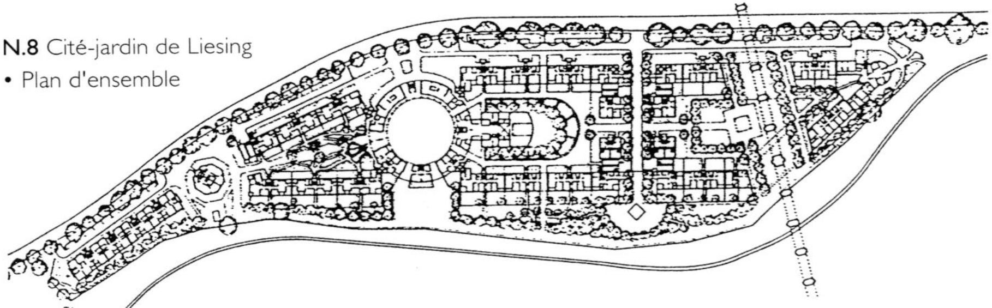

N.8

N.8

N.8

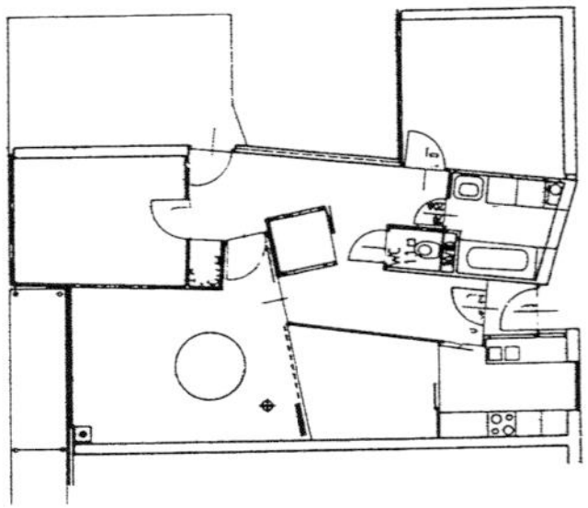

N.7 Immeuble de logements

• Vue générale et plan d'un appartement

Immeubles à appartements

7

23., Brunner Strasse, 26

Helmut RICHTER • 1986

Cet immeuble à appartements, situé le long d'une artère à grande circulation, est isolé du trafic urbain par une structure indépendante dans laquelle sont installées des coursives. Celles-ci, non seulement donnent accès aux appartements, mais constituent aussi un tampon acoustique efficace.

Cité Jardin de Liesing ★★

8

23., Breitenfurter Strasse

Rob KRIER,
Hedy WACHBERGER,
Peter GEBHART • 1984-87

Renouant avec la tradition viennoise du *Siedlung* (cité-jardin), Rob Krier et son équipe réalisent, aux abords de la ville, une cité de 300 logements qui s'avère être un modèle du genre. Implantée sur une des rives de la *Reiche Liesing*, mais aussi non loin d'une usine et de part et d'autre d'un ancien aqueduc, la cité puise en elle-même la raison de son fonctionnement. Toutes les maisons se greffent, en effet, sur une épine centrale aménagée en jardins et en promenades qui s'articulent sur un forum par l'intermédiaire de passages sous les immeubles.
Implanté à la pointe ouest du complexe, le jardin d'enfants se présente comme un petit temple aux accents palladiens, enrichi d'éléments ludiques qui font penser au pavillon que Charles VI s'était fait construire au Prater (cf.: *Lusthaus* P.II.5). Vient ensuite le jardin central de forme légèrement oblongue, bordé de maisons qui en ponctuent le cheminement; sa perspective est fermée par une grande façade convexe qui annonce celle, concave, de la place Camillio Sitte. Celle-ci, conçue comme un forum circulaire, est rythmée par une arcade installée en léger surhaussement par rapport au sol.
Les matériaux sont modestes: crépi aux tons ocre, gris et crème; tuiles rouges; lucarnes, coupoles et lanternes en plomb; châssis de bois peints en vert turquoise; terrasses d'angle prises dans des tours ajourées de béton.
Sur le plan de la symbolique, l'on peut dire que chaque maison est bien à l'image de la cité comme chacune des arches de l'aqueduc ne pourrait exister en dehors de lui. Cet ensemble exemplaire est un morceau de ville qui, par sa modestie et la justesse de son échelle, revêt une dimension humaine digne et apaisante, à la mesure de ses habitants.

N.9 Eglise de la Très Sainte Trinité

N.9 Façade latérale

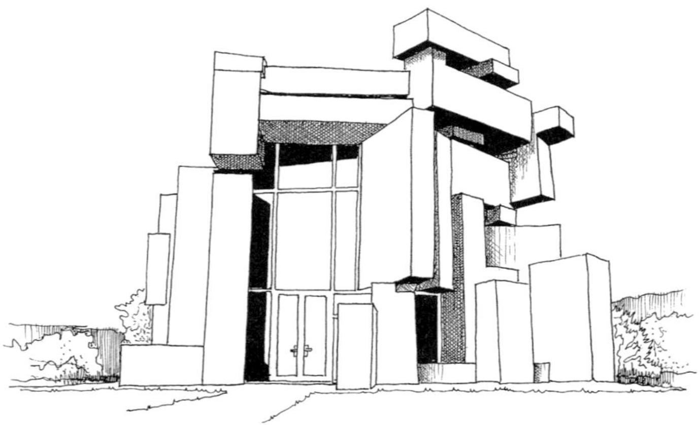

N.9 Façade du côté
de l'entrée

Cette œuvre, qui s'inscrit dans la période des abstractions radicales de Wotruba, se présente comme un gigantesque monument de 152 blocs de béton assemblés de façon sculpturale, une architecture aux entailles nettes et aux masses savamment équilibrées.

Eglise de la Très Sainte Trinité ★★

23., Maurer-Langer Gasse ■ ★★

 # Georgsgasse et Rysergasse

conception sculpturale : Fritz WOTRUBA

réalisation : Fritz G. MAYR • 1974-76

Sa : 14.00-20.00
Di : 09.00-17.00
avr.-sep., Lu-Ve : 14.00-18.00
oct.-mars, Ma-Ve : 14.30-16.30
messes : Sa : 18.30
Di : 09.30

O

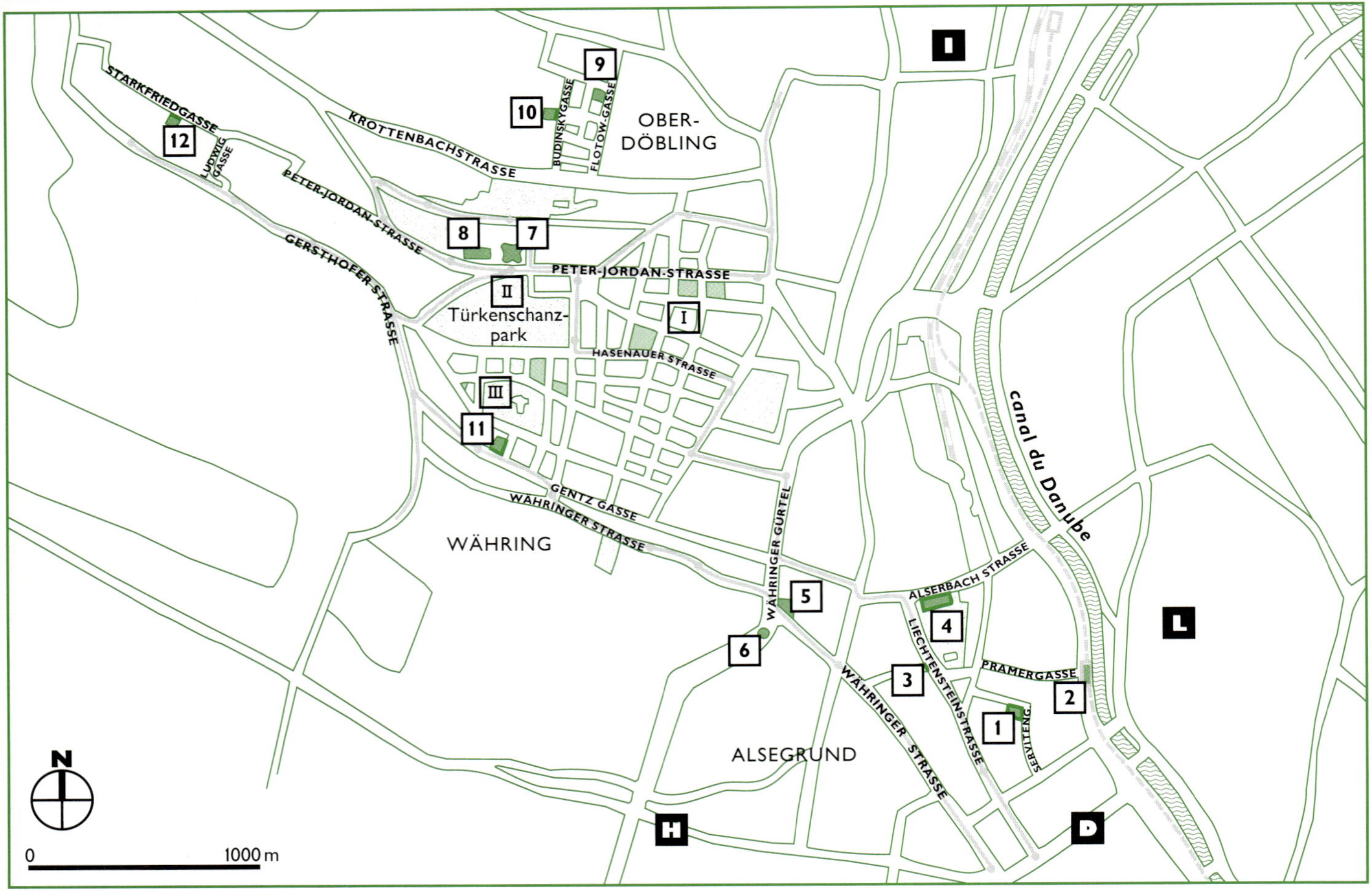
STARKFRIEDGASSE
12
LUDWIG GASSE
KROTTENBACHSTRASSE
10
BUDINSKYGASSE
9
FLOTOW-GASSE
OBER-DÖBLING
I
PETER-JORDAN-STRASSE
8
7
GERSTHOFER STRASSE
PETER-JORDAN-STRASSE
II
Türkenschanz-park
I
HASENAUER STRASSE
III
11
GENTZ GASSE
WÄHRINGER STRASSE
WÄHRING
WÄHRINGER GÜRTEL
canal du Danube
5
6
ALSERBACH STRASSE
4
LIECHTENSTEINSTRASSE
PRAMERGASSE
3
2
1
SERVITENG.
WÄHRINGER STRASSE
ALSEGRUND
L
N
H
D
0
1000 m

Promenade O
Alsergrund, Währing et Ober-Döbling

1	Eglise des Servites	★
2	Station de métro "Rossauer Lände"	★
3	Strudlhof Stiege	★
4	Palais Liechtenstein	★★
5	Volksoper	
6	Chapelle Saint-Jean Népomucène	
I	*QUARTIER AU NORD DE HASENAUERSTRASSE*	★
7	Hôtel Modul	
8	Institut de la Haute Ecole d'agronomie	
9	Ecole "In der Krim"	★
10	Eglise Saint-Judas-Thaddaüs	★
II	*TÜRKENSCHANZPARK*	★★
III	*QUARTIER DE L'OBSERVATOIRE*	★
11	Complexe scolaire	★★
12	Villa Moller	★★

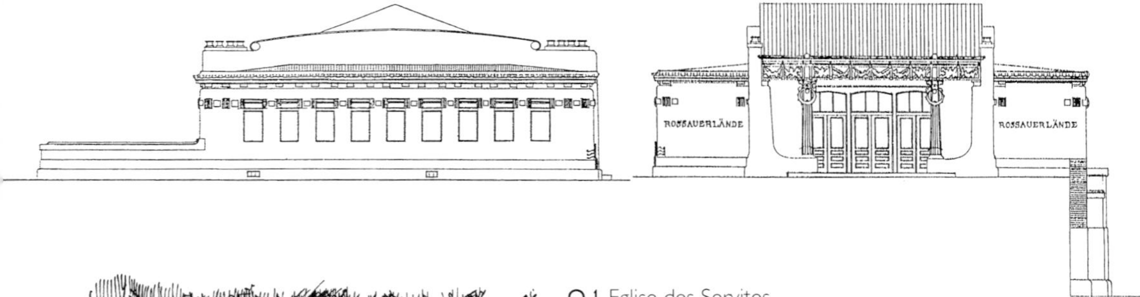

O.2 Station de métro
Rossauer Lände
- Façade principale (à droite)
- Façade latérale (à gauche)

(dessins d'Otto Wagner)

O.1 Eglise des Servites

O.1 Eglise des Servites

Alsergrund, Währing et Ober-Döbling

Les abords du Türkenschanzpark

Deux architectures du XVIIe siècle ouvrent la promenade O: l'église des Servites de Canevale et le palais Liechtenstein de Martinelli. Mais le véritable pôle de cet itinéraire est le *Türkenschanzpark* autour duquel s'établissent deux importants quartiers résidentiels parsemés de cottages Jugendstil et de villas sécessionnistes du début du XXe siècle. Pour compléter la promenade, le visiteur aura le loisir de découvrir, dans les quartiers de *Währing* et de *Ober-Döbling*, deux écoles, l'une de Peichl, l'autre de Hollein, ainsi que la célèbre maison Moller de Loos.

Le point de départ de cette promenade se trouve à la Bourse, le long du Schottenring, *où se trouve le terminus du bus 40A. Toute la promenade O se fera au moyen des transports en commun. Le bus 40A s'engage dans la* Liechtensteinstrasse, *d'où l'on peut joindre à pied les édifices décrits de O.1 à O.4, ci-après.*

1 Eglise des Servites *(Servitenkirche)* ★

9., Servitengasse, 9
construction : Carlo CANEVALE • 1651-77
restauration : Francesco MARTINELLI • 1684
transformation : F.S. ROSENSTINGL • 1754-56

Construite par Carlo Canevale, réparée peu après par Martinelli, cette église a vu ses tours modifiées au XVIIIe siècle par Rosenstingl. C'est une œuvre d'une importance historique considérable, qui témoigne de l'audience dont le baroque italien commença à jouir dans les pays germaniques à la fin de la guerre de Trente Ans. L'église des Servites fut la première église de Vienne construite sur un plan ovale, thème formel essentiel de l'art baroque religieux. Elle a sans doute servi de modèle à la *Karlskirche* (cf.: E.1) et à la *Peterskirche* (cf.: A.10). Les stucs de sa décoration intérieure sont l'œuvre de Giovanni Battista Barberini.

2 Station de métro *Rossauer Lände* ★

9., Rossauer Lände
Otto WAGNER • 1900-01

Installée en bordure du quai longeant le canal du Danube, cette station de métro est une belle démonstration de l'art avec lequel Wagner a résolu les problèmes que posait la dénivellation brutale entre le quai et la rue. Il fallait, en effet, concilier en un même

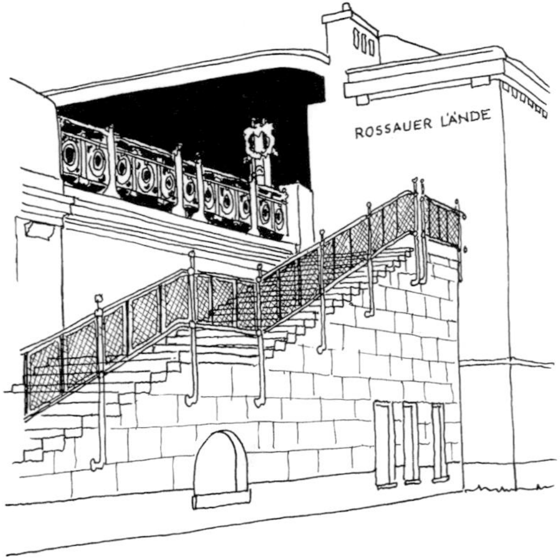

O.2 Station de métro
Rossauer Lände

O.3 *Strudlhof Stiege*

O.4 Palais Lichtenstein • Côté jardin *(gravure de I.A. Corvinus)*

2

édifice: une façade à rue, une façade principale pour l'accès à la station, une tranchée et une galerie pour les rames du métro, une "promenade" au-dessus de la galerie couverte et un escalier extérieur descendant jusqu'au *Treidelweg*. Tous ces éléments sont articulés les uns aux autres en une œuvre unitaire aux détails raffinés.

3

Strudlhof Stiege ★

9., Liechtensteinstrasse et Strudlhofgasse

Johann Theodor JÄGER • 1910

L'escalier à volées multiples du *Strudlhof*, construit sur une forte dénivellation, relie le palais Liechtenstein à la *Währinger Strasse*. Orné de balustrades en pierre, de candélabres et de fontaines, cet élégant ouvrage d'art urbain est avec l'escalier de Fillgrader (cf.: F.II.f) un intéressant témoignage de l'influence de la Sécession sur l'aménagement d'un quartier.

4

Palais Liechtenstein *(Garten Palais)* ★

9., Fürstengasse, 2 ■ ★★

conception : Domenico MARTINELLI • 1691-1704

construction : 1705-11

constr. du jardin : Heinrich VON FERSTEL • 1873

Lu, Me-Di : 10.00-18.00

Ce palais fut construit pour le prince de Liechtenstein sur les plans de Martinelli. Sa façade principale, majestueuse, s'ordonne symétriquement de part et d'autre d'un avant-corps central plus élevé que les ailes. On remarquera le traitement différencié des baies, en particulier celles du premier étage, au moyen de frontons triangulaires pour les ailes et curvilignes pour l'avant-corps central. L'articulation des différents volumes est soignée. Les travées des ailes latérales, voisines de l'avant-corps central, sont, en effet, traitées différemment des travées d'extrémité par l'ouverture de portes dans leur registre inférieur.
A l'intérieur, le plafond de la salle de marbre centrale est orné d'une fresque d'Andrea Pozzo figurant l'apothéose d'Hercule. Johann Michael Rottmayr, Antonio Belucci, Santino Bussi notamment ont œuvré à la décoration des différentes salles. Dans le jardin, un édifice construit en 1873 par von Ferstel remplace un belvédère, détruit, de Johann Bernhard Fischer von Erlach.

m Musée d'Art moderne : abrité dans le palais depuis 1979, ses collections illustrent les principaux courants artistiques contemporains (☆☆).

Le bus 40A poursuit ensuite son trajet jusqu'au Währinger Gürtel *où se trouvent les édifices décrits en O.5 et O.6.*

5

O.5 *Volksoper*

O.6 Chapelle Saint-Jean Népomucène

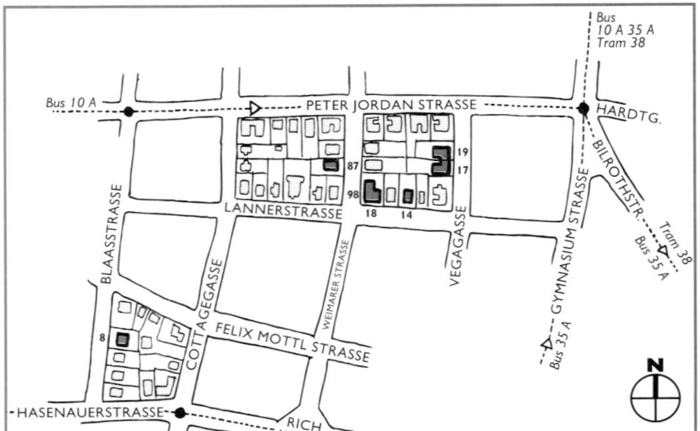

O.I
QUARTIER AU NORD DE HASENHAUERSTRASSE

O.I. c Maison d'habitation
Weimarerstrasse, 98
• Détail de la porte d'entrée

Volksoper (opéra populaire) 5

9., Währinger Strasse, 78

1898

Le théâtre dénommé "opéra populaire" fut construit en moins de 10 mois au moment du jubilé de l'empereur François-Joseph. Cette scène s'est spécialisée dans le répertoire d'opéra-comique et d'opérette, cher aux Viennois.

Chapelle Saint-Jean Népomucène 6

9., Währinger Gürtel

Otto WAGNER • **1895-98**

La raison pour laquelle cette modeste chapelle a été construite reste obscure. Malgré son implantation à proximité de la station de métro *Währinger Strasse*, construite par Wagner à la même époque, elle n'en reste pas moins une œuvre isolée, voire même insolite. Construite sur un plan en croix grecque, elle est surmontée d'une coupole revêtue de tuiles en écailles.

⊙ *Reprendre ensuite le bus 40A jusqu'à l'arrêt qui suit la place Richard Kralik, dans la* Hasenauerstrasse. *De là, rejoindre le quartier décrit ci-après.*

19., QUARTIER AU NORD DE *HASENAUERSTRASSE* ★ I

Ce quartier résidentiel, assez semblable à celui de l'Observatoire (cf.: O.III), est traversé de belles avenues bordées d'arbres, le long desquelles se succèdent de luxueuses propriétés privées; cinq d'entre elles, signées par LOOS et OERLEY, méritent l'attention du promeneur.

[a] *Blaasstrasse*, 8 • Villa Mandl • Arch. Adolf LOOS (1916-17) • Une des premières applications du principe du *Raumplan* que l'architecte développera plus tard avec plus de succès dans la villa Moller (cf.: O.12). La transformation et l'agrandissement de cet ancien cottage par Loos témoignent d'une forte régression par rapport à ses théories expérimentées au début du siècle à la *Michaelerplatz* (cf.: C.12).

[b] *Weimarerstrasse*, 87 • Villa Duschnitz • Arch. Adolf LOOS (1915-16) • Agrandissement et adaptation d'une petite villa de style cottage. Comme la précédente, cette villa est faite de compromissions qui traduisent bien les doutes de l'architecte en cette période trouble de sa vie.

[c] *Weimarerstrasse*, 98 # *Lannerstrasse*, 18 • Maison d'habitation (★) • Arch. Robert OERLEY (1904-05) • Cette maison, inspirée des constructions villageoises de

O.7 Hôtel "Modul"

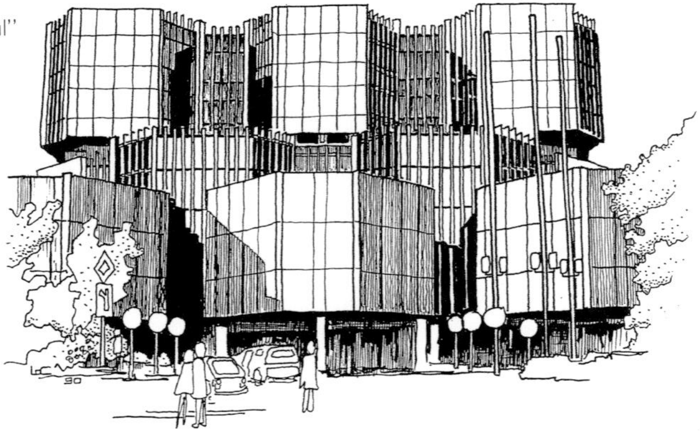

O.8 Institut de la Haute Ecole d'agronomie

O.I. e Double maison à appartements

O.I. e Grille du jardin

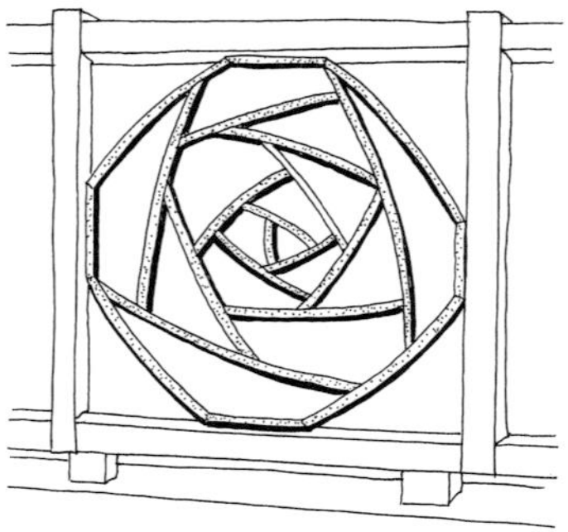

Basse-Autriche ne sacrifie en rien à leur caractère rural. Au contraire, tout le vocabulaire architectonique de cette région est ici repensé en une composition dépouillée, d'une grande rigueur. La belle céramique en relief qui surplombe la porte d'entrée est de Richard Tautenhayn.

d *Lannerstrasse*, 14 • Maison unifamiliale • Arch. Robert OERLEY (1904-05).

e *Vegagasse*, 17/19 • Double maison à appartements (★) • Arch. Robert OERLEY (1906) • Cette maison est le résultat d'une recherche basée sur le rationalisme de Loos. Le quadrillage en céramiques brunes qui divise la façade principale en un jeu de rectangles n'est pas un ornement gratuit mais au contraire une accentuation des lignes maîtresses de la construction. Celles-ci encadrent des panneaux simplement enduits d'un crépi lisse.

On remarquera aussi les grilles du jardin au motif inspiré par la *Wiener Werkstätte*.

Joindre la grille nord du Türkenschanzpark, *soit en revenant à l'arrêt de la* Hasenauerstrasse *pour reprendre le bus 40A, soit en prenant le bus 10A qui passe à la* Peter Jordan Strasse.

Hôtel "Modul" de la Haute Ecole de Tourisme

7

19., Peter Jordan Strasse, 80

Josef FLEISCHER • 1974

Ce grand hôtel est constitué de prismes droits imbriqués les uns dans les autres où vitrages et masses de pierres s'alternent en une composition symétrique construite à l'image des grands hôtels internationaux. Ce bâtiment, à vocation à la fois pédagogique et touristique, exprime bien la double fonction pour laquelle il a été conçu.

Institut de la Haute Ecole d'agronomie

8

19., Peter Jordan Strasse, 82

Anton SCHWEIGHOFER • 1967-74

Il s'agit d'une construction en acier traité selon un procédé d'oxydation de type *Corten*. Le rythme des fenêtres, l'affirmation de la structure et les parties vitrées se combinent en une composition qui met en évidence le caractère industriel des techniques utilisées.

En traversant à pied le parc Hugo Wolf et en coupant la Krottenbachstrasse, *on accède au quartier* In der Krim *où l'on trouve les édifices décrits en O.9 et O.10.*

O.10 Eglise Saint-Judas-Thaddäus

O.9 Ecole *In der Krim* • Axonométrie *(dessin de G. Peichl)*

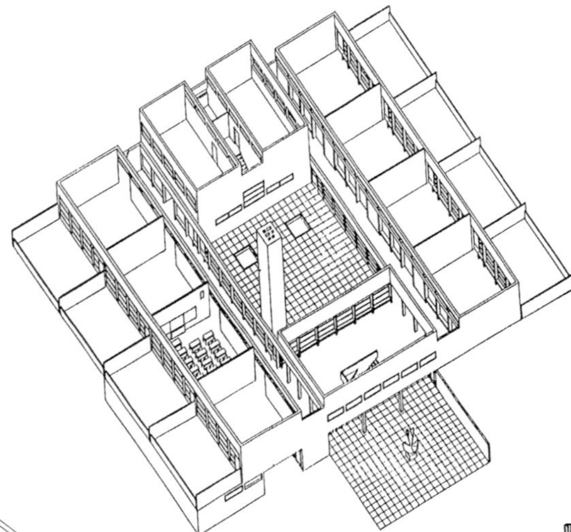

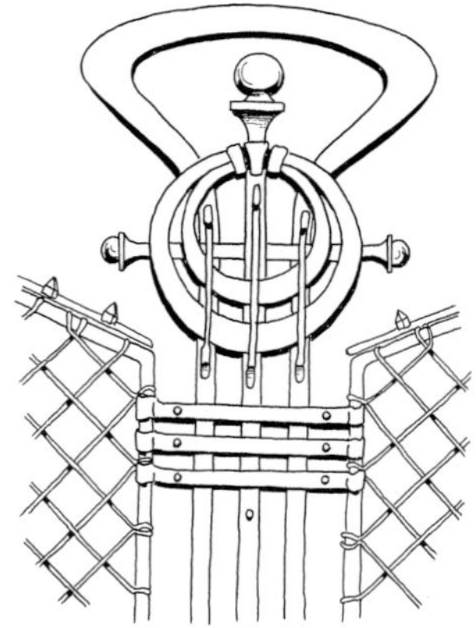

O.II. *Türkenschanzpark*
• Détail de la grille

O.9 Ecole *In der Krim*

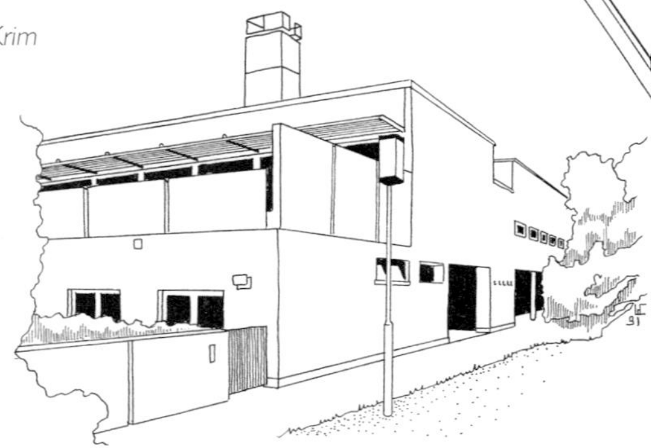

O.9 Ecole *In der Krim*
• Vue de la façade

Ecole *In der Krim* ★ 9

19., Flotowgasse, 25

Gustav PEICHL • 1961-63

L'école *In der Krim*, que l'on peut comparer à celle de la *Diesterweggasse* (cf.: G.7), du même architecte, se compose de bâtiments symétriques disposés de part et d'autre d'un grand axe et autour d'une vaste cour intérieure de plan carré. La sobriété des volumes, la disposition parcimonieuse des fenêtres en bandes continues et le style dépouillé des façades en font une œuvre inspirée du fonctionnalisme des années 30.

Eglise St-Judas-Thaddäus ★ ■★ 10

19., Budinskygasse, 19

Clemens HOLZMEISTER • 1924-32

Située en face d'un petit parc et à front d'une rue, cette église urbaine présente une façade à deux étages qui s'inscrit dans l'alignement et le gabarit des maisons voisines. Les deux portails monumentaux, la haute tour centrale et son oriel sont typiques du style de Holzmeister qui, souvent, s'inspire du fonctionnalisme suédois tout en se rattachant à la tradition loosienne.

Revenir ensuite à la grille nord du Türkenschanzpark, *que l'on traversera.*

18., *TÜRKENSCHANZPARK* ★★ II

La carte de Vienne, gravée en 1530 par Nicolas Meldeman, montre plusieurs campements turcs installés autour de la ville. L'un d'eux, situé sur les hauteurs de Döbling, est occupé par des janissaires en position de repli au moment de leur défaite en 1529 (*Schanze* signifiant "retranchement"). Une autre carte perspective, entre 1830 et 1846, mentionne ce lieu sous le vocable de *Türkenschanze*. L'idée d'un parc populaire à cet endroit, proposée par Heinrich von Ferstel en 1883, fut reprise en 1885 par Gustav Sennholz qui dressa les plans du parc que nous voyons aujourd'hui. Admirablement tracé et arboré, ce grand espace de verdure, de 15 hectares, vallonné et entouré d'une élégante grille Jugendstil, est un exemple remarquable d'urbanisme de jardin.

18., QUARTIER DE L'OBSERVATOIRE *(STERNWARTE)* ★ III

Le quartier résidentiel, situé entre le *Türkenschanzpark* et l'Observatoire, forme le pendant de celui situé au nord de l'*Hasenauerstrasse*. Comme lui, il est occupé par de luxueuses propriétés. Certaines d'entre elles, signées par d'éminents architectes, méritent un bref commentaire.

O.III. c
Villa Gessner

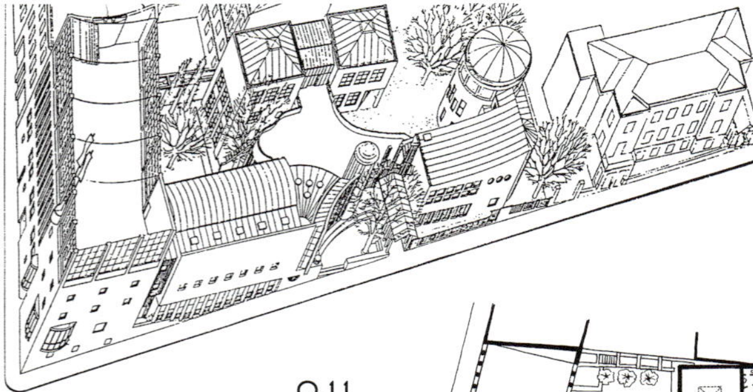

O.11
Complexe scolaire
• Axonométrie
(dessin de Hans Hollein)

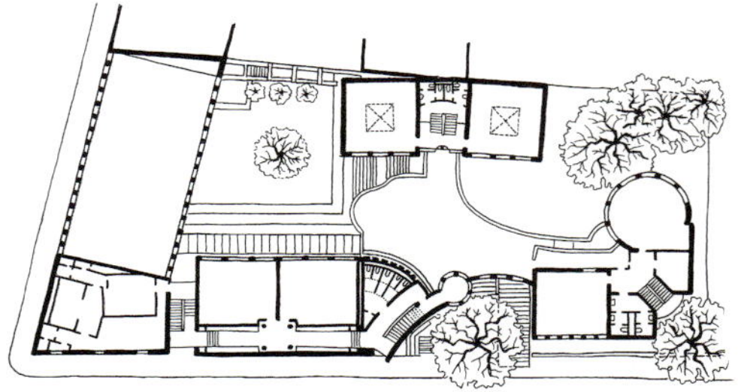

O.11 Complexe scolaire • Plan

O.11 Complexe scolaire

a *Türkenschanzstrasse*, 23 • Villa Paulick • Arch. Robert OERLEY (1907) • Le caractère de cette villa emprunte au style des cottages anglais l'essentiel de son vocabulaire architectural.

b *Sternwartestrasse*, 62/64 • Villa Schmutzer • Arch. Robert OERLEY (1910) • Construction à grandes toitures mansardées, inspirée des *country-houses* et des villas de Basse-Autriche.

c *Sternwartestrasse*, 70 • Villa Gessner (★★) • Arch. Hubert et Franz GESSNER (1907) • Etablie sur le principe du petit palais italien à "étage noble", cette villa se rattache par sa volumétrie générale à l'école de Wagner. L'influence de la Sécession se fait néanmoins sentir dans la pureté des proportions, l'élégance des bow-windows prismatiques et la frise en mosaïques.

d *Sternwartestrasse*, 83 # *Severin Schreibergasse*, 8 • Villa Arnold (★) • Arch. Loïs WELZENBACHER (1923-24) • Cette élégante villa d'apparence classique contient des détails architectoniques influencés par la *Wiener Werkstätte*. Les quatre colonnes du portique d'entrée donnent à la façade incurvée un caractère monumental qui évoque Palladio.

Complexe scolaire ★★ 11

18., Gentzgasse, 124-128 # Köhlergasse, 9-11

Hans HOLLEIN • 1988-89

Le parti général de ce complexe construit en deux phases successives tient compte du caractère très différencié des deux rues, de la forte dénivellation du terrain et de la végétation qui s'y trouvait. Le grand bâtiment unitaire à front de la *Gentzgasse* abrite des fonctions nécessitant des espaces importants tels que salle de sport, auditoire de musique, boutique et bibliothèque. Par contre, le long de la *Köhlergasse*, fortement en pente, une série de constructions plus petites et de formes complexes s'articulent les unes aux autres en un montage scénographique. Dans cette œuvre ludique, l'architecte manie avec habileté et ironie les symboles les plus divers où se mêlent le monde de l'enfance et l'évocation des styles historiques.

Dans la Gentzgasse, *à proximité de l'école, se trouve un arrêt du tram 41 qui conduit à la villa Moller.*

O.12 Villa Moller • Façade, plans et coupe

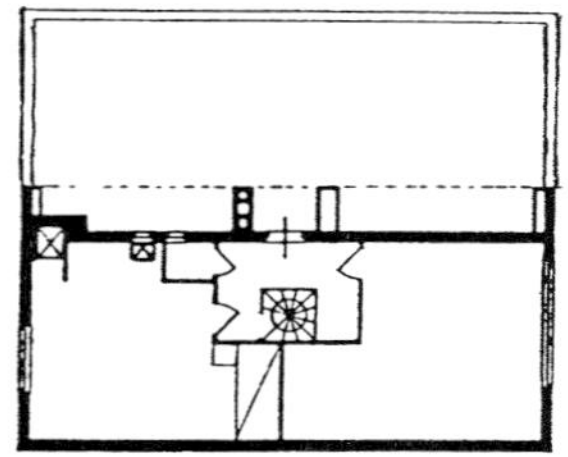

Sous-sol

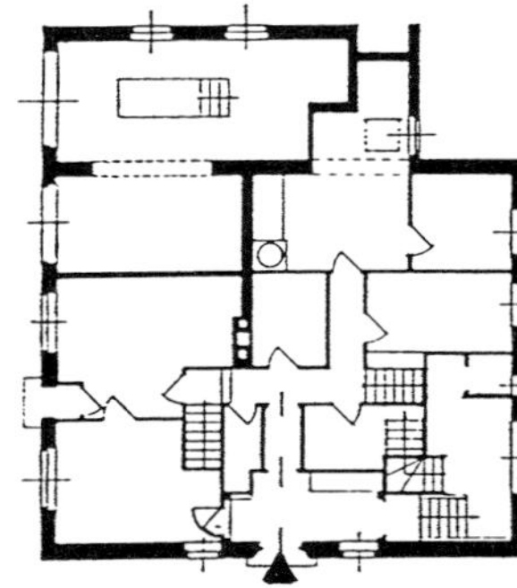

Rez-de-chaussée

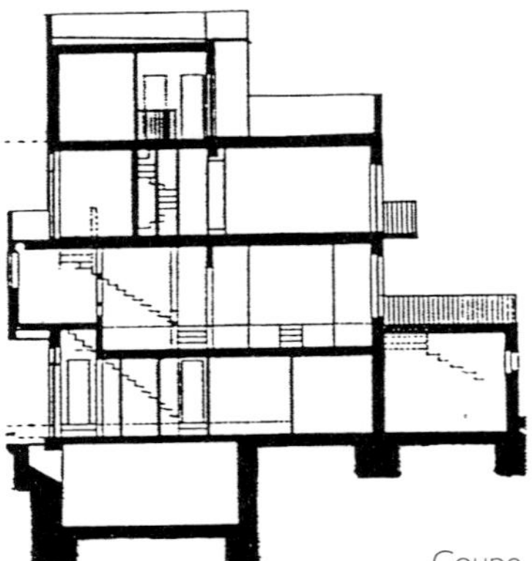

Coupe

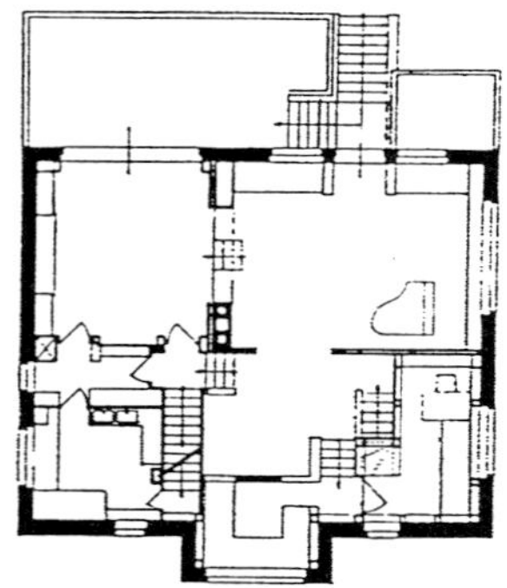

Premier étage

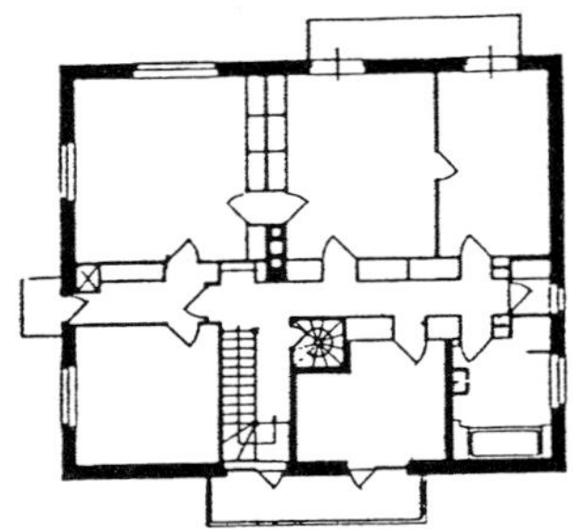

Deuxième étage

Villa de Hans et Anny Moller ★★

18., Starkfriedgasse, 19

Adolf Loos • 1927-28

Réalisée un an après la maison construite à Paris pour Tristan Tzara, la villa Moller est un des manifestes les plus importants de Loos dans sa période fonctionnaliste. Sur le plan esthétique, la façade principale qui mesure 12,76 m de large sur 13,38 m de haut paraît cependant parfaitement carrée. Cette illusion d'optique est d'abord créée par le rapport des tensions entre le puissant encorbellement du volume central et la niche supérieure, en léger retrait par rapport au nu de la façade; ensuite, par la rupture d'échelle entre la dimension réduite de la porte d'entrée et celle, volontairement gonflée, du bow-window; enfin par la disposition symétrique des fenêtres et la dialectique formelle qui en découle.

Sur le plan constructif, seuls les murs extérieurs et le corps de cheminée central sont porteurs. Ils constituent donc les seuls éléments fixes du volume intérieur qui peut dès lors être aménagé librement. Ce dispositif, inventé par Loos, s'appelle le *Raumplan* ou "plan spatial" dans lequel les différents niveaux des pièces de séjour se relient et s'interpénètrent pour former une sorte de continuum spatio-temporel d'une grande qualité architecturale. De ce point de vue, la villa Moller est à rapprocher des maisons construites par le même architecte à Prague en 1929-31, et au *Werkbund* de Vienne entre 1930 et 1932 (cf.: G c et d).
La villa est actuellement le siège d'une ambassade et ne se visite pas.

Le retour en ville se fait au moyen du tram 41 jusqu'à son terminus à Schottentor, le long du Ring.

P

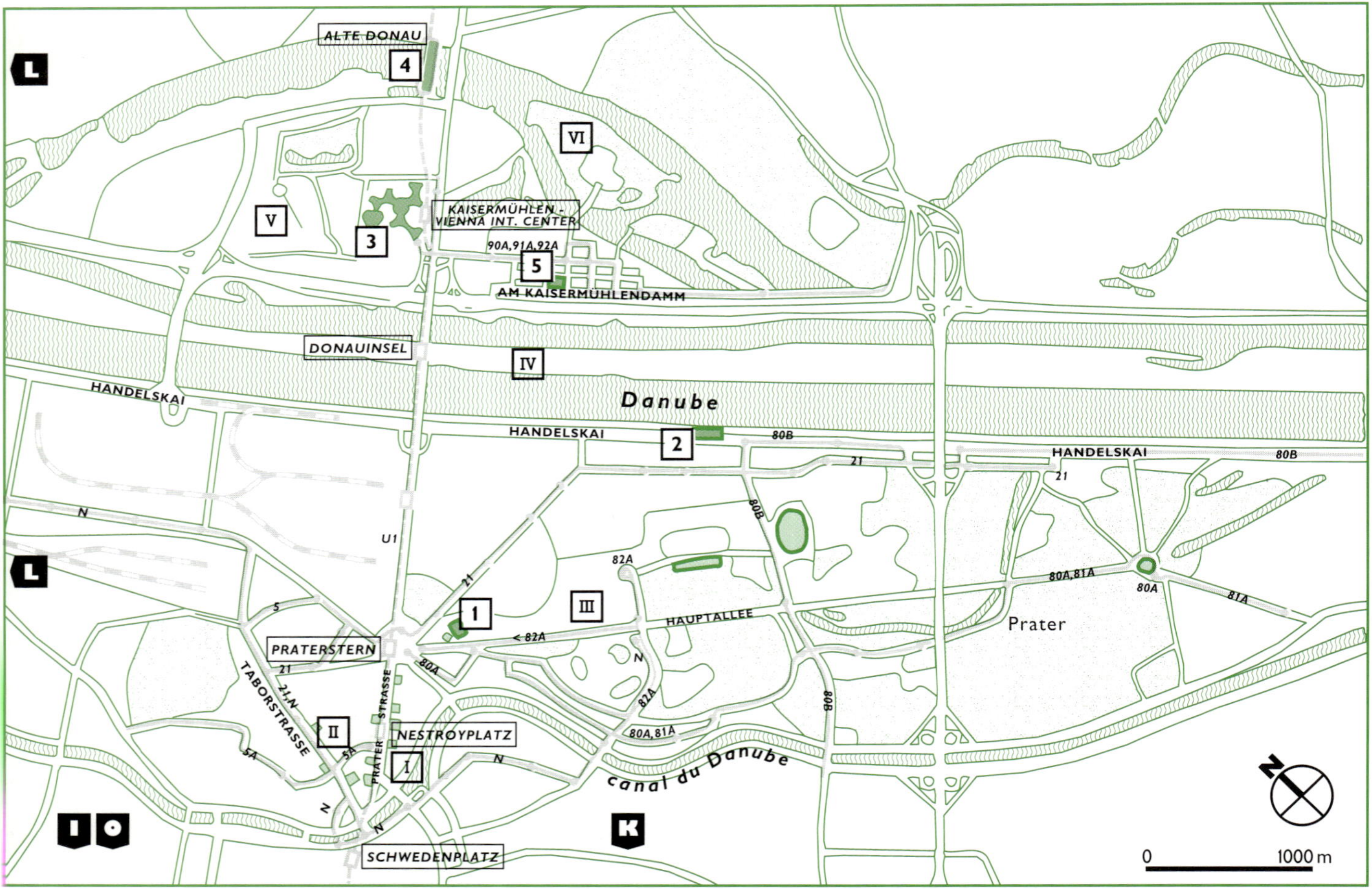

ALTE DONAU
4
VI
V
3
KAISERMÜHLEN - VIENNA INT. CENTER
90A,91A,92A
5
AM KAISERMÜHLENDAMM
DONAUINSEL
IV
HANDELSKAI
Danube
HANDELSKAI
2
80B
HANDELSKAI
80B
21
21
80B
N
U1
82A
21
1
III
HAUPTALLEE
80A,81A
80A
81A
Prater
< 82A
5
PRATERSTERN
21
80A
TABORSTRASSE
21,N
N
82A
II
PRATER STRASSE
NESTROYPLATZ
80A,81A
5A
5A
I
N
80B
canal du Danube
N
N
SCHWEDENPLATZ
L
L
I
O
K
N
0
1000 m

Promenade P
Le Prater et les rives du Danube

P.I : 48 Maison d'habitation

P.I : 34 *Nestroyhof*
• Façade principale dans son état originel
(Dessin d'O. Marmorek)

P.I : 70 *Dogenhof*

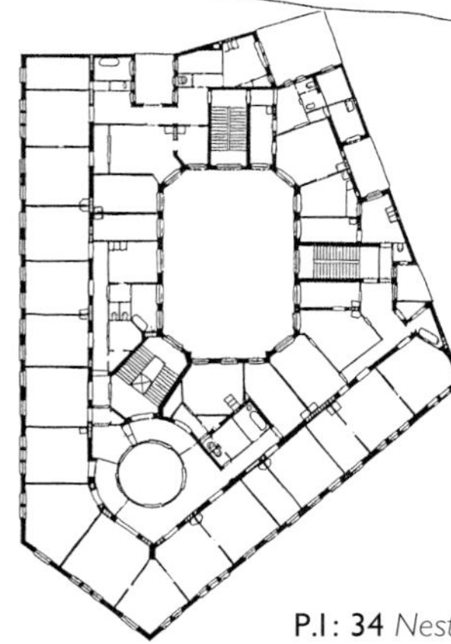

P.I : 34 *Nestroyhof* • Plan

Le Prater et les rives du Danube

P

La promenade P est avant tout une excursion divertissante qui mène le visiteur au Prater, dominé par la célèbre "Grande Roue", au parc du Danube où se trouve la cité de l'ONU complétée d'une tour-restaurant, et dans les îles danubiennes bordées de plages et équipées d'installations sportives.

⊙ *Départ de la* Schwedenplatz. *Prendre soit le métro U1 jusqu'à* Nestroyplatz *au milieu de la* Praterstrasse, *où le bus 5A conduit à la* Taborstrasse, *soit le tram N qui suit la* Taborstrasse, *soit à pied par le* Schwedenbrücke *qui conduit à la* Praterstrasse.

2., *PRATERSTRASSE*

I

Large artère bordée d'arbres qui traverse un des plus vieux quartiers de Vienne, Leopoldstadt et conduit au *Praterstern*.

■ 9 # *Grosse Mohrengasse*, 2 • Immeuble à appartements Jugendstil • Arch. Jakob REITZER (1912-13).

■ 25 # *Zirkusgasse*, 8 • *Fürstenhof*, imposant immeuble néo-classique • Arch. Rudolf PERCO (1913) • Sur la façade de l'attique, bas-relief d'Alfonso Canciani, représentant les quatre saisons.

■ 34 # *Nestroyplatz* 1, *Czerningasse*, 2 et *Tempelgasse*, 1 • *Nestroyhof* • Arch. Oskar MARMOREK (1898-99) • Seuls les quatre étages de la façade sur la place permettent d'imaginer le style pré-sécessionniste de l'immeuble, le reste ayant été dénaturé.

■ 48 • Maison d'habitation Jugendstil (★) • Arch. Max GOTTLIEB (1913-14) • Immeuble intéressant pour son parement de majoliques bleues, la partition des châssis, la disposition des balcons et le raffinement de leurs garde-corps en fer forgé.

■ Eglise Saint-Jean Népomucène, style néo-byzantin • Arch. Carl RÖSNER (1846).

■ 54 • Maison Johann Strauss; c'est là que le compositeur écrivit, en 1867, sa célébrissime valse "Le Beau Danube bleu".

m Musée dans l'appartement du compositeur.

Ma-Di : 09.00-12.15 • 13.00-16.30

■ 70 • *Dogenhof*, pastiche du type de palais vénitien gothique.

P.II : 14/16 Hôpital des Frères de la Charité

P.III : 4
Stade municipal

P.III : 3
Hippodrome de trot
• Façade arrière
du bâtiment
des tribunes

P.III : 4
Stade municipal
• Coupe

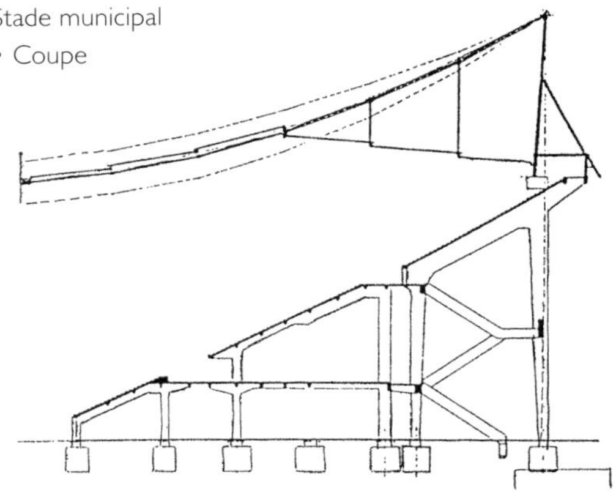

2., *TABORSTRASSE*

14/16 • Hôpital des Frères de la Charité. Le couvent des Frères de la Charité, qui s'étaient donné pour tâche de soigner les malades, fut fondé en 1614. L'église (1622-1652) à la belle silhouette très élancée contient des tableaux baroques de qualité, œuvres entre autres de Daniel Gran.

\# *Karmeliterplatz* • Eglise Saint-Joseph. Ancienne église des Carmélites, construite en 1623.

36 • Immeuble à appartements • Arch. Erwin RAIMANN (1912-15) • Immeuble de sept étages. La façade ondulée est ponctuée par quatre encorbellements aux formes arrondies.

2., LE PRATER ★

Cet ancien terrain de chasse de 1700 hectares, créé en 1560 par Maximilien II et réservé à la Cour impériale, fut ouvert au public en 1766 par Joseph II qui le transforma en parc. Durant le congrès de Vienne en 1814, il servit de cadre à des fêtes si somptueuses qu'elles suscitèrent ce mot du prince Charles-Joseph de Ligne: "Le Congrès ne marche pas, il danse." Au milieu du XIXe siècle, et jusqu'à la fin de l'Empire, le parc fut un lieu de promenades et de rendez-vous dans les cafés où cavaliers et belles dames de la bourgeoisie mondaine dansaient sur les innombrables valses des Strauss.
Le Prater est aujourd'hui un parc d'attractions populaire et un site réservé à des installations sportives.

⊙ *Le tram 21, passant au* Praterstern, *longe le parc du* Prater *que l'on peut visiter par les bus 80A, 80B, 81A et 82A.*

1 ***Riesenrad*** (commentaire en P.1).

2 Planétarium et petit musée qui retrace l'histoire du Prater.

Sa, Di et jours fériés : 14.00-18.30
fermé en août

3 Tribunes de l'hippodrome de trot (★) • Arch. E. HOPPE, M. KAMMERER et O. SCHÖNTHAL (1911-13) • Conception intéressante d'installations sportives toujours en activité.

4 Stade municipal (★) • Arch. Otto SCHWEITZER (1929-31), transformé en 1956 par Théodore SCHÖLL • Ouvrage en béton armé d'une grande hardiesse, pouvant contenir 75 000 personnes.

P.3 5 *Lusthaus*

P.2 Hôtel Scandic Crown aménagé dans les anciens entrepôts communaux

P.1 La Grande Roue

P.2 Entrepôts de la commune de Vienne dans son état originel

5 *Lusthaus.* Arch. Isidor CANEVALE (1781-84) • Ancien pavillon de chasse de Charles VI, orné de fresques du XIXe siècle.

1 La Grande Roue *(Riesenrad)* ★★

2., Volksprater
Walter B. BASSET • 1896-97

avr.-sep. : 09.00-23.00
fév., mars, oct., nov. : 10.00-22.00
déc. et jan. : 11.00-18.00

La *Riesenrad* est la seule construction de ce type encore debout: les autres roues construites par Basset à Chicago, Londres, Blackpool et Paris sont depuis longtemps démontées. Gravement endommagée à la fin de la Seconde Guerre mondiale, la *Riesenrad* fut remise en marche en 1947 avec deux fois moins de cabines qu'auparavant. Les 120 rayons de cette étonnante structure sont autant de fins câbles métalliques: le soir, ils sont presque invisibles et l'anneau extérieur illuminé paraît flotter sans support. Carol Reed tourna à la *Riesenrad* une des plus célèbres séquences de son film "Le Troisième Homme" (1949), sur un scénario de Graham Greene.

◀ La roue permet de s'élèver jusqu'à 65 m du sol environ. Vue intéressante (★).

2 Entrepôts de la commune de Vienne ★

2., Handelskai
auj. : Hôtel Scandic Crown
Karl KREPP, Fritz MAHLER,
Albrecht MICHLER • 1911-13

Excellent exemple d'architecture industrielle de caractère monumental dont la conception met en valeur une esthétique qui avait déjà été élaborée par Peter Behrens pour ce genre de construction vers les années 1910.

Reprendre le métro U1 à Praterstern, *direction Kagran, jusqu'à la station* Donauinsel.

IV 22., ILE DU DANUBE *(DONAUINSEL)*

Située entre le Danube et le Nouveau Danube, cette île de 21 km de long sur une moyenne de 300 m de large est affectée à des installations nautiques et sportives.

Reprendre le métro U1 à Donauinsel, *direction Kagran, jusqu'à Kaisermühlen-*Vienna International Center.

3 *UNO-City* (Centre International) ★

22., Wagramer Strasse; Donaupark
Johann STABER • 1973-79

Vaste complexe abritant d'une part le troisième siège permanent des Nations unies (ONU) après New York et Genève et, d'autre part, l'Agence Internationale de l'Energie Atomique (AIEA) ainsi que l'Organisation des Nation Unies pour le Développement Industriel (O.N.U.D.I.). Quatre tours de bureaux sur plan en forme d'Y et aux façades

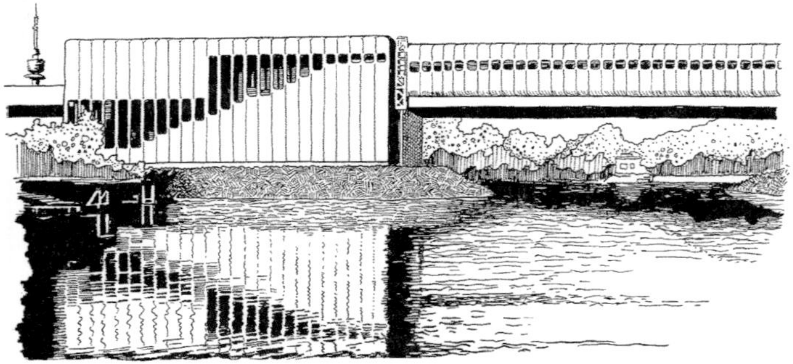

P.4 Station de métro *Alte Donau*

P.3 U.N.O. City

P.5 *Schüttauhof*

P.V Parc du Danube

P.V Parc du Danube
- *Donauturm*

concaves s'articulent autour d'un forum et d'un bâtiment circulaire de moindre hauteur.
■ L'*Austria Center Vienna* mis en service en 1987 complète la cité de l'ONU par un ensemble de salles de conférences et de congrès.

22., PARC DU DANUBE *(DONAUPARK)* V

Ancienne décharge publique aménagée en parc à l'occasion des Floralies internationales de 1964. Le parc comprend aujourd'hui une infrastructure de loisirs et de sports ainsi qu'un lac artificiel au bord duquel se trouve un petit théâtre en plein air.
■ ***Donauturm*** (1964). Tour en béton armé de 252 m de haut avec une plate-forme située à 170 m du sol qui comprend une terrasse mobile et plusieurs restaurants.
■ Au haut de la *Donauturm*, panorama (★★) sur *UNO-City*, les rives du Danube et une grande partie de la ville.

Station de métro *Alte Donau* ★ 4

22., Wagramer Strasse, Arbeiterstrandbadstrasse

Wilhelm HOLZBAUER, Heinz MARSCHALEK, Georg LADSTÄTTER et Norbert GANTAR • 1978-82

Fidèles à leurs conceptions technologiques de panneaux porteurs en matériaux de synthèse, les architectes ont construit ici une des plus élégantes stations de métro de la Vienne actuelle. L'ouvrage comprend deux parties: la gare proprement dite et un tunnel aérien qui la relie à Donaustadt après avoir franchi le vieux Danube. L'esthétique d'ensemble évoque la vitesse des rames qui circulent à l'intérieur du tunnel qui a lui-même la forme d'un long train blanc lancé dans l'espace.

⊙ *De retour à la station* Vienna-International Center, *on trouvera les bus 90A, 91A et 92A qui conduisent au quartier de Kaisermühlen et aux deux îles de Gänsehäufel.*

Schüttauhof 5

22., Am Kaisermühlendamm, 55-61

RODLER, STUTTERHEIM et TREMMEL • 1924-25

Dans un îlot presque carré, quatre bâtiments ceinturent le *Hof* divisé en deux cours par trois ailes centrales disposées selon un plan en Z. Les dix cages d'escaliers sur plan curviligne distribuent six niveaux et desservent chacune quatre appartements par étage; elles forment, de plus, charnières entre les différents corps de bâtiments.

22., ILE DE *GÄNSEHÄUFEL* ★ VI

Centre balnéaire aménagé pour la pratique des sports nautiques.
■ Complexe sportif avec piscine à ciel ouvert (★). Arch. Max FELLERER et Eugen WÖRLE (1948-50).

Index des architectes

(avec J. GERL). **I.4 (★)**
- 1783-85: Josephinum. **I.11**

CARLONE, Carlo Antonio
(Milan, ? - Saint Florian, 1708)
- ap. 1631: Eglise des Jésuites. **B.7 (★)**
- 1662: Eglise des neuf Chœurs des Anges, façade. **A.15 (★★)**

CARLONE, Domenico (1615-1679)
- 1660-66: Hofburg-Aile de Léopold (avec P. LUCHESE et M. CARLONE). **C.16 (★)**

CARLONE, Martino (1616-1679)
- 1660-66: Hofburg-Aile de Léopold (avec P. LUCHESE et D. CARLONE). **C.16 (★)**

CARLONE, Silvestro (ca 1610-1671)
- 1643-48: Eglise des Ecossais (transformation avec ALLIO). **C.23**

CAUFAL, C.
- 1909: Immeuble d'angle. **F.IV** [b]

CEVELA, Félix
- 1946-55: Opéra national (reconstruction, avec E. BOLTENSTERN et O. PROSSINGER) **D.14 (★★)**

CHEDANNE, Georges
(Maromme, 1861 - Paris, 1940)
- 1901-09: Ambassade de France. **E.7**

COCCAPANI, Giovanni
- 1630-40: Palais archiépiscopal (attr.). **A.2**

COOP HIMMELBLAU

Wolf PRIX et Helmut SWINCZSKY
Wolf D. PRIX, Helmut SWICZINSKY et Rainer Michaël HOLZER s'associèrent en 1968 pour former COOP HIMMELBLAU, dont HOLZER se retira en 1971. Le groupe évolua au cours des années soixante-dix vers une démarche polémique systématique, pour produire depuis une œuvre agressive, blessante, "déconstructionniste".

- 1977: Reiss-Bar **C.I**
- 1980-81: Cabaret "Roter Engel". **A.25**
- 1983-88: "Déconstruction d'un toit". **B.6 (★)**
- 1985-86: Wahliss-Passage. **B.XII: 17**

CZECH, Hermann (. 1936)
- 1970-74: Kleines Café. **B.VIII: 3**
- 1975-76: Wunder-Bar. **B.II: 8**
- 1983-85: Palais Schwarzenberg (transformation). **E.8**

CZEPA, Oskar (1883-1956)
- 1913-14: Immeuble d'habitations et de commerces (avec A. WIESBAUER). **H.III** [c]

D

DAHINDEN, Justus (. Zurich, 1925)
- 1977-87: Bibliothèque de l'université technique (avec R. GIESELMANN, MARCHAT, MOEBIUS et associés). **M.IV: 6.**

DALLBERG, Josef
- 1837: Passage "Sünnhof" (Aile principale). **K.1 (★)**

DAUM, P. Bonaventura (?)
- 1603-21: Eglise Saint-Jérôme. **B.16 (★)**

DEININGER, Julius
(Vienne, 1852 - Vienne, 1924) et
Wunibald
(Vienne, 1879 - Salzbourg, 1953)
- 1901-02: Flora-Hof (avec O. LASKE). **M.11 (★)**
- 1905-08: Académie de commerce. **I.II** [c] **(★)**

DIENZENHOFER, Kilian Ignaz
(Prague, 1689 - Prague 1751).

Un des plus grands architectes baroques. Il travailla surtout à Prague, et semble avoir séjourné à Vienne de 1707 à 1717 et de nouveau en 1725.

- 1716-51: Eglise des Piaristes (remaniement du projet). **I.1 (★★)**

DIETRICH, Daniel Christoph
- 1738-40: Maison de Coire (avec Gottfried POCK). **A.I: 3**
- 1753-55: Académie des Sciences (réalisation avec ENZENHOFER et MÜNZER) **B.8 (★)**
- 1768: Archives de la trésorerie de la Cour. **B.X: 6**

DIRNHUBER, Karl (1889 -?)
- 1924-25: Otto Haas-Hof (avec A. LOOS, F. SCHUSTER et M. SCHÜTTE). **L.4 (★★)**

DJAFAR-ZADEH, Khosrow
- 1972-74: Théâtre des Comédiens (avec N. POLAK). **E.5**

DOMENIG, Günther
(. Klagenfurt, 1934)
- 1975-79: Caisse d'épargne "Favoriten". **M.5 (★★)**

DREXLER, Josef
- 1899: Maison d'habitation. F.I: 59
- Fin XIXe s.: Maison communale de Floridsdorf (avec son frère Anton). **L.II: 1**
- 1908-08: Ancien "Palais des Beaux-Arts" (avec son frère Anton). **K.3 (★)**
- 1910-11: Immeuble à appartements (avec son frère Anton). **K.4**

DUNIECKI, Arthur
- 1976-80: Immeuble à appartements (avec H. SCHOBER et H. BICHLER). **L.6**

DVOŘÁK, Hans
- 1901: Dreifaltigkeits-Hof. **H.I: 6/8**
- 1905: Immeuble "Fürstenhof". **G.11 (★★)**
- 1909: Immeuble de commerces et de logements. **KII: 2.**
- 1912: Immeuble à appartements. **K.III: 113**

E

EHN, Karl
(Vienne, 1884 - Vienne, 1957).

Architecte de la municipalité de Vienne de 1908 à 1950, il fut un des responsables de la politique de logement social de la Vienne Rouge.
Son œuvre, d'abord influencée par les cités-jardins anglaises et l'école d'Amsterdam, évolua progressivement vers un monumentalisme extraordinairement expressif, d'inspiration cubiste.

- 1925-27: Bebel-Hof. **N.I** [a]
- 1927-30: Karl-Marx-Hof. **I.7 (★★★★)**

ENGELHART, Michel Joseph
(1897-1969)
- 1945-55: Burgtheater (reconstruction). **D.4 (★)**

ENGELMANN, Paul
(Olmütz, 1891 - Tel-Aviv, 1965)
- 1926-28: Maison Wittgenstein (avec L. WITTGENSTEIN). **K.2 (★★)**

ENZENHOFER, J.
- 1753-55: Académie des Sciences, réalisation (avec DIETRICH et MÜNZER). **B.8 (★)**

EPSTEIN, Ernst
- 1910-11: Paulaner-Hof. **M.IV.** [b]
- 1911: Immeuble d'habitation. **M.II: 26**

- 1911: Immeubles locatifs. **N.II.** [b]
- 1912: Immeubles "Junghans". **N.II.** [b]

ERDÖS, Rudolf

- 1911: Immeuble. **B.VI: 2**

F

FABIANI, Max
(Kobdil, 1865 - Görz, 1962)

Elève d'Otto WAGNER, FABIANI possède un style rationnel, épuré, aux accents sécessionnistes, à mi-chemin de la tradition et du modernisme.

- 1898-1900: Immeuble d'habitation et de commerce "Portois et Fix". **K.7 (★★)**
- 1900-02: Artaria-Haus. **A.13 (★)**
- 1909-10: Urania. **D.18 (★)**
- 1912: Siège de la firme Reithofer. **F.II** [c]

FARNHOLZ (von), Felgel

- ... Immeuble à appartements. **B.V: 9**

FELLERER, Max (1889-1957)

- 1948-50: Complexe sportif (avec E. WÖRLE). **P.VI (★)**

FELLNER, Ferdinand
(Vienne, 1847 - Vienne, 1916)

L'association de F. FELLNER et H. HELMER, dont le siège était à Vienne, fut, entre 1875 et 1914, le plus important bureau d'architecture de théâtre d'Europe. Ils conçurent plus de 70 projets, dont une cinquantaine furent réalisés, principalement dans l'empire austro-hongrois, mais aussi à Berlin, Odessa, Wiesbaden, Zurich, Sofia et New York.

- 1887-89: Théâtre populaire (avec H. HELMER). **H.1**
- 1901: Maison d'habitation. **K.11 (★)**

FERRABOSCO, Pietro

- 1581: Hofburg-Aile d'Amalia. **C.15 (★)**

FERSTEL (von), Heinrich
(Vienne, 1828 - Vienne, 1883).

Un des grands architectes du Ring, et partisan ardent, comme SEMPER, du style néo-Renaissance.

- 1856-60: Palais Ferstel et Café Central. **C.21 (★★)**
- 1856-79: Eglise "Votive". **D.1 (★★)**
- 1867-71: Académie et musée des Arts appliqués. **D.XIII: 5.**
- 1869: Palais de l'archiduc Louis-Victor. **D.X**
- 1873: Palais Liechtenstein (pavillon). **O.4**
- 1873-83: Université. **D.2**

FIEDLER, Ladislaus

- 1913: Hôtel Bristol (avec. P. PALUMBO). **D.IX: 1.**

FISCHER von ERLACH, Johann Bernhard (Graz, 1656 - Vienne, 1723)

Formé en Italie, il s'installe vers 1685 à Vienne, où il devient architecte de la Cour en 1704. Auteur de plusieurs églises à Salzbourg et à Vienne, il a également projeté nombre de palais, dont le Clam-Gallas à Prague, une de ses rares œuvres majeures hors d'Autriche. Son style personnel teinté d'éclectisme, dans lequel des éléments stylistiques d'origines diverses fusionnent, n'en est pas moins authentiquement original.
Son traité, "Entwurf einer historischen Architektur" (Vienne, 1721) est le premier en Occident à inclure et illustrer les architectures égyptienne et chinoise. Johan Bernhard FISCHER von ERLACH est avec Johann Lucas von HILDEBRANDT le plus grand architecte baroque de Vienne. - Voir aussi: "Les grandes périodes de l'architecture viennoise. Le baroque".

- 1682: Colonne de la Peste (avec BURNACINI). **A.6 (★★)**
- 1696-1713: Château de Schönbrunn. **G.3 (★★)**
- 1697-98: Palais d'hiver d'Eugène de Savoie (avec J.L. von HILDEBRANDT). **B.17 (★★★)**
- 1698-1706: Palais Schönborn-Batthyany. **C.24 (★)**
- 1708-14: Ancienne chancellerie de Bohême. **A.17 (★★★)**
- 1709-11: Palais Lobkowitz (transformation). **C.4**
- 1710-12: Palais Trautson (projet). **H.2 (★).**
- 1716-22: Eglise Saint-Charles. **E.1 (★★★★)**
- 1719-23: Bibliothèque nationale (conception). **C.8 (★★★★)**
- 1719: Anciennes écuries impériales. **D.11**

FISCHER von ERLACH, Joseph Emanuel
(Vienne, 1693 - Vienne, 1742)

Fils de Johann Bernhard dont il acheva plusieurs œuvres.

- 1719-37: Bibliothèque nationale (réalisation). **C.8 (★★★★)**
- 1721-23: Anciennes écuries impériales (achèvement). **D.11**
- 1723: Jardins du Palais Schwarzenberg. **E.8**
- 1723-37: Eglise Saint-Charles (achèvement). **E.1 (★★★★)**
- ca 1726: Hofburg, aile Saint-Michel (conception des remaniements). **C.13 (★)**
- 1726-30: Hofburg, aile de la Chancellerie. **C.14 (★)**
- 1729-32: Fontaine du mariage de la Vierge. **A.XI**
- 1729-35: Manège Espagnol. **C.9 (★)**
- 1735: Maison bourgeoise, façade (attr.). **C.I: 14**
- 1737: Château de Schönbrunn (achèvement). **G.3 (★★)**
- 1739: Stiftskirche. **H.IV: 24 (★)**

FISCHL, Karl (Birkfeld, 1871 - ?, 1933)

- 1904-05: Immeuble d'habitation. **G.9 (★)**

FLEISCHER, Josef

- 1974: Hôtel "Modul". **O.7**

FONDI, August

- 1910: Immeuble à appartements **B.V:11**

FÖRSTER (von) Emil
(Vienne, 1838 - Vienne, 1909)

- 1897-99: Nouveau palais impérial (2e phase). **D.8 (★)**

FÖRSTER (von), Ludwig
(Bayreuth, 1797 - Gleichenberg, 1863)

- 1849-56: Arsenal (avec A. SICARD von S., E.v.d. NÜLL, C. ROESNER, P. von RIGEL et T. von HANSEN). **E.14 (★)**
- 1861-63: Palais Todesco (avec T. von HANSEN). **B.XII: 51**

FRAENKEL, Wilhelm (1844-1916)

- 1876: Hôtel Sacher. **B.XII**

FRANK, Josef
(Vienne, 1885 - Stockholm, 1967)

- 1924-25: Wiedenhofer-Hof. **H.6**
- 1924-25: Winarsky-Hof (avec J. HOFFMANN, P. BEHRENS, O. STRNAD et O. WLACH). **L.4 (★★★)**
- 1929-30: Villa (avec O. WLACH). **G.IV** [a]

- 1861-64: Palais Todesco (avec FÖRSTER). **B.XII: 51**
- 1864-67: Palais du Grand Maître de l'Ordre Teutonique. **D.XI: 8**
- 1866-70: Maison des amis de la musique. **E.6 (★)**
- 1868-72: Palais Epstein. **D.7**
- 1871-77: Bourse. **D.I: 16**
- 1872-76: Académie des Beaux-Arts. **D.13**
- 1873-83: Parlement. **D.5 (★)**

HASENAUER (von), Karl
(Vienne, 1833 - Vienne, 1894)

Travaille en association étroite avec SEMPER pour plusieurs grands édifices du Ring.

- 1869-94: Nouveau palais impérial (avec G. SEMPER). **D.8 (★)**
- 1872-81: Musée d'histoire naturelle (avec G. SEMPER). **D.10 (★)**
- 1872-91: Musée des Beaux-Arts (avec G. SEMPER). **D.10 (★)**
- 1874-88: Burgtheater (avec G. SEMPER). **D.4 (★★★)**
- 1889: Monument de Grillparzer. **D.IX.** 4
- ...: Monument de l'impératrice Marie-Thérèse. **D.VI (★)**

HATSCHEK, Arnold (1865 - ?)

- 1904: Portail Jugendstil. **A.III: 8.**

HAUSCHULZ, Carl

- 1907: Immeuble à appartements. **M.III: 15.**

HAUSER, August

- 1928-29: Haydn-Hof. **N.I: 15/13**

HAUSER, Robert

- 1911: Maison "Au mouton blanc". **K.IV.** c

HAYBÄCK, Karl (1861 - ?)

- 1909: Immeuble à appartements. **K.IV.** d
- 1911: Immeuble à appartements. **K.IV.** b
- 1912: Immeuble à appartements. **K.III: 21**

HECHT, Julius

- 1913: Immeuble "les quatre saisons". **F.I: 64**

HEGELE, Max
(Vienne, 1873 - Vienne, 1945)

- 1905-10: Cimetière central (portail et église). **K.12** 1 **et** 2

HELMER, Hermann (Hannovre-Harburg, 1849 - Vienne, 1919)
voir FELLNER, Ferdinand.

- 1887:89: Théâtre populaire (avec F. FELLNER). H.1

HEYMANN, Arnold

- 1909-10: Bräunerhof. **C.IV: 14**

HIESMAYR, Ernst (1920)

- 1968-84: Juridicum (avec H. KITTEL, R. PROHAZKA, W. SUSUL et R. GALLISTER). **C.26**

HILDEBRANDT (von), Johann Lucas
(Gênes, 1668 - Vienne, 1745)

Allemand né en Italie, influencé par GUARINI et BORROMINI, il s'installe à Vienne vers 1696 à la demande du prince Eugène de Savoie. Vers 1700, il devient ingénieur de la Cour.
Sa première œuvre, l'église Saint-Laurent à Gabel, en Bohême (1699), est son œuvre d'architecture religieuse la plus réussie. Mais ses meilleures réalisations sont les palais qu'il édifie à Vienne, dont il est le plus grand architecte baroque avec Johann Bernhard FISCHER von ERLACH.
- Voir aussi: "Les grandes périodes de l'architecture viennoise. Le baroque".

- 1697-1704: Palais Schwarzenberg. **E.8 (★★)**
- 1703-33: Peterskirche. **A.10 (★★★★)**
- 1705-06: Palais d'été Starhemberg-Schönburg. **M.9 (★)**
- 1702-24: Palais d'hiver du prince Eugène de Savoie (avec Joh. Bern. FISCHER v. E.). **B.17 (★★★)**
- 1713-16: Palais Daun-Kinsky. **C.22 (★★★★)**
- 1714-16: Belvédère inférieur. **E.10 (★★)**
- 1716: Eglise des Piaristes (projet). **I.1 (★★)**
- 1717: Domaine d'Hetzendorf (transformations). **N.5**
- 1717-19: Chancellerie fédérale (projet). **C.20**
- 1720: Palais Bartolotti-Partenfeld (projet). **A.III: 11.**
- 1721-22: Belvédère supérieur (avec. F. von HOHENBERG). **E.12 (★★★★)**
- 1723: Hofburg - Aile de la Chancellerie. **C.14 (★)**
- 1727-30: Märkleinsches Haus (projet). **A.VII: 7**
- 1730: Deybelhof (projet). **B.XI: 8**
- avant 1745: Palais Rottal (projet). **B.13**
- ...: Mausolée à la crypte des Capucins. **C.I (★★)**

HILLEBRAND, Franz

- 1755: Palais Dietrichstein (remaniement). **C.XII: 2/3**
- 1783-84: Ambassade de Hongrie **C.XI: 4/6**

HILMER, Heinz

- 1987-89: Ensemble de logements (avec W. HOLZBAUER et Chr. SATTLER). L.3

HIRSCH, Léo

- 1911: Immeuble à appartements. **K.III** a

HLAWENICKA, Kurt et associés

- 1972-90: Nouveau complexe universitaire. **I.6.**
- ca 1980: Parc résidentiel d'Alt-Erlaa avec H. GLÜCK, F. REQUAT et T. REINTHALLER). **N.6 (★)**

HOFER, Otto

- 1902-03: Chancellerie fédérale (transformations). **C.20**

HÖFER, W.
Voir GLÜCK

HOFFMANN, Josef
(Pirnitz, 1870 - Vienne, 1956).

Un des élèves les plus fidèles d'Otto WAGNER, influencé par l'écossais Charles Rennie Mackintosh, co-fondateur en 1897 de la Sécession viennoise, HOFFMANN est aussi un des animateurs de la Wiener Werkstätte créée en défense de l'artisanat.
Son sanatorium de Purkersdorf (1903) précède de peu le Palais Stoclet (1905) de Bruxelles, qui reste son chef-d'œuvre.
Son style architectural raffiné qui, au tournant du siècle, préfigure le rationalisme, oscille ensuite entre différentes orientations dont une sorte de néo-classicisme épuré n'est pas absent.

- 1900-01: Maison Moser-Moll **I** **I.IV.** a
- 1901-02: Maison Spitzer. **I.IV.** b
- 1903-04: Sanatorium de Purkersdorf, **G.21 (★)**
- 1906-07: Maison Moll **II** **I.IV.** d
- 1909-11: Maison Ast. **I.IV.** c
- 1913-15: Villa Primavesi-Skywa. **G.10 (★★)**
- 1924-25: Maison Knips. **I.9 (★)**

- 1924-25: Winarsky-Hof (avec P. BEHRENS, O. STRNAD, J. FRANK et O. WLACH). **L.4 (★★★)**
- 1930-32: Maison au Werkbund **G.V.** [f] **(★)**

HOHENBERG (HETZENDORF von), Ferdinand (1732-1816)

- 1750-75: Parc de Schönbrunn, gloriette, cascade de l'obélisque et ruine romaine. **G.4 (★★)**.
- 1766-67: Château de Schönbrunn (transf. du petit théâtre). **G.3**
- 1783: Maison de rapport. **C.V: 11**.
- 1783-84: Palais Pallavicini. **C.7**
- 1784-85: Eglise des Augustins (réhabilitation). **C.6 (★)**
- 1784-89: Eglise des Frères Mineurs (transformation). **C.19**
- av. 1800: Belvédère supérieur (avec J.L. von HILDEBRANDT). **E.12 (★★★★)**

HOLLEIN, Hans (. Vienne, 1934)

Dès sa première œuvre, le magasin de bougies Retti (1964-65), HOLLEIN accède à la notoriété internationale. Il combine depuis lors ses talents multiples de graphiste, d'architecte et de designer, pour concevoir de nombreuses réalisations scénographiques et ironiques dans lesquelles les matériaux précieux sont utilisés avec un soin rare. Auteur de nombreuses transformations de magasins ou de musées, son chef-d'œuvre reste peut-être, pour l'instant, le Musée municipal Abteiberg de Mönchengladbach (1972-82): son sens de la mise en scène, tant dans la mise en valeur des œuvres d'art exposées que dans l'intégration de l'architecture à son site, s'y exprime avec une maîtrise exceptionnelle.

- 1964-65: Magasin Retti. **A.12 (★)**
- 1966-67: Boutique Christa Metek. **C.3**
- 1971: Magasin "Section N". **B.12**
- 1972-74: Bijouterie Schullin I **A.9 (★★★)**
- 1976-78: Agence de voyage. **D.I: 30**
- 1977-78: Agence de voyage. **A.I: 10**
- 1981-82: Bijouterie Schullin II. **A.11 (★★)**
- 1985-90: Haas Haus. **A.4 (★★)**
- 1988-89: Complexe scolaire. **O.11 (★★)**

HÖLLERL, Rudolf

- 1907: Villa. **IV.** [c] **(★)**

HOLZBAUER, Wilhelm

(. Salzburg, 1930)

Son œuvre manifeste un même intérêt pour l'adaptation de l'architecture à son contexte - à Salzbourg, Utrecht et Amsterdam notamment - que pour les aménagements d'infrastructures urbaines: sa collaboration aux constructions récentes du métro viennois en font un continuateur du "Nutz-Stil" wagnérien.

- 1971-82: voir ARCHITEKTENGRUPPE U-BAHN
- 1974-79: Complexe "Wohnen Morgen". **G.1 (★)**
- 1987-89: Ensemble de logements (avec H. HILMER et Ch. SATTLER). **L.3**

HOLZMEISTER, Clemens

(Fulpmes, 1886 - ?)

Auteur en Allemagne et en Autriche d'une œuvre souvent proche de la tradition, et parfois expressionniste comme son crématorium du cimetière central de Vienne, Holzmeister travailla également en Turquie.
Comme enseignant à l'Académie des Beaux-Arts de Vienne, il compta HOLLEIN, HOLZBAUER et PEICHL parmi ses élèves.

- 1921-22: Crématoire. **K.12** [3] **(★)**
- 1923-32: Eglise St Judas-Thaddäus. **O.10 (★)**
- 1935-37: Maison de la radio (avec H. SCHMID et H. AICHINGER). **M.2 (★)**
- 1964-66: Eglise de la Sainte-Famille. **M.7 (★)**

HOPPE, Emil

(Vienne, 1876 - Salzbourg, 1957)

- 1910: Maison d'habitation (avec O. SCHÖNTHAL et M. KAMMERER). **M.I.** [a]
- 1911-13: Tribunes de l'hippodrome (avec O. SCHÖNTHAL et M. KAMMERER) **P.III.** [3] **(★)**
- 1912: Immeubles d'habitation et de commerce (avec SCHÖNTHAL et KAMMERER). **C.IV: 5 et 7.**
- 1912-13: Immeuble d'angle (avec O. SCHÖNTHAL et M. KAMMERER). **M.IV: 126/128**
- 1924-28: Sandleiten-Hof (avec O. SCHÖNTHAL, F. MATUSCHEK, S. THEISS, H. JAKSCH, F. KRAUSS et J. TÖLK). **H.7**

HUNDERTWASSER, Friedensreich

(peintre) (. 1928)

- 1983-85: Maison Hundertwasser (avec arch. Peter PELIKAN). **K.5 (★)**

J

JADOT de VILLE-ISSEY, Jean Nicolas

(Lunéville, 1710 - Ville-Issey, 1761)

Formé en France, il devint l'architecte de l'archiduc de Toscane, François Ier de Lorraine, et l'accompagna à Vienne lorsqu'il épousa Marie-Thérèse.

- 1753-55: Académie des Sciences (conception). B.8 **(★)**
- ...: Mausolée à la crypte des Capucins. C.I **(★★)**

JÄGER, Johann Theodor (1874-1943)

- 1910: Strudlhofstiege. **O.3 (★)**

JAKSCH, Hans

(Hennersdorf, 1879 - Vienne, 1970)

- 1923-26: Quarin-Hof (avec S. THEISS). **N.III.** [c]
- 1924-25: Complexe d'habitations, Phillippsgasse (avec S. THEISS). **G.8**
- 1924-28: Sandleiten-Hof (avec E. HOPPE, O. SCHÖNTHAL, F. MATUSCHEK, S. THEISS, F. KRAUSS et J. TÖLK). **H.7.**
- 1930-31: Haute école germanique (avec S. THEISS). **G.IV.** [b]

K

KALESA, Robert

- 1919: Metzleinstaler-Hof (avec H. GESSNER). **N.I: 98-90 (★)**

KAMMERER, Marcel

(Vienne, 1878 - Québec, 1969)

- 1910: Maison d'habitation (avec E. HOPPE et O. SCHÖNTHAL). **M.I.** [a]
- 1911-13: Tribunes de l'hippodrome (avec O. SCHÖNTHAL et E. HOPPE). **P.III** [3] **(★)**
- 1912: Immeubles de commerce et d'habitation (avec HOPPE et SCHÖNTHAL). **C.IV: 5 et 7.**
- 1912-13: Immeuble d'angle (avec E. HOPPE et O. SCHÖNTHAL). **M.IV: 126/128**

KASPAR
- 1566-70: Cathédrale Saint-Etienne, tour septentrionale (avec SAPHOY). **A.1**

KASTINGER, Herbert
- 1928-30: Laboratoires (avec H. STIEGHOLZER). **N.II** [a]

KASTNER, Eugen
- 1928-31: Station de transformateur électrique (avec F. WAAGE). **M.4 (★)**

KELLER, Alfred
(Graz, 1875 - Krams, 1945)
- 1908: Ancien Palais de Justice. **B.V: 7**

KELY (von), Karl
- 1913-14: Immeuble locatif. **F.V: 78**

KERN, Alfred
- 1907-08: Imprimerie d'Etat. **E.II: 12** [a]

KIRSCHNER, Ferdinand
- 1889-93: Hofburg-Aile Saint-Michel (réalisation des remaniements). **C.13 (★)**

KITTEL, Hermann
- 1968-84: Juridicum (avec E. HIESMAYR, R. PROHAZKA, W. SUSUL et R. GALLISTER) **C.26**

KLEIHUES, Josef-Paul
(. Rheine, 1933).
Après un premier groupe d'œuvres influencées par le mouvement brutaliste, cet Allemand évolua vers un rationalisme austère aux accents classiques prussiens, très sensibles dans ses réalisations à Berlin, où il s'est établi.
- 1985-89: Unité d'habitations. **G.I** [a] **(★)**

KNAB, Michael
- 1394-1414: Eglise Maria am Gestade. **A.20 (★★★)**

KOCH, Ernest
- 1792-93: Eglise Saint-Michel (façade). **C.11**

KOCH, Franz
- 1796: Maison (attr.) **B.VIII: 5**

KORNHÄUSEL, Josef (1782-1860)
- 1822: Théâtre "In der Josefstadt". **I.II** [b]
- 1822-24: Albertina (intérieur). **C.5 (★)**
- 1824-26: Grande Synagogue **A.24 (★)**
- 1828-32: Couvent des Ecossais. **C.23**

KRAMREITER, Robert (1905-1965)
- 1935-36: Eglise-Ste-Marie, Reine-de-la-Paix (avec L. SCHMOLL). **N.III.** [a] **(★)**

KRÁSNY, Frans
(Pilsen, 1865 - Marienbad, 1947)
- 1907: Villa. **G.IV.** [n]

KRAUSS, Rudolf (1872 - ?)
- 1912: Immeubles de bureaux. **A.III: 29-30**

KRAUSS (von) Franz
(Vienne, 1865 - Vienne, 1942)
- 1924-28: Sandleiten-Hof (avec E. HOPPE, O. SCHÖNTHAL, F. MATUSCHEK, S. THEISS, H. JAKSCH et J. TÖLK). **H.7**

KREPP, Karl
- 1911-13: Entrepôts de la ville (avec F. MAHLER et A. MICHLER). **P.2 (★)**

KRIER, Robert, dit Rob.
(. Grevenmacher, 1938)
Rob KRIER prône le retour à des typologies urbaines historiques traditionnelles comme l'îlot, la rue, la place. Adepte des thèses de Camillo SITTE, il prend la ville pré-industrielle comme un modèle dont il s'inspire pour son idéal de reconstruction de la ville européenne défigurée par les tours, les "barres" et les thèses urbanistiques du fonctionnalisme.
- 1983-86: Deux immeubles à appartements. **M.8 (★)**
- 1984-87: Cité-jardin de Liesing (avec H. WACHBERGER et P. GEBHART). **N.8 (★★)**

KRISCHANITZ, Adolf
- 1981-86: Pavillon de la Sécession (Restauration). **F.1**

KRIST, Karl
- 1927-30: Washington-Hof (avec R. OERLEY). **N.3 (★)**

KROPF, Max
(Bodenbach, 1858 - Vienne, 1940)
- 1899: Immeuble Julius Meinl. **B.I: 7**

KUPKA et ORGLMEISTER (coopérative)
- 1899-1900: Immeuble à appartements. **K.III: 15**
- 1906-10: Immeuble à appartements. **M.III: 14**

KURRENT, Friedrich (• 1931)
- 1971-74: Caisse d'épargne de Floridsdorf (avec J. SPALT). **L.II: 11 (★)**

L

LADTNER von PIRN, Dietrich
- 1327: Eglise des Augustins. **C.6**

LANGER, Adolf
- 1903: Maison d'habitation. **H.12.** [b]

LANGER, Karl
- 1901-02: Maison d'habitation (avec J. PLEČNIK). **G.IV.** [h] **(★)**

LASKE, Oskar
(Czernowitz, 1874 - Vienne, 1951)
- 1901-02: Engel Apotheke. **A.14**
- 1901-02: Flora-Hof (avec W. DEININGER). **M11 (★)**
- ...: Maison d'habitation. **H.I: 67/69**

LEHRMANN et WALTER (coopérative)
- 1913: Double immeuble à appartements. **K.II.** [b]

LEISCHNER, Erich
- 1928-30: Kongress-Bad. **H.5 (★)**

LICHTBLAU, Ernst
(Vienne, 1883 - Vienne, 1963)
- 1914: Maison d'habitation. **G.III.** [e]
- 1929-32: Paul Speiser-Hof (avec H. GLASER, K. SCHEFFEL et L. BAUER). **L.10**

LOOS, Adolf
(Brno, 1870 - Vienne, 1933)
Voir: "Les grandes périodes de l'architecture viennoise".
- 1899: Café Museum. **D.13** [a]
- 1908: American Bar. **C.1 (★★)**
- 1909-10: Immeuble Leschka et Co, entrée (attr.). **A.III: 16**
- 1909-11: Maison Loos. **C.12 (★★★)**
- 1909-11: Maison Goldmann. **I.V.** [b]
- 1910: Maison Steiner. **G.IV** [r]
- 1910-13: Magasin Kniže **A.8 (★)**
- 1912: Librairie Manz. **A.IV: 16**
- 1912-13: Maison Scheu. **G.13 (★★)**
- 1912-13: Maison Horner. **G.14 (★)**
- 1914: Ancienne banque anglo-autrichienne. **H.IV: 70**
- 1915-16: Villa Duschnitz. **O.1** [b]
- 1916-17: Villa Mandl. **O.I** [a]
- 1918-19: Villa Strasser. **G.IV.** [l]

- 1920: Maison Rufer. **G.IV** [s] (★)
- 1924-25: Otto-Haas-Hof (avec K. DIRNHUBER, F. SCHUSTER et M. SCHÜTTE). **L.4 (★★)**
- 1927-28: Villa Moller. **O.12 (★★)**
- 1930-32: Maisons au Werkbund. **G.V.** [c] **et** [d] **. (★)**

LUCHESE, Philiberto

- 1645-51: Chapelle Sainte-Brigitte. **L.8**
- 1660-66: Hofburg-Aile de Léopold (avec D. et M. CARLONE). **C.16 (★)**

LUDWIG, Aloïs
(Brünn, 1872 - Vienne, 1937) et **Josef** (Vienne, 1871 - Vienne, 1933)

- 1912: Maison d'habitation. **H.I: 87**

LURÇAT, André
(Bruyères, 1894 - Sceaux, 1970)

C'est entre les deux guerres mondiales que l'activité de cet architecte français fut la plus féconde; il fut alors un acteur important du "mouvement moderne". Depuis son "groupe scolaire de l'avenue Karl Marx" à Villejuif (1933-34) jusqu'à son activité d'urbaniste - à la libération, il fut urbaniste et architecte en chef de la reconstruction dans le Nord de la France - sa vision de l'architecture comme art social fut manifeste. Entre 1934 et 1937, il s'était établi en U.R.S.S.

- **1930-32:** Maisons groupées au Werkbund. **G.V.** [g] **(★★)**

M

MALHER, Fritz

- 1911-13: Entrepôts de la ville (avec K. KREPP et A. MICHLER). **P. 2 (★)**

MARCHAT, MOEBIUS et associés

- 1971-87: Extension de l'université technique. **M.IV: 8/10**
- 1977-87: Bibliothèque de l'université technique (avec J. DAHINDEN et R. GIESELMANN). **M.IV: 6**

MARMOREK, Oskar
(Skala, 1863 - Vienne, 1909)

- 1898-99: Nestroyhof. **P.I: 34**
- 1902: Immeuble "Rüdigerhof". **F.I: 67**
- 1902: Immeuble à appartements. **F.III** [a]

MARTINELLI, Domenico
(Lucques, 1650 - Lucques, 1718)

Cet architecte italien eut une carrière très cosmopolite. A partir de 1678, il travailla chez Carlo FONTANA à Rome. Ensuite, il construisit surtout en Europe centrale, à Prague et à Vienne notamment, où il propagea les idées italiennes.

- ca 1690: Palais Harrach (?). **C.XIII: 3**
- 1691-1704: Palais Liechtenstein. **O.4 (★★)**
- 1694-1706: Palais d'hiver Liechtenstein (avec A. RIVA et G. de GABRIELE). **C.18 (★)**

MARTINELLI, Francesco

- 1684: Eglise des Servites (rénovation). **O.1 (★)**

MATUSCHEK, Franz Hubert
(1902-1968)

- 1924-28: Sandleiten-Hof (avec E. HOPPE, O. SCHÖNTHAL, S. THEISS, H. JAKSCH, F. KRAUSS et J. TÖLK). H.7

MAYR, Fritz M. G.

- 1974-76: Eglise de la Très Sainte Trinité (Sculpt.: F. WOTRUBA). **N.9 (★★)**

MAYR, Hans (Vienne, 1877 - ?)

- 1912: Maison des Sociétés des théâtres autrichiens. **C.IV: 6/8.**

MAYREDER, Karl
(Vienne, 1856 - Vienne, 1935) et **Julius** (Vienne, 1860 - 1911)

- 1888-92: Zacherl Fabrik. **I.10**

MENEGATTI, Franz

- 1682: Colonne de la Peste (avec FISCHER von ERLACH, RAUCHMILLER, BURNACINI et STRUDEL). **A.6 (★★)**

MICHLER, Albrecht

- 1911-13: Entrepôts de la ville (avec K. KREPP et F. MAHLER) **P.2 (★)**

MILLBACHER, Emil

- 1980-86: Amalienbad (agrandissement, avec E. SCHLÖSS). **M.6 (★★)**

MOEBIUS, Roland
voir MARCHAT

MOLLNER, Peter

- 1782-87: Eglise grecque. **B.I: 13**

MONTANI, Gabriele (? - 1703)

- 1702: Peterskirche (projet). **A.10 (★★★★)**

MONTOYER (de), Louis Joseph
(Mariemont, 1749 - Vienne, 1811)

Architecte belge qui réalisa un grand nombre d'édifices néo-classiques à Bruxelles. Après les invasions françaises de 1792 et 1974, il se réfugia à Vienne.

- 1800-04: Palais Tarouca (Albertina), agrandissement. **C.5**
- 1803-07: Palais Rasumofsky. **K.6.**

MOYS (de), Antonio

- 1600-11: Hofburg-Aile d'Amalia (surévélation). **C.15 (★)**

MÜNZER, Johann Ad.

- 1753-55: Académie des Sciences, réalisation (avec ENZENHOFER et DIETRICH). **B.8 (★)**

N

NADEL, Otto (1894 - ?)

- 1923-26: Amalienbad (avec K. SCHMALHOFER) **M.6 (★★)**

NEUMANN (von), Alexander
(Bielitz, 1861 - après 1938)

- 1909-12: Banque de Crédit (avec E. GOTTHILF). **D.I: 8/6**
- 1915: Länderbank (avec E. GOTTHILF). **A.VII: 2**

NEUMANN (von), Franz
(Vienne, 1844 - Vienne, 1905)

- 1897: Immeuble à appartements. **F.I: 36**
- 1900: Wiedner-Hof. **M.IV: 22/24**
- av. 1905: Ancien ministère de la guerre. **D.XIII: 1**

NEUMANN, Oskar

- 1903: Maison (avec A. Baron). **F.V: 24**

NEUTRA, Richard
(Vienne, 1892 - Wuppertal, 1970)

Influencé par Adolf LOOS puis par Frank Lloyd WRIGHT chez qui il travailla après avoir émigré aux Etats-Unis en 1923, il s'installa en Californie où il affina peu à peu un style personnel très élégant, lié aux développements du rationalisme de l'entre deux guerres et à ses prolongements après 1945.

- 1930-32: Maison au Werkbund. **G.V.** [a]

NEYER, R.
voir GLÜCK

NIGELLI, Gottlieb (1744-1812)

- 1783-84: Eglise protestante réformée. **C.IV: 16**

NOBILE (von), Peter

- 1820-23: Temple de Thésée. **D.6 (★)**
- 1821-24: Burgtor (réalisation). **D.9**
- 1835-42: Université technique (Salle des fêtes). **E.3**
- ...: Mausolée à la crypte des Capucins. **C.I (★★)**
- ...: Café Corti. **D.IV.** [3]

NOWACK, Wilhelm

- 1905-06: Immeubles à appartements. **N.II.** [e]
- 1861-68: Opéra National. **(avec A. SICARD von S.) D.14 (★★★)**

NÜLL (van der), Eduard
(Vienne, 1812 - Vienne, 1868)

- 1849-56: Arsenal (avec A. SICARD von S., C. ROESNER, P. von RIGEL, L. FÖRSTER, et T. von HANSEN). **E.14 (★)**

O

ŒDTL, Christian Alexander

- 1710-12: Palais Trautson (réalisation). **H.2 (★)**

ŒRLEY, Robert
(Vienne, 1876 - Vienne, 1945)

Auteur, au début du siècle, de quelques uns des exemples les plus prometteurs de l'architecture moderne en Autriche.

- 1904-05: Maison d'habitation. **O.I.** [c] **(★)**
- 1904-05: Maison unifamiliale. **O.I.** [d]
- 1906: Double maison à appartement. **O.I.** [c] **(★)**
- 1907: Villa Paulick. **O.III.** [a]
- 1907-08: Sanatorium du Dr Luithlen. **I.I.** [b]
- 1910: Villa Schmutzer. **O.III.** [b]
- 1912-14: Immeuble "Zum Silberne Brunnen" (conception ?). **C.2 (★)**
- 1927-30: Washington-Hof (avec K. KRIST) **N.3 (★)**

OHMANN, Friedrich
(Lemberg, 1858 - Vienne, 1927)

Architecte d'abord éclectique et fondamentalement historiciste, qui subit ensuite les influences du Jugendstil et de la Sécession.

- 1898-1900: Ancien pont François-Joseph (avec J. HACKHOFER). **G.5**
- 1898-1903: Ponts sur la Wien (avec J. HACKHOFER). **D.19**
- 1899-1907: Nouveau palais impérial (3e phase). **D.8 (★)**
- 1901: Villa Schopp (avec J. HACKHOFER). **G.III** [b]
- 1901-07: Serres impériales. **D.12 (★★)**
- 1903-07: Aménagements des rives de la Wien (avec J. HACKHOFER). **D.15 (★★)**
- Mémorial de l'impératrice Elisabeth. **D.IV.** [1] **(★)**

OLBRICH, Joseph-Maria
(Troppau, 1867 - Düsseldorf, 1908)

Co-fondateur de la Sécession viennoise dont il construisit le pavillon, OLBRICH est ensuite appelé par le grand-duc Ernst-Ludwig de Hesse pour construire, avec BEHRENS, une colonie artistique près de Darmstadt. Celle-ci, sur la Mathildenhöhe, reste le principal témoignage de son originalité, et de son idéal de création d'un art total associant architecture et arts appliqués. Fortement critiqué par Kraus et LOOS, OLBRICH fut qualifié par certains de "décorateur extrême".

- 1897-98: Pavillon de la Sécession. **F.1 (★★★★)**

OSPEL, Anton

- 1721: Rochuskirche. **K.III: 56.**
- 1731-32: Bürgerliches Zeughaus (remaniement). **A.VII: 10**
- 1734: Monastère de Wiener-Neustadt. **A.22**
- av. 1737: Palais Wilczek (projet). **C.IX: 5**

P

PACASSI (von), Nikolaus ou Nicolaus
(Vienne-Neustadt, 1716 - Vienne, 1790)

Il est nommé en 1753 architecte de la Cour. Son style est celui de la transition du baroque au néo-classicisme.

- 1743: Domaine d'Hetzendorf (transformation). **N.5**
- ca 1745: Château de Schönbrunn (petit théâtre). **G.3 (★)**
- 1755-63: Eglise de la Garde. **E.II: 5** [a]
- 1764: Hofburg-Aile d'Amalia (tour). **C.15 (★)**
- 1764: Chancellerie fédérale (transformation). **C.20**
  ca 1770: Bibliothèque nationale (transformation). **C.8 (★★★★)**

PALUMBO, Pietro

- 1909-10: Immeuble Leschka et Co. **A.III: 16**
- 1913: Hôtel Bristol (avec L. FIEDLER). **D.IX: 1**

PECHA, Albert-Hans
(Vienne, 1866 - Vienne, 1909)

- 1901: Immeuble de commerce et d'appartements. **B.V: 1/3**

PEICHL, Gustav (Vienne, 1928)

Une esthétique de la machine évoquant la construction navale est souvent exaltée dans l'architecture de ce Viennois, en particulier dans les différents studios et stations d'émissions qu'il a conçus pour la Radio autrichienne (ORF): la fonctionnalité de ces édifices aux accents brutalistes est toujours transcendée par une intention poétique sensuelle et raffinée, dans l'association des différents matériaux notamment.

- 1961-63: Ecole "In der Krim". **O.9 (★)**
- 1963-65: Couvent des Dominicaines. **G.17**
- 1965-68: Centre de rééducation hospitalière. **N.4 (★)**
- 1969-78: Ecole primaire. **G.7**
- 1983: Maison de la radio (agrandissement). **M.2 (★)**
- 1987: Kunst-Forum. **C.XIII: 8 (★)**

PELIKAN, Peter

- 1983-85: Maison Hundertwasser. **K.5 (★)**

PERCO, Rudolf
(Görtz, 1884 - Vienne, 1942)

- 1913: Fürstenhof. **P.I: 25**
- 1925: Professor Jodl-Hof. **I.6.** [a] **(★)**
- 1930-33: Complexe Engelsplatz. **L.9 (★)**

PICHL, Aloïs (1782-1856)

- 1835-38: Banque. **A.III: 21**

PICHL, Ludwig

- 1811: Palais Modena (remaniement). **C.IX: 7**
- 1837-48: Maison Liechtenstein. **C.IX: 13**

PILGRAM, Anton
(Brno, 1460 - Vienne (?), 1515)
Architecte du gothique tardif, il œuvra en Allemagne du Sud, en Bohême et en Autriche.
- 1510-13: Cathédrale Saint-Etienne, chaire de vérité et tribune d'orgue. **A.1** (★★★)

PLEČNIK, Jože
(Ljubljana, 1872 - Ljubljana, 1957)
Formé dans l'atelier d'Otto WAGNER, cet architecte d'origine slovène enseigna à Prague puis à Ljubljana, deux villes où il a réalisa aussi plusieurs œuvres remarquables. Convaincu de la valeur du langage de l'architecture classique, PLEČNIK demeura toute sa vie en marge des mouvements modernes. Son style, très personnel, se présente comme un "montage" éclectique d'éléments classiques et modernistes, mêlés d'emprunts à la culture populaire élégamment interprétée. Il n'est pas pour autant "postmoderne", car comme l'a fait remarquer Vladimir ŠLAPETA, "ce qui fait l'unité profonde de son œuvre, c'est la constance avec laquelle il plaça les valeurs morales au-dessus des considérations esthétiques."
- 1901: Maison d'habitation. **F.I: 63** (★★)
- 1901-02: Maison d'habitation (avec K. LANGER). **G.IV.** [h] (★)
- 1903-05: Zacherlhaus. **A.3** (★★)
- 1904-09: Fontaine Charles Borromée. **K.II** [a] (★)
- 1910-13: Eglise du Saint-Esprit. **H.4** (★★)

POCK, Gottfried
- 1738-40: Maison de Coire (avec Daniel Christoph DIETRICH). **A.I: 3**

PODRECCA, Boris (. Belgrade, 1940)
- 1985: Zacherlhaus, transformation du rez-de-chaussée (avec SCHMUTZER et WETTSTEIN). **A.3**
- 1989: Annexe du musée de l'industrie et des Arts et métiers. **G.2**

POLAK, N.
- 1972-74: Théâtre des Comédiens (avec K. DJAFAR-ZADEH). **E.5**

POLLAK, Felix Angelo
- 1930-31: Cinema Eos. **K.II: 137a** (★)

POZZO, Andrea
(Trente, 1642 - Vienne, 1709)
Architecte, mais surtout peintre et maître de la perspective, il excellait dans les fresques en trompe-l'œil: son chef d'œuvre est la gloire de saint Ignace, sur la voûte de l'église homonyme, à Rome.
- 1703-05: Eglise des Jésuites, intérieur. **B.7** (★★)
- 1707: Eglise Saint-Jérôme, intérieur. **B.16** (★)
- ...:Palais Liechtenstein, intérieur. **O.4**

PRACHATITZ (von), Hans
- 1365: Cathédrale Saint-Etienne, tour méridionale. **A.1** (★★★★)

PRIX, Wolf (. 1942)
voir COOP HIMMELBLAU

PROHAZKA, Rudolf
- 1968-84: Juridicum (avec E. HIESMAYR, H. KITTEL, W. SUSUL et R. GALLISTER). **C.26**

PROSSINGER, Otto
- 1946-55: Opéra national (reconstruction, avec F. CEVELA et E. BOLTENSTERN). **D.14** (★★)

PRUTSCHER, Hans
(Vienne, 1873 - Vienne, 1959)
- 1903: Immeuble à appartements (avec H. STIERLIN). **F.IV.** [c]
- 1908: Maison Kreycy. **G.IV.** [q]
- 1911: Elsahof. **H.III.** [f]
- 1911: Immeuble de commerces et de bureaux. **M.IV.** [a]
- 1912: Immeuble à appartements et cinéma. **H.3** (★)
- 1913: Immeuble "Aux deux tilleuls". **M.I.** [d]

PRUTSCHER, Otto
(Vienne, 1880 - Vienne, 1949)
- 1925-26: Heine-Hof. **N.II.** [f] (★)

PUCHSBAUM, Hans
- 1450-75: Cathédrale Saint-Etienne. **A.1** (★★★)
- 1451-52: Spinnerin am Kreuz. **N.1** (★)

Q

QUARENGHI, Giacomo
(Bergame, 1744 - Saint-Pétersbourg, 1817)
- 1811: Palais Modena (remaniement). **C.IX: 7**

R

RAIMANN, Erwin
- 1912-15: Immeuble à appartements. **P.II: 36**

RAINER, Roland (. Klagenfurt, 1910)
Membre, puis directeur de la commission d'urbanisme de Vienne après la dernière guerre, il est considéré comme le chef de file de l'architecture autrichienne moderne. Dans ses oeuvres les plus réussies, l'expression plastique dérive de recherches sur le meilleur emploi possible des matériaux et leurs virtualités esthétiques.
- 1952-58: Stadthalle. **H.10** (★)
- 1969-75: ORF-Zentrum. **G.12**

RAUCHMILLER, Matthias
- 1682: Colonne de la Peste (avec MENEGATTI, FISCHER von ERLACH, BURNACINI ET STRUDEL). **A.6** (★★)

REINTHALLER, Thomas
- ca 1980: Parc résidentiel d'Alt-Erlaa (avec H. GLÜCK, K. HLAWENICKA et F. REQUAT). **N.6** (★)

REISNER, Ignaz
- 1913: Immeuble. **B.VI: 3**

REISNER, J.
- 1907: Maison d'habitation. **K.VI.** [c]
- 1908: Immeuble locatif. **K.VI.** [c]

REITMANN, Emil
- 1912-13: Ensemble monumental d'immeubles à appartements (avec J. HACKHOFER). **K.IV.** [a]

REITZER, Jakob
- 1912-13: Immeuble à appartements. **P.I: 9**

REQUAT, Franz
- ca 1980: Parc résidentiel d'Alt-Erlaa (avec H. GLÜCK, K. HLAWENICKA et T. REINTHALLER). **N.6** (★)

RICHTER, Bruno
- 1924-26: Immeuble locatif. **K.10**

RICHTER, Helmut
- 1986: Complexe d'habitations. **N.7**

RIETVELD, Gerrit
(Utrecht, 1888 - Utrecht, 1964)
Entre les deux guerres mondiales, cet architecte hollandais adhéra au mouvement "De Stijl" représenté, en peinture, par Piet Mondrian notamment. La meilleure illustration des principes cubistes de ce groupe, auxquels la contribution de RIETVELD au Werkbund viennois fait écho, reste la célèbre maison Schröder construite par l'architecte à Utrecht.

- 1930-32: Maisons groupées au Werkbund. **G.V.** [b] **(★)**

RIGEL (von), Pius

- 1849-56: Arsenal (avec A. SICARD von S., E.v.d. NÜLL, C. ROESNER, L. FÖRSTER et T. von HANSEN). **E.14 (★)**

RIVA, Antonio

- 1694-1706: Palais d'hiver Liechtenstein (avec D. MARTINELLI et G. DE GABRIELE). **C.18 (★)**

RODLER, STUTTERHEIM et TREMMEL

- 1924-25: Schüttauhof. **P.5.**

ROESNER, Carl

- 1846: Eglise St Jean-Népomucène. **P.I**
- 1849-56: Arsenal (avec A. SICARD v.S., E.v.d. NÜLL, P. von RIGEL, L. FÖRSTER et T. von HANSEN). **E.14 (★)**

RORITZER, Konrad (? 1475)

Membre le plus illustre d'une famille d'architectes allemands, Konrad RORITZER poursuivit les travaux de la cathédrale de Ratisbonne dont son père Wenzel avait été chargé, et fut architecte de l'église Saint-Laurent de Nuremberg: ce sont ses deux oeuvres les plus remarquables.

- 1450-75: Cathédrale Saint-Etienne. **A.1 (★★★)**

ROTH, Franz (1841-1909)

- 1896: Immeuble d'habitation et de commerce. **A.III: 18**

ROTHMÜLLER, Johann

- 1914: Immeuble de la sécurité sociale. **F.IV.** [a]

S

SAPHOY

- 1566-70: Cathédrale Saint-Etienne, tour septentrionale (avec KASPAR). **A.1**

SATTLER, Chr.

- 1987-89: Ensemble de logements (avec W. HOLZBAUER et H. HILMER). **L.3**

SCHACHNER, Friedrich

- 1881: Künstlerhaus (avec A. STREIT). **E.5**

SCHARTELMÜLLER, Karl

- 1927-31: Siedlung Lockerwiese. **G.15**

SCHEFFEL, Karl

- 1929-32: Paul-Speiser-Hof (avec H. GLASER, E. LICHTBLAU, et L. BAUER). **L.10**

SCHIMITZEK, Hans

- 1902: Maison d'habitation. **F.5 (★★)**

SCHLÄFRIG, Friedrich

- 1908: Immeuble d'angle. **K.VI.** [b]

SCHLÖSS, Erich

- 1980-86: Amalienbad (agrandissement, avec E. MILLBACHER). **M.6 (★★)**

SCHMALHOFER, Karl

- 1923-26: Amalienbad (avec O. NADEL). **M.6 (★★)**

SCHMERL von LEYTENBACH, Joseph

- 1816-18: Université technique. **E.3**

SCHMID, Heinrich (1885 - ?)

- 1924-25: Am Fuchsenfeld-Hof (avec H. AICHINGER). **N.I.** [c]
- 1924-25: Fuchsenfeld-Hof (avec H. AICHINGER). **N.I.** [d]
- 1925: Julius Popp-Hof (avec H. AICHINGER). **N.I: 80-76**
- 1925-28: Rabenhof (avec H. AICHINGER). **K.9 (★)**
- 1926: Matteotti-Hof (avec H. AICHINGER). **N.I.** [e]
- 1926-27: Herwegh-Hof (avec H. AICHINGER). **N.I: 88-82**
- 1935-37: Maison de la radio (avec C. HOLZMEISTER et H. AICHINGER). **M.2 (★)**

SCHMIDT (von), Friedrich (1825-1891)

Avec SEMPER, von FERSTEL, von HASENAUER et von HANSEN, un des principaux architectes du Ring.

- 1872-83: Hôtel de ville. **D.3 (★)**

SCHMOLL, Leo

- 1935-36: Eglise Ste-Marie-Reine-de-la-Paix (avec R. KRAMREITER). **N.III.** [a] **(★)**

SCHNEIDER, Hans

- 1600-11: Hofburg-Aile d'Amalia (surélévation). **C.15 (★)**

SCHOBER, Hubert

- 1976-80: Immeuble à appartements (avec A. DUNIECKI et H. BICHLER). **L.6**

SCHÖLL, Théodore

- 1956: Stade municipal (transformation). **P.III.** [4]

SCHÖN, Friedrich
(Lovasberény, 1857 - ?)

- 1909: Maison de commerce. **A.IV: 2**

SCHÖN, Karl et Wilhelm

- 1911: Immeuble. **B.VI: 1**
- 1912-14: Immeuble "Zum Silbernen Brunnen" (réalisation). **C.2 (★)**

SCHÖNTHAL, Otto
(Vienne 1878 - Vienne, 1961)

- 1900-01: Villa Vojcsik. **G.16 (★★★)**
- 1905: Fontaine Mozart. **M.I.** [b] **(★)**
- 1910: Maison d'habitation (avec E. HOPPE et M. KAMMERER). **M.I** [a]
- 1911-13: Tribunes de l'hippodrome (avec E. HOPPE et M. KAMMERER). **P.III.** [3] **(★)**
- 1912: Immeubles d'habitation et de commerce (avec HOPPE et KAMMERER). **C.IV: 5 et 7**
- 1912-13: Immeuble d'angle (avec E. HOPPE et M. KAMMERER). **M.IV: 126/128.**
- 1924-28: Sandleiten-Hof (avec E. HOPPE, F. MATUSCHEK, S. THEISS, H. JAKSCH, F. KRAUSS et J. TÖLK). **H.7**

SCHUSTER, Franz (1892-1972)

- 1924-25: Otto Haas-Hof (avec A. LOOS, K. DIRNHUBER et M. SCHÜTTE). **L.4 (★★)**

SCHÜTTE-LIHOTZKY, Margarethe

- 1924-25: Otto Haas-Hof (avec A. LOOS, K. DIRNHUBER et F. SCHUSTER). **L.4 (★★)**

SCHWANTHALER, Ludwig

- 1844-46: Austriabrunnen. **C.XIII**

SCHWANZER, Karl
(Vienne, 1918 - Vienne, 1975)

Représentant du style international, il utilise l'acier et le verre dans un esprit voisin des œuvres de Mies van der Rohe.

- 1959-62: Musée du XXe s. **E.13**
- 1962-64: Immeuble Philips. **N.2**

SCHWARZ, Rudolf
(Strasbourg, 1897 - Cologne, 1961)

- 1961: Eglise Saint-Florian. **M.10 (★)**

SCHWEIGHOFER, Anton (. 1930)

- 1967-74: Institut de la Haute Ecole d'agronomie. **O.8**

- 1970-74: La Ville des enfants. **G.20** (★)

SCHWEITZER, Erich Otto (1890 - ?)
- 1929-31: Stade municipal. **P.III.** [4] (★)

SCHWENDENWEIN, Romano
- 1846: Palais Metternich. **E.II: 27**

SCHWERTMANN, Anton
- 1911: Maison d'habitation (avec H. STIERLIN). **N.II.** [c]

SEGENSCHMID (von), Franz
- ca 1880: Palmenhaus. **G.4** [8] (★★)

SEMPER, Gottfried
(Hambourg, 1803 - Rome, 1879)

Le grand architecte allemand de la deuxième moitié du XIXe siècle. Il entra à la cour impériale viennoise en 1871 et s'associa avec von HASENAUER pour concevoir quelques-uns des édifices les plus monumentaux du Ring en cours d'aménagement.

- 1869-79: Nouveau palais impérial (avec K. von HASENAUER). **D.8** (★)
- 1872-79: Musée d'Histoire naturelle (avec K. von HASENAUER). **D.10** (★)
- 1872-79: Musée des Beaux-Arts (avec K. von HASENAUER). **D.10** (★)
- 1874-79: Burgtheater (avec K. von HASENAUER). D.4 (★★★)

SICARD von SICARDSBURG, August
(Budapest, 1813 - Weidling, 1868)
- 1849-56: Arsenal (avec E.v.d. NÜLL, C. ROESNER, P. von RIGEL, L. FÖRSTER, et T. von HANSEN). **E.14** (★)
- 1861-68: Opéra national (avec E.v.d. NÜLL). **D.14** (★★★)

SILD, Conrad
- 1908: Maison de Commerce. **L.II: 13**

SITTE, Franz
- 1858-60: Eglise des Piaristes (modifications). **I.1**

SOBOTKA, Walter (1888 - ?)
- 1927-28: Complexe de logements. **K.8**

SPALT, Johannes (. 1920)
- 1971-74: Caisse d'épargne de Floridsdorf (avec F. KURRENT). **L.II: 11** (★)

SPATZ, Jakob
- 1631-34: Eglise des Dominicains (avec BIASINO et A. CANEVALE). **B.5**

SPIELMANN, Ernst
- 1907: Maison d'habitation et de commerce (avec A. TELLER). **H.III.** [j]
- 1912: Tuchlaubenhof (avec A. TELLER). **A.V: 7**
- 1912-13: Immeuble à appartements (avec A. TELLER). **E.II: 21.**

SPRENGER, Paul
- 1843-46: Archives de la trésorerie de la Cour. **B.X: 6**

SPYCHALA, T.
voir GLÜCK

STABER, Johann (1928)
- 1973-79: Uno-City. **P.3** (★)

STECKHOVEN (van), Adrian
- 1750-75: Parc de Schönbrunn (aménagement). **G.4** (★★)

STEPHANN, Karl ou Carl
(Vienne, 1842 - ?)
- 1900: Königsklosterhof. **F.II.** [e]
- 1904: Maison d'habitation. **H.III.** [d]
- 1904: Immeuble à appartements. **K.II.** [c]
- 1907: Immeuble d'habitation. **F.I.** [2]
- 1911: Maison et atelier. **H.III.** [a]

STIEGHOLZER, Hermann
- 1928-30: Laboratoires (avec H. KASTINGER). **N.II.** [a]

STIERLIN, Hermann
- 1902: Maison d'habitation. **F.I: 55**
- 1903: Immeuble à appartements (avec H. PRUTSCHER). **F.IV** [c]
- 1911: Maison d'habitation (avec A. SCHWERTMANN). **N.II** [c]

STREIT, Andreas (1840-1916)
- 1881: Künstlerhaus (avec F. SCHACHNER). **E.5**
- 1890-91: Palais "Equitable". **A.5**

STRNAD, Oskar
(Vienne, 1879 - Bad Aussee, 1935)
- 1924-25: Winarsky-Hof (avec J. HOFFMANN, P. BEHRENS, J. FRANK et O. WLACH). **L.4** (★★★)

STRUDEL, Paul
- 1682: Colonne de la Peste (AVEC MENEGATTI, FISCHER von ERLACH, BURNACINI et RAUCHMILLER). **A.6** (★★)

SUSUL, Wieslaw
- 1968-84: Juridicum (avec E. HIESMAYR, H. KITTEL, R.. PROHAZKA et R. GALLISTER). **C.26**

SWICZINSKY, Helmut (1944)
voir COOP HIMMELBLAU

T

TAMMS, Friedrich
- 1942-44: Tours de défense anti-aérienne. **F.III.** [b] **-H.IV: 24-K.VI.** [a] **-L.I.** [b]

TELLER, Alfred
- 1907: Maison d'habitation et de commerce (avec E. SPIELMANN). **H.III.** [j]
- 1912: Tuchlaubenhof (avec E. SPIELMANN). **A.V: 7**
- 1912-13: Immeuble à appartements (avec E. SPIELMANN, **E.II: 21**)

TENCALA, Giovanni Pietro
- 1685-87: Palais Lobkowitz (conception). **C.4**

THEISS, Siegfried
(Pressburg, 1882 - Vienne, 1963)
- 1923-26: Quarin-Hof (avec H. JAKSCH). **N.III.** [c]
- 1924-25: Complexe d'habitations, Phillippesgasse (avec H. JAKSCH). **G.8**
- 1924-28: Sandleiten-Hof (avec E. HOPPE, O. SCHÖNTHAL, F. MATUSCHEK, H. JAKSCH, F. KRAUSS et J. TÖLK). **H.7**
- 1930-31: Haute Ecole Germanique (avec H. JAKSCH). **G.IV** [b]

THIENEMANN, Otto
- 1873-74: Grahenhof (projet). **A.III: 14/15**

TÖLK, Josef (1861-1928)
- 1924-28: Sandleiten-Hof (avec E. HOPPE, O. SCHÖNTHAL, F. MATUSCHEK, S. THEISS, H. JAKSCH et F. KRAUSS). **H.7**

TREHET, Jean
- 1705-06: Parc de Schönbrunn. **G.4** (★★)

U

UHL, Ottokar
- 1957-58: Chapelle des étudiants. **D.2**

W

WAAGE, Fritz
- 1928-31: Station de transformateur électrique (avec E. KASTNER). **M.4** (★)

WACHBERGER, Hedy (1940)

- 1984-87: Cité-Jardin de Liesing (avec R. KRIER et P. GEBHART). N.8 (★★★)

WAGNER, Otto

(Vienne, Penzing, 1841 - Vienne, 1918)

Voir: "les grandes périodes de l'architecture viennoise"

- 1873-74: Grabenhof (réalisation). A.III: 14/15
- 1877: Immeuble de rapport. D.I: 23
- 1880-85: Immeubles de rapport. I.I [a]
- 1882-84: Länderbank. C.25
- 1884: Maison de rapport. C.II: 1
- 1886-1900: Villa Wagner I. G.18 (★★)
- 1890-91: Palais Wagner. E.9 (★)
- 1893-95: Ankerhaus. A.7 (★)
- 1894-98: Viaduc et métro aérien. F.4 (★)
- 1894-98: Station de métro "Hofpavillon". G.6 (★)
- 1894-98: Ecluse de Nussdorf. I.8 (★★★)
- 1895-98: Chapelle St Jean Népomucène. O.6
- 1895-99: Stations de métro de la ligne U4. F.3 (★)
- 1897-98: Station de métro Stadtpark. D.16 (★)
- 1898-99: Pavillons de la station de métro "Karlsplatz". E.2 (★★★★)
- 1898-99: Immeuble à la Köstlergasse. F.I [a]
- 1898-99: Majolikahaus et maison aux médaillons. F.2 (★★★)
- 1900-01: Station de métro "Rossauer Lände". 0.2 (★)
- 1902: Immeubles à appartements, Aloïs-Drasche-Park. M.III: 8 et 9
- 1905-07: Eglise Saint-Léopold. H.9 (★★★)
- 1905-12: Voûtement de la Wien. F.I
- 1906-07: Schützenhaus. L.1 (★★★)
- 1909-12: Immeubles à appartements. H.I: 40 (★)
- 1910-13: Hôpital pour le traitement du lupus. H.8 (★)
- 1912-13: Villa Wagner II. G.19 (★★★)

WALLAND, Johann

- 1906-07: Immeuble de commerce et de logements. B.IX: 2

WASSERSTROM, Ely

- 1902: Immeuble. F.I: 60

WELZENBACHER, Loïs

- 1923-24: Villa Arnold. O.III. [d] (★)

WIBHART, Rudolf

- 1905: Immeuble locatif (avec K. BENIRSCHKE). F.V: 106

WIESBAUER, Arnold

- 1913-14: Immeuble d'habitation et de commerces (avec O. CZEPA). H.III [c]

WITTGENSTEIN, Ludwig

(Vienne, 1889 - Cambridge, 1951)

- 1926-28: Maison Wittgenstein (avec P. ENGELMANN). K.2 (★★)

WITZMANN, Carl

(Vienne, 1883 - Vienne, 1952)

- 1911: Double villa à appartements. G.IV. [g]
- 1911: Villa. G.IV. [i]
- 1911: Villa. G.IV. [j]
- 1912: Villa. G.IV. [m]
- 1912-13: Maison Kosmak. G.IV. [f]

WLACH, Oscar

(Vienne, 1881 - New-York, 1963)

- 1924-25: Winarsky-Hof (avec J. HOFFMANN, P. BEHRENS, O. STRNAD, J. FRANK). L.4 (★★★)
  1929-30: (avec J. FRANK) G.IV. [a]

WONDRACEK, Rudolf

- 1934: Burgtor (transformation). D.9

WORELL, Norbert

- 1912: Maison d'habitation. F.I: 108

WÖRLE, Eugen (. 1909)

- 1948-50: Complexe sportif (avec M. FELLERER). P.VI (★)

WOTRUBA, Fritz (sculpteur).

(. Vienne, 1907)

- 1974-76: Eglise de la Très Sainte Trinité (avec arch. Fritz G. MAYR). N.9 (★★)

WYTRLIK, Otto

(Vienne, 1870 - Vienne, 1955)

- 1903: Immeuble locatif. F.V: 134

Z

ZACH, Andreas

- 1774: Maison "La Commode" (projet). C.XIII: 7

ZELLER, Franz

- 1908: Villa. G.IV. [o]
- 1910: Double villa. G.IV [P]

Index des lieux

A

B

C

D

E

F

Orientation bibliographique

PLANS ET CARTES

- WIEN, Stadtplan patentgefaltet *(1:18.000 - 1:35.000). 16e éd. Falkplan, 1982.*
- WIEN Superplan *(1:20.000). 5e éd. Heinz Fleischmann GMBH.U.Co. Geographischer Verlag, 1989.*

LA VILLE EN GÉNÉRAL

1. *HOCQUENGHEM, Guy;* Vienne, un guide intime. *Paris, Autrement, 1986, 56 p.*
2. *LANDER, X.Y.;* Vienne. *Paris, Seuil, 1989, 158 p.*
3. *MALLINUS, Daniel;* Vienne. *Bruxelles, Artis-Historia, 1985, 176 p.*
4. *SCHWEIKHARDT, Joseph et JOSEF, Dieter;* Vienne. *Lausanne-Paris, La Bibliothèque des Arts, 1990, 200 p.*

GUIDES

5. *Aa. Vv.* Guide pour visiter Vienne. *Graz, Verlag Styria, 1988, 96 p.*
6. *Aa. Vv.* Architektur in Wien. *Wien, 1990 (3e éd.), 202 p.*
7. *FEUERSTEIN, Günther;* Vienna, Present and Past. *Vienna, Vienna Tourist Board, 1977 (2e éd.), 72 p.*
8. *KRAUS, Wolfgang J.;* Vienne de A à Z. *Vienne, Office de Tourisme de la Ville de Vienne, 1988 (2e éd.), 120 p.*
9. *STILLGER, Margarete;* Guide de Vienne et Salzbourg. *Paris, Hachette, 1982, 204 p.*

STYLES OU PÉRIODES

10. *Aa. Vv.* Wiener Werkstätte; *catalogue de l'exposition. Bruxelles, C.G.E.R., 1987, 264 p.*
11. *Aa. Vv.* Vivre à Vienne, logements sociaux, reflet d'une conviction; *catalogue de l'exposition. Antwerpen, 1987, 184 p.*
12. *Aa. Vv.* New Housing in Vienna. Vienna, *Löcker Verlag, 1991, 192 p.*
13. *ACHLEITNER, Friedrich;* Österreichische Architektur im 20. Jahrhundert. *Wien, Residenz Verlag, 1990, Tome III/1, 348 p.*
14. *BORSI, Franco et GODOLI, Ezio;* Vienne, Architecture 1900. *Paris, Flammarion, 1985, 344 p.*
15. *KLEINER, Salomon;* Das florierende Wien. *Dortmund, Harenberg, 1982 (Fac simile de l'édition de 1724/37), 310 p.*
16. *KOLLER-GLÜCK, Elisabeth et Zdrazil, Hedwig;* Unbekannter Jugendstil in Wien, Fassaden. *Wien, Tusch, 1983.*
17. *KONO, Junichi et OOYAMA, Tomio;* Vienna's unknown art nouveau. *Kyoto, Kyoto Shoin, 1989, 136 p.*
18. *LEHNE, Andreas;* Jugendstil in Wien. *Wien J & V Edition, 1989, 160 p.*
19. *NEUBAUER, Erika;* Wiener Barockgärten. *Dortmund, Harenberg, 1980, 202 p.*
20. *SCHÜTZ, Carl, ZIEGLER, Johann et JANSCHA, Laurens;* Die Wiener Ansichten. *Dortmund, Harenberg, 1981, 128 p.*
21. *SEDLMAYR, Hans;* Österreichische Barockarchitektur. *Wien, 1930.*
22. *TAFURI, Manfredo (sous la direction de);* Vienne la Rouge. *Bruxelles-Liège, Mardaga, 1981, 298 p.*
23. *VARNEDOE, Kirk;* Vienne 1990, l'architecture, les arts décoratifs. *Köln, Taschen, 1989, 256 p.*
24. *WEIHSMANN, Helmut;* Viennese Art Nouveau Architecture. *Wien, Ars Nova Medienverlag, 1981, 14 p.*

ARCHITECTES

25. *Aa. Vv.;* Gustav Peichl. *Wien, Tusch, 1981, 194 p.*
26. *Aa.Vv;* Adolf Loos, 1870-1933. *Catalogue de l'exposition à Paris. Bruxelles-Liège, Mardaga, 1985, 160 p.*
27. *BURKHARDT, François;* Hans Hollein, métaphores et métamorphoses. *Catalogue de l'exposition. Paris, Ed. du Centre Pompidou, 1987.*
28. *FISCHER VON ERLACH, Johann Bernhard;* Entwurf einer Historischen Architektur. *Wien, 1721.*
29. *FUTAGAWA, Yukio et HOLLEIN, Hans;* Otto Wagner: Post Office Savings Bank and Church of St. Leopold. *Tokyo, Edita, 1978.*
30. *GERETSEGGER, Heinz et Peintner Max;* Otto Wagner, *1841-1918. Bruxelles-Liège, Mardaga, 1985, 384 p.*
31. *HOLZBAUER, Wilhelm;* Wilhelm Holzbauer, Bauten und Projekte 1953-1985. *Wien, Residenz Verlag, 1985, 216 p.*
32. *PRELOVŠEK, Damjan;* Josef Plečnik, Wiener Arbeiten von 1896 bis 1914. *Wien, Tusch, 1979, 208 p.*
33. *RUKSCHCIO, Burkhardt et SCHACHEL, Roland;* Adolf Loos. *Bruxelles-Liège, Mardaga, 1987, 696 p.*
34. *WAGNER, Otto;* Otto Wagner, Esquisses, projets, constructions *(reproduction intégrale des quatre volumes originaux de 1889-1897-1906-1922). Bruxelles-Liège, Mardaga, 1987, 262 p.*

BATIMENTS OU ENSEMBLES DE BATIMENTS

35. *AURENHAMMER, Hans und Gertrude;* Das Belvedere in Wien. *Wien und München, Schroll, 1971, 140 p.*
36. *BIBA, Otto;* Die Piaristenkirche Maria Treu. *Salzburg, Verlag St. Peter, 1981, 24 p.*
37. *CREMER, Matthias et Roschitz, Karlheinz;* Jahrhundertwende am Naschmarkt. *Wien, Tusch, 1986.*
38. *HAYDE, Dieter et PROCHÉ, Raoul;* Festschrift zur Eröffnung der Wirtschaftsuniversität Wien. *Wien.*
39. *KLEINER, Salomon;* Das Belvedere zu Wien *(Fac simile de l'édition de 1731-1740). Dortmund, Harenberg, 1980, 248 p.*
40. *MRAZ, Gottfried;* Prinz Eugen und sein Winterpalais. *Wien.*
41. *PRADEL, Mario Molin;* Le château de Schönbrunn. *Paris, Atlas, I 1987, 76 p.*
42. *SEDLMAYR, Hans;* Johann Bernhard Fischer von Erlach: Porspetto della chiesa di San Carlo (Karlskirche) *in "Arte e verità". Milano, Rusconi, 1984.*
43. *TABARELLI, G.M.;* La cathédrale de Vienne. *Paris, Hachette, 1981.*
44. *TORELLO, Johannes B.;* Peterskirche-Wien. *Salzburg, Verlag St. Peter, 1990, 24 p.*
45. XXX.; Servitenkirche Wien. *Salzburg, Verlag St. Peter, 1986, 16 p.*

Imprimé en Belgique par Casterman à Tournai.
Dépôt légal : février 1992; D.1992/0053/27.